PODER LOCAL Y REPRESENTACIÓN PÚBLICA
Aportaciones para un manual de actividades institucionales y protocolo municipal

Edita: DIPUTACIÓN DE ALMERÍA.
Instituto de Estudios Almerienses. iealmerienses.es
Área de Cultura, Cine e Identidad Almeriense
Promueve: Área de Presidencia, Reto Democrático, Patrimonio Histórico y Turismo

© Textos: Elías Palmero Villegas. elias.palmero@yahoo.es
© De la presente edición: DIPUTACIÓN DE ALMERÍA

Fotografías e ilustraciones:
© Álbum (págs. 36, 42, 54, 64, 90, 112, 120, 121, 128)
© Getty images (pág. 121, Hubert Lanzinger)
© Museo del Prado (pág. 78)
© Museo Iconográfico e Histórico de las Cortes y Sitio de Cádiz (pág. 99)
© Iñaki y Frenchy. Humoristas Gráficos (pág.147)
© Elías Palmero (págs.136 (escudo), 142, 143, 156, 157, 162, 192, 193,
    194, 206, 212, 222, 223, 227, 234, 237, 238)

ISBN: 978-84-8108-767-3
Depósito Legal: AL 1068-2024

© Diseño: Elías Palmero

1ª edición, 2024

Imprime: Imprenta Provincial. Diputación de Almería

Impreso en España. *Printed in Spain.*

Elías Palmero Villegas

PODER LOCAL Y REPRESENTACIÓN PÚBLICA
Aportaciones para un manual de actividades institucionales y protocolo municipal

DIPUTACIÓN DE ALMERÍA
2024

INTRODUCCIÓN

La organización territorial del Estado establecida en la Constitución de 1978 supuso la aparición de un nuevo marco legal de relaciones institucionales que respondía a la pluralidad de los Entes que lo componen y al carácter autónomo de todos ellos. Municipios, Provincias e Islas y las Comunidades Autónomas que se fueron constituyendo dieron forma a un Estado «complejo» (tal y como lo entiende el Tribunal Constitucional) en el que la organización de las actividades representativas —la imagen pública— de los poderes del Estado, los Entes que lo componen y sus Administraciones, comenzaron a presentar conflictos de precedencias entre autoridades e instituciones. A principios de los 80, organizar un acto en Madrid, capital de España, Comunidad Autónoma, Municipio y sede de las altas instituciones del Estado, se convirtió en un problema de ordenación protocolaria para el que no existía un marco legal adecuado, pues el decreto en vigor de la dictadura (vigente desde 1968) no podía responder, evidentemente, a la nueva configuración territorial y administrativa propia de una democracia parlamentaria.

Para dar respuesta a aquella situación vio la luz el *Real Decreto 2099/1983, de 4 de agosto, por el que se aprueba el Ordenamiento General de Precedencias en el Estado* (en adelante R.D. 2099) que, con mejor o peor criterio, pero con excelente pragmatismo, armonizó los poderes del Estado con los representantes de las diferentes Administraciones del mismo y sentó las bases democráticas de la nueva presencia pública de los poderes. Ya en su preámbulo, el R.D. 2099 determinó aspectos sustanciales como la mayor valencia de las autoridades elegidas por sufragio y de representación sobre las de designación, los tipos de actos oficiales así como la presidencia y la precedencia de los mismos según se celebren en Madrid, sede de las instituciones del Estado, o en el territorio de una Comunidad Autónoma.

Como veremos detenidamente, el R.D. 2099 fue seguido de legislaciones en materia de precedencias por parte de las Comunidades Autónomas que venían a subsanar o a completar —cuando no a complicar— algunas carencias de aquel para su aplicación en el propio territorio. No fue un asunto menor poner en práctica estas disposiciones. El propio R.D. 2099 fue recurrido y se produjeron sentencias judiciales esclarecedoras. En las Consejerías, Ayuntamientos y Diputaciones aparecieron conflictos que nunca habían tenido demasiada sustancia y vimos el renacimiento y expansión de la «manía protocolaria» en nuestras Provincias y Municipios. Paralelamente, el estudio de la materia protocolaria se convirtió en un negocio de academias, universidades, seminarios y congresos. Al parecer, disponemos del mayor número de centros docentes, cursillos, másteres y estudios de la Unión Europea sobre la materia. Quizás nos venga de antiguo: ya Felipe II dedicaba bastante de su burocrático tiempo a regular usos, tratamientos, precedencias... y a venderlos.

En este maremágnum surgieron los «gurús» del protocolo, procedentes de todo tipo de ámbitos, desde los rancios resortes preconstitucionales a los «modernos» que ya entraban en lo de «la comunicación» o las relaciones públicas (que también tuvieron su momento), pasando por los funcionarios «con gusto»: todos ellos arropados con una pseudoautoridad procedente de no sabemos qué mundo de esencias. Contrasta este novedoso interés por lo protocolario cuando en los años 80 este tipo de asuntos no había tenido demasiado interés ni complejidad en el ámbito local. Recordamos haber organizado en aquella época actividades (locales) en las que simplemente se reservaban las dos primeras filas para autoridades y estas se sentaban con su buen entender sin el más mínimo problema ni discusión.

Ni tan poco ni tanto, claro. Cuenta Joaquín Martínez-Correcher y Gil que al ser nombrado segundo jefe de Protocolo, Cancillerías y Ordenes del Ministerio de Asuntos Exteriores en 1970, los asuntos relativos a la materia protocolaria eran «tradiciones muy antiguas que se habían ido transmitiendo oralmente por los funcionarios correspondientes. Así me lo aseveraron los dos anteriores jefes de protocolo de dicho Ministerio, los embajadores Barón de las Torres y Antonio Villacieros: "Aquí no hay nada escrito, todo se hace por transmisión oral"[1]». Ambos habían sido hasta entonces responsables del protocolo del Ministerio desde el primer gobierno de Franco hasta los últimos años previos a la transición democrática.

Lo peor de todo es que la manía protocolaria, por su alta consideración y morbosidad, ha llegado hasta la vida local (incluso en los pequeños municipios) desajustando lo que eran costumbres y formas tradicionales. Nada habría que objetar en principio, es bueno y loable el que haya normas. El problema ha sido el modo en el que estos asuntos pervierten las relaciones habituales entre Ayuntamientos y otras Administraciones y la ingerencia o el menoscabo de unas sobre otras. No es extraño que ante una simple actividad local, cualquier alcalde o concejal pregunte agobiado por doquier para informarse o recibir consejo sobre «lo correcto», y autoridades preocupadas por «la secuencia», como si en ello les fuera la vida; otras exigen «su lugar» con un desconocimiento absoluto del que les corresponde; disputan por un asiento más acá o más allá; o por quién interviene después o antes de quién; quién recibe o es recibido... El inconsciente es muy frágil y nos delata confundiendo el sentido de la representación, del servicio público, la valía personal y la competencia con la autoestima, cuando no aparece el orgullo, la soberbia o algún arrastrado complejo de inferioridad.

Aunque habitualmente la «imagen» del protocolo que los ciudadanos perciben está ligada a grandes acontecimientos con presencia de altas autoridades del Estado (a si un presidente del Gobierno ha metido la pata en un acto, si alguien no se ha levantado ante un símbolo o ha intentado aparecer en el lugar que no le correspondía, y todos esos segundos con los que los telediarios ponen una nota de color en sus ediciones), las precedencias de los cargos públicos en un Estado democrático (expresadas en leyes) alcanzan hasta las más pequeñas de sus instituciones. Como no podía ser de otra manera, Ayuntamientos, Diputaciones y Entidades Locales, sus organismos autónomos o cualquiera de sus entidades dependientes, se encuentran bajo el imperativo de las leyes de carácter nacional, autonómico o reglamentos locales en materia de precedencias, y siempre bajo los criterios del buen uso de las costumbres y de las más elementales normas de convivencia o ética.

Por ello es necesario llamar la atención sobre la dificultad que para muchos Ayuntamientos, sobre todo medianos y pequeños, supone observar estas normativas y el agobio al que se ven sometidos, o menoscabados, en su capacidad de organización y de su autonomía cuando son visitados por consejeros, ministros, presidentes de Diputaciones, etc. El saber hacer tradicional de los alcaldes, de acuerdo con sus costumbres y sentido común, queda relegado en ocasiones ante el atosigamiento de los «Gabinetes», que ante un acto institucional se lanzan previamente con un estrés innecesario, imponiendo lo que consideran «correcto» en base a una supuesta e inexistente «jerarquía» entre los Entes de la Administración General del Estado y una actitud caprichosa en función de los intereses particulares y circunstanciales de sus jefes.

Este pequeño libro no es un manual de protocolo al uso, ni lo intenta. Se publica como una aportación al estudio y ejecución de determinadas actividades de las Administraciones Locales a las que, en general, consideramos institucionales por presentar cierta entidad o significación pública, más allá de la vida administrativa. Un asunto al que la ingente cantidad de manuales editados por academias y autoridades en la materia no han prestado la atención merecida, quizá cegados todos por el aura del protocolo de los grandes acontecimientos.

Quienes busquen en estas páginas formas de complicarle la vida a los alcaldes, o autoridades en general, con extraños o erráticos argumentos procedentes de un «numen» superior, o cómo se organizan mesas imperiales, besamanos, manteles, elección de vinos, exigencia de etiquetas..., no encontrarán nada en ellas. Hay mucha bibliografía al respecto. Se trata aquí de aportar o sugerir algunas líneas sobre las actividades representativas de los Entes Locales, algo que se hace necesario y que va más allá de este pequeño volumen, animando a sumarse a quienes deseen mejorar la cultura corporativa de los mismos.

Se edita pensado directamente en los trabajadores públicos que están próximos a los poderes de decisión local, en cualquier cargo o puesto. También en aquellos que, con voluntarismo o motivación, aceptan el encargo de sus alcaldes para lidiar con estos asuntos. Confiamos en que pueda servirles para adoptar los mejores criterios a la hora de realizar sus propuestas técnicas en la planificación de sus actos, e intentar responder al significado que deben tener en nuestros días los conceptos de precedencia, presidencia, imagen y comunicación, más allá de la alta política y en el ámbito de las administraciones más próximas a los ciudadanos. Por lo tanto, tampoco es un libro para los que ya se consideren expertos. También se ha pensado en los colectivos sociales y en su habitual relación con las Administraciones. A lo mejor interesa a alcaldes y concejales, sería todo un orgullo para su autor. Igualmente estamos convencidos de que podrá ser útil a los jóvenes y menos jóvenes que realizan estudios reglados sobre la materia en centros públicos o privados y que necesitan de una primera aproximación al Municipio y la Provincia, sus competencias, organización, gobierno y administración.

Podrá sorprender al lector que buena parte del libro abunda en asuntos de carácter histórico y cultural en referencia al poder, o los poderes, y cómo se han expresado en determinados momentos históricos. Cuando el R.D. 2099 establece la precedencia de autoridades para su "visualidad pública" lo hace con unos criterios procedentes de una determinada concepción del Estado que, internacionalmente, es muy distinta. Comparadas nuestras normas de precedencia con las de países de nuestro entorno como Alemania o Inglaterra, por ejemplo, sorprende las grandes diferencias conceptuales forjadas por la tradición histórica.

11

Muchos de los capítulos de las primeras páginas del libro han servido al autor para explicar a niños y bachilleres cómo las sociedades deben organizarse forzosamente para garantizar su supervivencia, desde la sencillez de una tribu primitiva hasta la complejidad de un municipio de millones de habitantes. O cómo se ha justificado el poder en cada momento y la manera en la que se expresa ante los ciudadanos, las formas en las que los gobernantes acceden a él, se imponen o se eligen, se les vigila o se les sustituye. Sólo así podremos entender el significado de la democracia en nuestros días y el funcionamiento de la administración más próxima al ciudadano como es la municipal. Sólo así, algunos escolares que visitan por primera vez el salón de Plenos de un Ayuntamiento o Diputación a lo mejor no hacen la pregunta, que ya suelen hacer: «¿Y los que se sientan ahí, cuánto ganan?», «¿alguno ha sido acusado de corrupción?». Sí, amigo lector, esto ronda por la cabeza a nuestros escolares cuando visitan una Administración Local.

Conocer las diferentes formas de gobierno, el significado que se le otorga al poder en cada momento, cómo se organizaban las monarquías, la aparición de los Consejos y Cortes en la primitiva vida urbana, sus regidores, o cómo los municipios adquieren su autonomía y sus competencias, es el objeto, entre otros, de estas páginas, que quieren ser, además, una lanza frente a la descapitalización del conocimiento histórico de nuestros tiempos e ir más allá de esa tontuna de la «historia del protocolo» que circula en revistas, libros y la Internet. No existe tal historia; en todo caso, la que pueda responder a las formas mediante la cuales el poder se presenta —o representa— a sí mismo que es lo que se intenta en estas páginas.

Las generaciones actuales parecen vivir sin conciencia del pasado como consecuencia del desprecio hacia los "saberes inútiles" (históricos, humanísticos, literarios, artísticos, críticos...). Algo que ha puesto de manifiesto el historiador italiano Nuccio Ordine en una espléndida obra, *La utilidad de lo inútil*, en la que denuncia «los efectos desastrosos producidos por la lógica del beneficio en el campo de la enseñanza, la investigación y las actividades culturales en general»[2], menoscabando los fundamentos de la educación en libertad. A ello habría que añadir las carencias y simplicidades de los medios de comunicación y las redes sociales que, en palabras de la filósofa Adela Cortina están creando una sociedad de «tontos polarizados».

En fin, entender que el trabajo que muchos servidores públicos realizan a diario, aún más en los puestos de libre designación, procede de una larga tradición, de la cultura administrativa que ha forjado cada entidad, y responde a los objetivos y las decisiones políticas que competen a las autoridades para dar respuesta a los intereses de los ciudadanos.

Se completa el libro con algunas de las actividades más comunes en los Ayuntamientos, tan sólo como una referencia, o un modelo sobre el que elaborar las particularidades de cada uno, ajustándolas a sus costumbres o usos, pero sin olvidar que todas ellas son ejecución de actos administrativos, motivados, aprobados o resueltos por órganos de gobierno a los que cumple dar cuenta con rigor y eficacia en su ejecución. En ellas aparecen los conceptos más elementales sobre precedencias y presidencias y su justificación, descritos (e ilustrados) sin demasiada complejidad pensando en los que se acercan por primera vez a estas materias.

Somos conscientes de que muchas de las opiniones y criterios de este libro son apreciaciones de carácter personal, sujetas como siempre a la crítica, deseable, y que las técnicas de aplicación de las normas de precedencia, y muy especialmente las de carácter legal, a veces son de difícil interpretación; más aún cuando el R.D. 2099 sólo contempla autoridades hasta la figura del teniente de alcalde, dejándonos huérfanos de criterios para las restantes autoridades (sobre todo de la vida local) y tener que buscar su lugar en otras normas.

No espere el lector que en estas páginas se diga de manera militante «si algo está mal» o «así no se hace» o «eso no es lo correcto». No existe la ciencia del protocolo como se intenta por ahí, tampoco es un método; en cualquier caso, tan sólo un conjunto de técnicas, pero que suponen una actitud formativa y crítica para hacer frente a situaciones en las que se exige un alto sentido de la responsabilidad institucional por cuanto a las «materias» tan sensibles con las que se trabaja como es la representación de las instituciones y la precedencia de sus órganos de gobierno. Por lo tanto, tampoco es un libro de "recetas" para organizar determinados actos de las Entidades Locales.

Lo importante no es cuál es el lugar de una autoridad sino la razón por la que su lugar es aquel. Por ello, quizás sea preferible evaluar las posibilidades en cada momento; investigar en la acción; desmitificar viejas concepciones («arraigadas» a veces en una tradición inexistente) y valorar el sentido de la precedencia en una sociedad democrática; buscar puntos de encuentro para que los actos se desarrollen con eficacia y justicia, intentando ofrecer las soluciones más consensuadas, por asimilación, en su caso, o las que impone finalmente el sentido ético. Todo ello para que las actividades institucionales proyecten la imagen que los ciudadanos esperan de sus representantes políticos, aún más en unos tiempos como los actuales en los que aquellas son el lugar habitual y mediático más para la crispación y el desencuentro que para la labor conjunta al servicio de los ciudadanos.

Podrá el lector estar de acuerdo o no en muchos asuntos, pero confiamos en que la lectura de estas páginas le sirva de revulsivo beneficioso para ampliar, profundizar y despertar el mejor espíritu crítico en muchas de las cuestiones que en este «manual» se le proponen como punto de partida.

Hemos buscado las argumentaciones de autoridad en una amplia bibliografía, reflejada en el capítulo de Notas, aportando los criterios e interpretaciones de reconocidos especialistas en historia, literatura, arte y cultura, desde las publicaciones clásicas hasta las más recientes investigaciones. Por cuanto a los asuntos específicos de protocolo, no podían faltar las referencia a López-Nieto y Mallo o Vilarrubias, ya clásicos, a Carlos Fuente, cuyo *Manual de Protocolo Oficial* es una excelente obra sobre la totalidad de la materia, y a Fernando García-Mercadal y García-Logorri y su amplio, incisivo y crítico conocimiento de la representación simbólica de los poderes en la España actual.

Por último, nuestro agradecimiento a las personas que han realizado una lectura previa de estas páginas, sus críticas y aportaciones; o que, de una forma u otra, han colaborado en la edición. A la Diputación de Almería, en la figura del presidente, Javier Aureliano García Molina, y del diputado de Presidencia Fernando Jiménez que nos animó en la empresa.

Este libro debe mucho a quienes fueron compañeros de trabajo en el Área de Cultura y en la sección de Actividades Institucionales de la Diputación de Almería: Diego Carrillo, Carmen Peña, Laura Pomares y Mª del Carmen García. También a Cecilio Rubio, director del Área de Presidencia y a Mª Viciana, jefa de Servicio de la misma. Agradezco profundamente la revisión y comentarios de los profesores

Samuel Caro. Mª Dolores Durán y Margarita Orozco Herrera, así como del historiador Sergio Cervilla y el especialista militar Alfonso Casero. A los humoristas Iñaki y Frenchy, que realizan en su actividad profesional importantes reflexiones sobre nuestros símbolos patrios a través de esa forma de pensamiento plástico que es la viñeta. A la amabilidad de Yulia Diyakova por sus traducciones del ruso; a Manuel Gálvez por la revisión informática y el tratamiento de los textos y a Mihaela Ciobanu por su esmerada y afectuosa labor de intendencia.

I. PODERES Y REPRESENTACIÓN

De manera general podemos convenir que el territorio, las personas que lo habitan y la organización social que adoptan son elementos inherentes a cualquier comunidad, tribu, país, cultura o civilización. A ello habría que añadir las formas económicas de subsistencia, el conjunto de creencias o valores que conforman su concepción del mundo, así como una organización estructurada del poder y de quienes lo ostentan.

En general utilizamos el término «civilización» (a diferencia de «cultura», propia de los tiempos prehistóricos) para las primeras sociedades organizadas que surgieron en el Oriente Próximo. Los historiadores reconocen que para poder hablar de civilización deben cohesionarse diferentes elementos: sobre un territorio con límites específicos debe aparecer una organización socioeconómica en forma de Estado, con instituciones propias y división del trabajo; una religión que hace posible la comprensión del mundo a través de una cosmogonía destinada a explicar el origen de la naturaleza, la humanidad y los propios dioses; deben aparecer manifestaciones intelectuales y artísticas; y, finalmente, la escritura como un sistema de signos gráficos que permite no sólo la comunicación expresa sino también su permanencia en el tiempo, es decir, dejar constancia de los dicho, lo hecho, o lo pensado.

Desde la prehistoria tenemos la evidencia de individuos o grupos que cumplen funciones específicas dentro de la organización social, jerarquizados según su competencia, valor, liderazgo o caudillaje; a otros se les valora por su capacidad de entender los fenómenos de la naturaleza e interpretarlos, como los guías espirituales, chamanes o sacerdotes; y en fin, como la experiencia es un grado, a los más ancianos les cumple una labor de responsabilidad y perpetuación de las normas y las costumbres, experiencia por la que la comunidad los tiene especialmente considerados y respetados.

En las primeras civilizaciones, quienes ostentaban el poder justificaban el ejercicio de la soberanía en referencia al carácter sagrado o hereditario de la misma. A veces era la propia riqueza o la capacidad de coerción ejercida por grupos con intereses comunes o aristocracias. Más aún, la organización jerárquica y el ejercicio del liderazgo está presente en muchas de las especies del mundo animal como una forma de cohesionar al grupo y controlar el territorio, la reproducción y la supervivencia. Hay un protocolo inscrito en el ADN de muchas especies que impone las normas mediante las cuales se «gobierna» al grupo, a través de un lenguaje que afirma, niega, gratifica o reprime. «Chimpancé más protocolo, igual a hombre»: así lo manifestaba a la prensa Juan Luis Arsuaga, codirector de las excavaciones de Atapuerca[3]. Quien tenga afecto a las mascotas sabe muy bien de lo que hablamos. Los etólogos nos han mostrado cómo se organiza una manada jerárquicamente desde el individuo alfa (el líder) hasta el omega (el inútil, el que come el último y es despreciado por el grupo).

15

Cada organización social, o comunidad, determina el lugar de sus órganos de gobierno en la sociedad (rey, senado, sacerdote, juez...), su consistencia, potestades o competencias. Y su imagen ante los gobernados se expresa en símbolos, ritos y ceremoniales encargados de legitimar el poder y la institución: sin ellos, la autoridad no es percibida, no existe. Las formalidades simbólicas no son meras representaciones; constituyen el poder en sí mismo, en el sentido que les otorgó Max Weber, como legitimación de la soberanía y la dominación. Hasta la aparición de las normativas escritas y las burocracias, los símbolos y los ceremoniales constituían la esencia del poder como una forma de ficción que garantizaba el funcionamiento de la sociedad, y esta se podía ver amenazada si los símbolos y rituales perdían su significado[4].

La organización social y los valores culturales, por otra parte, determinan el sentido de pertenencia a un lugar común, a una identidad expresada en términos como tribu, pueblo, reino, nación, imperio, que aparecen en la historia trenzados con los conceptos de raza, etnia y religión, no siempre coincidentes entre sí, y que han sido —y son— lugar común de conflictos, quizás los más graves que la humanidad haya conocido. Identidad, por otra parte, percibida por los demás y que hace posible que hablemos del país de los hititas, los latinos, Iberia, el Lejano Oriente, las Américas o los países subsaharianos, cuando no se les denomina con adjetivos sustantivados («los bárbaros del norte»). Una percepción exterior que los determina a veces de manera confusa. Así llamamos «Grecia» al conjunto de ciudades-Estado independientes que no disponían de una unidad común, ni conciencia propia de pueblo o nación. Igualmente siempre hemos llamado Alemania a un conjunto de reinos, condados y señoríos feudales que no tuvieron unidad hasta Bismarck. ¿Y qué decir de esa entelequia del «Sacro Imperio Romano-Germánico», del que nada nos enseñaron nuestros maestros más allá de que Carlos V fue emperador? Es más, a veces la percepción exterior como unidad es previa a la identidad propia. En este sentido, y en referencia a España, dice Domínguez Ortiz que «sólo puede hablarse de una historia de España cuando los diversos pueblos que la forman comienzan a ser percibidos desde el exterior como una unidad. Mucho después llegará la asunción de ese mismo sentido de unidad por los propios hispanos»[5].

Las costumbres, las tradiciones y las leyes, con sus peculiaridades, constituyen las normas de organización de cualquier comunidad histórica pero, además, las sociedades cuentan con quienes teorizan sobre la propia organización, sus conveniencias o desventajas, su mejor funcionamiento o destino. Platón, Aristóteles, Maquiavelo, Rousseau, Marx, son parte de una larga lista de teóricos que proyectan las ciudades y las formas de convivencia, a veces de forma idealizada, como en *La Utopía* de Tomás Moro o *La Nueva Atlántida* de Francis Bacon, por citar algunos. Como ejemplo de cierta originalidad valga *La Ciudad del Sol* que el dominico Campanella escribió en la cárcel en 1602, proponiendo ya una especie de «tres poderes»: bajo la cabeza suprema del más sabio (Hoh), representado como sol, príncipe y gran sacerdote a la vez, la gobernanza se repartía entre tres ministros encargados de la Sabiduría, el Poder y el Amor, visualizando un régimen teocrático, jerárquico y comunista (¡) en el que no existía la propiedad privada y el afán de posesión no era bien visto.

La historia de la humanidad es discontinua. En la actualidad conviven sociedades en diferentes estadios de progreso, organización, estructuras económicas y concepciones religiosas. El origen divino del poder es una constante desde las primitivas civilizaciones mesopotámicas, la Edad Media o las monarquías absolutas, frente a las sociedades que cimentaron su funcionamiento en la democracia —en sus diferentes concepciones—, bajo el imperio de la Ley y en el convencimiento de la igualdad de los individuos, sujetos de derechos y deberes y depositarios de la soberanía.

En las páginas de este primer capítulo se han elegido algunos momentos históricos y culturales determinados por su interés para entender cómo se han forjado algunas de las estructuras organizativas de lo que hoy, de manera general, podríamos llamar «poderes» o «formas de gobierno», y en dónde encontraron su fundamentación ideológica y su forma de expresión pública. Páginas cuyo fin no va más allá de la divulgación. Por ello se ha recurrido a determinados momentos «estandarizados» en los que concurren las condiciones o particularidades necesarias para fijar una aproximación con cierta unidad y generalidad que sirva de «modelo» a una manera de concebir el poder. El objetivo no es otro que incitar al lector, si lo desea, a mirar algunos aspectos del funcionamiento de los poderes desde el pasado hasta nuestras actuales democracias. Si la motivación fuera suficiente —ojalá— hay una amplia bibliografía sobre el asunto, muy científica, y cada día aparecen el mercado editorial investigaciones novedosas sobre la materia a la que los interesados pueden recurrir.

Por otra parte, consideramos que, sin caer en la facilidad de interpretar situaciones históricas o culturales desde los valores del presente, tampoco es lícito presentarlas sin que nos aporten reflexiones próximas a la compresión de nuestra realidad: si después de su mandato a los líderes griegos se les pedían explicaciones por su mala gestión, e incluso podían ser expulsados de la ciudad mediante el ostracismo, convendrá el lector que es inevitable pensar en algo parecido en nuestros días. Tampoco es gratuito considerar al Consejo del Areópago de la Grecia clásica como «cementerio de elefantes» parecido a nuestro Senado..., o si el *cursus honorum* (la carrera política) de las magistraturas romanas no nos trae a la memoria el itinerario político de muchos de nuestros representantes públicos. Por ello notará el lector que utilizamos bastantes ironías en este tipo de comparaciones. El pasado no puede ser leído en la rigidez de su mera descripción (esa sería simplemente una espléndida labor arqueológica), por ello corresponde también la interpretación —la Historia es siempre un hecho de interpretación— en el mejor ejercicio de responsabilidad y ética en la transmisión o divulgación de los saberes.

De los dioses, para los dioses

*Cuando lo alto del cielo aún no tenía nombre y la tierra sólida
debajo no tenía aún nombre... ni se habían alzado las cabañas
de cañas, ni había emergido la tierra pantanosa.*

Estas palabras corresponden al *Enuma elis*, el mito de la creación del mundo en la antigua Mesopotamia. Vienen a decir «cuando nada existía». En la Biblia aparecen en el versículo 2 del primer capítulo del *Génesis* como el «caos y confusión y oscuridad por encima del abismo». Los griegos le dieron personalidad en el dios Caos y el poeta romano Ovidio lo describe como «la naturaleza sin que nada haya sido creado». Los versos del *Enuma elis* se recitaban año tras año en las fiestas de primavera para celebrar la renovación de la naturaleza en un ciclo anual de retorno infinito.

En Mesopotamia, el miedo, el respeto y la devoción que los hombres tienen a los dioses les anima a trabajar los campos, que son propiedad de la divinidad, como lo son también los rebaños, el pan, la pesca, la artesanía o la cerveza. Todo ha sido creado por los dioses, a ellos pertenece y lo ceden a la humanidad como usufructo. Reyes, funcionarios y sacerdotes son los administradores de las actividades productivas, todos ellos pertenecientes a una clase superior de individuos que gobiernan para cumplir la «pretendida» voluntad de los dioses. La antropología suele considerar a estas castas y a las primitivas monarquías como instituciones mágico-religiosas, cuyo fin es controlar el pensamiento por parte del Estado para legitimar el origen divino de las mismas, pues siempre «el equilibrio y continuidad del universo exigían la subordinación de los plebeyos a personas de nacimiento noble y divino»[6].

Desde finales del cuarto milenio la arqueología sacó a la luz en tierras de Mesopotamia restos de construcciones urbanas (Ur, Uruk, Lagash...) que superan la estructura de aldeas y pueden considerarse ciudades-Estado, con murallas cuya a veces se atribuye a un héroe legendario, templos en forma de zigurat, una economía planificada por una casta religiosa y un rey (*lugal*) por encima de ellos relacionado con la divinidad. El palacio y el templo son el eje de la vida económica y religiosa, indisoluble, con una organización administrativa que presenta grados de complejidad y eficacia asombrosos, así como diferentes corpus normativos a los que corresponden las legislaciones y los códigos más antiguos de la humanidad. Hay pobres y ricos, una aristocracia de militares y una casta de religiosos y burócratas que administran lo que pertenece al dios. Pronto descubre la humanidad que un igual puede convertirse en un bien patrimonial a su servicio: los esclavos son prisioneros de guerra, aunque también los hay por deudas. Es una cultura de amplios saberes científicos que ha aprendido a fijar la lengua a través de la escritura (cuneiforme), no sólo para realizar operaciones mercantiles o administrativas sino también para crear una literatura de himnos y narraciones que explican su universo mitológico, o para expresar reflexiones profundas sobre la vida y la muerte, tal y como nos cuenta la *Epopeya del Gilgamesh*, cuyo argumento concluye con la impotencia de los individuos para vencer a la muerte.

Tanto en Mesopotamia como en Egipto, el origen de las ciudades tiene en los ríos un determinante geográfico común que desde los más remotos tiempos hicieron posible un fuerte aumento de la ocupación de los territorios. Para algunos historiadores los poderes se estructuraron ante la necesidad de alimentar a sus poblaciones, esforzadas en la realización de complejas labores hidráulicas (encauzamiento, construcción, distribución, mantenimiento) que debían ser gestionadas por una élite administradora dando lugar a formaciones sociales complejas. Para otros investigadores, la tierra cultivable habría comenzado a agotarse debido al ingente aumento de la densidad de población. La lucha por el control y distribución del abastecimiento habría tenido como consecuencia la aparición necesaria de una aristocracia dirigente y un estrato social sometido[7]. Procedentes de estas aristocracias habrían surgido los primeros liderazgos y la monarquía. Esta, desde el principio se consideró «representante» de la voluntad divina en la tierra. No deja de ser hermosa la forma plástica con la que las culturas mesopotámicas justificaban el origen divino de los reyes: «la realeza bajó del cielo, su vicario, su delegado». Tras la unificación de las ciudades sumerias realizada por Sargón I, erigiendo un auténtico imperio, su nieto Naram Sin (2254 - 2218), rey de Acad, sustituyó la antigua concepción «delegada» del dios por una nueva en la que la divinidad se «encarna» en la propia figura del rey: ya no es el representante del dios sino el dios mismo, y para expresar la diferencia antepuso a su nombre una estrella.

Tanto en un caso como en otro (rey delegado o rey encarnado) al monarca se le adjudicaban atributos que no eran sino la expresión de las virtudes o actuaciones del soberano en la tierra. Así, al principio fue el «rey sacerdote», primera forma de soberanía que aúna el poder religioso y laico; también el «rey arquitecto» o el «rey constructor», responsable de la planificación del urbanismo, la construcción de la ciudad y su mantenimiento; o el «rey guerrero», héroe y estratega militar, tan presente en relieves arquitectónicos.

Entre ellos, el «rey justo» tuvo como prototipo a Hammurabi, autor del código de leyes de su mismo nombre, compuesto de 200 párrafos y famoso por el principio del «ojo por ojo» con el que se suele recordar, pero cuyos contenidos jurídicos y morales atañían a cuestiones más serias de orden económico como los tipos de interés para los préstamos y los reconocimientos de deuda, entre otros asuntos. Como rey justo, y de manera propagandística, el propio Hammurabi (que había renunciado a la divinización), se presenta a sí mismo en el *Código* como garante de la justicia que los dioses deben imponer. Y dice: «Todo hombre oprimido que haya entablado un pleito... lea atentamente lo que está escrito en mi estela... Mi estela le clarificará su caso»[8]. Aún en un sistema esclavista, las normas que emanan del *Código de Hammurabi* ponen de manifiesto dos cosas: el alto interés por la regulación de la vida socioeconómica y la atención a las normas de carácter moral.

El Egipto predinástico lo constituía una amplia variedad de pueblos que acabaron organizándose en un sistema de «nomos» o provincias gobernados por reyezuelos. Probablemente los *nomos* se dividieron en alianzas que dieron lugar al Alto y el Bajo Egipto. Estas primitivas unidades organizadas se representaban a sí mismas a través de un animal totémico, prefiguración de lo que luego será el variado y complejo mundo de la religión egipcia en la que el faraón-dios es el responsable de los ciclos del orden cósmico que hace posible la salida diaria del sol, como en tantas culturas (precolombinas, por ejemplo). En el Alto Egipto los reyes utilizaban una tiara alta mientras que en el Bajo era una especie de gorro o bonete circular. Cuando se unieron ambos con el faraón Menes (en torno al 3.000 a. C.) utilizaron las dos coronas, una en el interior de otra.

Como en la civilización mesopotámica, el establecimiento de una administración eficaz fue siempre uno de los objetivos prioritarios de los imperios egipcios, habida cuenta del amplio territorio sobre el que tenían que ejercer el control. La estructura central de la maquinaria administrativa egipcia presentaba una división de competencias a modo de «ministerios» o «casas» que se encargaban de las finanzas, la recaudación de impuestos, la organización del ejército, el registro de las propiedades, el control de fronteras, las canalizaciones y la vida del Nilo. La Gran Casa se encargaba particularmente de las explotaciones propias y de titularidad del faraón, una de las primeras formas de diferenciación entre el tesoro público y el correspondiente al monarca. En la cabeza de la organización territorial, al omnipotente faraón le seguían dos visires (uno para el Norte y otro para el Sur) que ostentaban todas las potestades en las provincias, al frente de las cuales había un gobernador como mero delegado del visir, responsable del orden, los impuestos y la justicia.

La ejemplar organización del poder egipcio se dejó resentir con la experiencia monoteísta de Amenofis IV al declarar dios único a Atón, el dios solar, prohibiendo cualquier otro culto. Reinó bajo el nombre de Akenatón (espíritu de Atón) y fue autor de un himno que conjuga una excelente poética (se ha relacionado con los *Salmos* de *La Biblia*) y un talante revolucionario incomprensible para la sociedad politeísta egipcia. A final, su aventura acabaría con una «reforma religiosa» radical (una de las primeras que conocemos en la historia) a cargo de las castas sacerdotales y la entronización de una nueva dinastía en la figura de un caudillo militar, Horemheb, cuyos sucesores hicieron el esfuerzo de borrar, incluso de las listas de las dinastías reales, la figura de Akhenatón.

Las civilizaciones mesopotámica y egipcia presentan extraordinarias similitudes y diferencias, pero si la monumentalidad y el poder de fascinación de lo egipcio han tenido una gran presencia hasta nuestros días, lo cierto es que los historiadores consideran mucho más la influencia de Mesopotamia en la culturas posteriores por su desarrollo científico y cultural. Ambas civilizaciones configuraron un sistema de producción económica cuyo origen y destino era la divinidad, justificando, no sin episodios conflictivos, el origen divino del poder para la construcción del Estado.

Como apuntábamos, la justificación religiosa del poder es una constante histórica que llega hasta nuestros días. Aquella fundamentación divina del poder en sus múltiples variantes (el dios mismo, representante del dios, hijo del dios...), atemperada en la Roma Clásica (pues la autodivinización de los emperadores romanos fue un poco de andar por casa), será un grave punto de desencuentro en la denominada «querella de las investiduras» que enfrentó al Papado y al Imperio, especialmente en el siglo XVI, con importantes disensiones y amenazas de excomunión. En la Europa del absolutismo, el origen divino del poder fue objeto de múltiples teorizaciones y controversias intelectuales a las que se unieron las nuevas concepciones del reformismo luterano dando lugar a los primeros grandes conflictos bélicos europeos.

En otro ámbito, el Islam resolvió la dicotomía con la instauración de la figura del Califa, que suponía la asunción del poder espiritual y temporal. En un pasado más próximo, el ayatolá Jomeini en 1979 encabezó la Revolución iraní que derrocó a la dinastía Pahlavi y fundamentaba el poder en una teocracia que aglutinaba de nuevo ambos poderes frente a las querencias del Sha y su esposa hacia las formas occidentales.

Igualmente, el pasado siglo conoció totalitarismos encabezados por líderes imbuidos por una especie de predestinación divina que les hacía considerarse a sí mismos vicarios, o «monarcas sin monarquía»: caudillos, defensores de la fe, padres de la patria, timoneles de masas (Hitler, Stalin, Mao, Franco, Mussolini...), y últimamente, un autoproclamado Estado Islámico con aspiraciones a legitimarse mediante la guerra santa frente a media humanidad. Tailandia es un caso insólito, actual, de monarquía semidivina: el rey Maha Vajiralongkorn fue coronado como Rama X en 2019 con una fastuosa ceremonia de rituales budistas e hinduistas. Fue purificado con agua bendita traída desde más de cien puntos del país, ungido con óleo y se le entregó una corona de 66 cm. de altura y siete kilos de peso. El acto lo convertía en *devaraja*, en Rey-dios[9]. Y, en fin, como si nos hubiéramos trasladado al siglo XI, a través de la televisión hemos podido asistir a la unción de Carlos III de Inglaterra en 2023 en un acto religioso extemporáneo.

Dividir y vigilar

¿Es posible que una asamblea política de 6.000 ciudadanos pueda ser convocada, reunirse, discutir, adoptar acuerdos y ser eficaz? Algunos grupos políticos en la actualidad se apoyan en las nuevas tecnologías para realizar algo parecido a través de consultas digitales para asuntos concretos o para la elección de sus representantes, y no parece que el sistema cuaje.

Si hay un concepto permanentemente unido a Grecia o, por mejor decir, la Hélade, es el de la participación ciudadana en el gobierno común, la primitiva democracia. Los ciudadanos griegos fueron los primeros en organizarse abjurando del poder concentrado en una sola persona, buscando mecanismos de organización estructurados en la confrontación de opiniones sobre lo colectivo, en la división del poder con un fin claro de controlarse los unos a los otros, vigilarse en las acciones, reprenderse y realizar una verificación política sobre el gobierno de los que concluían su mandato que podía tener serias consecuencias. El fundamento de esta organización estaba en la idea de libertad —o libertades— del individuo, en la igualdad (*isonomía*) de todos, en el valor de la Ley y en la consideración de los ciudadanos como sujetos de derechos y deberes.

En la Hélade, estos logros democráticos fueron posibles tras épocas de conflictos (siglos VII al VI a. C.) en los que en las ciudades en proceso de formación, las polis, se alternaban momentos gobernados por legisladores o por tiranos. La tensión entre ambas opciones se expresaba con el término *stasis*, que viene a indicar conceptos muy parecidos entre sí: tomar partido, división, discordia, conflicto, guerra civil, disenso... «Legislar era el modo pacífico de abordar el disenso; su objetivo era que las partes aceptaran normas comunes que reforzaran la unión, el sentimiento de formar parte de una polis. El tirano, por el contrario, era un usurpador del poder, al que llegaba habitualmente con apoyo militar, ciudadano y extranjero»[10].

Aristóteles distingue tres organismos en el gobierno de polis griega: asamblea, magistrados y jueces cuya función es dividirse, primer exponente de una organización plural en la gestión de la gobernanza. Aunque el primitivo rey griego (*basileus*) era la autoridad regia de las más oscuras comunidades griegas y el *rex* el referente más antiguo de los pueblos de la península italiana, el mundo grecorromano siempre temía

22

y evitaba a quienes intentaban monopolizar el poder. A pesar de ello, ambas sociedades conocieron episodios de gobierno protagonizados por tiranos, dictadores u otras formas de gobierno recurrentes que, bajo una apariencia republicana, actuaban de forma absoluta.

Es cierto que la originalidad de las polis griegas constituye el primer signo en la historia de una organización política y administrativa con cierta división de poderes; también es cierto que la democracia griega no debe ser contemplada desde la concepción política actual, pues existía la esclavitud y las mujeres no tenían capacidad para participar en la vida pública. Pero, en fin, tampoco debemos olvidar que la esclavitud formaba parte de la democracia estadounidense y que las conquistas del voto femenino se consolidaron en el pasado siglo.

Recordando lo que decíamos más arriba sobre la percepción de una identidad común desde el exterior, «los griegos» —término moderno— se consideraban a sí mismos «helenos». Grecia no constituía una unidad política y tampoco se le puede aplicar el término «nación», que es un invento del XIX. La Hélade era un conjunto de territorios entre península e islas, unidas por el mar, mezcla de comunidades autóctonas y pueblos llegados de otros lugares (pelasgos, aqueos, dorios), que tampoco familiarizaban mucho entre sí, aunque utilizaban una lengua común, con algunas variaciones dialectales, y compartían rasgos culturales fundamentalmente religiosos. En los Siglos Oscuros, anteriores a las obras de Homero, los dorios, que habían invadido la península desde el norte, no se integraban demasiado e incluso tenían un profundo sentimiento de superioridad.

Los reyes de *La Ilíada* y *La Odisea* —mejor decir «reyezuelos»— no eran algo más allá que caudillos guerreros cuya actividad cotidiana era la agricultura y la ganadería, salvo en los momentos que necesitaban unirse para asuntos de defensa. Sus «palacios» no responden a la imagen habitual de los mismos; en realidad no eran sino casas de campo. En aquellos tiempos los problemas comunes se solucionaban en una primitiva asamblea. *La Odisea* nos aporta alguna información sobre esta reunión: Cuando a Ulises se le considera desaparecido tras la guerra de Troya y un grupo de pretendientes acosa a su esposa todos los días a la puerta de su casa esquilmando sus bienes en banquetes, Telémaco, su hijo, insta a un anciano a reunir en asamblea a los ciudadanos de Ítaca, y este los convoca en los siguientes términos: «Oíd, hombres de Ítaca. Tengo que deciros dos palabras. Nunca nos hemos reunido en asamblea o consejo desde el día en que el divino Ulises embarcó en sus cóncavas naves». Y en esa reunión Telémaco interviene (no sin que antes un heraldo ponga un cetro en sus manos) para tomar cartas en el asunto y reprochar a los pretendientes su actitud obcecada. A pesar de situarse en los Siglos Oscuros, *La Odisea*, refiere este tipo de consultas en forma de asamblea o consejo al que consultaban aquellos primitivos reyes; consejos que se celebraban bajo la protección de la diosa Temis, «la que convoca y disuelve las asambleas de los pueblos»[11].

Como en muchas sociedades primitivas, la organización de la antigua Grecia encuentra su fundamento en los lazos personales. La más antigua de sus instituciones era el *genos*, agrupación de familias con lazos de sangre y antepasados comunes, bajo la dirección de un jefe muy respetado y garante de las costumbres. Esta amplia unidad familiar celebraba reuniones para cuanto afectaba a su funcionamiento, las cuestiones económicas, los ritos religiosos o los asuntos de justicia cuando existían roces entre sus miembros o entre los distintos *genos*: ser culpable de un delito supone

23

la expulsión y convertirse en «ajeno», con pocas posibilidades de supervivencia, salvo que fueras admitido en otro lugar en calidad de *meteco* (extranjero). Al *genos* se le atribuye la composición de una aristocracia, entendida en el sentido de «los mejores» (*aristoi*) en razón no sólo de su linaje sino también de sus aptitudes como líderes de la comunidad, sus hazañas guerreras, su capacidad para dictar sentencias o habilidades para convertirse en oligarcas. Al margen del *genos* existían las *fratrías*, fraternidades, en las que los individuos se reconocían mutuamente en lazos de hermandad o pasado común, aunque no tuvieran vínculos de sangre, y en las que se conjugaban actividades educativas y religiosas. No existe, al parecer, un conocimiento muy científico sobre esta forma de agrupación y en muchos textos (Aristóteles entre otros) aparecen como organizaciones de comidas grupales y de atención social. En cualquier caso, este tipo de asociaciones tiene referentes históricos en muchos tipos de comunidades tribales (incluso en la actualidad), como espacio privado que une a los varones bajo un techo común para la instrucción y los ritos de paso. Por otra parte, las comunidades helenas se conformaban en tribus, que en estos momentos históricos puede identificarse como «pueblo» o «grupo étnico» (los dorios se dividían en tres tribus, los jonios en seis, los atenienses en cuatro...).

La aparición de la polis supone un esfuerzo de superación de estas estructuras arcaicas, pues los intereses comunes y la ley adquieren más fuerza que los lazos personales. A partir de ahora la pertenencia esencial del individuo se refiere a una entidad colectiva superior: la ciudad, una organización que Aristóteles considera por encima de la familia pues «la familia es más suficiente que el individuo y la ciudad más que la familia»[12]. Por lo tanto, el ciudadano ya no se debe esencialmente a sí mismo —ni a la colectividad primitiva— sino perteneciente al Estado, a la ciudad, como organización propia del animal social.

Socavar los poderes tradicionales en favor de la polis no fue tarea fácil; será el trabajo de estadistas como el legendario Dracón, o Solón, quienes impusieron la ley por encima de las antiguas corporaciones (*genos, fratrías*, tribus). Aún más, Solón hizo el esfuerzo de dividir las clases más allá de los lazos familiares en función no sólo de la propiedad sino, además, según su productividad y, por lo tanto, en su contribución a la ciudad.

Si tuviéramos que definir un prototipo de la primitiva ciudad-Estado diríamos que, en primer lugar, no es una ciudad en el sentido estricto, sino un territorio con aldeas y tierras de cultivo. Suele tener una divinidad protectora y un templo en su honor como símbolo de su identidad, una especie de patrón. Patronazgo que en ocasiones los dioses se disputaban. La mitología, en diferentes interpretaciones, nos cuenta cómo Atenea y Poseidón se disputaron el patronazgo de la ciudad de Atenas ante la corte del Olimpo. El gran Zeus, en «asamblea divina», exhortó a ambos dioses a que ofrecieran algo a la ciudad y que los ciudadanos decidieran por votación. Poseidón hizo aflorar con su tridente un manantial (de mala calidad, salobre) mientras que Atenea les entregó el primer olivo.

El ágora es la plaza que sirve para la reunión de los ciudadanos o para hacer negocios. Los ciudadanos reunidos para tratar sobre los asuntos políticos o nombrar cargos constituyen la Asamblea (*eclesia*). Sus reuniones las prepara una especie de «junta de gobierno» o Consejo (*boulé*) integrado por cuatrocientos ciudadanos. Las funciones ejecutivas corresponden a un jefe civil, el arconte, y a un jefe militar o polemarco.

Metecos, esclavos y libertos constituyen la clase trabajadora. Meteco es el extranjero asentado en Atenas pero que no goza de derechos políticos y sufre restricciones a la hora de adquirir tierras o desarrollar determinadas actividades económicas. El origen de los esclavos es diverso: «prisioneros de guerra, campesinos con deudas, hijos de esclavas criados en la propia casa, cultos preceptores, trabajadores analfabetos y muchas clases más. No eran, de hecho, necesariamente esclavos de por vida, pues igual que había formas de convertirse en esclavo, también había formas de dejar de serlo»[13]. Los esclavos, o sus hijos, podían obtener la libertad adquiriéndola mediante el dinero ahorrado, de parientes, amigos o por la buena voluntad de sus señores en recompensa por méritos de conducta o el afecto. Muchos de ellos llegaron a constituir una excelente clase de «técnicos», expertos, artistas, filósofos y dramaturgos. Para la Atenas del siglo V se estima que existirían unos 100.000 esclavos, aproximadamente un 40 % de la población[14].

La estructura de la primitiva polis tuvo una reorganización con la llegada al poder de Clístenes (508 a. C.), a quien se le considera realmente el fundador de la democracia griega a partir del principio de igualdad (*isonomía*) de los ciudadanos ante la ley, por el cual toda la soberanía recaería sobre la totalidad de los ciudadanos. No habría lugar para decisiones de magistrados o aristócratas; cualquier asunto importante para la ciudad-Estado era competencia exclusiva de la Asamblea. Y para acabar con el poder de las familias pudientes, favoreció el protagonismo participativo de los *demos*, pequeñas unidades territoriales, con un cierto poder local, que en las elecciones representaban al campo, a la costa y la ciudad de Atenas. Con la figura de los gobernadores de los *demos*, que presidían las asambleas de estos, se eliminaba cualquier residuo de aristocracia local. El *demos* era una forma de pertenencia e identificación. En la literatura griega es común introducir a un personaje refiriendo el *demos* al que pertenece: «Había un cierto Hipérbolo del demo de Peritoide...»[15]. Igualmente ocurre cuando alguien interviene ante la asamblea o en los procesos administrativos y judiciales. En el proceso de acusación contra Alcibíades por sacrilegio, Plutarco se refiere al acta de acusación en los términos de: «Tésalo, hijo de Cimón, del demo de Laquíades, presenta denuncia por procedimiento sumarísimo contra Alcibíades, hijo de Clinias, del demo de Escambónide...»[16].

Clístenes instituyó el Consejo de los Quinientos (*boulé*). Aquella primitiva junta de gobierno ahora está compuesta por 500 ciudadanos procedentes de los *demos*, elegidos por sorteo, que preparaban las asambleas y verificaban la actuación de los magistrados encargados de los asuntos públicos. El sorteo como forma de selección de muchos cargos aparece como un avance novedoso en el funcionamiento de la polis. La aristocracia quedó entonces relegada al Consejo del Areópago, una especie de «cementerio de elefantes», reducto de poderes ancestrales cuya función era interpretar leyes o realizar juicios[17].

Clístenes puso en práctica el ostracismo mediante el cual los ciudadanos en asamblea podían enviar al exilio durante diez años a quienes consideraban que constituía un peligro para la democracia (escribiendo el nombre del candidato en una cerámica llamada *ostrakon*). En fin, a partir de las reformas de Clístenes «un ciudadano varón podría formar parte del Consejo, ser nombrado por sorteo para ocupar una magistratura menor, asistir a una gran asamblea para emitir su voto o incluso (si tenía el valor suficiente) pronunciar un discurso acerca de los temas básicos cotidianos, de la conveniencia de emprender o no una guerra, quién debía sufragar determinados gastos o quién era merecedor de recibir honores y quién no»[18].

La polis exige al ciudadano unos valores que se adquieren en la educación, sólo de los varones. El niño ateniense «ha nacido en la casa pero sólo se ha criado en ella durante seis años, pues toda su formación se ha desarrollado en la escuela, en el cuartel y en la plaza. Pertenece mucho más a la ciudad que a la familia. Por eso también su moralidad es menos rigurosa y más desenfadada que la romana»[19], aunque siempre hay que hacer una diferencia con la sociedad espartana, en la que el niño, a los siete años, abandona a su familia, aprende a caminar descalzo y dormir al raso, tal y como muestra en ese subproducto cinematográfico que es la película *300* (Zack Snyder, 2007). Si la *paideia* era el concepto de la educación ateniense basado en el ejercicio del cuerpo y la mente, la filosofía y la dialéctica (una educación de crecimiento personal diríamos hoy), la *agogé* espartana era de gran dureza.

Pero la expresión más consolidada de la democracia ateniense corresponde a la época de Pericles. El sistema instaurado seguía manteniendo como institución fundamental la Asamblea, constituida por ciudadanos varones mayores de 18 años; nada más y nada menos que unas 43.000 personas (del 450 al 430 a. C.). Para que las sesiones fueran válidas se requería la presencia de 6.000 asistentes; sus resoluciones eran inapelables. Podía reunirse en el ágora, en el teatro, en el puerto del Pireo, y las sesiones comenzaban con las primeras luces del día. Presidía las reuniones un *pritano*, elegido cada año y las intervenciones se medían mediante una clepsidra de agua. El orador debía tener especial cuidado en lo que proponía pues si lo acordado se ponía en práctica sin que tuviera el efecto perseguido, sin que funcionara, se le podía multar.

Si el derecho a intervenir hubiera sido de los seis mil, las Asambleas, evidentemente, no habrían tenido ni principio ni fin. En realidad, para subir a la tribuna (*béma*) e intervenir, había que reunir determinadas condiciones: estar al día con los impuestos, casado, ser propietario, tener buen currículum como ciudadano y haber sido eficiente en los cargos desarrollados para la ciudad, con lo cual las posibilidades de subir a la palestra no eran muchas.

Si el lector se adentra en la *Historia de la Guerra del Peloponeso,* de Tucídides, descubrirá el funcionamiento de los turnos de exposición y réplica así como el juego político que se evidencia en los discursos, y aunque las intervenciones que Tucídides pone en boca de los oradores las aderezada con cierta floritura, lo importante en ellos es la claridad de pensamiento, la capacidad para argumentar, rebatir, convencer o seducir.

El Consejo de los 500 preparaba los asuntos de la Asamblea, proponía la adopción de acuerdos y se encargaba posteriormente de su cumplimiento. Llevaba las cuentas, se ocupaba de los edificios públicos, organizaba los actos religiosos y decidía sobre algunos asuntos especialmente graves como el delito de traición. Ningún ciudadano podía ser consejero dos años consecutivos ni permanecer más de dos años en toda su vida, con lo que la posibilidad de medrar o constituirse en una nobleza era difícil («instalarse en la política» que diríamos hoy). Tampoco se necesitaba ser especialista o técnico en alguna materia: todos los ciudadanos podían, y debían, ocupar cualquier cargo. Unos 700 magistrados se encargaban de la administración ordinaria, que contaba con un «presupuesto económico anual», dividido en capítulos (*merismós*).

El arconte permanecía en el cargo durante un año, debía pedir permanentemente la «confianza de la cámara» y, lo más sorprendente a nuestro ojos, era elegido mediante sorteo entre una lista de ciudadanos con capacidades, currículum de buen ciudadano, excelente moralidad y deberes tributarios cumplidos.

El poder judicial, los tribunales populares (*heliea*), estaban integrados por ciudadanos mayores de 30 años. Un tribunal lo componía siempre un número impar (501 ciudadanos). Cada litigante se defendía a sí mismo aunque podía buscarse un experto, habitualmente un orador, que le preparase su intervención. Las decisiones del tribunal eran inapelables. Elegidos por sorteo, los jueces sólo debían prestar un juramento que, según Demóstenes, se expresaba en los siguientes términos: «Votaré de acuerdo con las leyes y los decretos de los atenienses y del Consejo de los Quinientos. Y no votaré que haya tirano, ni oligarquía... Y voy a escuchar con igual atención a ambas partes del litigio, al acusador y al acusado, y daré mi voto respecto del propio asunto sobre el que verse el proceso»[20].

Otra de las originalidades del mundo helénico es que el poder religioso no existe como tal. Los sacerdotes no forman parte del poder político (como lo eran en las culturas asiáticas) y se encargan solamente de los cultos y sacrificios. A veces se requieren los servicios de adivinos, tan presentes en la literatura homérica, o de sibilas, mujeres que interpretan los oráculos. Todos suelen adornar su cabeza con «ínfulas», una especie de lazo a modo de diadema que recogía el pelo (y que tendrá una larga evolución como símbolo religioso hasta formar parte de la mitra episcopal).

No podía ser en otro lugar sino en Grecia donde surgiera una mitología en la que los dioses se parecen tanto a los humanos pues, dejando a un lado sus capacidades sobrenaturales, celebran también asambleas, gozan de los sentimientos y emociones de los mortales, toman partido por sus héroes preferidos, se enfrentan entre sí y adoptan forma humana (disfrazados de los más variopintos personajes) para relacionarse e influir sobre ellos. Y tienen debilidades, son enamoradizos, caprichosos o inmorales. Estos dioses y héroes «tan humanos» formaban parte del inconsciente colectivo como mecanismo de comprensión del mundo y escuela moralizadora. Sus acciones, sufrimientos y desgracias tienen un efecto catártico sobre la ciudadanía, especialmente a través del teatro, de la tragedia griega, cuya capacidad de convocatoria era parecida a la que en la actualidad tiene el fútbol, salvando las distancias. De otra parte, con toda la libertad de expresión, los escritores de comedias llevaban a escena las críticas más sarcásticas sobre cualquier personaje público al que no dudaban poner en solfa.

En la Hélade la familia divina, por tanto, no llegó a ser instrumento del poder, no tenía representantes o vicarios; no justificaba el poder civil ni sus acciones; tan sólo advertía y se alegraba de la devoción de los mortales y los sacrificios (hecatombes) que los ciudadanos le ofrecían con cualquier propósito en rituales que comprendían el adorno de los animales para el sacrificio, las plegarias al dios, la bebida del mejor vino y la libación del mismo arrojándolo al fuego en donde se braseaban las carnes y vísceras consumidas al final por todos.

Cuando la cultura romana adopte las divinidades griegas las convertirá en figuras temerosas. El historiador griego Polibio (200-118 a. C.) resaltó esta diferencia al constatar el significado de la religión en la sociedad romana, tanto en la esfera pública como privada, cuyo fin no era otro que el de aterrorizar a los más humildes y evitar la cólera divina pues se trataba siempre de mantener la «paz de los dioses»[21].

La imagen de la ciudad y su organización se percibe en los edificios públicos: teatros, estadios y academias que congregan a filósofos, intelectuales y gobernantes; gimnasios en donde se ejercita el cuerpo y la educación moral, de tal manera que el concepto *kalos*, que traducimos como «lo bello», significa belleza y bondad de manera indisoluble (*kaloskagathos*); y en las calles los aedos o rapsodas (contadores de historias) recitan los versos épicos transmitidos de generación en generación; versos que han dado lugar a piezas tan relevantes para la historia de la humanidad como *La Iliada* y *La Odisea*. En ellas, sobre todo en la segunda, se puede encontrar todo un catálogo de itinerarios, arquitectura y decoración, armas y modos de combate, todas las emociones de un ser humano y, especialmente, los modos y usos de una hospitalidad, educación y respeto que ya nos gustaría en nuestros días.

Frente al brillo de las civilizaciones de Mesopotamia y Egipto, no deja de sorprender la pervivencia a lo largo de la historia de las formas culturales helenas, más humildes, producto quizás de la amplitud y profundidad de su pensamiento, así como de la originalidad de su organización social cuyos ecos nos acompañan hasta nuestros días. Para explicar estas circunstancias se ha puesto el acento por parte de la historiografía en una u otra especificidad de su concepción de la vida y de la organización social. Entre ellas, especialmente en la particularidad de la lengua griega, su flexibilidad, racionalidad y carácter poético: «Las lenguas del Próximo Oriente no pudieron rivalizar con la habilidad de los griegos para exponer clara y brevemente una serie de ideas y para expresar con una sola frase, por medio de gran cantidad de partículas determinativas, un concepto complejo»[22]. Y, por otra parte, en la profunda afirmación del sentido de la libertad. Para Emilio Lledó, la consecuencia de aquel sentido de la libertad «fue la ciencia, la filosofía, la tragedia, la épica, la política, la historia, la comedia, la ética..., todos esos campos que inventaron los griegos y por donde empezaron a sembrar las semillas y en muchos casos los grandes árboles que hoy, casi sin saberlo, nos cobijan y alimentan»[23].

En fin, a los ciudadanos del siglo XXI, nos puede parecer imposible creer que toda la maquinaria político administrativa de la ciudad Estado, con sus asambleas de 6000 ciudadanos, los 500 del Consejo y sus magistraturas elegidas por sorteo, pudiera funcionar diariamente si no es pensando que «la democracia ateniense, basada en el principio de que todos los ciudadanos eran sustancialmente iguales y en la voluntad de poner el poder en sus manos por medio de la asamblea y del sorteo, no tenía precedentes en la historia. Y, sin embargo, el sistema funcionaba bastante bien. Los problemas de gobierno eran mucho más sencillos que aquellos sobre los que el ciudadano moderno se ve hoy llamado a expresar su opinión, y los posibles abusos estaban limitados por ciertas garantías prácticas»[24]. Visualizaremos mejor el volumen de estas asambleas si pensamos que, al fin y al cabo, 6.000 ciudadanos (mínimo para que una asamblea fuera válida) no es más que el 7,4 % de los espectadores que caben en el Santiago Bernabéu (81.000) o el 6 % del Nou Camp (99.300).

«Cursus honorum» o la carrera política

Como en tantas sociedades, el inicio de la civilización romana se sitúa entre el mito y la realidad: la leyenda de Rómulo y Remo, la llegada al Lacio de Eneas (el héroe troyano huido de la contienda homérica), los conflictos entre las monarquías míticas de los primitivos pobladores de la península itálica y la fundación de Roma. Y como en casi todos los mitos fundacionales se trata de llevar al pasado, lo más lejano posible, el origen de la ciudad y de las familias. Así, los próceres romanos remontarán luego su nobleza de sangre hasta aquellos primitivos héroes.

En aquel mundo de los primeros pobladores de la península italiana (compuesto de diferentes pueblos), la historiografía da por cierto la existencia de una monarquía primitiva en un mundo de guerreros, sin organización demasiado precisa ni de una política espacial determinada, así como de una sociedad de herencia etrusca. Quienes descendían de un antepasado común constituían una *gens*. Algunas de estas *gentes* se constituyeron en la primera nobleza romana, por encima de la población libre, ostentando el poder económico y político. Estas son las familias que en el futuro tendrán un gran protagonismo en la política y en la sociedad romana.

Aquella originaria monarquía era electiva, *primus inter pares*, entre los jefes de las *gentes*. El rey (*rex*) es un jefe militar y como tal ostenta un primitivo *imperium*, término que expresa la más alta capacidad de poder ejecutivo. Es también el líder religioso de la comunidad, debiendo granjearse el favor de los dioses y conocer sus deseos mediante auspicios. Entre los cabezas de familias (*patres familiae)*, los más antiguos (*senex*) constituyen un senado primitivo encargado de vigilar al rey, cuyos miembros representan una autoridad moral y religiosa respetada por todos.

Esta primera sociedad la integran los hombres libres y los esclavos. Los hombres libres se organizaban en curias (una por aldea) que, si en principio servían para la organización militar, se convertirían en un órgano de participación política asambleario: la *comitia curiata*. Más tarde, Servio Tulio —dicen que el sexto rey de Roma— realizó una división de la ciudad y sus alrededores en zonas territoriales o tribus (*comitia tributa*); así los ciudadanos se agrupaban en función de su domicilio para las asambleas. A él también se le atribuye una reorganización del ejército que daría lugar a la *comitia centuriata* que agrupaba a los ciudadanos con capacidad para contribuir con efectivos militares.

Estos reyes primitivos tuvieron su fin con Tarquinio el Soberbio, el último rey romano que, dicen, conjugaba todos los vicios y maldades posibles como para que los romanos hicieran tabla rasa de la monarquía. Tarquinio fue derrocado según la leyenda (509 a. C.) y Roma se constituye en República a consecuencia de la rebelión de la clase patricia. El odio y el mal recuerdo de los reyes, o de quienes quisieran parecerlo, será una constante del mundo romano. A partir de ahora el poder ejecutivo, el *imperium*, se entregará a dos personas, dos cónsules.

La República se expresaba en los términos de *Senatus populusque romanus*: el Senado y el pueblo de Roma, los entes fundamentales en los que se asienta la República y la imagen de Roma (de hecho su grafía, SPQR, se convierte en «logotipo»). Las dos instituciones ostentan todos los poderes de la *res pública* (los asuntos públicos): por un lado los *patres* del Senado y, por otro, el pueblo romano que elige en comicios a la «administración», los cargos, las magistraturas.

El Senado es un órgano consultivo y deliberativo: recibe propuestas, las discute y las envía a las asambleas o a los magistrados. No se reúne por decisión propia sino a instancia de otros órganos o magistraturas. El Senado es «consultado» y cuantas resoluciones o directrices salen de él se difunden con el *Senatus consultus* (consultado con el Senado). Si el Senado quiere entregar a un cónsul poderes extraordinarios para asuntos especiales resuelve un *Senatus consultus últimum*. Las decisiones del

Senado podían ser adoptadas o no por los magistrados encargados de llevarlas a cabo, pero lo normal es que estos las acataran sin ningún tipo de resquicio. Por otra parte, si el magistrado adoptaba decisiones sin su consentimiento se exponía a que su carrera política peligrara.

Una vez que se ingresa en el Senado es para toda la vida. Senador es un cargo vitalicio. La lista de los ciudadanos que aspiran a formar parte del Senado es competencia de los censores, magistrados responsables de la declaración de bienes de los ciudadanos así como de su moralidad pública, sus costumbres. Cada cinco años se elaboraba una lista de aspirantes y, como bien podrá entender el lector, el cargo de censor era de especial relevancia pues mantenía un fuerte control sobre la imagen pública de los ciudadanos y sus aspiraciones políticas. Para formar parte de la lista de candidatos al Senado era requisito indispensable haber ostentado un cargo en la maquinaria administrativa romana, una magistratura. Por la labor que habían realizado para la república, los que habían sido cónsules eran senadores especialmente respetados (viri consulares).

Por lo tanto, el Senado se consolida como una institución de tradición, propia de una nobleza (nobilitas) que, más allá de su función consultiva, será el centro neurálgico de la vida política romana en la que confluyen los intereses políticos, económicos, particulares y públicos, las maniobras de sustitución de las personas, la diplomacia internacional y la administración de las provincias. Debemos comprender que el hecho de haber pasado por diferentes cargos otorgaba a los senadores una experiencia incuestionable; a ello se añadía el pertenecer a «familias de toda la vida» y, en fin, si además el senador disponía de excelente capacidad para la oratoria y astuta inteligencia política estaba destinado a formar parte de la historia. El prestigio de la figura del senador se entendía con el término auctóritas, que otorgaba un especial respeto y consideración en base a la experiencia: «una legitimación en la esfera pública que proviene del saber y del valor moral que reconoce la comunidad en una persona, independientemente de su cargo o puesto, que la faculta para emitir opiniones cualificadas»[25].

Junto al Senado, los dos cónsules son las magistraturas supremas del Estado, la máxima autoridad política, el poder ejecutivo. Habitualmente procedían del ejército y eran elegidos tan sólo durante un año por votación popular. Les caracteriza el imperium en toda su plenitud. El imperium suponía la ostentación de las más altas capacidades y funciones de la República: la jefatura del ejército, dirigir el aparato judicial en Roma, convocar comicios y consultar los auspicios. Ahora bien, el carácter militar del imperium no se ejerce en el interior de la ciudad sino sólo fuera de ella. Cuando un general vuelve de sus campañas y cruza los límites de Roma no hay posibilidad de ejercerlo. Dicho de otra manera, es una capacidad para la política exterior.

Los cónsules convocan a las asambleas y al Senado y tienen competencia en las causas jurídicas civiles y penales. Si en el campo de batalla cada cónsul actúa con autonomía, en Roma estaban obligados a consultarse en asuntos de relevancia. En un momento determinado un cónsul podía solicitar convertirse en «dictador», si las circunstancias lo exigían, por un periodo no mayor de seis meses.

Los dos cónsules daban nombre a los años, pues los romanos no utilizaban nuestro sistema de fechas. En los documentos y narraciones históricas era común referirse a un año concreto con el nombre de quienes ostentaban el consulado («Durante el consulado de.., siendo cónsules... »). Así, mientras que hoy le preguntamos al camarero de qué año es el vino que nos va a servir, si un ciudadano preguntaba en el *triclinium* por el vino que se estaba sirviendo, el anfitrión le respondía con el nombre de los cónsules de aquella añada.

Con la República la primitiva *comitia curiata* decayó en su relevancia ante las *comitia centuriata* que representaba a los ciudadanos organizados según las circunscripciones o centurias sobre la base del censo y estaban obligados a proveer soldados según los bienes que se poseyeran. Se mantenían las *comitia tributa* (35 tribus en el año 244 a.C.) en las que los ciudadanos se reunían por tribus, estructura unitaria para los impuestos y el reclutamiento, y adquirieron gran significación las centurias ecuestres, compuestas por quienes pudieran participar con soldados a caballo, clase que adquirirá una especial relevancia.

Los plebeyos, comerciantes y artesanos, en principio no disponían de derechos cívicos. Su importancia con el crecimiento de la ciudad y sus acciones reivindicativas les hizo contar con dos representantes, los tribunos de la plebe y la *plebis tributa* como asamblea propia. No tardarían en conseguir paulatinamente derechos como el de ser elegidos para cargos públicos e incluso la capacidad para elegir a los cónsules (342 a. C.). Los más ricos llegaron a formar parte del Senado; no era extraño, fueron adquiriendo relevancia económica y se hicieron necesarios a la República, y si algo caracterizaba a esta era su pragmatismo.

En las reuniones de las *comitia* se refrendaban las propuestas que se planteaban a la ciudadanía y se elegía a los magistrados encargados de los asuntos públicos. Sus reuniones se celebraban en días determinados o *dies comitiales* (más de 180 al año), muy bien determinados por el calendario romano, y nunca fuera de los establecidos por este podían celebrarse las asambleas. De esta manera se garantizaba la participación pública[26].

El «organigrama» presentaba, bajo los dos cónsules, a los altos funcionarios, los magistrados, todos aquellos que ejercían una función pública con *potestas*, es decir, competencia, capacidad en el ámbito civil. En principio su cargo era anual, aunque lo habitual era la prórroga de sus funciones.

El servicio al Estado, —«la función pública»— se estructuraba en forma de ascensos en lo que se llamaba *cursus honorum*, o sea, la carrera política. Esta se iniciaba con los cargos de menor relevancia y se ascendía con la consecución de magistraturas superiores. Los magistrados no cobraban, no tenían salario, eran cargos de honor y el ejercicio de los mismos suponía gastos particulares de todo tipo pero especialmente los dedicados a la promoción propia en una permanente «campaña electoral». Esto significaba, también, que no todo el mundo podía permitirse iniciar la carrera, con lo que las magistraturas eran ostentadas por las clases altas.

Se iniciaba la carrera de honor con la cuestura, el rango inferior de los magistrados, responsable de la custodia y administración de tesoro y los archivos del Estado. A los ediles, órgano colegiado compuesto por dos patricios y dos plebeyos, se les encomendaba la labor de funcionamiento de la ciudad: mercados, calles, obras públicas y la organización de las celebraciones festivas. A los pretores cumplía la administración de justicia y disponían de un *imperium* inferior al de los cónsules, a quienes sustituían cuando se encontraban fuera. Tribuno era el representante de la tribu. Con la lucha entre plebeyos y patricios, el tribuno de la plebe pasó en un determinado momento a considerarse magistratura, con una permanente actitud de defensa frente a las posibles malas prácticas de otras magistraturas. Cada cinco años se elegían dos censores, con un amplio abanico de funciones: realizar los listados de ciudadanos a efectos de impuestos, las levas y llevar las listas de aspirantes al Senado, como ya hemos indicado, con capacidad para expulsar a los senadores incompetentes o que se excedieran en sus funciones,

Desde otro punto de vista, aparte de la configuración social básica entre patricios y plebeyos, la sociedad romana presentaba una división entre los *assidui*, los propietarios, y los *proletarii* (los que, a falta de recursos, proporcionaban la población, la prole, «el proletariado»...). Merece especial atención la clase de los «clientes», una institución muy particular que tiene su origen en la monopolización de las actividades económicas por parte de las grandes familias. La clientela constituye uno de los primeros fenómenos de división de clases basada en una relación personal de dependencia a una familia, «como una categoría de sometidos que tenía una serie de obligaciones ante el *patronus* y que, en correspondencia, eran protegidos y asistidos por éste a través de un vínculo recíproco de fidelidad que ligaba a ambos: la *fides*»[27], es decir, la fe o la confianza. Tener muchos clientes era un signo de distinción. Cliente y patrón, en orden al compromiso de fidelidad, se necesitan el uno al otro: para disponer de votos en las asambleas los unos y para obtener favores (jurídicos, económicos) los otros. Una relación que, además, se heredaba tanto por una parte como por la otra. Sin esta «posesión» de clientela es difícil entender cómo se ascendía en las magistraturas.

La condición de magistrado significaba ser representante del Estado y, como tal, se gozaba de importantes honores y prerrogativas: no estaban sujetos a responsabilidad, el magistrado perdía su condición una vez concluido su mandato y entonces se le podía exigir cuentas de sus acciones o irregularidades. A partir del cargo de cuestor se podía dirigir los servicios religiosos, los *auspici*, que tanta relevancia tenían en la vida institucional romana. Entre los honores, «la utilización de la *toga praetexta* orlada de púrpura, la *sella curulis*, o silla adornada de marfil; el derecho de *proedria*, asiento especial en teatros y espectáculos, y el acompañamiento de lictores, portadores de las fasces (el hacha de doble hoja y las varas, de procedencia etrusca) para el caso de los magistrados que tuvieran *imperium*»[28].

Bien mirado, parece que la estructura político-administrativa que acabamos descubrir responde a un funcionamiento que se pudiera llamar democrático, pues tiene poderes contrapuestos y órganos de decisión colectivos y unipersonales. Al respecto, es común en muchos historiadores, con la sagaz desconfianza hacia las fuentes históricas y literarias romanas, referirse a Polibio (200-118 a. C.) como fino espectador y primero en preguntarse cómo fue capaz Roma de conformar una estructura política que dominó prácticamente la mitad del mundo conocido en 53 años. El historiador griego percibió en Roma una combinación de elementos monárquicos (los cónsules, que ostentaban el *imperium*) junto a una formación aristocrática (el Senado, como cuerpo consultivo que revisaba la ley) y los ciudadanos, el elemento democrático encargado de aprobar las leyes y elegir a los magistrados. Si este funcionamiento pudiera ser considerado democrático, lo mismo los romanos no eran conscientes de ello, pues Polibio, como griego, habría forzado la interpretación democrática de la división de capacidades entre los cónsules, el Senado y el pueblo. Dice Mary Beard al respecto que «la democracia (*demokratia*) estaba arraigada política y lingüísticamente al mundo griego. Nunca fue un grito de guerra en Roma [...] En gran parte de los textos que se han conservado, la palabra significa algo

32

así como "gobierno del populacho". No tiene demasiado sentido preocuparse cuán "democráticas" eran las políticas de la Roma republicana: los romanos luchaban por, y para, la libertad, no la democracia»[29].

La República fracasó. Entre otras razones por la corrupción de los senadores y la incompetencia de la clase gobernante que monopolizaba una generación tras otra los mismos cargos. La mayoría de los senadores se configuraron como una nueva clase social preocupada sólo por sus propios intereses, junto a los *equites* (caballeros) que desde antiguo habían nutrido al ejército. Por otra parte, la expansión romana, las conquistas, los impuestos y botines de guerra habían sido causa de una importante revolución económica puesto que Roma arrendaba a particulares los grandes negocios financieros, como la recaudación de impuestos, la construcción de edificios públicos o la intendencia de los ejércitos —como en la actualidad—. A ello contribuyó la decisión de Roma de no aplicar una política de conquista *sensu stricto* a los territorios conquistados. No se imponía una forma de gobierno determinada, ni una cultura; a Roma le interesaban los recursos naturales, las indemnizaciones en oro y plata o el establecimiento de un régimen tributario, aparte de los diferentes tratados de amistad o colaboración.

No tardaron en aparecer cabecillas que condujeron a Roma hacia formas personales de gobierno. Cuando Pompeyo fue elegido cónsul único, *consul sine collega*, el Senado, en vez de utilizar la fórmula de nombrar un dictador temporal, decidió precisamente conceder un cargo que siempre había sido de dos, olvidando el miedo histórico a la acumulación de poder en una sola persona. Además, Pompeyo se arrogó el derecho a vestir el atuendo de general vencedor para asistir al circo, un vestido que solo podía utilizar un general cuando se le concedía un Triunfo y que siempre se encontraba depositado en el templo de Júpiter. Era como ponerse en el lugar del dios, un atrevimiento que pronto se convertiría en costumbre.

Por otra parte, el habitual reparto de tierras entre los veteranos del ejército provocó grandes conflictos en los que la clase ecuestre llegó a convertirse en una espada suspendida sobre la cabeza de cualquier senador. Con militares como Mario, Sila, Pompeyo o César, el ejército se convirtió en una maquinaria poderosa como nunca se había conocido en la historia, con una estructura muy próxima a la profesionalidad (con paga y botín). Los soldados, potentemente armados, habían desarrollado grandes sentimientos de fidelidad hacia sus generales, todos ellos de gran prestigio personal, y hacia sus símbolos, sus «águilas». Generales que comenzaron a disputarse los destinos de Roma en guerras civiles que concluirían con la República tutelada por ellos.

César pertenecía a la *gens* Julia, de arraigada nobleza, que remontaba sus orígenes nada más y nada menos que a Julo, hijo de Eneas, y tras el paso del «Rubicón» consiguió poderes absolutos. Ya era pontífice máximo desde el 64 a.C., se hizo elegir dictador por diez años y más tarde con carácter vitalicio. Se le concedió la s*acrosanctitas* (inviolabilidad) y la *praefectura morum* (censura). Su rostro apareció en las monedas, algo que era reservado a los dioses (y a los reyes). Se le permitió llevar vestiduras triunfales donde le placiera. César perdonó a muchos de sus enemigos con tal de que no siguieran siéndolo, abusando de la capacidad de *clementia*, que sólo habían dispuesto los reyes. A él se debe la introducción del sistema occidental de concebir el año, iniciándose el 1 de enero del 45 a.C., y vigente hoy (salvo las modificaciones del papa Gregorio XIII en 1582). Igualmente, puso nombre a uno de los meses, julio, como Octavio (Augusto) se lo pondrá al mes de agosto.

César, a pesar de su autocracia, en el fondo había intentado corregir los excesos que habían llevado a Roma a perder su identidad republicana y sus valores tradicionales, pero vano fue el intento de subyugar las tendencias personalistas del ejército romano, de sus generales. El pueblo le admiró, pues cuidaba de sus representantes, los tribunos de la plebe, e intentó desclasar al Senado aumentando su número de miembros hasta 900: todo ello por los poderes que le habían sido concedidos. Hizo un intento de reorganización política en la que, manteniendo formalmente la estructura republicana, él aparecía como *rex* pero sin parecerlo, ostentando todas las capacidades. Quien ostenta el *imperium*, ahora absoluto, es *imperator*. Sus intentos le costaron la vida.

A la muerte de César, su sobrino nieto Octaviano contaba dieciocho años y César le dejaba buena parte de su herencia nombrándolo hijo adoptivo. A Octavio, por el contrario, no le costó consolidarse como autoridad absoluta. Fue llamado *Imperator Caesar Augustus* y supo imponerse a todas las revoluciones internas creando un floreciente periodo de paz (*pax* romana) pues, después de la venganza de su tío abuelo, se convirtió en defensor del orden republicano, tal y como lo dejó escrito en sus memorias (*Res Gestae*) en los términos de «transferencia de la República desde su autoridad personal hasta el libre ejercicio del Senado y del pueblo romano». En realidad Roma se convertía en una república custodiada mediante una especie de pacto entre Octavio y la nobleza. El Senado no dudó en todo tipo de ofrecimientos: además del *imperium*, le concedió el título de padre de la patria (*pater patriae*) y el de «Augusto», término inventado expresamente para él de origen semirreligioso que conjugaba la idea de *auctóritas* y las capacidades de los sacerdotes augures. Aceptó también el título de *Pontifex Maximus, l*a máxima autoridad religiosa. Se le consideró *Prínceps* o primer ciudadano, dando lugar a que, a veces, al sistema imperial se la llamase Principado. Igualmente, el Senado consagró un altar dedicado a la Paz Augusta en el Campo de Marte. No obstante, y preocupado por lo que le había ocurrido a su padre adoptivo, Octaviano siempre se cuidó de aceptar todos los honores concedidos por el Senado como algo que él no había pedido pero bienvenido era...

El protagonismo del primer ciudadano hizo que su imagen se difundiera en todo un *merchandising* que incluía monedas, anillos y vajillas de plata; imágenes totalmente idealizadas para que los ciudadanos del Imperio pudieran tener una representación suya, destinada a la posterioridad, en lo que podríamos considerar como la aparición por primera vez del «retrato oficial». A partir de Augusto, sus sucesores fueron conscientes de la necesidad de ser representados a través del arte y la literatura, en monumentos, columnas conmemorativas, o en la historia de Roma escrita al dictado por los literatos apadrinados.

Tras su muerte, su mujer, Livia, entregó una importante cantidad de dinero a un senador que juró haber visto cómo Augusto se elevaba hasta el cielo… Y el Senado decretó su divinización, creándose el culto al Divino Augusto y la construcción de templos en su honor. Para mayor gloria, se crea una nueva ceremonia para los emperadores que lo merecieran por sus servicios: «la apoteosis», la subida a los cielos. La apoteosis la decretaba el Senado, al igual que su contrario, la *damnatio memoriae*, el olvido, que suponía, además, la destrucción de las imágenes del emperador, la invalidez de sus resoluciones y eliminar su nombre de cualquier edificio público. Ser el primer ciudadano, compartido con la idea de emperador no era fácil de llevar, aún más si le añadimos una parte de divinidad. Una divinidad que le colocaba en igual precedencia a la de Júpiter.

A Augusto le sucedieron emperadores que nos han quedado representados por sus particularidades o excentricidades —muy presentes en la literatura moderna, la novela histórica o en el cine—, Tiberio, Claudio, Calígula o Marco Aurelio. Aunque el Imperio romano mantenía la *pax*, el principio de acuerdo permanente entre el primer ciudadano, el *prínceps*, y la nobleza fue difícil de mantener. De los doce siguientes emperadores, muchos sufrieron la *damnatio memoriae y* siete acabaron violentamente: esposa, hijos, parientes, amigos, esclavos o guardaespaldas podían ser sospechosos, mientras la nobleza conspiraba, urdía complots y excitaba a la hambrienta plebe.

La entrada triunfal

La vuelta a casa del ejército vencedor (esa imagen que tenemos asociada en blanco y negro de las Guerras Mundiales, con soldados desfilando entre aplausos y ramos de flores), es uno de los exponentes tradicionales de la conmemoración de una victoria. Es cierto que las entradas a una ciudad han sido rituales que se preparaban para los monarcas en razón de una visita, la coronación, unos esponsales, traslado de restos o una vuelta del exilio. Pero el regreso de un ejército vencedor constituyó en Roma una celebración de carácter ciudadano con grandes connotaciones políticas, de representación y de orgullo personal para el general al que se le concedía la celebración de un Triunfo, así como por el trato vejatorio que suponía para los vencidos que traía consigo.

Tal honor lo concedía el Senado y suponía para el general vencedor, en buena parte, la consolidación de su poderío militar y su influencia en la política, amén de la fama. Por lo tanto, los senadores se lo pensaban muy bien a la hora de concederlo y había *lobbies* de opinión con intereses diversos, dilucidando la oportunidad en cada caso. El general que aspiraba a ser recibido de manera triunfal debía solicitarlo al Senado quien, en caso afirmativo, ponía fecha. Mientras tanto, el general esperaba la decisión en el Campo de Marte, fuera de la ciudad.

Se suele atribuir a Tarquino el Antiguo la introducción de esta conmemoración, procedente de las procesiones griegas en honor a Dionisos o *triambos*, quizás porque «triunfo» deriva de la voz griega *thiunbos*, la procesión en honor a Dionisos que celebraban sus seguidores.

Las formas en las que solía materializarse este honor son una referencia permanente entre los historiadores latinos, de tal manera que casi podemos hacernos una imagen enfocada de su «secuencia», no sin cierta dificultad pues la variedad de la información que disponemos difiere muchas veces en la interpretación de símbolos o en la identificación de los lugares y recorridos, así como en los diferentes «pasos» que los integraban[30]. Suetonio nos recuerda que Julio César obtuvo cinco veces el Triunfo y celebró cada uno de ellos con diferente ceremonial[31]. No obstante, y con las debidas cautelas, podríamos presentar una secuencia estandarizada del ceremonial.

La salida de la comitiva se iniciaba fuera de la ciudad, en el Campo de Marte, y concluía con la subida al Monte Capitolino y la llegada al templo de Júpiter Óptimo Máximo. Iniciaba la comitiva un desfile de danzarines acompañados de tocadores de cítaras y flautas; continuaba con una sucesión de carros y angarillas cargados

Carle Vernet. *El Triunfo de Emilio Paulo* (1789). The Met Fifth Avenue. Nueva York

de objetos arrebatados a los vencidos: armas, oro, estandartes, ídolos, símbolos e incluso los mascarones de proa de barcos correspondientes a las batallas navales. Le seguían las coronas de oro y plata confiscadas, las obras de arte y las monedas ofrecidas por las ciudades aliadas o los pueblos de las provincias sometidas. En el Triunfo del cónsul Emilio Paulo tras la derrota de Perseo de Macedonia —cuenta Plutarco— llegaron a desfilar 250 carros. La comitiva continuaba mostrando mediante cuadros los territorios y las batallas, así como maquetas de las ciudades con sus correspondientes nombres rotulados. Seguían las víctimas destinadas al sacrificio: toros blancos, o al menos con una mancha blanca en la frente, los cuernos dorados y ceñidos de cintas, aparejados lujosamente y dirigidos por los victimarios vestidos de gala.

Luego, el paso más esperado y que hacía vibrar a la multitud: cargados de cadenas, a pie o en carro, los prisioneros más notables, los generales derrotados que serían ejecutados o enviados a calabozo y los reyes rendidos, con sus símbolos y sus pintorescos trajes regionales. Se dice que el suicidio del rey Mitrídates habría sido para evitar esta humillación. Así también, el suicidio de Cleopatra fue impedir a Augusto que la pasease en un Triunfo. No obstante, Augusto hizo desfilar una réplica tamaño natural de la reina, en el momento de su muerte, en el Triunfo del 29 a. C.

Inmediatamente después de estos prisioneros de lujo, el carro del general homenajeado, cuyo rostro aparecía maquillado en rojo y ciñendo la corona de laurel (o palma, según autores). Le acompañaba en el mismo carro un esclavo que le repite una y otra vez «recuerda que eres hombre», manteniendo sobre su cabeza una corona de oro. Viste la túnica *palmata*, bordada con palmas, y la toga purpúrea, más tarde llamada toga picta, recamada con estrellas en oro. Lleva en una mano el cetro de marfil (con cabeza de águila) y en la otra una rama de laurel. Para evitar el mal de ojo, debajo del carro colgaba un falo. Respecto al esclavo y la frase reiterativa,

36

que tantas interpretaciones ha tenido, hay representaciones en relieve en las que es sustituido por una Victoria alada, icono destinado a perdurar, especialmente en el Renacimiento, unido a la representación de los emperadores junto a la figura de la Fama.

Junto al carro, a caballo, los hijos mayores (los menores solían ir en el propio carro del general), seguidos de los oficiales superiores, su «Estado Mayor», y los ciudadanos de Roma que habían sido liberados de la esclavitud, cubiertos de píleo, sombrero parecido al gorro frigio, símbolo de la libertad. A veces, sujetos a los que tiraban del carro, dos caballos de cuerda (*funales* o *iugales*) eran montados por personas apreciadas especialmente por el general. El adolescente Tiberio, luego emperador, tuvo el honor de cabalgar en uno de ellos en el Triunfo de Augusto tras la batalla de Accio.

Desfilaba entonces la tropa, los soldados con guirnaldas de laurel entonando cánticos y gritando la palabra *triumpe*; cánticos sobre las hazañas del general o alabanzas no exentas de ironías, sarcasmos y auténticas obscenidades. Valga como ejemplo lo que proferían a César en uno de sus Triunfos: «ciudadanos, guardad a vuestras esposas, traemos a un calvo adúltero», o refiriéndose a su *affaire* íntimo con Nicomedes, rey de Bitinia: «César ha conquistado las Galias; Nicomedes a César. Hete aquí que ahora celebra su triunfo César, el conquistador de las Galias, pero no lo hace Nicomedes, el conquistador de César»[32].

Hemos de suponer la impresión que tendría en los ciudadanos romanos ver por primera vez plantas y animales exóticos, como los elefantes. Respecto a estos, en uno de sus Triunfos Pompeyo sustituyó los cuatro caballos que tiraban de su carro por cuatro paquidermos, con la circunstancia de que, en un momento de su recorrido, fue imposible que aquellas moles pudieran atravesar las puertas por las que pasaba la comitiva y tuvo que sustituirlos por los habituales caballos[33]. En el

37

triunfo de Julio César tras la guerra de las Galias, subió al Capitolio alumbrado por antorchas en candelabros a lomo de cuarenta elefantes.

Llegados al Monte Capitolino se ejecutaba a algunos de los más nobles prisioneros. A veces algún general ejercía el perdón sobre ellos. Después, en el templo de Júpiter, el vencedor ofrecía al dios los laureles que portaba y parte del botín. Se procedía entonces a la inmolación de las víctimas y al banquete con los magistrados y el Senado, separadamente de los soldados y el pueblo en lo que podemos imaginar como auténticas bacanales.

El listado de quienes habían obtenido un Triunfo quedó inscrito a partir del siglo I en el Foro romano. Cada Triunfo, así, se convertía en una narración que proporcionaba a los ciudadanos información sobre otros ámbitos y culturas del mundo conocido y, más allá del exotismo, un sentimiento de autoestima y superioridad. Con todo, la ceremonia también contaba con la censura de los moralistas, como Séneca, que detestaban este tipo de celebraciones.

Crisis

La conquista de Grecia y el Oriente tuvo una influencia decisiva sobre Roma. La idea tradicional de que Roma conquistó Grecia pero esta la conquistó culturalmente hoy quizás sea exagerada. Lo cierto es que la lengua y la cultura griega se pusieron de moda. Se tradujeron los autores griegos, no sin la oposición conservadora de los que abogaban por el mantenimiento de las costumbres tradicionales romanas, las *mores* de los antiguos. Creció la demanda de obras de arte y de objetos de lujo y fueron muchos los generales que se hicieron acompañar de artistas. El lujo, a pesar de la imagen que se nos ha transmitido, había sido siempre algo muy mal considerado en las costumbres romanas y censurado por las magistraturas responsables de la moralidad. Séneca y muchos de sus contemporáneos reniegan de la ostentación, la vida viciosa o los sanguinarios juegos de gladiadores y muestran un humanismo que reconoce el valor de la piedad, llegando a escribir sobre la existencia de un espíritu divino en cada persona consciente de nuestras buenas o malas acciones (más tarde algunos cristianos pensaron que Séneca y san Pablo se habrían conocido).

Aunque el culto imperial y los dioses de Roma se mantienen en su lugar, ya los hijos de los emperadores nada más nacer son considerados hijos de dioses, y si el emperador Marco Aurelio parece un filósofo existencialista y depresivo, Adriano diviniza a su amante Antínoo tras ahogarse en el Nilo y se expresa en versos de un extraño laconismo como el famoso *animula vagula blandula* (Oh alma suave y errante).

Este primitivo humanismo suscita nuevas inquietudes religiosas y aparecen —junto a taumaturgos, predicadores y oráculos— formas religiosas procedentes de las zonas orientales del Mediterráneo, como el mitraísmo, religión procedente de Irán, con la creencia en un cielo y un infierno, y cultos que incluían consagraciones de alimentos y bebidas por los sacerdotes. De Egipto procedía el culto a Isis, Serapis y Horus, madre, padre e hijo constituidos en trinidad sagrada, y el judaísmo, convertido ya en diáspora, tuvo en Alejandría un gran contacto con la cultura helénica y se tradujo el *Antiguo Testamento* al griego para su uso en las sinagogas, mientras que en Palestina surgían disensiones entre quienes aceptaban la dominación romana o la repudiaban. Véase en clave humorística la película de Terry Jones *La vida de Bryan* (1979).

38

Si miramos bien, había muchos puntos comunes en estos focos religiosos, como la admisión de los adeptos en forma de ritos, la existencia de un paraíso y un infierno, el sentimiento de fraternidad entre los practicantes o un juicio tras la muerte. El Cristianismo se abrirá paso sobre estas formas religiosas con un ímpetu nuevo y una concepción del mundo radical pues se basaba en acontecimientos históricos en torno a la figura de un Salvador: «Las virtudes predicadas en el Sermón de la Montaña —humildad, caridad, amor fraterno— no eran las del mundo grecorromano, pero con el tiempo se convertirían en las normas éticas del mundo occidental»[34].

Mientras los emperadores pasaban bastante tiempo sentados despachando asuntos que —dicho en lenguaje de hoy— eran más «a instancias de parte que de oficio», y las peticiones y exigencias estaban por encima de la voluntad de ellos, la maquinaria imperial va perdiendo pulso, producto de la inacción de las instituciones, de un ejército incontrolable que nombra y depone a los emperadores, de pésimas dinastías, particularmente los Severos, y de las primeras avanzadillas de los pueblos germánicos.

Caracalla en el 212 decretó la ciudadanía para todos los habitantes libres del Imperio en cualquier lugar que habitasen, lo que significaba un nuevo estatus entre gobernantes y gobernados. En el momento de la subida al trono de Diocleciano (284), primer emperador que «dimitió» y se recluyó en su palacio de Split (Croacia), regía la proscripción contra los cristianos aunque de hecho ya se les toleraba. Con el Edicto de Milán (313), por decisión de Constantino se pone fin a su persecución. Constantino había demostrado un gran interés por el Cristianismo (después de haber pasado por ser un fiel seguidor de Hércules convertido en dios, o seguidor del Sol Invicto). Durante su gobierno se celebró el primer concilio ecuménico en Nicea (325), que inauguró él mismo y asistió a sus debates. Trasladó la capitalidad a Byzas, una colonia griega sobre la que se construyó Constantinopla, como una nueva Roma, en la que instauró un nuevo Senado y un gobierno de corte imperial. Constantinopla nace así como ciudad cristiana centro de las provincias griegas del Imperio. A ambos, Diocleciano y Constantino, se deben las grandes reformas que dan lugar a una nueva burocracia autocrática. Ahora la posición del emperador, más allá de «augusto» en dignidad, se reconoce como *dominus*, señor absoluto, en lo que comienza a parecer una nueva monarquía con visos de convertirse en hereditaria.

Con la expansión del Cristianismo una nueva institución, la Iglesia, se configura en un ámbito de actuación paralelo al Imperio: utiliza la división territorial romana, la diócesis, como estructura territorial en cada una de las cuales se sitúa el liderazgo espiritual del obispo. Las diócesis religiosas recibirán competencias civiles, como la concesión de jurisdicción a los tribunales episcopales, entre otras. El emperador Graciano *el Joven* rechazó el título de *Pontifex maximus* (382), Teodosio prohibió todos los sacrificios paganos y a su muerte (395) el Cristianismo era la religión del Estado. Esta nueva situación comportaba la desacralización de la figura imperial: como Dios no podría tener competidor, al emperador se le dejó de considerar divino, aunque se reservaba un papel de mediador[35], con lo que se prefigura una nueva forma de entender las relaciones entre la divinidad y los emperadores, o las realezas, de los próximos siglos.

La crisis de las estructuras romanas, la religión imperial convertida en mera superstición, la crisis del Estado sustentado por la clase dominante que constituían los grandes terratenientes, la presión de los pueblos germánicos y la dificultad de la maquinaria administrativa y militar para controlar la amplitud del Imperio, llevaron a la división del mismo. Valentiniano I decide entregar el mando del imperio de Oriente a su hermano Valente (364). Esta división supondrá también un alejamiento paulatino de ambos poderes y de ambas Iglesias. A la muerte de Teodosio (395) sus hijos se dividen el Imperio: Honorio quedaba en el de Occidente, que se disolvería entre los problemas internos y las invasiones, y Arcadio en el de Oriente, destinado a perdurar convirtiéndose en el Imperio bizantino. Se considera la «desaparición» del Impero romano cuando los hérulos de Odoacro depusieron al último emperador de Occidente, Rómulo Augustulus (el pequeño Augusto), un chaval de apenas 15 años, aunque, respetuosamente, Odoacro envía los símbolos imperiales a Constantinopla. Al llegar el siglo V las provincias occidentales se irán convirtiendo paulatinamente en un mosaico ocupado por los reinos germánicos, mientras las orientales aguantan el empuje concentradas en el Imperio bizantino, «una fascinadora mezcla de cultura griega, fe cristiana y administración y derechos romanos»[36].

Si en el siglo I Roma había llegado a contar con una población de un millón de habitantes, esta había disminuido hasta el medio millón al inicio del V. En la parte occidental del Imperio la nobleza romana había ido abandonando las ciudades, retirándose a las villas. Los emperadores intentaron evitarlo mediante leyes, y si en Oriente se pudo contener a los terratenientes, en Occidente se hicieron cada vez más poderosos, de tal manera que en el siglo V ya los campesinos prefirieron acoger los invasores que los libraban de la presión de un Imperio en declive. El escritor Salviano en *De Gubernatione Dei* manifiesta que en los territorios dominados por los pueblos bárbaros los romanos sólo desean no volver a encontrase jamás bajo jurisdicción romana. En este momento la ocupación de los pueblos germánicos, en realidad, no había supuesto más que el aumento de un 10 por ciento de la población del Imperio occidental y el norte del África; pero lo significativo es que en los nuevos reinos germánicos, la minoría invasora, dirigía a la población indígena.

Nos encontramos en las raíces de la Alta Edad Media, un momento confuso para los estudios historiográficos en el que la arqueología y la documentación a veces no acaban de encajar y sobre el que se han escrito volúmenes de páginas. Una época que «siempre se ha mostrado reacia a aceptar una u otra síntesis. Todas las generalizaciones concretas que han tratado de aislar el motor de su evolución (ya se basaran en la cristianización, en la fusión cultural de romanos y germanos, en la desorganización del Mediterráneo) se han ido invariablemente a pique»[37].

La teoría general más aceptada entre los historiadores es que la falta de unidad en la gobernanza era consecuencia de la amplitud territorial del Imperio, de la crisis de la política, de la crisis de las religiones caducas frente a la sobriedad del Cristianismo, y de los grandes propietarios, latifundistas, que acaparaban el poder. La «caída» del Imperio romano no fue cosa de un momento, o de una generación, como las invasiones bárbaras tampoco fueron, como se nos ha trasladado muchas veces, cosa de echar a andar e invadir... Los llamados bárbaros no entraron en Roma; estaban ya en ella. Muchos eran aliados, otros habían establecido pactos (*foedus*) en los territorios limítrofes comprometiéndose a defenderlos, o se encontraban como colonos; otros formaban parte del ejército y llegaron a generales; y en el servicio doméstico las damas romanas presumían de tener efebos rubios a su servicio.

En este estado de desintegración, la ocupación de espacio político por parte de la Iglesia se hace cada vez mayor. Como los emperadores no acostumbran a vivir en la ciudad de Roma, el obispo de la vieja ciudad refuerza su dignidad y poder para, finalmente, ostentar la autoridad papal con el poder espiritual y temporal junto al Senado y los cónsules. Este liderazgo le llevará a adoptar una actitud de reyes, llegando a emitir su propia moneda. Cuando en el 751 los lombardos tomaron Rávena a los bizantinos, los papas se encontraron desprotegidos, con el añadido de que los lombardos exigían también el poder temporal del papa y este buscaría un protector en los francos y carolingios. Pues si en el Imperio de Oriente el patriarca estaba muy sujeto al emperador, incluso en las cuestiones de doctrina, «la ausencia de estructuras imperiales duraderas privó a los papas romanos del fuerte apoyo político del que gozaba el patriarca oriental»[38].

A partir de ese momento «Imperio romano», la *Romania*, adquiere el carácter de una ficción histórica, signo de identidad que funcionará en el recuerdo, por encima de las nuevas fronteras que se van configurando, o dicho en palabras de Pirenne: «El Imperio romano siguió siendo romano al igual que los Estados Unidos de América, a pesar de la inmigración, siguen siendo anglosajones»[39]. Una ficción que estará presente en la coronación de Carlomagno y en el entramado institucional que constituye el Sacro Imperio Romano Germánico.

Iconodulia e iconoclastia

En septiembre de 2015, el autoproclamado Estado Islámico ofreció al mundo las imágenes de la destrucción del templo de Baalshamin y el de Baal en Palmira, o del importante monasterio cristiano Dair Mar Elia. También ofrecieron los estragos del patrimonio en el museo de Mosul, incluido un toro alado de las puertas de Nínive. Martillos, taladros y todo tipo de herramientas sirvieron para mostrar al mundo con su destrucción todo lo que consideraban «ídolos». Con ello, el Estado Islámico conseguía eco internacional poniendo de manifiesto que su lucha no era sólo política sino también cultural contra el patrimonio artístico universal con el que los occidentales estamos tan sensibilizados. Refiere Muñoz Molina, en un artículo de prensa, lo acontecido a una profesora adjunta de Historia del Arte, Erika López Prater, en la Hamline University de Minnesota, que preparó un curso sobre las imágenes de los fundadores de las grandes religiones, incluyendo imágenes de Mahoma (de origen persa o hindú). La profesora, consciente del terreno que pisaba, había avisado previamente a los alumnos por si en algún momento deseaban ausentarse al proyectar este tipo de imágenes en concreto. Nadie objetó nada, pero tras el día que se mostró una piadosa imagen de Mahoma, una alumna denunció a la profesora considerando que había sufrido un gesto de islamofobia y racismo. Al día siguiente la profesora fue despedida[40].

Todas las confesiones religiosas, en general, se han planteado en algún momento el problema de si el dios, o los dioses, puede tener imagen, si ésta es el dios mismo o una representación, si es un ídolo y se le adora o es un símbolo. Un asunto tan antiguo, y tan presente, que fue motivo de grandes disensiones en el mundo bizantino. No podía ser otro lugar en donde surgiera el conflicto sino en Bizancio, al que fue desplazado el protagonismo imperial, lugar en el que el poder civil y religioso son catalizadores del Cristianismo, cuyas liturgias y prácticas vienen refrendadas, si no decididas, por el Sacro Palacio.

Vicent de Beauvais. *Iconoclastas quemando imágenes sagradas.* Miroir Historial. 1169

Cuando los historiadores, los viajeros decimonónicos, o los escritores de novela histórica se recrean en la descripción de Constantinopla la consideran como la ciudad más bella del mundo y un referente por el lujo asiático de su Corte imperial.

Cosmopolita, personas de cualquier país circulan por la *Mesé* (la calle central) bajo cuyos soportales el viajero podía encontrar los productos más exóticos, las joyas más lujosas y cruzarse con los comerciantes y banqueros de cualquier lugar del mundo. Era la calle, también, de los Triunfos de los generales tras sus conquistas. El viajero no puede dejar de admirar el edificio del Senado, el Hipódromo, lugar de carreras de caballos y de las asambleas populares; o Santa Sofía, la catedral más grande del mundo durante muchos siglos, ejemplo arquitectónico en la distribución y transmisión de pesos, obra de arquitectos a la vez físicos y matemáticos (se dijo que un ángel había inspirado los planos a Justiniano); y el Sacro Palacio, «la ciudad interior», residencia imperial en la que todos los actos están muy reglamentados en unas formas áulicas fastuosas donde las haya. «Constantinopla no es solo la ciudad más grande del Imperio y de la cristiandad, sino también la "ciudad reinante", la capital con aquella otra ciudad alojada en su interior que era el palacio imperial»[41].

En Bizancio, el emperador ejerce el poder supremo, es el Estado mismo, tiene la consideración de santo (*agios*), augusto y señor (*despotes*), jefe del ejército e igual a

42

un apóstol (*isapolos*); títulos que, igualmente, corresponden a su esposa. Su elección recae en el Palacio, el Senado y el Ejército; es aclamado por el pueblo y coronado por el patriarca; y puede designar sucesor en vida siempre que lo ratifiquen el Senado y el Ejército.

Las asambleas de ciudadanos celebran sus reuniones en el Hipódromo, con carácter meramente consultivo, y son muy originales en su funcionamiento pues la ciudadanía se dividía en facciones o «partidos» que se representaban mediante colores: la facción verde (*prasina*) estaba asociada a la roja (*russata*) y la azul (*veneta*) asociada a la blanca (*albata*). En el partido de los azules, «conservador», solían figurar los aristócratas ortodoxos. El partido de los verdes, reformista, «progresista», era el popular y monofisista.

Con las dinastías de los Heráclidas y la de los Sirios (siglos VII y VIII), el Imperio conocerá una reorganización para conseguir una auténtica unificación territorial, religiosa y lingüística que supone un alejamiento de Occidente. Heraclio, como emperador romano de Oriente, sustituyó el título imperial de «augusto» por el antiguo griego de *basileus* (rey) y para remarcar el carácter helénico del Imperio el griego se convirtió en la lengua oficial sustituyendo al latín (620). Los propios habitantes del Imperio se llamaban a sí mismos *romioi*, esto es «romanos» pero en lengua griega.

Es común recordar al conjunto de pensadores y juristas bizantinos, la *intelligentsia*, enfrascados en interminables divergencias, especialmente en torno a la naturaleza divina y humana de Jesucristo, que dieron lugar a diferentes corrientes de pensamiento, o herejías, de tal modo que calificamos de «bizantina» cualquier polémica inacabable. En este sentido, no sabemos si es cierto que realmente discutían sobre «el sexo de los ángeles» y asuntos del mismo calado, como se afirma; lo que sí es cierto es la gran significación histórica en un asunto como el de la adoración de las imágenes en el que el problema era dilucidar si las imágenes constituyen un símbolo o un ídolo, su adoración o prohibición.

Durante el reinado de León III el Sirio se materializa el enfrentamiento entre los iconódulos, partidarios de las imágenes y las reliquias, y los iconoclastas, que las consideraban una idolatría. El monacato era muy partidario de la adoración de las imágenes, frente a las altas autoridades eclesiásticas; León III se manifestó en contra, pero el papa Gregorio II, el patriarca Germán de Constantinopla y Juan de Damasceno, doctor de la Iglesia, consideraban el carácter de símbolo de las imágenes, no de objeto real de adoración y un medio pedagógico para ilustrar a los fieles que no sabían leer, como así lo consideraban también los monasterios.

Pasando a la acción, León III prohíbe las imágenes y su culto, ahondando en la división entre Oriente y Occidente. En el Concilio de Hiereia (754), convocado por Constantino V, hijo y sucesor de León III (un concilio al parecer «amañado» pues de hecho ni la Iglesia católica ni la ortodoxa lo consideran ecuménico), los obispos orientales se declararon iconoclastas, decidiéndose la destrucción de las imágenes para sustituirlas por las del emperador y la narración de sus hazañas; se consideraron legalmente prohibidas, castigaron a quienes las utilizaran y se reprimieron con dureza las sublevaciones del monacato.

Constantino V murió pronto y su esposa, la afamada emperatriz Irene, convertida en regente de su hijo Constantino VI, preparó el camino hacia la reinstauración de las imágenes. Ella misma convocó el 787 el Concilio de Nicea en el que los obispos se declararon por la iconodulia, con argumentos esta vez más equidistantes pues se consideraba que la «adoración» era propia de Dios, mientras que las imágenes serian objeto de «veneración».

El asunto tiene raíces más profundas que, como expresábamos más arriba, llega hasta nuestros días. Probablemente, en la actualidad, un amigo musulmán nos preguntará cómo es posible que una escultura de «madera pintada» (un paso de Semana Santa, por ejemplo) pueda ser objeto de devoción o procesión, pues para los musulmanes la divinidad no tiene imagen. Y podremos responderle, con sus propios argumentos, que si adorar una imagen en madera es una incongruencia, cuánta incongruencia no será adorar una piedra como la que se encuentra en La Meca, dando vueltas alrededor de ella.

En general, las culturas del Libro (*La Biblia*), musulmanes, judíos y cristianos, tienen una fundamentación ideológica común en el *Antiguo Testamento*. En el *Éxodo*, el *Levítico* y el *Deuteronomio* aparecen referencias muy explícitas sobre las imágenes: «No tendrás dioses ajenos delante de mí; No realizarás imagen, ni ninguna semejanza de lo que esté arriba en el cielo, ni abajo en la tierra, ni en las aguas debajo de la tierra»; y «no te inclinarás a ellas, ni las honrarás; porque yo soy Jehová tu Dios, fuerte, celoso».

Cuando Moisés bajó de la montaña con los Mandamientos y encontró a su pueblo que, harto de esperarle, se había dedicado a fabricar y a adorar ídolos, se enfureció y descargó sobre él toda su ira.

Narra el Antiguo Testamento que, durante sus días en el Sinaí, Moisés le había preguntado a Dios «quién era Él». Y le había preguntado porque todos los dioses que Moisés había conocido tenían un nombre propio, habitualmente asociado a lugares o a funciones, como los de la antigua Mesopotamia. «Yo soy el que soy» le había respondido Dios, o sea «el que es». Y «el que es» no ha sido inventado por los hombres, no tiene una imagen ni atributos físicos y por lo tanto no es representable, no tiene forma, ni siquiera en abstracto. Con este «el que soy» se entendía la «unicidad» de Dios que es presente, pasado y futuro, no tiene principio ni fin, no es contingente, no se expresa en cosas o seres. Es el único.

Por ello el Islam prohíbe toda representación icónica de la divinidad, pero creó una cultura caligráfica con textos reiterativos del Corán que cubren los edificios de suelo a techo; esas grafías, que para un occidental son pura decoración, constituyen un discurso de mensajes religiosos (y políticos). Entre ellos, la *shahada,* convertida en signo iconográfico, expresa la unicidad de Dios reiterada una y otra vez: «No hay más dios que Alá y Mahoma es su profeta». Es la profesión de fe del islamismo, como el Credo lo es de los cristianos. En realidad, a veces nos preguntamos si en nuestras romerías y procesiones de Semana Santa se adora apasionadamente a la Virgen o a la propia imagen, y más de un obispo andaluz ha llamado la atención en la prensa sobre el asunto recibiendo las críticas de muchos cofrades.

Los primeros cristianos no crearon imágenes sobre la divinidad, las convertían en signos (como el pez, el crismón, las letras alfa y omega). Pasado el tiempo el Cristianismo admitirá y difundirá la imagen de Dios, Cristo, los apóstoles, profetas y santos, todo ello a partir de la idea de la «encarnación» que expresa la humanidad de Jesucristo. A partir de la Baja Edad Media el dibujo, la pintura, la escultura, los códices, serán un medio para transmitir los conceptos cristianos y la Historia Sagrada a las clases populares. Las representaciones que hoy nos pueden resultar difíciles de comprender en frescos, pórticos o capiteles medievales se inscribían en un lenguaje común para la población del momento. Aún más, en el teatro medieval los Misterios fueron una fuente de transmisión del *Nuevo Testamento*, con tintes a veces simpáticos procedentes de evangelios apócrifos, como los del pseudo san Buenaventura que, por ejemplo, en su afán explicativo (divulgador diríamos hoy) podía presentar a Jesucristo niño haciendo pájaros de barro que volaban (sí, como en la canción de El Último de la Fila), o imaginando a la Virgen dando a luz apoyada en una columna. Columna que, de la ficción teatral, pasaría a la alta pintura como un símbolo extraño en muchos Nacimientos que podemos encontrar a lo largo de la historia del arte[42].

Con todo, pasados los siglos, la necesidad de ser representados y de poseer imágenes laicas no dejará de seducir a los grandes dignatarios del mundo musulmán. El otomano Solimán el Magnifico impulsó la creación artística y se rodeó de un buen grupo de miniaturistas. Tiziano y Durero hicieron algunos retratos suyos sin que posara el modelo. La idea de que sólo Alá es el único creador fue relajada tanto en el mundo otomano como en Persia, incluso en Al Ándalus, pero esta producción artística quedaba adscrita al mundo privado que gustaba de paisajes, imágenes de grupo, animales y fantasías.

El poder en precario

El concepto de «árabe», estrechamente ligado al Islam por razones históricas y culturales, es exclusivamente lingüístico y no debe confundirse con el de «musulmán», que es la comunidad de personas cuyo credo religioso es el Islam. El 80% de los musulmanes no es de lengua árabe y muchos árabes no son musulmanes. Valgan estas consideraciones para comprender la significación de una cultura surgida en la península arábiga que logró expandirse de manera vertiginosa desde Afganistán hasta España dividiendo la cuenca mediterránea en dos mundos destinados a enfrentarse, pero cuyo contacto permitió importantes beneficios culturales para los países ribereños.

Los árabes preislámicos, de orígenes étnicos y lenguas semíticas diversas, refieren su origen a Sem (uno de los tres hijos de Noé), cuyos descendientes, tras el Diluvio bíblico, se habrían asentado paulatinamente en la península arábiga. Comerciantes, pastores, caravaneros, nómadas o seminómadas, su estructura primitiva era la tribu, que garantizaba la seguridad económica, la defensa y la solidaridad, pues fuera de ella era difícil la subsistencia. Cada tribu se componía de clanes y estos de familias, siempre atentas a la defensa de los intereses mutuos y con un fuerte orgullo de pertenencia. Estas tribus mantenían buenas relaciones comerciales desde el Mediterráneo hasta la India en caravanas que a veces podían contar con más de mil camellos.

Profesaban religiones animistas, adoraban al sol y a la luna, al fuego (influenciados por el zoroastrismo) o a los genios invisibles (*yuunum*). Algunas de las divinidades habitaban, o adquirían forma, en árboles o en minerales (*betilos*) como el ágata de la Kaaba. Ídolos a los que adoraban como esencia de la divinidad misma, a veces con ritos de recorrido deambulatorio. Estas deidades tenían sus primitivos templos cerca de pozos a los que se peregrinaba en momentos determinados, lo que suponía un importante negocio para los comerciantes. Alá ya era adorado, como uno más, antes de que Mahoma lo convirtiera en «el Único». El judaísmo también tenía presencia en la península arábiga tras la llegada de comunidades procedentes de la Palestina conquistada por Roma, y el Cristianismo contaba con adeptos (el mismo san Pablo dijo haber estado en Arabia) y con algunas sectas (monofisistas y nestorianos).

Mahoma, comerciante y caravanero de la poderosa tribu de los Qurays, tras una crisis religiosa, puso en duda aquellas prácticas y, según la tradición, mientras se dedicaba a meditar, recibió la revelación del arcángel Gabriel. Mahoma había estado muy preocupado por la relajación de las buenas costumbres tribales y acusaba a los suyos, por ejemplo, de no cumplir con la atención a los menos pudientes, algo impropio de un nómada árabe. Por otra parte, existía la percepción de que tanto el Cristianismo como el judaísmo eran religiones mejor construidas, reveladas por profetas y con mandatos expresos, a diferencia de las animistas.

Qur´an (corán) significa «recitación», pues las palabras que el arcángel dirigió a Mahoma eran: recita, di, expresa en voz alta. Así, Mahoma concibe el *Corán* como una recitación memorística —recopilada después de su muerte— que reúne normas de carácter religioso, político, de la tradición y las costumbres. Cualquier acción de la comunidad musulmana, o de sus representantes, queda referida a lo expresado en el *Corán*, (aunque no sólo, como veremos). Surge así la «comunidad de creyentes» o *umma*, como «un pacto de naturaleza religiosa y de traducción política que une a los individuos e incluso a grupos tribales en una comunidad solidaria. Ni los lazos de sangre ni la tribu son ya los mecanismos que cohesionan el conjunto. No es el nacimiento, sino, en último término, la libre elección de la fe, el criterio que liga al hombre a la comunidad»[43], algo que contrasta con las formaciones sociales de Grecia y Roma estructuradas en torno a la ciudad y la familia.

Como expresión de la pertenencia a la *umma*, el buen musulmán cumple cinco preceptos de carácter obligatorio. El primero de ellos es el de expresar el credo o profesión de fe con las palabras «no hay más Dios que Alá y Mahoma es su profeta». Allá donde se encuentre, el musulmán reza cinco veces al día (al amanecer, al mediodía, a media tarde, al ocaso y por la noche), postrado y en orientación a La Meca, recitando los versículos del *Corán* que desde niño ha aprendido de memoria. Durante el mes del Ramadán, ayuna obligatoriamente desde el alba hasta la puesta de sol. De esta obligación quedan exceptuados los niños, los enfermos y los soldados. Comparte los bienes materiales mediante la obligación de dar limosna a los pobres. Por último, si puede hacerlo, debe peregrinar al menos una vez en su vida hasta La Meca. Como para los judíos el sábado y para los cristianos el domingo, los viernes es día santo y la oración debe hacerse en la mezquita.

El Islam no contempla un clero, una clase sacerdotal: los imanes, ulemas y cualquiera que atienda la mezquita son laicos. Cumplen una función especial los faquíes, teólogos y juristas a la vez, que interpretan el *Corán* y la *sunna*.

La *sunna* es un corpus de informaciones referidas a los primeros años del Islam, «de lo dicho o hecho por Mahoma» y que no quedó escrito. Se recoge de una manera lineal según la sucesión de fuentes que lo transmiten. Esto es: quien oyó hablar a su padre, que, a su vez, lo había escuchado del suyo, o de un familiar, o de alguna personalidad relevante. Es pura tradición e interpretación en una larga lista de sentencias y opiniones verbales. Esta recopilación se realiza a través de «los dichos», los hadices, fundamentos aplicables a la moral, a la religión y a la legislación, pues se constituyen en fuente de ley y jurisprudencia. Los contenidos divinos de la *sunna* y del *Corán* conforman la *sharía* (el camino) que regula desde los aspectos personales y familiares hasta las relaciones económicas; es un código de conducta que define lo bueno y lo malo, lo permitido y lo prohibido para el hombre y la mujer musulmanes.

En el año 613 Mahoma comienza sus predicaciones, destinadas a los más humildes, ganando adeptos. Pronto se le enfrentaron los mercaderes y la aristocracia tribal que comenzó a ver peligrar el negocio de las peregrinaciones a sus pozos y divinidades. Se inicia un proceso bélico en forma de guerra santa por la sumisión de los árabes a la voluntad de Alá. En el 630 Mahoma y sus adeptos consiguieron entrar en La Meca y destruir todos los símbolos, dejando sólo la Kaaba. Pronto, la península arábiga quedó unida. Una vez más en la historia el nacimiento del Estado supone un conflicto con las tradiciones tribales, la configuración religiosa y la ocupación espacial, conflicto que aún en nuestros días los países árabes no han acabado de solucionar[44].

Muy joven, a los 25 años, Mahoma se había casado con una rica viuda de la que tuvo 7 hijos, pero sólo sobrevivió una hija. Esta casó con Alí, primo de Mahoma y persona de relevancia para el Islam, cuyos descendientes en un momento determinado reclamarán la consideración de sucesores legítimos del Profeta. Mahoma murió sin dejar sucesor. Él siempre había dicho que «es Dios quien concede la soberanía a quien le place», no había preparado mecanismos sucesorios, con lo que dejaba abierto el camino a múltiples expectativas y posibilidades. Le sucedieron sus amigos (Abú Bakr, Umar y Utmán) en lo que se llama el «califato ortodoxo» basado en la *sunna*, que dará lugar a la corriente sunita del Islam.

El primo y yerno de Mahoma, Alí, como familia directa del Profeta, inició un movimiento legitimista (los chiítas, o «partidarios de Alí») frente a estos amigos que se iban sucediendo e intentó hacerse con el poder. Los enfrentamientos dieron lugar a la primera guerra civil del Islam, con desiguales resultados, que concluyó con la muerte de Alí por la secta de los hariyíes. Esta secta, frente a cualquier pretendiente al poder, consideraba que el Islam del Profeta debía ser gobernado por Alá no a través de un liderazgo hereditario sino por un gobierno «elegido» —esta es la originalidad— por los creyentes. Años más tarde, un hijo de Alí, Husayn, reclamó de nuevo el gobierno y un enfrentamiento en Kerbala acabó con el sacrificio del escuálido ejército de no más de 70 familiares de Husayn. Era el 10 de octubre del 680 y desde entonces, cada año, los chiítas se dirigen hasta el lugar de la matanza en una especie de peregrinación y sacrificio, de dureza extrema con imágenes en las que los participantes se azotan hasta sangrar.

Los monarcas Omeyas, posteriores al califato ortodoxo, eran sunnitas, partidarios de la *sunna*, y siempre estuvieron enfrentados al chiísmo de los herederos de Alí, una posición que divide al mundo árabe hasta nuestros días. Los chiitas consideran a Alí el gran ignorado y con mayor legitimidad por el parentesco con el Profeta. Para ellos el imán (quien dirige la oración) es representante de la sabiduría procedente de Alá (vicario una vez más en la historia) y figura libre de pecado que ostenta el atributo de la infalibilidad. Igualmente, los ayatolás surgen de esta corriente como líderes que inspiran el poder religioso, moral y civil, como Jomeini en la revolución iraní de 1979. En la actualidad el chiísmo supone el 10 % de la comunidad islámica, fundamentalmente iraní.

Nos hemos entretenido en relatar sucintamente las complejas relaciones entre familiares y amigos del profeta para poder entender las características del poder en la concepción del Estado propia de los musulmanes: la indisoluble unidad entre poder civil y religioso y el carácter arbitrario de la soberanía («a quien Dios le place»). Por ello, la sucesión al trono fue siempre motivo de tensiones (e incluso de guerras civiles) por sus arbitrariedades, por la naturaleza del matrimonio musulmán ante las diferentes esposas con que podía contar el califa, y el harem, por tanto, podía convertirse fácilmente en lugar de conspiraciones. Abderramán I, en Al Ándalus, decidió dejar el trono al primero de sus dos hijos (Hisam y Sualymán) que ocupase el palacio... Lo hizo Hisam, con las consecuentes revueltas. Parece conveniente recordar que en estos momentos, en la Europa resultante de las invasiones, el problema sucesorio presentaba también sus dilemas, con diferentes formas de transmitir el poder ya fuera mediante el reparto de reinos entre hijos, la asunción del poder por altos funcionarios próximos al rey, o la transmisión agnática (no heredan los hijos hasta que no desaparecen los hermanos del monarca).

A Ibn Jaldún, el historiador tunecino de finales del XIV, la lucha por el poder en el mundo musulmán le parece «una especie de competición permanente entre grupos familiares, clanes, tribus, que constituyen el cuerpo social. Sabemos que la fuerza de la *asabiyya* (espíritu del clan) de un grupo es lo que le permite imponerse a los otros y apropiarse del poder»[45], con lo que la dinastía siempre intentará apoyarse en una aristocracia de funcionarios y esclavos fieles como si se tratara de algo muy parecido a la clientela romana. Así —y siguiendo la interpretación de Jaldún—, en los califatos el poder del monarca es muy precario, «pues no reposa en ninguna base de la sociedad, no refleja en absoluto intereses estructurados, no es prolongación o el brazo actuante de grupos sociales determinados; situado por encima de la sociedad, sin lazos estructurales con ella, reposa en realidad sobre vacío»[46]. Frente al mundo grecolatino, parece no existir aquella *stasis*, la tensión que produce el equilibrio social capaz de producir la ley como pacto entre los individuos. Tan sólo el Corán «se erige en consejero, guía y último responsable de las decisiones políticas a adoptar que, como tales, no son negociables [...] Los diseños humanos son relativos y admiten la necesidad de mejorar, pero los mandamientos divinos reivindican una atemporalidad absoluta y perfecta, fuera del control de los hombres»[47].

La expansión musulmana en el Mediterráneo alcanzó a la península ibérica que, en apenas 3 años, fue conquistada y se convirtió en un emirato dependiente de Damasco, dando lugar a Al Ándalus, expresión que no debe confundirse con Andalucía sino entenderse como la España musulmana, pues sólo los montes de Asturias y Vasconia quedaron libres de su ocupación. En realidad, no hubo ninguna resistencia a la conquista. Las disputas familiares de los visigodos la hicieron posible: la entrada habría sido facilitada por los vitizanos enfrentados al rey Rodrigo. Tampoco la monarquía visigoda había logrado la unidad religiosa ni política y el descontento de cristianos, judíos y en general la población rural hispanorromana, parecía un excelente caldo de cultivo para que las tropas de Damasco fueran bien recibidas, pues los últimos reyes visigodos se habían caracterizado por ser «fuertes y despiadados, ya que lograron hacerse con una posición de preeminencia en un mundo político aristocrático y episcopal fundamentalmente centrado en torno a la propia Toledo»[48].

La sucesión en Oriente de la dinastía Omeya por la Abbasida fue muy cruenta. El único superviviente de la dinastía Omeya, Abd al Rahman ben Muawilla, logró llegar a la Península (755) y conciliarse con una población descontenta

48

con el gobernador abbasí en Al Ándalus, derrotarlo y crear el primer emirato independiente en Al Ándalus con sede en Córdoba. Esta independencia quedaba simbolizada en la bandera blanca frente a la negra de los abasíes.

Los habitantes de Al Ándalus desde el inicio del emirato y hasta las últimas familias nazaríes constituyeron una mezcolanza de gentes que convivían dentro de una cierta aunque relativa tolerancia, llevadera con mayor o menor suerte, pero con importantes mecanismos para superar conflictos. El grupo social de relevancia en Al Ándalus lo componía la *unma*, la comunidad de los islamitas, que integraba a los árabes, beréberes, sirios (todos los que habían participado en la conquista) y, junto a ellos, los muladíes, indígenas convertidos al Islam al que percibían como una liberación de las dinastías visigodas, pues disponían de buena situación socioeconómica y además tenían un representante ante el califa para la defensa de sus intereses. Mas allá de este grupo, los no musulmanes (cristianos y judíos) sufrían la presión fiscal, pues el musulmán, por el mero hecho de serlo, no pagaba impuestos. Ello produce una doble actitud del poder, pues si por un lado admite la conversión, por otro sospecha de la misma.

La dinastía Omeya de Al Ándalus tiene su mayor expresión en las figuras de Abderramán II y, sobre todo, de Abderramán III con quien Al Ándalus deja de ser un emirato para convertirse en Califato independiente. Abderramán III adopta el título de califa y príncipe de los creyentes. Califa significa ser jefe civil y religioso y, a su vez, imán que preside la oración de los viernes. El califa no usa corona y utiliza un báculo con final en curva y sello (*jatam*). Se sienta en cama grande con las piernas cruzadas, o en trono. En su proclamación, la nobleza (*jassa*) le jura fidelidad presencialmente en el palacio mientras los súbditos lo hacen a través de juramento en la mezquita ante un funcionario delegado.

Para el gobierno el califa no confía en «los próximos», la nobleza, como era propio en las monarquías occidentales. Confiaba más en «tecnócratas», y en las principales ciudades otorgaba el poder a familias determinadas entre las que cuenta con un alto grado de confianza personal. Rotos los lazos con el Califato bagdadí, Abderramán III erradicó la burocracia de corte oriental y la sustituyó por andalusíes y los llamados esclavos eslavos, una «maniobra que le ayudó al mismo tiempo a reducir el papel de la aristocracia árabe, a apelar al orgullo de los hispanomusulmanes y a ocupar altos puestos con hombres que sólo le debieran el poder a él y no a sus antecesores»[49].

La administración del Califato está encabezada por la figura del *hachib*, una especie de primer ministro que sustituye al califa en su ausencia. Un equipo de ministros (visires) se encarga de la gestión: Hacienda, Interior, Defensa. Hay un jefe de Cancillería encargado de la correspondencia oficial, con un eficaz servicio de correos a través de mulas; otro se encarga de la detección de los abusos de poder; y el califa también cuenta con «un jefe de Gabinete» (*katib jaas*) que traslada todo lo visto y ordenado por él. Todos los cargos tienen sueldo. Hay división entre el tesoro estatal y el tesoro privado del califa. Se trata de una burocracia, intrigante a veces, que realiza su *cursus honorum* siempre con pocas seguridades. La organización territorial contempla la *cora* («provincia») al frente de la cual hay un gobernador (*walí*), nombrado por el califa, y un juez asistido de alfaquíes.

En Al Ándalus jugaron un papel determinante los esclavos eslavos, comprados en los mercados orientales y centroeuropeos, que eran educados en el palacio y llegaron a situarse entre las élites tanto del ejército como de la administración palaciega, convirtiéndose en la guardia personal de los califas. Más tarde, con la desintegración del Califato en reinos taifas, estos eslavos tendrían un papel relevante como jefes, gobernadores o auténticos reyezuelos.

El Califato andalusí conoció pronto los problemas derivados de la sucesión, las regencias, las conspiraciones del harem, las revueltas territoriales y la acumulación del poder de manera extraordinaria en jefes o cabecillas. Entre ellos ocupó un lugar relevante Almanzor quien, tras una larga carrera profesional al servicio del Estado andalusí consiguió, mediante conspiraciones palaciegas, desplazar al heredero Hisam (en su minoría de edad) de la esfera de gobierno, dejándole tan sólo las prerrogativas de ser nombrado en las oraciones oficiales, aparecer en las monedas y tener presencia tan sólo en las cuestiones formales. Almanzor fue visir doble, de Interior y Defensa, los dos visiratos más importantes. Llegó a conseguir que su nombre se mencionase tras el del califa en los rezos del viernes y mantuvo una corte paralela a la del soberano en su residencia del Al Zahira. Tras él llegará la guerra civil, que dará al traste con la dinastía Omeya y preparará la descomposición del Estado en reinos taifas, con distintas formas de entender la autonomía o independencia en Al Andalus, a los que seguirían los últimos coletazos del islamismo en la Península que supusieron los reinos almohade y nazarita.

La cultura refinada y el lujo con los que la historia recuerda el Califato andalusí tuvo a personajes como el cronista Ibn Hayyan o el cantante, gastrónomo e interiorista Ziryab a quien Abderramán II ofreció prevendas de todo tipo, convirtiéndose en un auténtico «influencer» en la introducción del refinamiento bagdadí. A él se atribuyen las formas del ceremonial en Al Ándalus en las que el distanciamiento del soberano, la teatralidad y la impresión visual eran códigos de expresión pública del poder que impregnaban las recepciones, desfiles y ceremoniales de Corte para impresionar a delegaciones y embajadores, o a la propia ciudadanía. Se cuenta que los soberanos nazaritas de Granada lloraban, ocultos tras un velo, cuando se les reclamaba en audiencia pública, por ejemplo, el descuido de las acequias o los jardines (que son un don divino y recuerdo del paraíso prometido por Alá). Igualmente, el regalo como forma antropológica del «don y contra don» era una manera más de impresionar, signo de estatus, reconocimiento, compensación, o la esperanza de medrar en el aparato administrativo. En esa ficción teatral, el tiempo que un califa hace esperar a una delegación es la forma de medir la honorabilidad del visitante. Hay toda una historia antigua de «desajustes» en las relaciones España-Marruecos por estos motivos; y en estos días acabamos de ver a Erdogán «hacer esperar» a Putin en una reunión para dialogar sobre el conflicto ucraniano.

A través del historiador Ibn Hayyan conocemos el pomposo ceremonial de Alakán II para la celebración de la fiesta del final del ayuno de 973 y el orden de precedencias de la celebración palaciega. Entraban en primer lugar los hermanos del califa, lo saludaban y ocupaban los lugares más próximos al mismo; le seguían los visires, según su rango, seguidos de un jefe magrebí aliado, al que se le otorga un lugar especial (nada más y nada menos que después de la familia del soberano). A continuación, los flancos se ocupan por el alto servicio: guardián de las joyas, el gran halconero, jefe de los correos y el jefe de los telares del califa. Continúa la precedencia con el jefe superior de la policía y su homónimo encargado de la supervisión del ejército, el cadí de Sevilla, el inspector de las tropas mercenarias y otros altos funcionarios. Otro grupo de invitados entra acompañado de ujieres: los honorables de la dinastía Omeya, los delegados provinciales responsables de las quejas de los súbditos contra los abusos del poder, los cadíes de las provincias, doctores y jurisconsultos, los notables de la ciudad de Córdoba, otros representantes de las tribus bereberes y las delegaciones llegadas desde las provincias. Tras ellos, los jefes del ejército regular y del ejército mercenario[50].

El Califato andalusí dejó una evidente impronta en la cultura hispánica en todos los ámbitos de la vida, desde la ciencia, el pensamiento, la lengua, la agricultura, la arquitectura y hasta la gastronomía. Córdoba fue la primera ciudad hispánica con calles pavimentadas, alcantarillado e iluminación pública. Alhankán II fundó 27 escuelas públicas y creó una biblioteca universalista que abarcaba todas las áreas del saber, y un taller de copistas, en su mayoría mujeres. Enviaba emisarios que se desplazaban por el Mediterráneo para comprar libros en Alejandría, Damasco y Bagdad. Por ello, quizás «los cristianos del norte, al igual que los historiadores del siglo XIX, como Reinhard Dozy e Ignace Goldziher, y los actuales historiadores de la España musulmana, quedaron fascinados por esta combinación de elevada cultura y de inestabilidad política, característica de los reinos musulmanes»[51].

El Imperio renovado o la fundación de Europa

La idea de «Imperio romano» nunca desapareció; permanecía como referente común entre los nuevos soberanos tras las invasiones. Pirenne nos recuerda que la ficción del Imperio se mantenía viva y Constantinopla seguía siendo la ciudad de referencia. «El Imperio subsiste de derecho gracias a una especie de presencia mística; en realidad —y esto es mucho más importante— sobrevive la "Romania"»[52].

El Imperio carolingio era en sus inicios un estado franco y el Papado había buscado su protección frente al expansionismo de los lombardos desde el norte de Italia. Sobre el 500, el rey franco Clodoveo había llegado a controlar toda la Galia, no se había convertido al arrianismo, como ocurría con buena parte de los pueblos germánicos, y recibió el bautismo de la Iglesia romana. El papa Zacarías se ganó la protección de Pipino el Breve coronándolo como rey de los francos, y Pipino no dudó en aceptar la autoridad moral del papa, incluso realizando la función de palafrenero, es decir, ayudándolo a descabalgar, besando el estribo. Además, conquistó la Lombardía amenazadora del papado. Su hijo Carlomagno continuó de manera decidida este control del norte italiano en defensa del Papado y de sus intereses personales.

Carlomagno acabó coronado como un nuevo emperador por el papa León III y aclamado por el pueblo de Roma en la Navidad del año 800 en lo que se consideraba una renovación de la idea imperial romana. Esta *renovatio imperii* significaba una translación espacial: el poder de los antiguos emperadores pasaba del Mediterráneo al centro de Europa bajo una unidad nueva. Para la coronación, el papa León III se adelantó a recibir a Carlomagno, como era costumbre, pero más kilómetros de lo habitual para recibir a cualquier rey, y el patriarcado de Jerusalén envió a un embajador con las llaves del Santo Sepulcro (aunque este estaba en posesión árabe). Estos actos simbólicos venían a significar que Carlomagno se convertía en defensor del Cristianismo a todos los efectos, reforzando la idea del Imperio universal romano. Se decía —interpretando *La Biblia* (libro de *Daniel*)— que el Imperio romano sería el último del mundo antes de la llegada del Anticristo y el juicio final. Los tres anteriores habrían sido Babilona, Persia y Macedonia[53] . Y no podría haber más imperios en la historia de la humanidad. El fin de la Historia.

Si la coronación suponía el reconocimiento de León III de la supremacía política y religiosa de Carlomagno, el gesto de ser coronado por el papa fijaba que el otorgamiento de la corona imperial era competencia de la máxima cabeza de la Iglesia, un asunto que será conflictivo más adelante. Ahora la monarquía es de origen divino, por la gracia de Dios, y Carlomagno no desaprovechará la ocasión de nombrar obispos, evangelizar tras las conquistas y disponer legislaciones religiosas[54].

Igualmente, se procedía a la elaboración de una imagen de Carlomagno como soberano de la cristiandad, de la Santa Iglesia de Cristo, un rey como los del *Antiguo Testamento*, un nuevo David. Una imagen cuya elaboración llevó a cabo el círculo religioso que lideraba su fiel amigo el clérigo inglés Alcuino.

Nos interesa poner como ejemplo de una corte medieval, en esos momentos, la de los carolingios, exponente de una organización destinada a perpetuarse, con sus matices, en los próximos siglos; una corte que se caracterizaba por la unión de los servicios personales al monarca con los de la administración: el gobierno de «los próximos al rey». El gobierno se centralizaba en torno al *Palatium* en el que los próximos al rey, los consejeros, cumplen una función específica: el *senescal* (encargado de las provisiones), el caballerizo mayor o *comes stabuli* y el copero mayor constituían los cargos más próximos al emperador. La más alta justicia correspondía al tribunal del emperador, presidido por un conde (*comes palatii*). La *capella*, el oratorio real, llamado así porque conservaba un trozo de la capa de san Martín de Tours —protector de los francos— estaba presidida por el *archicapellanus* y contaba con diferentes clérigos a su servicio, uno de los cuales ejercía la dirección de la Cancillería en la que se redactaba la documentación real, junto con los *notarii*, notarios, o anotadores. La imagen, la forma y la tipografía de estos documentos alcanzaron una belleza especial con la llamada minúscula carolingia que gracias a su uniformidad, claridad y disposición de sus caracteres se generalizó en el occidente europeo.

La organización territorial tenía en su base a los condes —más de 200 condados— encargados de ejecutar las directrices y resoluciones del *pallatium*. Si en un principio el cargo de conde era por nombramiento real, se fue haciendo hereditario con el tiempo. Los condes recaudaban los impuestos, impartían justicia auxiliados por magistrados (*scabini*) y se reunían una vez al año con el emperador en asamblea consultiva, al antiguo estilo germánico. El control de esta organización se realizaba a través de inspectores o enviados (*missi*) que vigilaban la labor de los condes. En las zonas fronterizas (*marcas*), siempre con roces, se estableció un conde con especial delegación militar (*comes marcae*).

Esta sociedad era fundamentalmente agrícola y la economía imperial tenía como principal fuente de ingresos las rentas de los grandes dominios (las *villae*). Además, existían las pequeñas explotaciones agrícolas concedidas a campesinos libres obligados a pagar a sus propietarios en metálico o en especie, al tiempo que trabajaban también la tierra de su señor. Entre las cargas que pesaban sobre los súbditos fueron muy gravosas las militares, junto con la requisa de víveres, animales, vino, pan... Igualmente los fieles pagaban el diezmo a la Iglesia, esto es, la décima parte de bienes producidos.

«Beneficium», señores y vasallos

El volumen de investigación sobre el Feudalismo y la institución del vasallaje es extenso y ha sido abordado por diferentes escuelas historiográficas desde sus aspectos económicos, jurídicos, políticos y hasta las referencias antropológicos que se manifiestan en los ritos simbólicos de la encomienda. Aunque hay autores que remontan sus orígenes al Bajo Imperio romano (recordemos aquella forma primitiva de relación entre el patrono y la clientela), en general está aceptado que a partir del siglo VIII se puede hablar con propiedad de relaciones de vasallaje. Esta forma de relación personal tuvo su origen en la necesidad de protección y garantía de supervivencia, en una época en la que los más débiles tenían muy escasas posibilidades de defenderse ante los poderosos. A pesar de ello, el Feudalismo no debe entenderse en una dimensión exclusivamente económica sino como una forma de organización política y social en la que también los poderosos necesitan la lealtad de los débiles o los inferiores en estatus. Por otra parte, el modelo feudal no es universal, presenta diferencias y particularidades entre reinos o territorios así como en el transcurso de los siglos: «Sin embargo, ha sido un fenómeno determinante en la civilización europea: los derechos del vasallo son la base indudable del sentido de la libertad y la dignidad personales del modelo cultural europeo. Así las cosas, muchos historiadores se inclinan más hacia la denominación de *Feudalidad*, por evocar más bien un modo de organizar el mundo sin un arquetipo determinado»[55].

La institución del vasallaje no es sólo una relación entre campesino y señor sino que afecta a todos los individuos, también a la nobleza y a la jerarquía eclesiástica, pues el rey dispone de las tierras del realengo que utiliza para entregar a los señores y eclesiásticos. Así aparece la tradicional concepción del Feudalismo como una pirámide en la que unos deben servir a otros de manera escalonada y que, de alguna manera, es una descentralización del poder basada en la fidelidad (*fides*), aunque no exenta de conflictos.

Vasallo *(vasallus)* es un hombre libre que recibe un beneficio (*beneficium*) o feudo (lote de tierra, con o sin casa) de un señor protector, sin perder su libertad, pero quedando bajo su autoridad. El vasallo le debe obediencia, ayuda, respeto y consejo; el señor le procurará manutención y protección. Es un «contrato» con derechos y deberes entre ambas partes que va más allá de lo meramente económico y que toma carta de naturaleza con el rito de la encomienda.

El rey también establece esta relación de vasallaje con las altas personalidades del reino, señores y eclesiásticos, a quienes, en función del mutuo auxilio, puede solicitarle ayuda militar. También, junto al *beneficium*, el rey puede conceder favores como la exención de tributos. Se trataba, en palabras de Dhont, de «asalariar a la aristocracia»[56]. El señor entregaba feudos y dignidad. El vasallo del rey, evidentemente, goza de mayor consideración que cualquier otro. El rey está en la cabeza de la pirámide, pero el poder es ejercido en la práctica por los señores. El sentimiento de ser más que otro hombre es alimentado continuamente por la idea feudal y jerárquica en diferentes formas: por la proximidad al rey mediante funciones en la corte, por medio del homenaje y pleitesía rendidos de hinojos, los honores solemnes y la pompa, todo lo cual le hace sentir superior en dignidad y merecido respeto.

En la ceremonia, el vasallo o beneficiario se arrodillaba ante el señor y juntaban sus manos (*inmixto manuum*). Ante *La Biblia* o una reliquia *(res sacra)*, el señor acogía

Friedrich Kaulbach. *Coronación de Carlomagno.* 1861. Munich, Maximilianeum Collection

las manos del vasallo entre las suyas en un rito de referencias religiosas y paganas (que ya eran habituales entre señor y esclavo) al que se le llamaba encomendación:

«Esta entrega de sí mismos permitía ingresar en un espacio nuevo de protección y servicios mutuos. Mediante el contacto de las manos, el caudillo dejaba deslizarse en el otro como un fluido magnético de origen sagrado, el *hail*. Convertido en una especie de tabú el vasallo quedaba en adelante bajo el poder carismático de origen pagano del señor, el *mundeburdium*, el *mainbour*, auténtico poder a la vez posesivo y protector [...] Y el *freund* se convertía en *frei*, el amigo esclavo en libre»[57].

A veces, la ceremonia incluía un beso en la boca u ósculo. La recepción del beneficio se realizaba a través de la entrega por parte del señor de un objeto: un bastón de mando en caso de la concesión de un condado; anillo o báculo si se trataba de un episcopado o una abadía; una lanza o una espada, un puñado de tierra, si se trataba de una extensión con o sin castillo.

A partir de ese momento, cualquier circunstancia posterior estaba prevista por la institución del vasallaje. Si fallecía el señor, el vasallo debía encomendarse a su sucesor en una ceremonia de «reinvestidura». Si fallecía el vasallo, el beneficio pasaba a su heredero; si moría sin hijos pasaba al señor. Si el heredero aún no tenía la mayoría de edad, el señor administraba el feudo hasta que pudiera ser investido (a partir de los 12 años al menos) y si la heredera era una hija el señor podía buscarle marido.

La relación también tenía sus consecuencias en la ruptura de la misma. Esta era posible si el señor incumplía el deber de proteger al vasallo, si tramaba contra su vida, si el señor tenía un comportamiento injusto o si cometía adulterio con su esposa.

54

Cuando se producía alguna de estas circunstancias el vasallo se encontraba justificado para buscar la protección de otro señor. Igualmente, si el vasallo no cumplía con sus obligaciones el señor podía retirarle el feudo y buscar otro vasallo.

El rey, efectivamente, se encontraba a la cabeza de la pirámide jerárquica, ostentaba el poder regio fundamentado en la tradición o en la dinastía, pero las desavenencias entre los nobles y el rey eran moneda corriente. Aquellos recibían del monarca sus beneficios y prebendas, pero el rey los necesitaba pues no disponía de un ejército capaz de superar al que disponía el conjunto de la nobleza feudal. Ante cualquier desavenencia, enemistad o traición, el rey utiliza la *ira regia* que «no era un estado de ánimo —o no sólo—, sino un recurso feudovasallático y político, de igual modo que la excomunión lo era para la Iglesia.[...] En el caso del Cid, el destierro es un efecto de esta regla de oro de la feudalidad. Los nobles tenían en su mano otras formas de presionar, como la *desnaturalización*, es decir, el pasarse al servicio de otros reinos rivales rompiendo los pactos feudovasalláticos con su rey»[58].

El imaginario al poder

BECKET.- ¿Sabéis que me ha llegado de Florencia una vajilla de oro? ¿Me haréis el honor de venir a comer en ella el día que la use por primera vez?
EL REY.- ¿Una vajilla de oro? ¡Qué locura!
BECKET.- Lanzo la moda.
EL REY.- Yo soy tu Rey y como en vajillas de plata.
BECKET.- Vos tenéis otras cargas más pesadas. Yo no tengo más cargas que las del placer. Me han enviado también dos tenedores.
EL REY.- (*Sorprendidísimo*)- ¿Qué es eso?
BECKET.- Unos pequeños instrumentos diabólicos de forma y de uso. Sirven para pinchar la carne y llevarla a la boca. De esa manera no se ensucian los dedos.
EL REY.- Pero se ensuciarán los tenedores.
BECKET.- Se lavan.
EL REY.- Los dedos también. No veo la utilidad…
BECKET.- Ninguna práctica, conforme, pero es refinado, sutil.
EL REY.- (*De pronto, entusiasmado*)- ¡Encárgame una docena! ¡ Estoy deseando ver las caras que pondrán mis barones en el primer banquete de la corte. No les diremos para qué uso están destinados.

El diálogo corresponde a Enrique II de Inglaterra con su canciller, Becket, (luego arzobispo de Canterbury) según la obra teatral de Jean Anouilh, *Beket, El honor de Dios*, llevada al cine en 1964 por Peter Glenville con la maravillosa interpretación de Peter O`Toole en el papel de Enrique II y Richard Burton como Becket, todo un duelo de actores. Más adelante Anouilh nos presentará efectivamente una escena con los barones borrachos atacándose con los diabólicos tenedores.

La obra se sitúa en plena Edad Media, en un momento en el que aparece un deseo de conceder un significado especial a ciertos objetos. Es cierto que el lujo y la ostentación habían tenido presencia, aunque mal vistos, entre la aristocracia romana y que formaba parte de manera especial en la escenografía bizantina o musulmana. Ahora, a un simple tenedor se le puede añadir un código de significación no material y aunque los tenedores también se lavan, como las manos, su uso adquiere un sentido de «refinado» o «sutil», algo que distingue a su propietario y exhibe con orgullo para diferenciarse de los demás.

Ese doble plano en el que Anouilh nos presenta a un Becket refinado, orgulloso, y a los barones como un puñado de desalmados borrachos, enlaza muy bien con cuanto Huizinga investigó sobre el «tono de la vida» medieval en *El otoño de la Edad Media*[59], que puede ayudar muy bien a diferenciar las formas de expresión de los poderes medievales, elevadas a una ilusoria ficción, de las formas modernas propias del Renacimiento y del Antiguo Régimen.

El hombre medieval no vive el mejor de los tiempos. No es fácil la vida material, con malas cosechas, hambrunas y epidemias; tampoco en lo espiritual tenía demasiadas seguridades. De la misma forma que la llegada de los pueblos germánicos no acabó *ipso facto* con el Imperio romano, tampoco el Cristianismo se consolidó de manera rápida. No debió ser fácil para los pueblos de concepciones tradicionales, animistas o acostumbrados a las familias de dioses, aceptar un dios único; tampoco conceptos abstractos como, por ejemplo, el misterio de la Trinidad. Pronto tuvo la Iglesia que poner coto, no ya sólo a las desviaciones heréticas, sino a prácticas animistas como la adoración a los árboles, o buscar la protección en los restos de los hombres santos, las reliquias, como si de amuletos se tratase. «Puesto que la abstracción era algo ajeno a su pensamiento, deseaban cimentar su religión de forma concreta, y ello explica el extraordinario desarrollo del culto a las reliquias [...] Un Cristianismo fanático y una mentalidad pagana, ambos fenómenos peculiares de aquel tiempo, provenían de idéntica actitud espiritual: un sorprendente apego a lo natural»[60]. Tampoco la formación religiosa de los sacerdotes en muchos ámbitos era suficiente para la transmisión de la doctrina medianamente ortodoxa. Indefenso, el hombre medieval encontraba su seguridad material mediante la encomienda a un nivel superior, señor, eclesiástico, conde o príncipe, como hemos visto, pero sólo la Iglesia procuraba la seguridad y la estabilidad personal mediante Dios como concepto superior a todo lo contingente. Dicho de otra manera: la religión como consuelo.

En las sociedades medievales no existe la idea de «progreso» en su sentido histórico, como evolución hacia mejores formas de vida; son estáticas, en el convencimiento de que todo está preestablecido sin que el individuo pueda cambiar su situación y condición en el mundo. El Cristianismo niega el mundo terrenal y sus placeres prometiendo una meta lejana, la salvación a través de fe, la virtud y las buenas obras. El rey, el campesino, el noble, la mujer, los hijos, el obispo, los monjes… todos están sujetos a su condición, formando parte de una jerarquía que también tiene su plano divino: el Padre, el Hijo y el Espíritu Santo, ángeles y arcángeles, apóstoles y profetas, santos y pecadores.

El individuo de estos siglos no es dueño de su destino ni decide cuál es su papel en la sociedad; le viene dado por su origen y condición. La comprensión del lugar que cada uno ocupa es inconsciente y se reproduce de generación en generación inconscientemente. Así, nadie tiene que aspirar a nada pues su situación en el mundo ya le viene «de serie», como a los personajes de *El gran teatro del mundo* (Calderón se nutre de nociones medievales) a los que se les va adjudicando su «papel» sin que haya posibilidad de cambiarlo.

En estas condiciones, dónde puede encontrar el placer de la vida un príncipe medieval, se pregunta Huizinga. Lo encuentra mediante la sublimación, en la creación de una cultura cortesana idealizada, que se expresa en todos los órdenes de la vida con los mayores acentos tanto para lo positivo como para lo negativo. Un cultura que crea estereotipos: a los príncipes se les adjetiva (*el Temerario, el Valiente, el Ceremonioso, el Justo*...). La extravagancia y el capricho a veces se instalan en las decisiones de mayor responsabilidad de los príncipes, desde jugarse la vida o la del heredero por

56

un asunto trivial, ordenar raparse la cabeza a todos los nobles porque el médico se lo ha ordenado a él; o recibir una paliza por los responsables del orden porque se ha disfrazado para ver a su prometida antes de que la comitiva llegue a palacio (Carlos VI de Francia); recibir consejos de profetas y visionarios, o predicadores, algunos de los cuales llegaron a realizar auténticas negociaciones entre príncipes; y, en fin, nombrar ministro al bufón. O a lo mejor, encontrarle al tenedor un sentido más allá de su función material como en la obra de Anouilh.

Dice Huizinga que «la política no está encerrada todavía en los límites de la burocracia y del protocolo. El Príncipe puede aún sustraerse a ellos en todo momento para buscar en otra parte la línea directriz de su conducta»[61]. Todo es apasionado, llorar es emotivamente bello y se hace públicamente, sin miedo ni vergüenza, como igualmente se expresan la ira y la cólera. La venganza, el odio, la pena, la amistad, todo es bello en su mayor exageración, y con odio y con pena pueden hasta ser bellas las escenas del patíbulo: «Tan abigarrado y chillón era el colorido de la vida, que era compatible el olor de la sangre con el de las rosas»[62].

Una sublimación en la que la vida de nobles y príncipes alcanza sus mayores posibilidades expresivas en los duques de Borgoña, paradigma de organización simbólica de la corte. Hora, lugar, quién, con quién y cómo está absolutamente reglamentado, sobre todo en relación a algo tan primario como la alimentación, la cocina y la mesa. Toda la corte comía en grupos de diez. Alguna vez a la semana el rey concedía audiencia pública después de la comida y las gentes se acercaban a exponerle sus problemas, en presencia de todos. Algo que, al parecer, era de soberano aburrimiento... pero la estética manda. Claro, esta imagen tiene su contrario: si Carlos *el Temerario* era el más «protocolario» de los príncipes, no es menos cierto que su labor al frente del ducado fue de auténtico desastre.

Siempre hay una justificación simbólica para el cargo. La función más cotidiana se convierte en institución, adopta el rol de un órgano: los servidores del pan y del vino son los primeros en rango, por encima de los cocineros, pues su oficio tiene referencias en el sacramento de la Comunión. ¿Qué tiene que ver el frutero con la iluminación de las salas? La pirueta no puede ser más lejana e imaginativa: para iluminar se utilizan velas, que se fabrican con cera, que procede de la labor que realizan las abejas en las flores que dan los frutos... El rey de Inglaterra tenía un cargo exclusivo para sostenerle la cabeza cuando se mareaba en el mar; cargo que al parecer era hereditario. Igualmente se establece la costumbre de poner nombre a animales y objetos, caballos, espadas, lombardas, joyas; todo es personificado como si tuviera una identidad propia[63].

También Dios es instrumentalizado para atribuirle la capacidad de emitir sentencias terrenales. Eran las «pruebas del juicio de Dios», las ordalías, de origen franco, que iban más allá de las naturales expresiones de juramento o testimonio de los litigantes. Pruebas entre las que se encontraban llevar en las manos un hierro candente durante un recorrido, o sacar un objeto de una olla de agua hirviendo, o congelada. Y con estos juicios no se dirimían asuntos menores, sino de relevancia, como adjudicaciones de paternidad o cuestiones de interpretación de los textos sagrados próximas a la herejía.

Igualmente, ante Dios en el altar, o sobre los Evangelios, o las reliquias, se jura permanentemente, o se realizan encomiendas antes de una batalla, se pide un milagro, una curación. O el príncipe asume su culpa, como Enrique II que, en penitencia

57

por haber ordenado la muerte de su amigo y arzobispo Tomas Becket, decide hacerse flagelar por sus monjes.

Todo el mundo no es sino la expresión viva de una teatralidad cotidiana en la que no se representa a nadie sino que se «es». Dicho de otra manera, el bufón medieval no representa un papel: cuando el bufón se va a dormir sigue siendo bufón; no hay lugar para el hombre que representa un papel que no es el que le impone su rango en una jerarquía y un orden modelado sobre el orden divino[64].

Convendrá el lector en preguntarse, como nos preguntamos, qué incitaba al hombre medieval a crear estas ficciones. Es cierto que la capacidad simbólica del hombre forma parte de su evolución como animal, y que en toda época la idealización, la justificación de los poderes, la búsqueda de la felicidad o el bienestar han estado ligados a formas de representación, de ficciones; pero el despliegue medieval en la producción de formas de vida imaginarias no tiene parangón. Además, estas ficciones fueron permaneciendo en muchos ámbitos, con mayor o menor fortuna, ligados a la nobleza o las burguesías ennoblecidas. Así, los usos caballerescos, los torneos, el amor cortés, los duelos de espada o pistola, o el trato a las damas, que tanto resonaban todavía en el XIX.

Las actitudes principescas son endogámicas, propias del individualismo y el capricho medieval. Aún no se sustraen a los dictados intelectuales de Maquiavelo, ni a las ideas de dignidad o el decoro: el príncipe todavía no es actor, no «representa» nada como en las cortes de la modernidad; no responde aún a la Razón de Estado: simplemente a sus manías, infantilidades a veces, a la lealtad, al partidismo, a emociones en fin. Si la organización cortesana del *Temerario* respondía a una forma simbólica de vivir, las formas de Luis XIV, más tarde, serán mera representación de un ser que no se es, en un Versalles construido como un gran escenario o plató cinematográfico.

Si se preguntaba Huizinga dónde encontraba sentido a la vida el príncipe medieval, también debemos preguntarnos dónde lo encontraban los campesinos, los vecinos de las primeras ciudades, comerciantes, mercaderes, soldados y el bajo clero, en sus funciones más o menos prosaicas. ¿Existe también una ficción en estas clases, capaz de servir de liberación o catarsis?

Quien haya leído la novela de Víctor Hugo *Notre Dame de París* —o visto las diferentes adaptaciones cinematográficas, incluida la de Disney— recordará que la narración se inicia con un París en fiestas que elige al Rey de los locos. Como en la obra de Víctor Hugo, existen celebraciones medievales en las que se elige a una autoridad, rey, papa, obispo, entre los vecinos durante un tiempo determinado. Abundan las de un papa que es elegido entre la multitud y procesiona montado sobre un burro, con hábitos auténticos y con capacidad para celebrar misas profanas y pronunciar sermones jocosos. La concepción piramidal propia del Medievo, que afecta a todos, a veces sufre un vuelco durante un tiempo concreto y se expresa en la cultura popular en lo que parece una auténtica inversión de los poderes.

Las sociedades medievales disponían de un calendario de festejos civiles y religiosos tan irreverentes que a nuestros ojos podrían parecer una auténtica degeneración, entre los cuales el Carnaval, tiempo previo a la Cuaresma, sería su máxima expresión. Herencia de las Saturnales o las Lupercales romanas, el Carnaval y las fiestas profanas fueron consentidas por el alto clero y en ellas tenía una gran presencia el bajo clero. En la llamada *Coena Cypriany* (La cena de Cipriano) aparecen hechos y personajes de las Sagradas Escrituras en un ambiente satírico y divertido, el mismo que albergaba la «liturgia de los bebedores» o la «liturgia de los jugadores». Manifestaciones que fueron prohibiéndose durante el siglo XV y, definitivamente, a partir del concilio de Trento. Gregorio VII prohibió las *ludus cornomaniae* en las que participaba el propio papa.

En España existió la Fiesta del Obispillo (Toledo, Salamanca, Sevilla...), que se celebraba el 6 de diciembre, San Nicolás, día de los estudiantes, en la que se elegía a un alumno para que actuara como obispo hasta el día de los Inocentes: impartía bendiciones, oficiaba ceremonias humorísticas y pronunciaba sermones invirtiendo el discurso habitual de los mismos. Igualmente hoy se mantienen algunas fiestas de «alcaldillos» en las que en un día determinado un vecino del pueblo es elegido alcalde y se le permite andar a sus anchas, incluso mandando y recabando propinas.

Émile Mâle, toda una autoridad en el arte religioso de la Edad Media, alumbró muchos aspectos de la vida en la plaza pública, junto a las catedrales o en el interior de ellas, y nos recuerda que, aún cuando ya la representación de los misterios religiosos había salido del interior de las catedrales hasta el pórtico o la plaza, todavía en 1538 se celebraban juegos de pelota en la nave de san Esteban de la catedral de Auxerres.

Una sociedad asfixiante tiene que tener mecanismos de escape. Y los encuentra en estas diferentes formas de cultura popular en las que se expresan de manera invertida las formas del poder. El rico se ríe del pobre, el pobre del rico, se elige a un papa tonto, se ridiculiza a monarcas y poderosos. Por más que nos parezca extraño, el poder político y religioso permite durante unos días este «escape» del pueblo, porque hay una disolución de lo personal en lo colectivo. La gente se disfraza no para esconderse ante los demás (como lo hace la máscara romántica), sino para unirse a los demás en un todo. Es como una segunda forma de existencia en determinadas fechas. Mijaíl Bajtín considera estas manifestaciones la expresión de un realismo grotesco, de trayectoria histórica hasta nuestros días, que se fundamenta en la idea de la «degradación», entendida como una transferencia a lo material y corporal de todo aquello que es elevado, lo que forma parte del ideal. En este sentido, más tarde —seguimos a Bajtín—, Sancho Panza representaría esa corporalidad, o lo «bajo», frente al idealismo y lo «alto» de don Quijote[65]. La risa socarrona del primero sería un contrapunto de las altas pretensiones espirituales del segundo.

Si el palacio, el castillo o el monasterio es un mundo privado, el espacio público es la plaza, presidida siempre por la catedral o la iglesia. La plaza es el lugar de las actividades económicas, del mercado (herreros, panaderos, vendedores de telas, de especias), adivinos, echadores de cartas, contadores de historias, juglares o «romanceros» (porque recitan romances de damas y caballeros de las Cruzadas), de alcahuetas y rateros, de las representaciones teatrales (los Misterios, que cuentan el nacimiento, vida y muerte de Jesucristo) que, del interior de las catedrales, salen a la plaza para servir de espectáculo en largas jornadas. La plaza medieval tendría hoy como ejemplo más aproximado la plaza *Djemaa el Fna* en Marrakech (Marruecos) con sus toldos multicolores, en la que se confunden los olores de los alimentos, los narradores de historias, los encantadores de serpientes... Esta libre utilización de la plaza pública, con la llegada de las monarquías renacentistas, será reglamentada para todo cuanto ocurre en ella, como lugar en el que se expresan las nuevas formas de los poderes: desfiles, procesiones o juicios públicos ejemplarizantes.

Junto a esta relación inversa, hay también una especie de relación horizontal, entre iguales, con la bebida como protagonista, a través de las asociaciones juramentadas en lazos de hermandad. La relación juramentada procede del mundo germánico, unida al concepto ritual de «beber juntos», y de la libación sacrificial romana, prácticas que no fueron bien vistas por el Cristianismo. Una capitular de Carlomagno advertía a los sacerdotes de los peligros de asociaciones juramentadas con bebida y prohibía las libaciones organizadas en honor de san Esteban. No estamos hablando aún de las hermandades o gremios sino de un asociacionismo pagano, unido a ritos religiosos acompañados de bebida, ahora con un ligero matiz cristiano. Pero un asociacionismo que es la base de los futuros gremios y hermandades medievales al consagrar el principio de ayuda mutua. En una sociedad jerarquizada cada hombre se aproxima a sus semejantes en igualdad de condiciones materiales, con los mismos problemas, y si además se bebe…

El Sacro Imperio Romano Germánico

Si recordamos lo dicho en páginas anteriores sobre la *renovatio imperii* de Carlomagno como el traspaso de la herencia cristiano–romana a los franco-germanos, simbolizada en su coronación como emperador por el papa, encontramos allí el referente de una institución «atípica», destinada a perpetuarse durante siglos y que afectó, con diferentes tipos de vinculaciones y circunstancias, al ámbito territorial de lo que hoy es Alemania, Bélgica, los Países Bajos, Suecia, Dinamarca, Luxemburgo, Francia, Italia, Suiza, la República Checa, Hungría y España. Esa *translatio imperii* de los romanos a los franco-germanos, sancionada por el papa mediante el rito de la coronación, justificaba el derecho de los emperadores sobre la cristiandad.

La división del Imperio carolingio supuso territorialmente la aparición —más que de auténticos reinos— de ducados, condados y, fundamentalmente, de principados, cuyo recuerdo permanece en la actualidad dando nombre a regiones o entidades territoriales específicas (Aquitania, Borgoña, Baviera…). La historia había conocido imperios territoriales con estructuras socioeconómicas y formas de gobierno coherentes y unificadas sobre la totalidad de un territorio, pero lo forjado desde los carolingios y los otónidas en la Europa central es una entidad que se nos presenta abstracta. El llamado Sacro Imperio Romano Germánico fue una institución «forjada en el recuerdo», en una ficción creída y respetada por quienes pertenecían a ella —y quienes no—, que aparece en la Edad Media como una pervivencia mental de lo que había supuesto la cristiandad romana y que pudo mantenerse latente hasta las conquistas napoleónicas.

Por otra parte, es paradójico que, siendo una de las instituciones determinantes en la configuración de Europa, es de las más desconocidas, sin que se le preste atención o estudio de manera autónoma, probablemente porque el estudio de la propias naciones ha olvidado lo que significó el Imperio por su carácter transnacional. Peter Wilson dice al respecto que «una de las principales causas del relativo abandono académico del Imperio es que su historia es sumamente difícil de narrar [pues] carecía de los aspectos que definen la historia nacional convencional: un núcleo territorial estable, una capital, instituciones políticas centralizadas y, quizás lo más fundamental: una única "nación"»[66].

Si de partida no podemos afirmar realmente la consistencia del Imperio, probablemente podamos apreciar lo que no lo caracterizaba. No constituía un territorio definido geográficamente, ni tenía muy delimitadas sus fronteras; tampoco disponía de leyes comunes a todos sus socios, ni un gobierno sobre la totalidad; no contemplaba un derecho de ciudadanía; ni tampoco había surgido de un acto de voluntad creacional común. Su constitución, de alguna forma, parecía más «un complicado trenzado de cosas antiguas y nuevas, de prácticas simbólicas rituales, reglas de juego formales e informales, acuerdos negociados caso por caso, algunas "leyes fundamentales" [...] fijadas por escrito y muchos derechos consuetudinarios legitimados por la tradición, y también de múltiples pretensiones jurídicas incompatibles y en competencia las unas con las otras»[67]. Esa inconsistencia, tan respetada, se mantenía desde siglos gracias a la confianza de sus miembros en la figura del emperador como referencia meramente simbólica, pues no tenía capacidad de adoptar decisiones sin el consentimiento de los miembros del Imperio.

Los socios que componían esta institución basada en la confianza hacia una cabeza suprema eran príncipes, reyes, condes, duques, prelados, caballeros, ciudades, todos ellos con soberanía sobre sus territorios, de tamaños muy diferentes, cuya particularidad era que la cabeza, el emperador, no disponía de soberanía sobre todos. Entre ellos pervivía algo tan medieval como la lealtad personal, pero tan moderno como el mecanismo sucesorio mediante un sistema electivo y no hereditario, instalado ya desde 1197. La institución no había seguido la evolución de muchas de las monarquías del momento que se ajustaban al principio de primogenitura o la familia. En el caso del Imperio sobrevolaba la idea de que no era propiedad de ningún príncipe: cristianos todos, elegían al emperador en nombre de la cristiandad y este era reconocido y coronado —esto sólo en algunos casos— por el papa.

Por cuanto a su funcionamiento corporativo, la entidad común con capacidad decisoria era un parlamento o asamblea junto al emperador en la que participan quienes tenían voto y pagaban impuestos (con fórmulas muy distintas según territorios, costumbres y circunstancias). En ese parlamento la capacidad para elegir al emperador sólo correspondía a los príncipes electores: el rey de Bohemia, el duque de Sajonia, los arzobispos de Maguncia, Colonia y Tréveris, el margrave (cargo fronterizo equivalente a marqués) de Brandemburgo y el conde palatino del Rin. Algunas circunstancias de la Guerra de los Treinta Años y la Paz de Westfalia favorecieron la presencia del duque de Baviera. Todos ellos reunidos constituyen un órgano colegiado de gobierno representativo del Imperio y suelen aparecer públicamente acompañando al emperador con las mejores galas y pompa, con problemas de precedencia a la hora de aparecer ante los súbditos o tomar el asiento que a cada uno debía corresponder.

Un segundo grupo corporativo lo integraban autoridades —no electoras— de carácter civil o religioso, todas de menor relevancia política o extensión territorial, integrado por príncipes, condes, señores, arzobispos, obispos y abades. Y por último, componían el Imperio las grandes ciudades, que disponían de organización propia, gobernadas por su corporación local. Las ciudades prósperas exhibían su autonomía y sorteaban el poder de los príncipes, sobre todo a la hora de pagar impuestos. El emperador las tenía en bastante estima y mantenía «hilo directo» con sus representantes, que le atribuían el tratamiento de Señor de la ciudad, y este bien se cuidaba de atenderlas pues disponían de una economía muy productiva.

A partir del siglo XV en el Imperio comenzaron a funcionar diferentes normas muy novedosas de carácter global, como las disposiciones dedicadas a la circulación y el transporte de mercancías en la totalidad del territorio, las que preveían soluciones para los conflictos internos o externos (como la amenaza turca), o la promulgación de leyes generales que, si no tenían eficacia sobre algunos territorios, servían con carácter subsidiario o supletorio cuando no se disponían de ella. Este conjunto de acciones sobre la totalidad del Imperio se consolida en la reunión de Worms de 1495, reunión que ya se denominó como *Reichstag* (dieta imperial). Ello significaba «el paso de la vieja asamblea real a un nuevo tipo de institución que transformaba el "derecho" de los vasallos a ofrecer consejo y ayuda en "derecho" a participar en decisiones comunes. Seguían siendo vasallos del emperador, pero ahora eran también Estados imperiales (*Reichsstände*) constituyentes del Imperio junto con el emperador»[68].

Pero si se ha prestado poca atención al funcionamiento del Imperio, ocurre lo contrario con sus símbolos y ceremoniales, muchos de los cuales perviven, de alguna manera, en la identidad de comarcas, países, colectivos sociales o deportivos de la actualidad, muchas veces sin contenido referido al original. Desde los tiempos de Carlomagno ya el Imperio quedó simbolizado en objetos como la corona, orbe, lanza sagrada, cruz, reliquias, dalmática, sellos de la cancillería imperial, colores... Todos ellos se sucedieron, alternaron y remodelaron asociados a veces a contenidos simbólicos diferentes. Se hicieron copias de algunos de tal manera que los expertos en historia del arte que los han estudiado científicamente no garantizan mucho lo que se haya explicado o interpretado sobre ellos.

El águila, que había sido utilizada como símbolo de ejércitos en general, y especialmente del romano y bizantino, sirvió de símbolo también al Sacro Imperio con la novedad de aparecer bicéfala desde principios del siglo XIII, consolidándose durante los siglos siguientes. El águila bicéfala venía de antiguo, había sido usada en el Imperio bizantino como expresión de gobierno sobre dos entidades (rey sobre reinos), o dos herencias (la dinastía Paleólogo la transfirió también al ámbito ruso a través de enlaces matrimoniales). Fue impresa en escudos, banderas y documentos en diferentes colores y fondos. Hoy aparece como recuerdo en la identidad institucional de muchos países que la heredaron del Imperio o de sus dinastías. Quedó unida también a la monarquía de los Habsburgo cuando Maximiliano accede al trono imperial.

Si los romanos utilizaban la corona de laurel como símbolo de victoria militar, Carlomagno sentó un precedente al utilizar una corona símbolo de la verdadera fe. Es una corona octogonal y en las placas que la componen están representadas figuras del *Antiguo Testamento*, con una de ellas dedicada a la figura de Jesucristo. A diferencia de las coronas reales, la caracteriza como imperial el cierre mediante una pieza desde el frente hacia atrás. La espada era otro de los símbolos del Imperio. Al parecer había tres, y de ellas la *Glaudius Caroli Magni* que los emperadores ceñían en su coronación se contaba que habría pertenecido a Atila. A Carlomagno también pertenecía la Cruz Imperial que contenía, supuestamente, una astilla de la cruz de Jesucristo. El bastón (o báculo) fue sustituido por el orbe imperial, al que Otón I añadió una cruz. La Lanza Sagrada habría estado presente en las grandes victorias de los otónidas y contenía el «clavo de la victoria», en el convencimiento de que procedía de la cruz de Jesucristo. Previamente, Enrique IV le habría añadido una placa con el texto *clavus domini*.

Con la llegada de las modas renacentistas y las nuevas formas de expresión de los poderes, el Imperio adoptará nuevos lenguajes representativos. Con los Habsburgo, especialmente a partir de Carlos V, el Imperio y el emperador adoptarán una imaginería unida al pasado clásico, a la mitología, sus héroes y hazañas, como veremos más adelante.

Por cuanto a los ceremoniales, la tradición de coronar a los reyes y ungirlos por parte de la Iglesia quedó fijada en el Imperio hacia finales del siglo X con las llamadas *Ordines*, conjunto de documentos en los que se establecía el ceremonial de la coronación, que se mantuvo en vigor hasta bien tarde. La unción de Carlomagno había consagrado la costumbre y era percibida con distintos contenidos: el recuerdo de los reyes del *Antiguo Testamento*, o como una especie de transmutación por la que el monarca pasaba de simple mortal a convertirse en un elegido de Dios en la tierra. Las ceremonias de coronación tenían lugar después de la elección imperial e incluso hubo quien renunció a ella. A algunas ni siquiera asistió el papa. Hubo ciudades distintas para la ceremonia, lo habitual era Roma pero según las circunstancias políticas, bélicas o sanitarias (las epidemias) cambiaba de lugar (Bolonia, Aquisgrán o Reims). Carlos V fue el último emperador coronado por un papa, pues aunque el Imperio seguiría vivo, su representante ya no sería sancionado por la Iglesia.

Allá donde fuera la coronación, lo habitual era llegar en procesión hasta el lugar de la ceremonia a manera de entrada y recibimiento. En Roma la ceremonia comenzaba con una procesión hasta San Pedro y el emperador era recibido por la curia eclesiástica y los senadores. En las ciudades la recepción corría a cargo de los arzobispos. Ya en el interior del edificio religioso, el emperador caminaba hasta el altar mayor y se postraba. Tras la liturgia se procedía a la unción y la entrega de los símbolos imperiales, que a partir del siglo XIII corría a cargo de los electores: espada de Carlomagno, orbe, cetro y corona. A veces se juraba sobre la *Biblia* de Carlomagno, y si la ceremonia se celebraba en Aquisgrán era costumbre que el emperador se sentase en el trono de piedra de Carlomagno.

Afortunadamente disponemos de buena documentación sobre estas ceremonias gracias a la obra del obispo de Pamplona fray Prudencio de Sandoval, *Historia de la vida y hechos del Emperador Carlos V* [69], un texto considerado de gran utilidad por los estudiosos del rey Carlos. Además (y con la suspicacia que deben ser leídas o interpretadas estas fuentes), lo mejor de la obra de Sandoval es que se detiene especialmente en la narración de los ceremoniales, las recepciones, los desfiles, los vestuarios, los símbolos y sus interpretaciones, haciéndonos conscientes de cómo se ofrece a la vista la majestad de los príncipes, el Papado y la jerarquía eclesiástica.

En octubre de 1520 Carlos fue coronado en Aquisgrán como Rey de Romanos, una ceremonia que se otorgaba al que se consideraba sucesor del Imperio, aún en vida del emperador. La idea del «emperador de los romanos» (o «de los germanos» en algunos momentos) se mantuvo mucho tiempo, con bendición papal o sin ella. Después de la coronación en Aquisgrán en 1530, Carlos procuró la coronación imperial de manos del papa después de hacer las paces con el pontífice tras el lamentable episodio del Saco de Roma. En Bolonia, además, previamente a la coronación imperial, recibió la corona de los reyes de Borgoña y de Italia.

De las tres coronaciones que recibió Carlos V (como Rey de Romanos, la de los reyes de Borgoña e Italia y la imperial), evidentemente, Sandoval se extiende en la de Bolonia por el significado que tenía recibir los símbolos del imperio de manos del papa, pero la coronación como Rey de Romanos en Aquisgrán presenta mayor información y fuerza dramática al reproducir los diálogos entre las autoridades eclesiásticas y Carlos.

Para concluir, hemos de referirnos a un asunto relativo a los ceremoniales de investiduras, actos puramente simbólicos pero que expresaban el difícil equilibrio de

63

Desfile de Carlos V y el papa Clemente II después de la coronación en Bolonia. Xilografía de Hans Burgkmair (coloreada posteriormente)

CORONACIÓN DE CARLOS V COMO REY DE ROMANOS EN AQUISGRÁN
Según la *Historia de la vida y hechos del Emperador Carlos V*
de fray Prudencio de Sandoval

Antes de la llegada de Carlos estaban ya en Aquisgrán el arzobispo de Maguncia, el de Colonia, el de Tréveris, representantes del rey de Bohemia, del duque de Sajonia y del marqués de Brandemburgo. Sandoval no escatima en datos, personas y vestuario de la comitiva con la que aparece el emperador antes de llegar a la ciudad: 3000 infantes alemanes, duques del imperio, 400 lanzas del conde Palatino vestidos de negro, 200 ballesteros a caballo del arzobispo de Maguncia vestidos de rojo, 150 soldados del arzobispo de Tréveris, 250 del arzobispo de Colonia y 2200 soldados del emperador; el mayordomo mayor de Carlos, Monsieur de Xevres, con criados y gentilhombres; grandes señores españoles flamencos y borgoñones con sus lacayos; por último, el emperador con pajes a caballo, vestidos a la morisca algunos, todos con librea de oro y plata; y la comitiva cierra con los reyes de armas repartiendo monedas.

A la entrada del lugar salen a recibirlo los que ya estaban en Aquisgrán. Se apean de los caballos, se descubren y, tras hacer las reverencias propias al emperador, el arzobispo de Maguncia pronuncia una corta oración y le dirige unas palabras de bienvenida. El emperador le da las gracias. Luego caminan por la ciudad: el emperador lleva a su derecha e izquierda al arzobispo de Maguncia y al de Colonia. Detrás de ellos los cardenales, los arzobispos de Toledo y Lieja y demás personal eclesiástico, todos en los lugares conforme al orden de precedencia «que de tiempos muy antiguos tienen».

El 23 de octubre del año 1520, fecha señalada para la coronación, a las seis de la mañana, comienza el dispositivo con la llegada al palacio de los príncipes electores y sus comitivas para acompañar a Carlos hasta la iglesia. Dice Sandoval que «el emperador salió vestido de ropa larga de brocado y un collar muy rico al cuello. Y de la misma manera vinieron todos gallarda y riquísimamente vestidos y que llevóle la falda Federico, conde Palatino, y saliéronle a recibir en procesión los prelados. Tornáronlo en medio los dos arzobispos, el de Maguncia y el de Tréveris, vestidos de pontifical». Permítame el lector exponer de manera «dramatizada» cuanto ocurre ya en el interior de la iglesia, como si de una pieza teatral se tratara, ciñéndonos, con pocas licencias, a cuanto Sandoval narra.

La ceremonia

La procesión entra en la iglesia. Carlos se tiende en la escalera del altar mayor, boca abajo. El CORO canta la antífona «Mira, yo te envío mi ángel que vaya delante de ti», en recuerdo de lo que Dios había dicho al pueblo de Israel para guiarlo.

ARZOBISPO DE COLONIA: Salvad, Señor, a nuestro rey.

Los arzobispos de Maguncia y Tréveris levantan al emperador y lo conducen hasta un sitial. Carlos se arrodilla y reza unos momentos. El arzobispo de Colonia, a quien corresponde la coronación, se dispone a comenzar la misa, acompañado del de Maguncia y el de Tréveris. Toda la ceremonia es en latín.

ARZOBISPO DE COLONIA: Mirad cómo viene el Señor que manda, en cuya mano está la honra y el imperio.

Tras la epístola, los dos arzobispos ayudan a Carlos a quitarse la túnica que lleva a modo de casulla y el CORO inicia un cántico a modo de letanía. El espectador que nunca haya asistido a una coronación, eclesiástico, noble o pueblo llano, percibe con extrañeza una apertura en la camisa de Carlos que deja entrever su espalda.

ARZOBISPO DE COLONIA: (*Levantándose de su asiento, con el báculo en la mano izquierda*) Rogámoste que oyas lo que pedimos, que a este tu escogido siervo Carlos le rijas, bendigas, enlaces y consagres. Que le lleves y guíes hasta ponerlo en la cumbre del reino y grandeza de imperio felicísimamente. Te rogamos, óyenos.

Carlos se levanta, todos están atentos porque ha llegado el momento en el que el arzobispo de Colonia realice al emperador una serie de preguntas destinadas a confirmar su voluntad de convertirse en defensor de la cristiandad y de la Iglesia.

ARZOBISPO DE COLONIA: ¿Quieres tener y guardar con obras la santa fe católica que se dio a los varones católicos?

CARLOS: Quiero.

ARZOBISPO DE COLONIA: ¿Quieres ser fiel defensor y amparador de los ministros de la Iglesia?

CARLOS: Quiero.

ARZOBISPO DE COLONIA: ¿Quieres defender el reino que Dios te ha dado, y regirlo según la justicia de tus predecesores?

CARLOS: Quiero.

ARZOBISPO DE COLONIA: ¿Quieres conservar los derechos del reino y Imperio, y recuperar los bienes que les fueren usurpados, y disponer fielmente de ellos, en favor y augmento del reino?

CARLOS: Quiero.

ARZOBISPO DE COLONIA: ¿Quieres ser justo defensor y amparador de los pobres y de los ricos, y de las viudas y huérfanos?

CARLOS: Quiero.

ARZOBISPO DE COLONIA: ¿Quieres ser sujeto y obediente a Jesucristo, al Romano Pontífice y Iglesia Romana, y guardarle con toda reverencia la fe que se le debe?

CARLOS: Quiero.

Acabadas las preguntas, los arzobispos de Colonia y Tréveris acompañan a Carlos hasta el altar mayor.

CARLOS: (*Colocando un dedo de la mano derecha y otro de la izquierda sobre el altar*) Aquí quiero y prometo de guardar y cumplir todo cuanto he prometido, ayudándome Dios y las oraciones de los fieles cristianos y santos de Dios (*Vuelve a su lugar*).

ARZOBISPO DE COLONIA: (*Volviéndose hacia el pueblo*) ¿Queréis os sujetar a tal príncipe y gobernador, y fortificar fielmente su reino, guardar sus mandamientos según lo que dice el Apóstol y es precepto suyo, que toda criatura está sujeta a las potestades superiores?

ASISTENTES: (a grandes voces): *Fiat, fiat, fiat.* (Sea, sea, sea.)

ARZOBISPO DE COLONIA (*Como lo ha dicho en latín, repite ahora en alemán para quienes no conocen el latín*): ¿Queréis al rey don Carlos, que está presente, por Emperador y rey de romanos, y hacer lo que él os mandare?

ASISTENTES: Sí, sí, sí.

ARZOBISPO DE COLONIA: Señor Jesucristo, que todas las acciones y cosas de los reyes riges y gobiernas, echa tu saludable bendición sobre este nuestro rey Carlos.

Carlos se pone de rodillas, los arzobispos de Colonia y Tréveris descubren la espalda de Carlos por la apertura de la camisa.

El CORO inicia el cántico «Ungieron por rey a Salomón el sacerdote Sadoch y Natham», acompañando toda la ceremonia de la unción. Comienza un ritual reiterativo de palabras y acciones que debemos imaginar en todos los gestos, palabras y antífonas cantadas.

ARZOBISPO: La paz sea contigo.

TODOS: Y con tu espíritu.

ARZOBISPO: (*Le unge en la espalda*) Úntote en rey con el olio santificado, en el nombre del Padre y del Hijo, y del Espíritu Santo.

TODOS: ¡Viva, viva el rey para siempre!

ARZOBISPO: La paz sea contigo.

TODOS: Y con tu espíritu.

ARZOBISPO: (*Le unge en los hombros*) Úntote en rey con el olio santificado, en el nombre del Padre y del Hijo, y del Espíritu Santo.

TODOS: ¡Viva, viva el rey para siempre!

ARZOBISPO: La paz sea contigo.

TODOS: Y con tu espíritu.

ARZOBISPO: (*Le unge el pecho*) Úntote en rey con el olio santificado, en el nombre del Padre y del Hijo, y del Espíritu Santo.

TODOS: ¡Viva, viva el rey para siempre!

ARZOBISPO: La paz sea contigo.

TODOS: Y con tu espíritu.

ARZOBISPO: (*Le unge las manos. Elevando la voz*) Sean ungidas estas manos con el olio santo, con el cual fueron ungidos los reyes y profetas. Y como Samuel ungió al rey David, así seas buen rey constituido en este reino sobre el pueblo que te dio el Señor para gobernar, teniendo él por bien de conceder esto; que vive y reina en los siglos de los siglos, amén.

TODOS: ¡Viva, viva el rey para siempre!

ARZOBISPO: La paz sea contigo.

TODOS: Y con tu espíritu.

ARZOBISPO: (*Le unge la cabeza*) Úntote en rey con el olio santificado, en el nombre del Padre y del Hijo, y del Espíritu Santo.

TODOS: Viva, viva el rey para siempre.

Acabadas las unciones, los dos arzobispos conducen a Carlos hasta la sacristía, lo limpian con algodones y lo visten de blanco como a un diácono, con una estola desde el hombro izquierdo, hasta debajo del brazo derecho, vestiduras que ya había utilizado Carlomagno y se conservaban para la ocasión. Vuelve a las escaleras del altar para postrarse. Unos momentos de oración. Carlos se levanta. Los tres obispos juntos le entregan la espada de Carlomagno.

ARZOBISPO: Recibe la espada por las manos de los obispos, aunque indignas, pero consagrados en la vida y autoridad de los santos apóstoles.

ARZOBISPO DE COLONIA: (*Le entrega el anillo*) Recibe el anillo de dignidad y conoce por él el blasón o sello de la fe católica.

ARZOBISPO: (*Entregándole un cetro real en una mano y un mundo en la otra*) Recibe esta vara de virtud y equidad con la cual sepas amar a los buenos y espantar a los malos.

ARZOBISPOS: (*Le colocan la corona de oro Carlo-Magno sobre la cabeza*) Recibe la corona real y del reino y sea puesta en tu cabeza por las manos, aunque indignas, de los apóstoles, obra de santidad y fortaleza.

CARLOS: (*Se dirige al altar mayor, y con las manos sobre el mismo dice*) Yo prometo delante de Dios y de sus ángeles que de aquí adelante conservaré la santa Iglesia de Dios en justicia y paz.

Los arzobispos acompañan a Carlos hasta la silla de piedra de Carlomagno.

CORO: (*Canta*) Cumpliste, señor, los deseos de su alma y no le defraudaste en nada de lo que te pidió.

ARZOBISPOS: Ten, pues, agora el lugar del reino, el cual se te da, no por juro de heredad ni paterna sucesión, sino por elección de los príncipes electores del reino de Alemaña, por cuyos votos principalmente se te encomienda por la autoridad de Dios omnipotente».

***

Después de la ceremonia, se acercan hasta el rey algunos gentilhombres que en la ocasión van a ser nombrados caballeros. Carlos da tres golpes con la espada de Carlomagno sobre sus hombros. Al llegar a este punto, continúa la misa con el Evangelio y el ofertorio. En el participaron Carlos y los electores.

Al concluir la misa, después de la Paz del Señor, el arzobispo se dirige a Carlos y lo bendice: *Benedicat tibi Dominus et custodiat te, et sic ut voluit super populum suum esses rex, ita in praesenti saeculo faelicem, et faelicitatis tribual esse consortem. Per Christum Dominum nostrum. Amen.*

Luego en el palacio, el almuerzo de Carlos es bendecido por los tres arzobispos. Carlos, como es la costumbre come solo, en la misma sala del palacio que los electores, y estos también en mesas individuales, levantándose para servirle: el conde Palatino le sirvió el buey, del mismo que se asaba en la plaza para el pueblo, y el de Limburgo, tazón de vino de una fuente con caños de vino blanco y tinto instalada también para la ocasión.

Sandoval hace notar que la coronación había coincidido «en el mesmo día que se coronó en Constantinopla Solimán, el Gran Turco, por muerte de su padre Selin, que parece misterio favorable del cielo que el día que daban a un bárbaro poderoso, cruel y tirano, la espada contra el pueblo de Dios, en el mesmo se diese la imperial, legítima, católica y verdadera al mejor Emperador y caudillo que ha tenido la Iglesia».

poder entre el Imperio y el Papado y la permanente tensión en la autoridad del uno sobre el otro.

Como hemos visto en páginas anteriores, los clérigos (obispos o abades) formaban parte de la estructura feudal y, como los laicos, podían recibir un beneficio en forma de vasallaje, lo que suponía importantes rentas para el señor. Por ello, los monarcas consideraban su derecho a investirlos, o lo que es lo mismo, a ejercer un control político sobre la autoridad eclesiástica. Evidentemente, los reyes, o el emperador, se encargaban de que estos feudos fueran entregados a personas de su proximidad, confianza, o de la propia familia.

Desde antiguo los símbolos sólo los entregaba el rey, más tarde se adoptó la costumbre de que en la investidura del clérigo el rey entregara un bastón y el obispo un anillo. Aún no se tenían muy definidas las obligaciones políticas o militares a cambio de la tierra que se entregaba, ni cuál de los símbolos representaba a cada poder. En una época en la que los ritos simbólicos suponían más fuerza o eficacia que cualquier resolución escrita, la validez del nombramiento que se realizaba mediante el acto de la investidura fue adquiriendo mayor relevancia como garantía del compromiso. Quién investía a quién, si la autoridad espiritual a la temporal, o viceversa, fue un conflicto permanente pero que tuvo un estallido a mediados del siglo XI en la denominada Querella de las Investiduras.

Aunque el asunto pudiera parecernos menor, refleja diferentes inquietudes. El Imperio era sacro porque al emperador se le consideraba defensor de la Iglesia cristiana y del papa. De partida, si los emperadores no consideraban que sus actos pudieran ser juzgados por el papa, estos no estaban dispuestos a considerarse tutelados por el emperador. A ello se añadía una especie de sentimiento antigermánico de la parte italiana del Imperio. Por otra parte, las causas del enconamiento hay que buscarlas en los intentos reformistas de la Iglesia (lo que sería más tarde la Reforma Gregoriana) y en algunos vicios como el amancebamiento de los clérigos y la simonía, la compra de cargos eclesiásticos (así llamada en recuerdo de Simón el Mago que había intentado comprar su salvación a los apóstoles). Estas prácticas se enfrentaban a la idea de los clérigos reformadores que apelaban a una Iglesia más atenta a los valores espirituales y al retiro de la vida material que, por ejemplo, dio lugar a una nueva ola monástica en Francia e Italia.

El papa Gregorio VII, acentuó el sentido de su reforma hasta el punto de invalidar en su *Dictatus Papae* cualquier intento de supremacía del poder temporal sobre el espiritual: la Iglesia es inmortal y el Estado no. Así, el papa exhibía su capacidad para deponer reyes o clérigos que no fueran idóneos o incapaces. Más aún: sólo el Papado era universal, no había errado nunca en cuestión de fe, sólo Dios le podía juzgar y no era católico quien no aceptara los criterios de la Iglesia.

El enfrentamiento entre el emperador Enrique IV y Gregorio VII tuvo su origen con el nombramiento del arzobispo Godofredo de Milán, considerado por los reformadores «no apto para el cargo», pues estaba acusado de simonía. Un asunto que anteriormente no hubiera tenido mayor trascendencia llegó a convertirse en 10 años de conflicto.

Enrique IV no iba a consentir la ruptura de la tradición y con el apoyo del clero alemán convoca el sínodo de Worms (1076), niega cualquier obediencia al papa y pide su destitución. Gregorio VII lo excomulga y destituye, eximiendo a todos sus súbditos del juramento de lealtad. En un momento en el que el que Gregorio VII decidió dirigirse a

Augsburgo para encontrarse con los nobles y obispos que se oponían a Enrique IV, a este se le ocurre la idea de ir a su encuentro e intentar la revocación de la excomunión y destitución. El encuentro tuvo lugar en Canosa bajo la protección de Matilde de Toscana y los historiadores no se acaban de poner de acuerdo en el desarrollo de aquel encuentro. El caso es que Enrique IV se habría doblegado ante el papa y aunque este habría revertido su excomunión, más tarde afirmó que se había tratado simplemente de absolver a un penitente, no reinstaurar a un monarca.

La Querella de las Investiduras tendría su fin en 1122 con el Concordato de Worms (1122), firmado por Enrique V, hijo de Enrique IV, y el papa Calixto II, por el que se reconoció la capacidad exclusiva de la Iglesia para nombrar a los cargos eclesiásticos, aunque permitía al emperador estar presente en la elección y dar su consentimiento. Los obispos debían estar limpios de simonía y serían investidos con los símbolos del báculo, anillo y estola. Al emperador sólo cumplía la entrega de un cetro, símbolo del poder temporal, es decir, el gobierno del beneficio. Este acuerdo, que suponía la pérdida de poder espiritual por parte del emperador, está considerado por los historiadores como el primer gesto hacia la desacralización de la política y rigió hasta el fin del Imperio.

Rey y Cortes

En la Hispania de finales del siglo V y comienzos del VI los visigodos se habían instalado en la Tierra de Campos (*campi gotorum*) y Leovigildo fijó capital en Toledo (576). Defensor de la herejía arriana, Leovigildo se había enfrentado a su hijo Hermenegildo, protector de los cristianos hispanorromanos y, finalmente, Recaredo, su otro hijo, declaró al Cristianismo religión oficial en el III Concilio de Toledo, convencido de la necesidad de fusionar a las poblaciones hispanorromanas y visigodas. El autor no amenaza con entrar en las monarquías visigodas, tan complicadas cuanto lamentablemente olvidadas en la enseñanza, pero en ellas encontramos la conformación de las más antiguas estructuras de poder y representación de las monarquías hispánicas de la Edad Media que concluyen en la política centralizadora de los Reyes Católicos.

La Curia Regia (o Aula Regia) era el núcleo del poder, un consejo constituido por el rey y sus próximos al estilo germánico: aristócratas, potentados y eclesiásticos, muchos de los cuales cumplen funciones palaciegas.

La monarquía visigoda siempre había sido electiva entre los miembros del palacio y el Aula Regia, pero después del III Concilio de Toledo (589) en el que se proclama el catolicismo del reino, la Iglesia se arrogó ser miembro del consejo y, por lo tanto, también elector, ofreciendo el ceremonial de la unción. Con ello se instaura, y se justifica, el carácter divino de la monarquía. La unción era un ritual religioso, propio ya de la investidura de los obispos, por el que se alcanzaba la gracia del Espíritu Santo extendiendo el óleo sagrado sobre la cabeza del monarca. La Iglesia transfería así la gracia divina también a los monarcas (*rex gratia dei,* rey por la gracia de Dios) y, evidentemente, adquiría su protagonismo en la ceremonia. Algunas cortes no veían con muy buenos ojos aquel protagonismo de la Iglesia con la unción y el asunto supondrá, como vimos, serios enfrentamientos con los príncipes renacentistas. La casa de Borgoña, por ejemplo, se caracterizó por no prestarle mucha o ninguna atención a este ritual[70].

68

La corte no tiene un lugar fijo; se encuentra donde se encuentre el rey, que suele pasar temporadas en un lugar u otro. En la ley XXVII, título IX de la *Partida II* se dice que Corte es el lugar «do es el rey, é sus vasallos, é sus oficiales con él... é los omes del Reino que se llegan y, o por honra del, ó por alcanzar derecho, ó por facerlo, o por recabdar las otras cosas que han de ser con el». Es esta una tradición itinerante, propia de la monarquía hispánica, dispuesta a perdurar con el paso de los siglos.

Los visigodos fueron los primeros en utilizar cetro, corona, manto y espada y representarse habitualmente sentados en el trono, como símbolo de majestad, y las monarquías hispánicas continuaron utilizando esta representación. A partir del siglo XII la heráldica comienza a fijar muchos símbolos de identificación: castillos, leones, caballos, barras... que se reproducen en objetos y estandartes. También el globo terráqueo en alguna ocasión, que en estos momentos es símbolo de mera realeza. Y entre ellos el pendón real (o la enseña del rey), tan emblemático, comunicaba la presencia del monarca, era portado por alguien especial y expuesto en determinados momentos como señal de victoria o sometimiento (cuando era arrebatado al enemigo).

Los reyes castellanos, por otra parte, fueron bastante austeros en cuanto a los ceremoniales de coronación y su carácter religioso si los comparamos con las coronaciones de otros reinos. En la amplia labor legislativa de Alfonso X, según los expertos, hay bastante poco en relación a este ritual. En cambio, está bastante documentado el gesto de excepción de Alfonso XI que, aunque consintió en la unción por parte del arzobispo de Santiago, tras la bendición de las coronas por la jerarquía eclesiástica, se coronó a sí mismo y luego a su esposa: «dos hechos insólitos que confluyeron en este acto de Alfonso XI: la unción, que no era costumbre castellana en esos siglos, y la autocoronación, que siempre representaba una expresión de firmeza por parte del monarca»[71]. Además, con anterioridad ya se había nombrado él mismo caballero.

A veces nos pueden sorprender, y confundir, las intitulaciones de estas primitivas monarquías hispánicas; es decir, el nombre con el que se denominaban a sí mismas, dando cuenta del territorio sobre el que se afirmaban. Las fórmulas fueron distintas según los reinos y el momento histórico o circunstancias, aunque la más elemental era unir a la voz *rex* el territorio o los territorios bajo su dominio: *Rex hispaniarum, Rex spaniae, Rex in Castella, Rex in Legione et in Gaellecia, Rex totius Hispaniae...* El asunto ha tenido diversas consideraciones e interpretaciones entre los historiadores, pero destaca la intitulación de *Imperator*, que no debe ser entendida en referencia al ámbito europeo sino exclusivamente hispánico. *Imperator* fue adquiriendo preeminencia: *Imperator totius Hispaniae, Imperator hispaniae,* o *Imperator Hispaniarum* con los que algunos reinos hispánicos querían manifestar su superioridad institucional o representativa sobre los demás[72]. Alfonso X era rey de Castilla, de León, de Toledo, de Galicia, de Sevilla, de Córdoba, de Murcia y de Jaén (lo *del Algarve* fue una pretensión territorial nunca llevada a efecto pero quedó en la intitulación).

A partir de un determinado momento (siglo XI), las reuniones de la Curia Regia, más allá de las cuestiones de sus miembros, comienzan a debatir sobre normas aplicables a la totalidad del reino y relativas a asuntos tales como la persecución de malhechores, latrocinios, ataques contra la propiedad, obligación de acudir a la justicia, inviolabilidad de los bienes de la Iglesia, compromiso del rey de no declarar la guerra sin la consulta a la Curia, entre muchas otras, que parecen indicar un acuerdo general no sólo entre el rey y sus vasallos de manera particular sino para toda la población.

En cualquier caso la historiografía considera que hasta el reinado de Alfonso X no se puede hablar científicamente de un órgano de carácter representativo al que podamos denominar Cortes; es decir, cuando a los estamentos aristocráticos y religiosos se unen los representantes de los concejos vecinales. Con la incorporación de los procuradores representantes de villas y ciudades, el «estado llano», el aspecto de la reunión es el de una auténtica asamblea representativa. En ella los reyes encuentran su legitimidad, la nobleza generalmente se opone en cualquier materia que suponga crear o aumentar tributos, la Iglesia defiende sus prerrogativas, especialmente los derechos del abadengo, y el estado llano es a menudo instrumentalizado por los monarcas para mantener a raya a la nobleza. Hay, pues, una auténtica contraposición y vigilancia mutua para la defensa de los intereses de cada estamento.

Su reunión no es periódica, las convoca el rey cuando así lo considera a través de cédulas para tratar asuntos de importancia como la petición de ayuda económica o militar (la Reconquista, por ejemplo), el juramento del sucesor, los enlaces matrimoniales y cualquier otro asunto de carácter especial o extraordinario. El lugar de reunión puede ser cualquier convento o iglesia de las más importantes ciudades del reino que no estuviese en guerra. El rey ocupa el lugar de la epístola, el clero el del evangelio, y frente a ellos la nobleza y los procuradores de las ciudades. Previamente a la celebración se comprueban las credenciales de los procuradores, avaladas por sus concejos. Luego los juramentos: el del rey de cumplir y hacer cumplir las leyes que allí se decidan y él sancione y el de los estamentos de guardar las deliberaciones que se realicen y hacer cumplir las leyes sancionadas. El procurador por las villas tiene la prerrogativa de inviolabilidad y dispone de un salario. Aunque no debemos pensar en estas Cortes en el mayor sentido legislativo —pues la potestad normativa corresponde absolutamente al rey, especialmente en Castilla—, lo cierto es que los monarcas, según las circunstancias políticas, dejaron en sus manos importantes ordenamientos y comenzaron a respetar las leyes surgidas en las reuniones a Cortes de sus antecesores.

En el reino de Aragón las Cortes tuvieron mucha fortaleza, tanto las propias del reino como las de Valencia y Cataluña. Su forma de organización no permitía demasiado control por parte del monarca. En ellas tenían una fuerza especial los poderes urbanos (especialmente los síndicos) que se guardaban muy bien de cuidar sus intereses. Y algo fundamental: en Aragón dispusieron de capacidad legislativa plena. Además, consideraban de importancia solucionar los asuntos urgentes, pues las quejas y los agravios presentados por los estamentos debían ser debatidos y solucionados antes de pasar a otros asuntos. Este espíritu de eficacia dio lugar en las Cortes catalanas a la aparición de un organismo para los periodos entre una reunión de Cortes y otra: una diputación permanente, integrada por representantes de cada uno de los estamentos, que se encargaba de hacer cumplir lo acordado. Algo novedoso en Aragón, igualmente, fue la elección del Justicia, una especie de «defensor del pueblo» que protegía a los individuos frente a los abusos de los poderes (señoriales o reales) impidiendo que ninguno de estos infligiera lo legislado.

El hecho diferenciador del modelo de Cortes aragonesas con respecto a las castellanas estaría determinado por el carácter de sus monarquías. La castellana más absoluta, ocupada en la Reconquista que le procuraba imagen y recursos económicos, y la aragonesa pactista o limitada. Bonnsasie lo explica así: «Castilla se mantuvo muy ligada a la tierra y generó una mínima "burguesía", cuya única preocupación era integrarse en las filas de la nobleza, mientras que la Corona de Aragón, dedicada al comercio, formó un patriciado cuyos intereses no coincidían necesariamente con los de la nobleza. En la Corona de Castilla, el interés del monarca se vio muy favorecido por la unidad del reino, la centralización del poder y las reformas administrativas y legislativas; el rey aragonés, por el contrario, debía compartir sus prerrogativas con cuatro estados, dotado cada uno de ellos con sus propias instituciones»[73].

En las Cortes castellanas sólo había 18 ciudades representadas: Burgos, León, Ávila, Valladolid, Zamora, Toro, Salamanca, Soria, Segovia, Guadalajara, Madrid, Toledo, Murcia, Cuenca, Sevilla, Córdoba, Granada y Jaén. Muchas ciudades escapan a este régimen, grandes propiedades señoriales o las ciudades de Álava, Vizcaya y Guipúzcoa que disponían de autonomía gracias a sus fueros.

Con el advenimiento de la Edad Moderna y los recursos que proceden de las conquistas americanas, la Monarquía se siente mucho más fuerte y comienza a no necesitar demasiado de quien la sustente, elude las convocatorias pues tampoco necesita ni desea consultar demasiado. Carlos I las convocó unas 15 veces. Poco a poco se harán menos frecuentes. Felipe IV las convoca una vez en Aragón, una en Cataluña (1626), ocho veces en Madrid y una en Valencia (1645). Con la dinastía borbónica, Felipe V las reúne una vez en Zaragoza (1702), las últimas de Aragón, y cuatro las castellanas, simplemente para cuestiones dinásticas o el juramento de fidelidad. Fernando VII no las reúne ni una sola vez. Con el espíritu centralista de la monarquía borbónica, este tradicional sistema de relativo contrapeso desapareció de nuestra historia hasta los primeros intentos de revolución liberal y la labor de las Cortes de Cádiz.

Dos coronas para dos pueblos

Entre 1418 y 1479 se produce entre los reinos de Castilla y Aragón un conjunto de circunstancias históricas que si no fuera porque conjugaron todo un despliegue de diplomacia, inteligencia, visión histórica e incluso el azar, bien podríamos calificar de rocambolescas y que concluyen en la unión de las coronas de Castilla y Aragón, determinante en la construcción de la España moderna. Narrado de manera sucinta, casi periodística, es posible que nos impacte, pues nos descolocará en muchas de nuestras ideas preestablecidas sobre el periodo y sus actores.

Juan II de Castilla se había casado en 1418 con su prima María de Aragón (lazos habituales entre coronas con intereses comunes). Del matrimonio nacieron dos hijas, que fallecieron, y un hijo, Enrique IV, destinado a ser heredero de Castilla. Como quiera que María de Aragón falleció, Juan II de Castilla casó en segundas nupcias con Isabel de Portugal de cuyo matrimonio nacieron dos hijos, Alfonso e Isabel.

Isabel nace en 1451 y se convierte en una mujer inteligente, religiosa, culta. A la muerte de su padre, accede al poder Enrique IV. Enrique se había casado a los 15 años con la infanta Blanca de Navarra, primos también; matrimonio que se considera nulo en 1453 al parecer por cuestiones de impotencia o de hechizos. Igualmente se achacaba al rey sus amistades con judíos y musulmanes, sus extravagancias, el gusto orientalizante a la hora de vestir o el disponer de una «guardia mora».

En busca de descendencia Enrique IV se casa con Juana de Portugal, prima también. Si el papa había confirmado la nulidad de su primer matrimonio, para este ni siquiera se pide la autorización habitual cuando los contrayentes son primos. De este matrimonio nace Juana, *La Beltraneja*, de paternidad cuestionada y atribuida a Beltrán de la Cueva, valido del rey, un servidor de la corte que había ascendido en prebendas desde paje del rey hasta ser nombrado duque de Alburquerque. Estos asuntos fueron objeto de literaturas de escándalo como las *Coplas del Provincial* y *Coplas de Mingo Revulgo*. Hasta aquí la parte «rosa» del asunto.

Interpretaciones ha habido en todos los sentidos. Probablemente nunca sabremos si La Beltraneja fue hija de Enrique IV, pero a la luz de la interpretaciones históricas más razonables, debemos pensar en las facciones que dividían a los nobles castellanos en pugna por la proximidad a la Corona y a sus validos. Una facción de la nobleza castellana no aceptaba como legítima a esta hija. Nobles y prelados le reprochaban a Enrique IV la tibieza contra los moros granadinos y le instaban a abandonar los abusos y la enajenación de bienes reales, no sólo los suyos, personales, sino los del reino, para contentar a sus amigos y evitar amenazas. A lo que habría que añadir el deseo de sustituir al valido, pues el nombramiento de un valido significaba también el ascenso de toda una clientela. Por lo tanto, el asunto de La Beltraneja habría sido probablemente, además, una excusa.

La nobleza crea un bando en favor del hermano de Isabel, Alfonso, y en la llamada Farsa de Ávila, destronaron a Enrique en efigie. Proponen a Alfonso, pero el joven muere pronto y los adversarios de Enrique piensan decididamente en Isabel. Esta no acepta de partida, con gran inteligencia, y se niega a ser juguete de las facciones nobiliarias: ella quería una sucesión legal. La historiografía discute, al no haber documentos que puedan arrojar luz, sobre si hubo un acuerdo entre Enrique IV e Isabel por el que la reconocía como heredera. Lo cierto es que la acepta renunciando a la sucesión de Juana, pero obligando a Isabel a no casarse sin su consentimiento y la mantiene alejada en Ocaña.

Como quiera que Isabel ya estaba prometida con Fernando de Aragón, decide casarse, algo que complacía a la nobleza castellana. A Juan II de Aragón, padre de Fernando, este matrimonio siempre le había parecido muy estratégico para alejar otros posibles pretendientes extranjeros (Portugal o Francia). Al objeto de que Enrique IV no se enterara de la boda, Isabel, con la excusa de visitar la tumba de su hermano Alfonso en Ávila, se escapa y Fernando lo hace desde Aragón disfrazado de mozo. Se encuentran en Valladolid en donde se casan en secreto. Y lo hicieron con una falsa bula papal, necesaria, pues también eran primos. Enrique IV muere en 1474 e Isabel se proclama reina de Castilla. Ya no hay rito de coronación ni de unción en la monarquía española. El alcaide de la residencia de Enrique IV, el alcázar de Segovia, enarbola el pendón de la sucesora.

En la Concordia de Segovia (1475), quedan expresas las condiciones de la unión y el papel que debe jugar cada uno de los cónyuges. Los términos del acuerdo fueron preparados por el cardenal Mendoza en nombre de Castilla y el arzobispo Carrillo por Aragón. Asuntos económicos, administrativos y de precedencia formaban parte del protocolo firmado. La enumeración de los reinos sería primero Castilla y después Aragón, mientras que en los documentos regios era Fernando quien antecedía a Isabel, por ser varón. Para la administración de justicia lo harían de manera colegiada si se encontraran juntos y personalmente si separados. Los beneficios de cada una de las coronas serían utilizados en cada uno de sus territorios. Los altos cargos serían nombrados por cada uno en sus respectivos reinos. Las armas de Castilla y León precederían siempre en cuestiones de heráldica sobre las de Aragón y sus posesiones en Italia.

En el momento, Castilla aún se encontraba asentando los beneficios de la Reconquista con el reparto de las tierras conquistadas. Hemos de recordar que ya desde 1180 se habían consolidado las tres órdenes de carácter militar y religioso para la defender las fronteras con el Islam: la de Calatrava, la de Alcántara y la de Santiago, que acabarían convirtiéndose en grandes terratenientes. Igualmente, los caballeros de los ejércitos fueron beneficiados, recibieron granjas y tierras constituyéndose en grandes latifundios ganaderos y cerealísticos. Todos ellos destinados a perpetuarse, se repartían las tierras y a la población que las trabajaba. Esta nobleza exigiría para sí las competencias de gobierno y, por supuesto, las exenciones fiscales. Así se configuró una Andalucía de grandes latifundios, mientras que en Aragón se conformaron comunidades cristianas junto a una ocupación de pequeñas parcelas.

Isabel y Fernando estaban convencidos de que sus acciones e instituciones debían dirigirse hacia la construcción de un Estado moderno, unificador, fortaleciendo el poder central de la Corona sobre los súbditos. En este empeño Isabel y Fernando poco tenían a su favor y el trabajo requería dotes de inteligencia, astucia y sentido de la medida en un «tira y afloja» entre las estructuras existentes y los nuevos objetivos. En primer lugar se trataba de menoscabar el poder de la nobleza que había heredado de la Reconquista importantes beneficios en tierras y cargos, como hemos comentado. A las gentes que siempre habían estado cerca de la corona Isabel no les permitió esa proximidad, tanto en cuestiones de gobierno como religiosas. Por otra parte, la Monarquía comenzó a competir en riqueza económica al ampliar las tierras de realengo. Los territorios bajo jurisdicción de las órdenes militares fueron incorporados a la Corona mediante la creación de un Consejo de Órdenes para su control e Isabel consiguió que Fernando fuera nombrado Gran Maestre de las tres órdenes, con bula pontificia, gestionando sus importantes ingresos.

Para la organización territorial del reino suprimen la figura del adelantado, especie de gobernador en territorios fronterizos, y para controlar a las municipalidades se creó el cargo de corregidor, un auténtico delegado de la Corona, responsable de la «gestión periférica» y encargado de controlar la actividad de los concejos municipales. Presidían sus reuniones con un amplio abanico de competencias en cuanto a abastecimiento, obras públicas y policía, y en asuntos jurídicos presidían los tribunales de primera instancia. Bajo los corregidores existían funcionarios tan propios de la vida municipal como el alguacil o el escribano. Crearon hermandades como instrumento de orden público para el control de las ciudades y su reorganización en la Santa Hermandad, en cuyo mantenimiento debían participar la nobleza y el clero. La Hermandad valía tanto como ley de vagos y maleantes como para intimidar a los desafectos.

La nueva organización fortalecía los tribunales reales en detrimento de los feudales. Las Audiencias o Chancillerías, una en Granada y otra en Valladolid, pasan a ser órganos supremos de justicia. Las Reales Chancillerías no hemos de entenderlas como lo que hoy podría ser un tribunal supremo; sus fines y competencias iban más allá; no se trataba de una desconcentración sino de un auténtico órgano de gobierno, «era la monarquía misma y su presencia en Granada, materializada en la posesión del sello real, daba a esta el rango permanente de Corte»[74], de tal manera que «audiencia» era el acto por el que la monarquía «recibía», aunque no se encontrara presente. Pocas instituciones del momento en los reinos peninsulares gozaron de tanto poder.

La reorganización de las órdenes religiosas, muy relajadas, no fue fácil (los dominicos de Salamanca llegaron a defenderse a mano armada). El cardenal Cisneros fue el encargado de la reforma eligiendo los candidatos a los beneficios eclesiásticos así como limitando las relaciones que el alto clero solía mantener con Roma directamente.

Un signo de modernidad fue la creación de órganos de gobierno de carácter consultivo que reunían a personalidades de ámbitos sociales e intelectuales de la Iglesia y la nobleza, expertos y letrados que opinaban sobre asuntos de política interior y exterior. Así se crean el Consejo de Estado, el Consejo de Castilla, llamado también Consejo Real, y el de Aragón. Los tiempos además imponían un Consejo de Indias y el Consejo de Italia. De igual manera fue concebida la Inquisición como Consejo de la Suprema y Real Inquisición. Esta fue un medio de control religioso pero también financiero (se confiscaban las propiedades de los inculpados). Los tribunales inquisitoriales ya tenían experiencias europeas en la lucha contra las herejías (los albiguenses, por ejemplo). Fue el papa Sixto IV quien quiso implantarla en Castilla, concediendo a los Reyes Católicos el poder real sobre la misma y, además, la capacidad para el nombramiento de los obispos castellanos. El Inquisidor gozaba de poderes absolutos en su gestión, con jurisdicción sobre cualquier otro tipo de tribunal eclesiástico o civil. Como ha apuntado más de un historiador, quizá se consideró que la unidad religiosa era la única forma posible de cohesionar unos reinos de economías, prácticas religiosas, cultura y legislaciones diferentes.

En el control de la nobleza hubo serios enfrentamientos, aunque también se la neutralizó mediante la disminución de cargos y privilegios. Tampoco era igual el asunto en Castilla que en Aragón. En Castilla la monarquía no estaba sujeta por las Cortes. Estas se reunían tradicionalmente a voluntad del rey, podían realizar peticiones, pero la legislación correspondía a la Corona; en Aragón (que además tenía Cortes en Cataluña y Valencia), en cambio, la Corona no podía legislar sin el consentimiento de las Cortes.

Isabel y Fernando inauguraron en la España del momento una nueva forma de ejercer el poder en un binomio original de potestades y competencias en el que sus respectivas personalidades, a pesar de sus diferencias, jugaron a favor. A Fernando se le recuerda en la historiografía como persona amable, buen estratega militar e inclinado a hacer justicia. Muchos le consideraron el modelo del Príncipe que había preconizado Maquiavelo, firme, con la Razón de Estado como guía. Tuvo hijos bastardos, y su preferido fue Alfonso, arzobispo de Zaragoza. Isabel fue mucho más inteligente y culta que cualquier otra reina del momento.

Sobre los Reyes Católicos se ha dicho de todo y se ha escrito casi de todo. La historiografía española y la extranjera cuenta con amplios repertorios bibliográficos sobre Fernando e Isabel y su tiempo, desde perspectivas variadas y de gran rigor científico. La instrumentalización histórica que el franquismo realizó sobre sus figuras las cubrió de una pátina nacionalista —cuando no ridícula y empalagosa— difícil de limpiar aún en nuestros días. Ninguna nación surgiría de la unión de ambas coronas y el Imperio español de los siglos siguientes se conformaría como un Estado compuesto.

Fueron príncipes modernos, aunque cada esfuerzo transformador que realizaban chocaba con la oposición más conservadora. En cualquier caso, quizás lo importante es saber el panorama político y socioeconómico que dejaban a la futura

España imperial: la nobleza controlaba el 97% de las tierras hispánicas; cifra de la cual el 45% pertenecía a la Iglesia y a la pequeña nobleza de las ciudades, y el 52 % lo constituían los señoríos y grandes latifundios[75]. A pesar de todos su esfuerzos, no habían conseguido unir dos economías diferentes y, quizá lo más duro, en palabras de Elliot: «Habían unido dos Coronas pero no habían intentado ni siquiera emprender la tarea, mucho más ardua, de unir dos pueblos»[76].

Los Austrias o el Imperio compuesto

Disminuido en manos, rodillas y piernas, se apoyaba con dificultad en una muleta, con la ayuda del hombro de un ayudante. En cuanto al rostro, siempre había sido extremadamente feo [...] Su cabello, que fuera de un color claro, estaba ahora blanco por la edad, y lo llevaba corto y de punta; su barba era gris, descuidada y enmarañada [...] la mandíbula inferior se extendía tan por delante de la superior que le resultaba imposible unir los pocos fragmentos de dientes que todavía le quedaban o pronunciar una sola frase de forma inteligible. Comer y hablar, ocupaciones de las que siempre había gustado, le parecían más arduas cada día que pasaba.

El anciano de esta descripción no es otro que Carlos I, a los 55 años, según lo describe el historiador John Lothrop Morley en *The Rise of the Duch Republic*[77], el día en que se presentaba en Bruselas ante los Estados Generales, acompañado de su hijo Felipe, para pronunciar su discurso de abdicación, tras el cual, dicen, lloró como un niño manifestando que era el afecto a sus súbditos lo que le obligaba a su decisión dado que la enfermedad ya le impedía continuar con sus obligaciones.

Quien en sus inicios quiso recibir todas las coronaciones correspondientes a la figura del emperador y sus fastuosos ceremoniales para construir un «impero universal», se retiraba después de medio siglo de sinsabores, dejando sus territorios divididos por conflictos bélicos y religiosos. No obstante, a pesar de haber sido educado en las formas de la corte de Borgoña, de cultura medieval e ideales caballerescos, el conjunto de problemas a los que tuvo que enfrentarse acabarían convirtiéndolo en uno de los mejores príncipes renacentistas, más atento a la realidad que a la ficción de corte medieval.

«Mis reinos de España» era una expresión cotidiana con la que Carlos I se refería a su herencia materna, reconociendo el carácter plural de la configuración territorial española. Castilla, Aragón y Navarra de una parte; también recibía en Italia los territorios de herencia aragonesa (Sicilia, Cerdeña, Nápoles y luego, tras la batalla de Pavía, el ducado de Milán) y finalmente, las Américas. Por parte de su padre recibía la Borgoña, compuesta de 12 provincias (Holanda, Artois, Brabante, Flandes, Luxemburgo, Limburgo, Hainut, Zelanda, los condados de Amberes, Nimur, Malinas y el Franco-Condado), que Carlos ampliará con Utrecht, Gueldre, Frisia, Groninga y Overysel. A la muerte de su abuelo Maximiliano recibió los territorios de los Habsburgo en Austria.

En su llegada a Castilla no fue recibido con mucha confianza. Antes, durante la breve regencia del cardenal Cisneros ya había comenzado a otorgar cargos a su círculo flamenco e incluso a enviar dinero para la corte de Borgoña y, por lo tanto, en Castilla se creó el estado de ánimo como para no ser bien recibido. La imagen que ofrecía a los reinos hispánicos era la de un joven impasible y silencioso —que no hablaba el español— rodeado de consejeros extranjeros, y la comparecencia en sus primeras cortes castellanas en Valladolid (1518) resultó ser esencialmente expresión de agravios: se le pide que respete las leyes castellanas, que prescinda de sus asesores extranjeros y, además, que aprenda español. Luego, ante las cortes de Aragón y las de Cataluña, siempre reticentes al poder real, los asuntos se le complicarían aún más.

No tardará en enfrentarse al movimiento de las Comunidades (1520-1522), encabezado por burgueses, artesanos, eclesiásticos, hidalgos, la baja nobleza que los Reyes Católicos habían favorecido frente a la alta nobleza; gentes no dispuestas a pagar las deficiencias económicas y el mantenimiento del Imperio al que Carlos aspiraba. El carácter rural y virulento de la rebelión hizo que la nobleza castellana, que en principio no se había sentido muy cómoda con la corte del extranjero, prefiriera ahora el orden ante el carácter revolucionario que suponían las exigencias de los comuneros, que no eran pocas y drásticas: limitación del poder real y el de la aristocracia, reducción de los gastos del gobierno, reducción de impuestos, mayor participación en el gobierno de las ciudades y la protección de la industria textil. Tensiones a las que se unió el movimiento de las Germanías del reino de Valencia, otra revuelta que tenía como fondo el malestar de los gremios artesanos ante la prepotencia de la aristocracia y las oligarquías locales, en el que también se expresaba la aversión hacia los moriscos a los que se consideraba colaboradores de la Corona y de los señores.

Carlos I y la aristocracia doblegaron las aspiraciones de los comuneros, pero estos acontecimientos ponen de manifiesto las nuevas contradicciones políticas de los tiempos. Con todo, convocó las cortes con mayor frecuencia que sus antecesores, aprendió el español y fue la lengua de la corte, disminuyó los asesores extranjeros en favor de los españoles y, con buena dosis de pragmatismo, se dedicó a su amplia labor de manera más atenta a la realidad.

El sistema de gobierno de Carlos I era una «monarquía compuesta», entendida como un rey de numerosos reinos. «La unificación se producía "por arriba", por la existencia de un monarca y una Corte real común; pero "por debajo" subsistían las instituciones y los ordenamientos de cada territorio»[78]. Cada parte poseía una administración separada, leyes, instituciones, funcionarios, moneda e impuestos. Ninguna de las partes estaba subordinada a otra y el soberano juró respetar sus privilegios, de tal manera que no ostentaba el mismo poder en Castilla que en Aragón. Una estructura casi «federal» en la que los súbditos de cada Estado se consideraban extranjeros cuando se encontraban en otro. En cada uno de ellos, el rey estaba representado por virreyes, excepto en los Países Bajos en los que la gobernación correspondió a su tía Margarita de Austria y luego a su hermana María de Hungría.

Al igual que sus abuelos utilizó el sistema de gobierno mediante Consejos como órganos consultivos y los mejoró convirtiéndolos en órganos especializados con gran número de juristas y una moderna maquinaria burocrática. Los Consejos actuaban como regentes cuando Carlos se encontraba fuera, algo propio de una monarquía muy viajera. Mejoró el Consejo de Castilla y el de Aragón y confió poco en el Consejo de Estado (el de mayor relevancia, el que atendía a los asuntos políticos), integrado por los grandes del reino; no lo consultaba regularmente, prefería asesorarse de sus Secretarios, cargos que en esos momentos no iban más allá de altos funcionarios, pero que se fueron constituyendo en el auténtico poder ejecutivo, dada su capacidad para adoptar decisiones con rapidez y eficacia. Ello supuso un progresivo protagonismo de los Secretarios, entre quienes destaca la figura del jiennense Cobos, a quien se considera el creador de la burocracia habsburguesa de Castilla (que, además, ya ordena y archiva documentos, a partir de 1543, en Simancas).

Siguiendo la antigua costumbre, durante el reinado de Carlos I no existe la capital del Reino: el rey y la Corte son itinerantes, aunque Valladolid y Toledo disfrutaran de protagonismo. El rey Carlos fue un gran viajero, dedicó mucho tiempo a recorrer sus reinos y, dada la amplitud de los mismos, no era una cuestión menor. Los desplazamientos de los monarcas suponían un importante esfuerzo de intendencia que implicaba grandes movilizaciones. A veces, la corte viajera no cabía en la ciudad. Pero las ciudades, los ciudadanos, se sentían orgullosos de recibir con todos los honores y ver al emperador en persona.

Su abuelo Maximiliano siempre había tenido muy claro que Carlos debía sucederle al frente del Imperio y preparó la candidatura de su nieto al título imperial. Ser emperador era en el fondo más que un símbolo pues la adhesión a la política imperial, y sobre todo el dinero para el mantenimiento de los conflictos, dependía en buena parte de los diferentes príncipes que sustentaban el Imperio. Francisco I de Francia también pretendía el título imperial, pero a los príncipes alemanes no les hacía ninguna gracia las pretensiones territoriales de la monarquía francesa. Tanto el papa León X como sus sucesores adoptaron actitudes tibias de adhesión a los pretendientes en función de sus intereses, pues si miraban con recelo a las posesiones españolas en Italia, tampoco les agradaban las aspiraciones francesas sobre el norte de la península italiana, en concreto el ducado de Milán. No obstante León X firmó un pacto secreto con Carlos de absoluta adhesión.

Carlos consiguió la voluntad de los electores y fue nombrado emperador, no sin la ayuda económica mediante un préstamo de los Fugger, banqueros de Augsburgo (la nobleza española ya se había negado a colaborar en el asunto) con el que se compraron voluntades: medio millón de florines que Carlos iría pagando durante toda su vida. Intentó mantener buenas relaciones con el Papado. Incluso a la muerte de León X, recomienda al Cónclave a un antiguo tutor, Adriano VI, que apenas llegó a estar un año al frente del Vaticano. Su sustituto, Clemente VII, intentó ser equidistante entre el francés y el español, pero cometió el error de olvidar la adhesión acordada por León X a Carlos y, con la aquiescencia —o la no oposición del papa—, Francisco entró en Milán y, además, animado, se dirigió hacia Pavía. Allí no pudo; se las vio con un contingente de españoles y alemanes en una de las batallas más recordadas de la historia en la que Francisco fue hecho prisionero de los ejércitos imperiales. Como en Roma también lo fue el papa.

¿El Papa prisionero? Carlos I se quedó consternado al enterarse. Al parecer, Clemente VII, se sintió inseguro después de la derrota francesa e hizo un intento de formar una liga para defender una Italia «libre e independiente», la Liga de Cognac. Pero como quiso la casualidad que las pagas de los soldados imperiales se retrasaban (algo muy habitual), unos 34.000 soldados habían saqueado Roma realizando una auténtica carnicería; y el papa tuvo que refugiarse en el castillo de Sant´Angelo permaneciendo allí varios meses como prisionero. Son los sucesos conocidos como el Saco de Roma. Dicen que Carlos lamentó lo ocurrido y no haber estado al corriente, pero probablemente pensó que no le vino mal al indeciso Clemente saber dónde posicionarse.

Quizás el problema más grave al que tuvo que enfrentarse Carlos fue el de encarar el movimiento reformador iniciado por Lutero. La Iglesia soportaba una tradición de disensiones en su seno, intentos de reformismo, interpretaciones y herejías, pero Lutero se había dirigido a la raíz de los pilares del catolicismo en sus dogmas fun-

77

Juan Pantoja de la Cruz. *El Emperador Carlos V.* 1605. Madrid, Museo del Prado

damentales y, esencialmente, en el asunto de la salvación de las almas. Para mejor entender la intensidad de la obra de Lutero quizás debemos recordar lo dicho en páginas anteriores sobre el estado permanente de ansiedad que suponían en la Edad Media las inquietudes en torno a la idea de la salvación personal.

Lutero supo dar una respuesta de alivio negando que la salvación fuera un premio divino a las buenas acciones de los individuos, ni que tales acciones serían revisadas en un juicio final, sino que Dios ya ha previsto el destino de cada persona, o lo que es lo mismo, la predestinación de las almas. Así, sólo la fe es ya la manifestación de haber sido elegidos. Hacer méritos para la salvación no sirve de nada, y menos aún pagando mediante la compra de indulgencias que tenían como fin, entre otros, la construcción de la nueva basílica de San Pedro, considerada por los protestantes como una nueva Torre de Babel. Para Lutero el único intercesor, el intermediario, es Cristo y su palabra, que debe ser difundida para el entendimiento de todos, y por ello la necesidad de traducir *La Biblia* del latín a las lenguas vernáculas. Como la fe está por encima de los ritos, el culto a los santos y a la Virgen es idolatría. «Jesús no era cognoscible más que por el corazón, alimentado por la palabra bíblica, y no por el sentido de la vista»[79]. Así surge una nueva iconoclastia en la que la imagen es sustituida por los textos bíblicos y se dictan normas de austeridad para los edificios religiosos. Además, frente a la organización institucional y la pompa de los católicos, Calvino, otro de los grandes reformadores, proponía una estructura de perfil humilde compuesta de un consistorio constituido solamente por un pastor, ancianos y diáconos.

La imprenta fue determinante en la difusión del protestantismo, probablemente sin ella no hubiera habido conflicto religioso. Las nuevas ideas alimentaron también el juego de intereses políticos. El luteranismo y sus diferentes interpretaciones cuajó en muchos lugares del Imperio, especialmente en los principados alemanes, como una forma de enfrentamiento al Papado y a la política imperial de Carlos I.

En Inglaterra, cuando concluye el enfrentamiento entre el papa y Enrique VIII por el asunto de su divorcio, el Parlamento aprueba la Ley de Supremacía (1534) expresando que la única cabeza de la Iglesia «de» Inglaterra en la tierra era el rey. No era la Iglesia «en» Inglaterra, el «de» afirmaba la independencia absoluta[80]. El Imperio se abría a las guerras de religión mientras la amenaza turca se dejaba sentir con importantes avances desde Oriente.

La complejidad de los problemas que ocuparon el reinado de Carlos probablemente le llevaron a deshacerse del concepto de «emperador-caballero» de corte medieval y adoptar posturas de realismo más propias de un príncipe del momento, atento a la *realpolitik*. Algo muy distinto de la idea de una «monarquía universal» que había rondado en la cabeza de Carlos, inspirada por el piamontés Gattinara al que nombró Gran Canciller. Este pretendía crear una superestructura sobre todos los territorios imperiales, acorde con una idea de monarquía universalista y concibió una organización en la que el Gran Canciller de todos los reinos y tierras dirigía los asuntos del rey junto al Consejo de Estado, compuesto de un personal muy cosmopolita procedente de los diferentes lugares del Imperio, todos intelectuales, humanistas, que construyeran una imagen de un príncipe de proyección universal, defensor de la cristiandad frente a los infieles y los reformadores. Dice Domínguez Ortiz que hubo en España «entusiastas de la idea imperial, elevándola incluso a categoría universal, como en el famoso soneto de Acuña que anunciaba la llegada de una Edad de Oro en la que solo habría: "Un monarca, un imperio y una espada"»[81].

Una idea imperialista que se contraponía en la práctica a esa especie de federalismo de diferentes reinos, muchos de ellos lejanos entre sí, cada uno con sus particularidades históricas y sus leyes. Al parecer, esa idea imperial en principio no estaba entre los intereses de Castilla ni del propio Carlos. De ello es sintomático que después de Gattinara desapareció el cargo de Gran Canciller.

La idea de un imperio cristiano de tinte medieval que tenía sus referencias en la figura de Carlomagno ya no se podía conjugar con las expectativas de modernidad que suponía el descubrimiento de un nuevo mundo, con nuevas empresas, nuevos individuos y nuevas creencias religiosas. Al Imperio se sumaba una universalidad geográfica con relaciones de todo orden (económicas, legislativas, culturales) en lo que podríamos llamar una primera «globalización». Así, la relación con el Nuevo Mundo supondrá un cambio en la manera de entender la vieja idea medieval de Imperio y su gestión por una administración moderna.

A esta modernidad habría que añadir el foco de influencia cultural que llegaba de Italia, a la que en principio Carlos era reticente, y la apertura hacia las ideas de los humanistas y erasmistas, dispuestos a socavar los principios del escolasticismo medieval, estático, con nuevos debates sobre la ciencia y la fe. La humanidad ha descubierto que Dios no puede poner fronteras a la investigación y a los descubrimientos, que la Tierra no es el centro del Universo y, más tarde, con Galileo, «se mueve». El humanismo plantea una nueva actitud en la vida cotidiana, una conciencia individual no predeterminada por Dios, incluso en lo político y lo social. No le fue fácil a muchos humanistas la relación con el poder de los príncipes o de la Iglesia. Erasmo dedica su obra *Institutio Principis Christiani* (*La Educación del príncipe cristiano*) al príncipe Carlos, Tomás Moro propone una reforma de la organización de la vida social en su *Utopía*. *El Príncipe* de Maquiavelo configuraba un nuevo modelo de gobernante y gobernanza y el valenciano Luis Vives hablará de algo tan novedoso como la libertad personal.

Concluíamos el apartado correspondiente al Sacro Impero Romano Germánico hablando de los símbolos personales que se entregaban en la coronación, con referencias siempre al *Antiguo Testamento*, justificando el carácter religioso del acto. Frente a esas referencias, propiamente cristianas, en las nuevas monarquías aparece la voluntad de ampliar y difundir la imagen del emperador de manera propagandística y para ello se recurre al mundo grecolatino en general y a la mitología en particular, a través de metáforas[82]. Así, para la idea de «Europa», herencia de Carlomagno, como conjunto de naciones solidarias bajo el Cristianismo, se preparó en España un imaginario *ad hoc* para Carlos como Príncipe Universal, en el que caben desde la identificación con Hércules y el mito de las columnas hasta la proyección de Granada como ciudad universal. No podemos afirmar hasta qué punto Carlos estaba totalmente comprometido con esas elaboraciones simbólicas, signo de modernidad, o simplemente dejó hacer...

Carlos viajó a Granada tras su matrimonio en Sevilla con Isabel de Portugal (1526). Granada había quedado en la mente de su abuela Isabel como ciudad referente de la victoria de la fe católica sobre Al Ándalus. Aunque ya Isabel se había dirigido al cabildo de Granada para la construcción de una catedral, se había dado mayor prioridad a lo que había dejado en su testamento en cuanto a la construcción de la capilla funeraria de los reyes, pues había determinado convertir a Granada en la ciudad para el descanso eterno de la monarquía española. El interés de los Reyes Católicos por Granada, además, se expresó en decisiones de carácter político de gran calado: constitución en reino, voto en Cortes, Capitanía General e instalación de una de las dos Reales Chancillerías de Castilla. Esta afirmación institucional de Granada «se hizo con el propósito de integrar rápidamente el nuevo territorio en el modelo castellano de reparto y ejercicio del poder [...] No había un pasado político que respetar o tener en cuenta ya establecido en el país; sólo el que trajeran incorporado en sus mentes y criterios de actuación los nuevos dueños»[83].

La Capilla Real le parece a Carlos un lugar pequeño, lóbrego e inadecuado para la representación de sus abuelos: «más parecía capilla de Mercader que de Reyes por la estrechura y obscuridad que tenía»[84], dijo el monarca, y prefirió crear el panteón real español en la capilla mayor de la propia catedral de Granada, recién empezada a levantar con cimientos góticos. Más tarde, sobre los cimientos, Siloé diseñó unas nuevas trazas de la catedral «a lo romano» (que venía a querer decir con los nuevos cánones renacentistas, modernos) y que a juicio de muchos otorgaría la notoriedad imperial de acuerdo con los principios de la Antigüedad. La propia catedral, en su conjunto, es en sí un símbolo. Muchos de sus elementos arquitectónicos son arcos triunfales, tal y como aparecen en las capillas laterales o en los pasillos de la capilla mayor y, evidentemente, en la fachada tripartita original de Siloé. Se trata del Triunfo que nos evoca las entradas triunfales romanas, pero ahora como victoria militar de la fe católica.

En Granada ya había un caldo de cultivo renacentista del que formaban parte cortesanos, eclesiásticos y humanistas atentos a la nueva concepción de la idea de un Príncipe. La Chancillería no era nada más que el primer hito de un proceso destinado a convertir a Granada en ciudad de referencias imperiales. Se aceptó el alzado a lo romano de la catedral y en la ciudad de la Alhambra se construiría el Palacio de Carlos V y la iglesia de San Jerónimo (para albergar los restos del gran militar renacentista, el Gran Capitán), acompañados de una serie de hitos en el acceso a la Alhambra, como la Puerta de las Granadas o el Pilar de Carlos V, todos de gran componente alegórico que no dudan en mezclar lo nuevo y lo antiguo, lo sagrado y lo profano: «Los rasgos esenciales de esta estética tan presente en la Granada imperial son los de constituir un programa alegórico, historicista y moral. La alegoría constituirá una importante tensión metafórica que significa la universalidad pretendida por la nueva cultura y sus impulsores. Se trata, en efecto, de un arte que elige el mito y la arqueología tanto como en la historia sagrada y profana los tópicos que signifiquen su propia ejemplaridad»[85].

A pesar de sus reticencias con lo moderno, el contacto con el Renacimiento italiano hizo que Carlos aceptara, no sabemos si a regañadientes, los postulados de la nueva imagen que se le estaba adjudicando. Un príncipe debe estar a la moda, y la moda por entonces viene de Italia (como en tantas ocasiones) y Carlos I decide construir un palacio en Granada, en el interior de la ciudad de la Alhambra. Se le aconseja un arquitecto versado en las modas italianas (el toledano Pedro Machuca). Luego, vista la modernidad del planteamiento (un círculo inscrito en un cuadrado como planta, expresión de la idea Dios inscrita en el hombre) no le agrada mucho, le parece excesivo y demasiado moderno (en su mente está afianzada la cultura gótica, al igual que hoy a nosotros nos ocurre con muchos edificios que no aceptamos por su modernidad provocadora). De hecho, el palacio se quedó a medio hacer, al igual que la catedral... No obstante el palacio tiene unas excelentes representaciones en las portadas, ligadas a la imagen del emperador que nos hablan de la Historia (que recuerda las hazañas), de la Fama (que permanece en el futuro), la Paz Universal o los trabajos de Hércules, todas ellas destinadas a glorificar la monarquía y a impresionar a los embajadores extranjeros. Los duques medievales no eran «representados»; el Príncipe renacentista se teoriza y se representa en términos simbólicos como metáfora.

Carlos fue el hombre más poderoso del mundo. Cuando sus padres tuvieron que hacerse cargo de los territorios hispánicos el niño quedó al cuidado y educación de su tía Margarita de York, la viuda de Carlos *el Temerario*, duque de Borgoña y de su tía Margarita de Austria. Recibió por tanto una educación borgoñona, que debemos suponer en un ambiente medieval con una corte jerarquizada en cargos y funciones. Sus rituales eran conocidos, incluso imponía la moda en muchos lugares. Pero no debió de influirle del todo a tenor de su escaso gusto por el lujo, los ropajes ni la comida. Al respecto: «Ni las fiestas, ni los banquetes, ni los relucientes terciopelos ni los brocados estaban hechos para él; al menos en su juventud, acostumbraba a comer poco y, por lo general, solo»[86]. A excepción de una cena que ofreció al Capítulo del Vellocino de Oro, en la que todos acabaron a altas horas... No debió, por tanto, encontrarse muy sujeto a las formas encorsetadas del llamado protocolo borgoñón, del que prescindió, aunque al final de su vida aconsejó a su hijo Felipe que lo restaurara.

Y es que, como monarca en tiempos de transición, Carlos tenía «fijaciones» medievales. En un enfrentamiento con Francisco I ante el papa por ver quién debía encabezar las fuerzas occidentales frente a los turcos, Carlos llegó a proponer un combate cuerpo a cuerpo, y quien venciera encabezaría el mando de la operación. Se puso tan enfurecido hasta tal punto que el papa puso la mano sobre el hombro de Carlos y le dijo «¡ya basta, hijo mío!».

La imagen de rey-caballero tenía los días contados. Si la realidad hizo poner los pies en el suelo a Carlos, su hijo Felipe II tomó buena nota y se convirtió en un perfecto conocedor del estado de las cosas para poner en funcionamiento la primera gran maquinaria burocrática de nuestra historia y la más moderna de Europa. Ni siquiera vio con buenos ojos los intentos de su anciano padre para imponerle las formas de la cultura palaciega borgoñona. Dice Domínguez Ortiz al respecto: «No están claros los motivos que impulsaron a Carlos V, poco antes de su abdicación, a imponer a su hijo el ceremonial fastuoso de la Corte de Borgoña; quizás quería que se perpetuase el origen y carácter de la dinastía, o tal vez pensaría que realzaría su dignidad a los ojos de los castellanos y sería un contrapeso a la prevista castellanización de su descendencia. Lo cierto es que Felipe obedeció la letra pero no el espíritu; licenció a la mayoría del personal borgoñón [...] pero aceptó el ceremonial de la Casa de Borgoña no como sustitución, sino como adición a la Casa de Castilla, lo que produjo una inútil duplicación de cargos y un considerable aumento de los gastos de la Corte»[87].

Se ha dicho de los Austrias que fueron austeros en su imagen pública, y se ha enfatizado su presencia mayestática ante propios y extraños a través de la distancia y el silencio. A lo mejor como una forma de poner límite a la nobleza, para que estar cerca del rey supusiera una circunstancia muy especial. Esto no es nada nuevo en la historia y ni mucho menos algo exclusivo de la cultura borgoñona (como se ha querido sobrevalorar). Todos los poderes descubrieron muy pronto el valor simbólico de las distancias que imponían a sus súbditos, con marcadas diferencias según los rangos, las formas de aproximación, los saludos y en general la forma de imponer su presencia. En Asiria, en Bizancio o en las cortes islámicas ya se sabía mucho de esto. No fue nada novedoso en Borgoña.

Es difícil saber de dónde procedería esta «austeridad» de los Austrias. Desde luego parece impensable de la estridencia y del colorido borgoñón, tampoco de una supuesta austeridad de tradición castellana. A pesar de lo escrito sobre los Trastámara, a Isabel la Católica le perdía la ostentación y el lujo «como le reprochaba su confesor, fray Hernando de Talavera. Una afortunada consecuencia de estas aficiones es la espléndida colección de primitivos flamencos que se conserva en la Capilla Real de Granada»[88].

Vestir de negro parecía resumir buena parte de esta nueva imagen de los monarcas. Es cierto que los tejido negros, tan difíciles de teñir, y tan caros por ello, se habían puesto de moda en Flandes y Borgoña desde donde se expandieron por las cortes europeas. Era símbolo de caballerosidad, austeridad, respeto, dignidad, pero también competía con los tradicionales grises, azules, ocres o violetas. Ya los Trastámara también habían utilizado el negro y el protestantismo lo eligió como color religioso. Tampoco el negro, tan referido, de las vestiduras de Felipe II habría que achacarlo a una supuesta austeridad sino probablemente a las inquietudes esotéricas del monarca, menos divulgadas, pero que también le ocupaban buena parte de su tiempo.

Del rey Felipe II se ha dicho de todo para interpretar su personalidad: carácter reservado, alto sentido del deber, reflexivo y lento para adoptar decisiones, quizás producto de una gran conciencia moral independiente en sus decisiones, a pesar de que las contrastaba con quienes le rodeaban, pero también con grandes dosis de desconfianza hacia su entorno.

Entendía la gobernanza como el imperio de la justicia de acuerdo con una visión en la que el poder está al servicio de Dios (la cristiandad) y de los súbditos (el pueblo), a los que se debe servir, «pues el pueblo no fue hecho por causa del príncipe, más el príncipe instituido a instancias del pueblo», decía[89]. Y no parecen vanas o gratuitas estas palabras, mucho menos de cara a la galería. Este convencimiento es el que le anima tanto en las cuestiones territoriales (la política contra Inglaterra, contra Francia, el conflicto de los Países Bajos o la defensa frente al turco) como en las intrigas y traición del secretario Antonio Pérez; o a escribir al presidente de la Chancillería de Valladolid preocupado por un caso en el que un soldado había sido castigado sin que tuviese la oportunidad de defenderse.

El gobierno de Felipe II se sustenta en los Consejos, como órgano consultivo, y en los Secretarios (el poder ejecutivo junto al rey), figuras arquetípicas del momento como altos funcionarios, todos ellos castellanos, con excepción de Granvela, procedente del Franco Condado. Personajes muy eficientes, pero quizás no eficaces, que estaban divididos, aparte de por sus intereses personales o familiares, por su manera de entender y enfrentarse a los problemas territoriales del Imperio. Un grupo, encabezado por Ruy Gómez de Mendoza era partidario de un gobierno negociador, abierto a los problemas territoriales manteniendo el tradicional estilo «federalista». Otro, con el duque de Alba como abanderado, optaba por soluciones duras y el ejercicio de la fuerza propia de un «nacionalismo castellano». El fracaso para solucionar los conflictos de los Países Bajos puso sobre la mesa la insuficiencia, o la incapacidad, del modelo nacionalista. Para Elliot, fue el miedo a la paulatina castellanización que suponía la ruptura del funcionamiento tradicional, mantenido con tanta prudencia por el rey Carlos I, que concebía los reinos como partes integradas en un todo en el que las partes conservaban su autonomía, sus leyes y sus modos de ejercer la gobernanza. Lo que sucediera en la rebelión de los Países Bajos en 1566 sería un aviso a navegantes: «Si los castellanos extremistas ganaban la partida, los napolitanos, los aragoneses y los catalanes tendrían razones para temer que les llegase el turno a ellos […] Pues el problema de los Países Bajos era, en última instancia, el problema de la Monarquía española como entidad total, de su futura dirección y de su estructura constitucional»[90]. Felipe II no era Carlos; se castellaniza tal y como había temido su padre. La Corte deja de ser viajera a la manera medieval y en 1561 se establece en Madrid (una ciudad nueva, frente a Toledo, Segovia o Valladolid), en la que no existen privilegios ni tensiones locales y que, además, está cerca de Sevilla, lugar de llegada de los metales preciosos.

Se ha dicho de Felipe que era un rey burócrata. Dicen que los auténticos burócratas se encierran en sus papeles para que todo pase o para que no pase nada. Los más esforzados quieren encontrar en la burocracia soluciones siempre imposibles a problemas reales. Algo de esto último debió ocurrirle a Felipe: «sólo se sentía completamente seguro entre sus papeles de Estado, que leía sin cansarse, subrayaba, anotaba y enmendaba, como si esperase hallar en ellos la solución perfecta a un intrincado rompecabezas, solución que de algún modo le dispensase del torturante deber de tomar una decisión»[91]. Quizás por ello ocupó mucho de su tiempo en cuestiones menores, pero que le procurarían cierto placer. Entre las montañas de papeles del rey se han encontrado asuntos de poca relevancia en materia de precedencias y tratamientos o en la manera de disponer actos públicos. Sabemos a través de Vicente Carducho que en las estancias del rey en el antiguo Alcázar de Madrid se encontraban diseños para «las trazas, plantas y relaciones para las procesiones en las que se haa la persona Real, como las del Corpus, y otras particulares de canonizaciones de santos (...) Las plantas y trazas de los Bautismos de muchas personas Reales. Las trazas de los Iuramentos de los Príncipes. Las trazas de los recibimientos de los Cardenales, Legados que su Santidad enbia a estos Reinos. La traza de los Autos de Fé, que celebra la Inquisición en la Corte, y asiste su Majestad, como único Defensor de la Fé. Los entierros, de su acompañamiento, y ceremonias. Las relaciones, y plantas de las fiestas públicas en la plaza mayor de esta Corte, y otras de aparatos, mascaras, comedias y torneos»[92]. Aún más, Felipe II consideró cómo sacar ventajas a nuevas inquietudes que aparecían en la sociedad.

> «La más fuerte, el afán de honra, de promoción social, la aprovecharon para la venta de oficios, títulos, señoríos. Unas ventas que en unos casos sólo satisfacían vanidades y en otros causaban daños irreparables al tejido social y a la propia Real Hacienda. Esa lucha de todos contra todos por alcanzar un alto grado de estimación era motivo permanente de roces y conflictos; Felipe II no creyó que perdía su precioso tiempo redactando una pragmática de tratamientos y cortesías regulando materia que a los contemporáneos parecía de tanto interés; en los escritos de la época se observa un interés morboso por saber si a tal príncipe o a tal embajador el presidente de Castilla lo recibió a la puerta o al pie de la escalera; si le dio silla o escabel y otras mil zarandajas que causaban infinitos encuentros por el valor simbólico que tenían para definir el puesto de cada uno en la sociedad»[93].

Probablemente, para una personalidad como la del rey Felipe concentrarse en los saberes humanísticos y sobre todo en su proyección del palacio del Escorial debió ser una forma de refugio. Pocos príncipes de su época podían haberle hecho competencia en cuanto a su formación e interés cultural en torno a los valores del humanismo renacentista. Buena cuenta de este talante es la espléndida biblioteca del Escorial, su pasión por la obra del heterodoxo y controvertido El Bosco y el interés especial que mostró por la astrología, la alquimia y los asuntos esotéricos en general. Se supone que Arias Montano, capellán del rey y notable hebraísta, así como Andrés Laguna, su médico, estarían detrás de estas aficiones. Algunos de sus maestros llegaron a ser acusados por la Inquisición. La biblioteca de El Escorial se concibe no sólo como un lugar para conservar la pasión bibliófila del rey sino como un centro de trabajo intelectual y científico del que Felipe fue un gran mecenas. Su amor por el arte quizás tenga su máxima expresión en el encargo de las seis pinturas que realizó a Tiziano, las llamadas «poesías», *Danae*, *Diana y Acteón*, *Venus y Adonis*, *Perseo y Andrómeda*, *Diana y Calixto* y *El rapto de Europa*, presentadas juntas en el Museo del Prado en 2021, después de más de cuatrocientos años, en una extraordinaria exposición.

Hacia 1590 los costes de las empresas españolas que había iniciado el rey Felipe para el mantenimiento del Imperio comenzaron a superarle; la plata americana no era suficiente, Castilla era la que sufría el mayor número de impuestos, además, estaban los permanentes préstamos que en 1596 ya no se podían pagar. A su muerte, Felipe II no pudo dejar más que una España con los primeros síntomas de una decadencia que se hará efectiva en sus descendientes, monarcas poco afanados en las tareas de gobierno que permitieron la concentración del poder en un favorito, privado o valido o Secretario.

La confianza en los validos se convertirá en una auténtica dejación de funciones en el caso de Felipe III, un monarca indolente y sin ningún interés en los asuntos de Estado. Delegó todo el poder en el duque de Lerma, un hombre dispuesto a medrar que se encargó de aislar al rey procurándole un grupo exclusivo de leales que obtenían sus ventajas en forma de nombramientos y beneficios de todo tipo: así se crea la «camarilla», próxima al valido, como una auténtica clientela que se mueve por palacio, mientras el rey pasa sus días entre cacerías y juegos cortesanos, olvidando los graves problemas internos y externos del Imperio. El pueblo, indolente también, es feliz entre fiestas religiosas o mundanas y el afán por las reliquias que a estas alturas, como en la Edad Media, ha adquirido cotas enfermizas.

A la esforzada voluntad de mantener el sistema imperial de los Austrias se contraponía la dura realidad: la despoblación castellana o, mejor dicho, la emigración del campo a la ciudad pues el campesino ya no puede soportar impuestos, aún menos en años de malas cosechas como fueron los últimos del siglo; la peste, que a partir de 1596 comenzó a barrer España de Norte a Sur, con la consecuente pérdida de mano de obra y el aumento de salarios; la expulsión de los moriscos (masa de obra barata que envidiaban muchos), unos 300.000 súbditos, el 3 por ciento de la población española que, por ejemplo, supone en Valencia la pérdida de un 38 por ciento de la población[94]; el bandolerismo catalán convertido en un auténtico azote, que tiene contactos entre la nobleza en lo que parece una autentica mafia; y la tradicional explotación de las minas de plata americana es cada día más costosa mientras ingleses y holandeses habían comenzado a introducirse en el ámbito americano bajo cualquier forma.

Paradójicamente la crisis de la España de los últimos Austrias coincide con el Siglo de Oro de la Cultura española, y a las circunstancias políticas y económicas se han unido también cuestiones de tipo ideológico, costumbres o actitudes ante la vida. La excelente producción literaria de la época dio buena cuenta de las contradicciones que se iban asentando en la conciencia de los individuos (ya anunciadas en relatos como

El Lazarillo de Tormes): la indolencia ante el trabajo que envilece pues no supone una buena recompensa para que sea atractivo, las excesivas vocaciones religiosas que alimentan buena parte de la población, la vida del pícaro que es feliz simplemente sirviendo; y la gorguera, bien de lujo, que alcanza un alto precio en el mercado. Tampoco favorecía mucho la visión de la Iglesia en relación a las actuaciones para enfrentar los problemas, sobre todo si se trataba de avances tecnológicos[95].

Pierre Vilar lo resume como una crisis general en la que se conjugan la impotencia política, la incapacidad productiva y la putrefacción social. Para el autor francés la crisis sería consecuencia de la incapacidad para dejar atrás el mundo feudal, en tanto en cuanto conquistar tierras, establecer sistemas de servidumbre sobre ellas y atesorar metales (que sirven para pagar los empréstitos de los banqueros) no serían formas que promuevan la inversión. De ahí el enfrentamiento con la situación económica adelantada de los Países Bajos. Así la sociedad española del momento, al despreciar los valores del ahorro y la inversión, sería la antítesis de la conciencia puritana, instalada ya en aquellos lugares[96].

Una maravillosa novela de Gonzalo Torrente Ballester, *Crónica del rey pasmado*, y la película de Imanol Uribe (1991), nos presenta, desde la ficción y de manera socarrona, los entresijos de la corte de Felipe IV (magistralmente interpretado por Gabino Diego) y su valido el conde duque de Olivares. La película nos retrata a Felipe IV, culto, simpático, amante de las artes, apasionado del teatro y muy especialmente de las mujeres, lo que le producía también remordimientos por aquello de la doble moral siendo él como era símbolo del Imperio católico.

Olivares tenía muy claro que la situación del Imperio sólo tenía una solución: reducir gastos y aumentar ingresos. Movían al valido tanto una recuperación del ideal imperial, aunque ya quijotesco, como un espíritu pragmático procedente de los «arbitristas», grupo de opinión que en los años de decadencia de Felipe III había llamado la atención, a través de memoriales, sobre la necesidad de ser eficaces en la solución de los problemas del Imperio. Así, en la mente de Olivares estaba la idea de un Estado y Administración común en el que todos los reinos participasen equitativamente con impuestos para su mantenimiento, y concibió una Unión de Armas integrada por un ejército mantenido por todos los reinos. No estaban los territorios hispánicos por aquel novedoso experimento centralizador y la cuestión de los impuestos aumentó las tensiones internas, especialmente en Aragón. Parecía como si ningún territorio quisiera colaborar en la carga que venía soportando Castilla. Esta participación conjunta era imposible pues afectaba a la estructura tradicional de una monarquía compuesta con leyes, fueros, privilegios propios y Cortes muy orgullosas de sí mismas.

El asunto de los Países Bajos, aquel problema del que nadie supo liberarse a tiempo, como se ha reiterado tanto, hacía librar ingentes cantidades de dinero mensuales para pagar a los mercenarios que lo atendían; un dinero procedente de los préstamos de los banqueros genoveses. Se recurrió a donaciones, venta de tierras baldías, de cargos, o se acuñaba toda la plata que hubiere con la consecuente inflación. Para Olivares la moral y la economía iban de la misma mano: hubo una importante reducción de cargos municipales, leyes dedicadas al vestuario y prohibición de prostíbulos junto a medidas puramente económicas como la prohibición de importar manufacturas extranjeras, fomentar el incremento de la población y los intentos de redistribución de las deudas entre los otros reinos del Imperio.

Con la declaración de guerra de Luis XIII a Carlos IV, Olivares desplaza un ejército real hasta Cataluña, que no es bien recibido por la población pues debe alojarlos y mantenerlos. El odio hacia el valido, a Castilla y la presencia del ejército en Cataluña, llevaron a un estado de sublevación que alcanzaba también a las propias autoridades catalanas. Si las clases altas, ante el cariz revolucionario de los sublevados, estaban dispuestas a buscar un acuerdo con Olivares, el pueblo no lo estaba pues a la anti-patía hacia el valido se unió el odio a la nobleza y los burgueses. Aquí se inserta el intento de cerrar las puertas de Barcelona a los segadores que se acercaban hasta la ciudad para formar parte de las cuadrillas de siega. La interesada Francia se dispuso a ayudar a los rebeldes y las tropas del marqués de los Vélez se enfrentaron a una coalición de catalanes y franceses en las afueras de Barcelona, en la montaña de Montjuich, con la deserción final del ejército castellano. En medio de aquella crisis, Portugal se subleva y el duque de Braganza es proclamado rey como Juan IV. Catalu-ña fue durante doce años francesa, pero a la larga el pragmatismo catalán prefirió se-guir unido a Castilla antes que a la Francia que se anunciaba dominadora y centralista.

Luis de Haro (sustituto y sobrino de Olivares) buscó la paz a cualquier precio que no supusiera la pérdida de posesiones, algo ya imposible. Nápoles y Sicilia se rebela-ban ante los virreyes españoles (1647) y en la Paz de Westfalia (1648) se reconocía la soberanía de las Provincias Unidas.

A la muerte de Felipe IV, su hijo Carlos II tiene 4 años. Corresponde la regencia a su madre, Mariana, con la asesoría de una Junta de Gobierno integrada por perso-nalidades de las coronas de Castilla y Aragón, pero ella prefiere los consejos de su confesor y hombre de confianza, el jesuita austríaco Juan Everardo Nithard. Mientras los problemas de la decadencia y los males generales fueron achacados por la opinión pública a la reina y al confesor, uno de los hijos bastardos de Felipe IV, Juan José de Austria, consiguió la admiración de la nobleza, y esta no dudó en sentirse repre-sentada por el joven, un personaje al que habitualmente la historia no ha prestado mucha atención pero cuyas acciones, en principio, son ejemplo de gran lucidez en medio del caos. Había sido criado con espléndida educación, se había interesado por cuestiones de Estado, estaba al corriente de los problemas externos e internos y man-tenía relación con intelectuales y científicos. Domínguez Ortiz nos lo presenta como un preilustrado, protector de intelectuales extranjeros en España: «Aunque siempre en lucha con los franceses, era un francófilo convencido y a través de su influencia con su hermanastro influyó en el cambio de indumentaria, uno de los símbolos sociales más relevantes. Se inició el abandono de la golilla, en parte sustituida por la corbata, emblema militar, y empezaron a utilizarse blancas pelucas»[97].

Juan José de Austria no tardó en ser objeto de recelo y envidia por parte de Nithard hasta el punto de que, sintiéndose amenazado, huyó a Aragón. Allí consigue un grupo de afectos y con el apoyo de aragoneses, catalanes y valencianos consi-guió que el jesuita Nithard abandonara Madrid en lo que puede considerarse como un primer golpe de Estado en nuestra historia, un intento de los reinos hispánicos para conseguir el gobierno de Madrid.

A pesar de sus tres matrimonios, Carlos II, hijo y heredero de Felipe IV, de personalidad enfermiza, iba a morir sin herederos y la corona española se de-cidiría fuera de España. Ya las potencias europeas habían puesto la vista en el patrimonio español. Al final, la crisis de los Austrias se presentaba como un pro-blema europeo: «un aglomerado de grandes y ricos territorios liderados por una metrópoli exhausta, incapaz de defenderlos; tres grandes potencias contemplan con aire carroñero aquella Monarquía: Inglaterra, Francia y Austria; la primera ambicionaba los territorios americanos; las otras dos aspiraban, eventualmente a todo y, por lo menos, a repartirse amigablemente los despojos»[98].

La lista de candidatosy sus correspondientes camarillas la integraban José Fernando de Baviera, nieto de María Teresa, la hija de Felipe IV, una opción bien vista por quienes desconfiaban en un heredero francés o austríaco (ingleses y holandeses); el pretendiente austríaco era el archiduque Carlos, segundo hijo del emperador Leopoldo; y Francia aspiraba a colocar a Felipe de Anjou, nieto de Luis XIV. A pesar de que hubo un acuerdo secreto de las potencias europeas para repartirse la herencia española, Carlos II fue consciente e hizo testamento en favor a José Fernando de Baviera, pero este falleció al poco tiempo, aceptando entonces el criterio del Consejo de Estado a favor del nieto de Luis XIV, el futuro Felipe V. La guerra estaba servida ante el miedo de las potencias por el espacio que controlaría la dinastía de los Borbones y la Guerra de Sucesión Española y los tratados de Utrecht configuraron un nuevo mapa internacional de los que España fue la gran perdedora.

El cambio de dinastía supone la aparición en España de una nueva forma de gobierno y, lo que es más importante, una nueva forma de organización territorial. La idea de Olivares de una administración conjunta menoscabando los privilegios particulares de los reinos peninsulares tendrá su plasmación en el nuevo modelo, al estilo francés, centralista, que el gobierno de Felipe V no tardó en instaurar y, evidentemente, con la oposición de Cataluña, a pesar de que el nuevo monarca le había concedido, de entrada, el derecho a comerciar con las colonias americanas. Con miedo hacia el poder centralizador y el mal recuerdo del trato concedido por Francia en los años de los Austrias, Cataluña había reconocido al pretendiente austríaco, el archiduque Carlos, como rey de España y en el asunto recibieron la ayuda militar inglesa. Aragón y Valencia también se unieron a la causa. A pesar de la resistencia que los catalanes pusieron ante el ejército de Felipe V, Inglaterra se desentendió de ellos al firmar la paz con Francia. Una vez más Cataluña había sido traicionada por los intereses de una potencia extranjera.

La desaparición de la monarquía compuesta comenzaba por la desintegración de las instituciones catalanas, el virrey tradicional fue sustituido por la figura de un Capitán General al frente de una Audiencia Real y se implantó el modelo castellano de corregidores. Así, para que todo fuera según el modelo de Castilla, se promulgaron los Decretos de Nueva Planta que hacían tabla rasa de los privilegios, fueros, usos y costumbres de los reinos. Afectando también a las colonias americanas, los Decretos supusieron una nueva división del territorio en intendencias, la reorganización de las Audiencias y la sustitución de las lenguas propias por el castellano. Los Consejos se unifican en uno sólo, el Consejo de Castilla, como único destinado a convertirse en Consejo de Gobierno. Disueltas las Cortes de cada reino, su representación quedaba en las Cortes de Castilla a las que asistirían los representantes de Aragón, Cataluña, Valencia y Mallorca. Navarra quedó fuera de la nueva estructura pues se habían mantenido fieles al nuevo monarca.

La Razón de Estado. Absolutismo y teatralidad

Maquiavelo había planteado la «Razón de Estado» como fundamento para garantizar el buen gobierno de los reinos, su maquinaria administrativa, protección y engrandecimiento. Ello supone la concentración del poder en la figura del soberano, al que todos los súbditos transfieren su voluntad y deben absoluta obediencia y, por otra parte, el menoscabo de los entes territoriales, corporaciones e instituciones y sus privilegios tradicionales. Así, con esta razón objetiva y en nombre del «bien público» el soberano tiene capacidad para actuar por encima de las leyes comunes y el derecho consuetudinario, estableciendo nuevos cuerpos legislativos, siempre con respeto a la ley natural y a la ley de las naciones.

En la Europa de tradición cristiana conciliar la Razón de Estado de Maquiavelo con las decisiones y fundamentos instaurados por el concilio de Trento no era fácil pues venía a confrontar, una vez más, la autoridad del monarca y la del papa, el poder temporal y espiritual. Un amplio grupo de personalidades religiosas e intelectuales (y muchos refugiados políticos) mantenían una permanente correspondencia sobre los nuevos problemas ideológicos entre el Papado y el monarca. Entre ellos, Bodín, filósofo y jurista francés, gran exponente del absolutismo, consideraba al soberano como el supremo poder del Estado, que no está vinculado a ninguna ley ni autoridad superior y tiene todas las capacidades y competencias. Protestantes y católicos intervienen en la justificación de las teorías absolutistas, de una u otra forma, y en los rifirrafes intelectuales se llegaba a asuntos tales como si la Razón de Estado podría obligar a los judíos a combatir en sábado, por ejemplo. Apareció incluso la idea de que podría darse el caso de una razón de Estado buena y la que no pudiera ser considerada como tal. Y el asunto no flotaba solamente sobre las élites intelectuales. «Según Zuccolo (*La ragion di Stato*, 1621): "no sólo los consejeros de la corte o los profesores de las universidades, sino hasta los barberos y los más humildes artesanos… hablaban y discutían acerca de la razón de estado y creían saber qué cosas podían hacerse en nombre de la razón de estado y que cosas no podían hacerse"»[99].

En Inglaterra, al acceder al trono Jacobo I los católicos pensaron que el rey continuaría con la presión que sobre ellos había ejercido Isabel I (les había prohibido asistir a misa); y los descontentos católicos llegaron al extremo de planificar un complot para deshacerse del rey y su familia («complot de la pólvora»), que fue abortado; pero desde entonces Jacobo estableció un juramento de obediencia de todos los súbditos que incluía la negación de la autoridad del papa sobre el monarca. No podía ser en otro lugar sino en Inglaterra en donde la concepción absoluta del poder fuera transferida de la esfera personal a la corporativa, pues el Parlamento llegó a ejercer el poder absoluto, en nombre de los ciudadanos, para garantizar la gestión pública, la seguridad y la paz, eso sí dando el visto bueno a las acciones del monarca. No se trataba de sustituir la figura del soberano sino ejercer su más absoluto control. Mucho tuvieron que ver en esta concepción la facción puritana del anglicanismo que, de acuerdo con la teoría de la predestinación, el rey podía estar predestinado «o no» por la santidad, y los parlamentarios, ¿por qué no?, podían también ser ministros de Dios en sustitución del rey. Y en Francia, la nobleza que integraba el Parlamento de París se consideraba a sí misma garante de las leyes tradicionales e iniciaba un movimiento político, la Fronda, con la intención de limitar las capacidades de la monarquía.

Charles Poerson. *Luis XIV como Júpiter, vencedor de la Fronda. 1652.* Musée National du Chateau. Versailles, France

Repúblicas como Venecia contaron con insignes y sufridores teólogos que mantenían un concepto medianamente claro sobre la separación de los poderes, síntoma de cierta modernidad. Para fray Paolo Sarpi el poder temporal y espiritual han sido obra de Dios como dos formas de gobierno sin derecho a interferirse. Así, ningún papa debe atreverse a anular las leyes de los soberanos, ni a participar en su derrocamiento, y los eclesiásticos están sujetos al poder temporal[100].

En la polémica también los jesuitas españoles tuvieron buena representación. El padre Mariana considera que el papa tiene dos poderes, el temporal, que entrega a los soberanos «por delegación», y el espiritual. Así, el papa tiene el derecho de coronar a los monarcas, juzgar sus acciones y deponerlos en su caso. La no asunción del monarca de estas condiciones justificaría incluso hasta el magnicidio… En Francia, la inmunidad fiscal de la Iglesia que había declarado el concilio de Trento no fue reconocida por el Parlamento de París; y sobre el magnicidio de Enrique IV, dicen, estuvieron sobrevolando las ideas del padre Mariana.

Otro español, Francisco Suárez, mantenía que Estado e Iglesia son entidades distintas en sus fines: los temporales corresponden al Estado y los espirituales a la Iglesia. No puede haber, por tanto, una sola autoridad. Nos encontramos con un principio de división de intereses y capacidades, ya muy moderno. La autoridad del papa procede de Dios y la de los monarcas, igualmente, pero a través del pueblo. Corres-

90

ponde al papa aconsejar al monarca por el bien de todos los súbditos y protegerlos en algunos casos de las acciones del rey, sobre todo en cuestiones que ataquen a la fe, en cuyo caso se justifica la desobediencia o negarse al juramento a la real persona.

No obstante, la concepción absolutista de la soberanía del monarca tiene su más reconocida expresión en Hobbes. Recurriremos a nombrar de nuevo su idea de que «el hombre es un lobo para el hombre». Efectivamente, Hobbes no estaba en el convencimiento de que el hombre fuese un animal social sino todo lo contrario: insolidario, egoísta e instalado en la maldad. La convivencia es una lucha de todos contra todos en la que el instinto animal, la capacidad de alianza de algunos y la lucha por la supervivencia llevarían a un permanente estado de guerra en el que vale todo. Por ello se haría necesario un poder absoluto por encima de todos, con voluntad única, en quien delegamos todas las capacidades y derechos en forma de contrato social.

Paradigma de las formas en las que el poder absoluto se expresa públicamente es la corte francesa. Nunca en la historia los poderes se mostraron tan espectaculares, brillantes y sobrenaturales. Mientras que la monarquía española consideraba que la virtud y la oración podían librar al monarca de la mala gestión del reino —ya hemos visto los sentimientos de culpabilidad moral de los Austrias—, en la Francia de Luis XIV el Estado se considera un ente religioso que forma parte del orden divino. Los monarcas son elegidos por Dios a su imagen y semejanza. Estado y soberano son la misma esencia; legisla, administra, concede privilegios, juzga. Bien es cierto que siempre respetando la ley natural y la ley sálica que niega la sucesión por elección o por decisión del monarca, garantizándola en el varón primogénito. Igualmente su justicia debía ser divina, ajustarse a los mandamientos de Dios y ejercer una especie de bonhomía en el dolor de los súbditos; el prototipo: Luis XIV y su corte en Versalles.

Si las cortes europeas construyen palacios de recreo a las afueras, Versalles va más allá, no es un mero palacio con jardines; es un mundo, una escenografía para la representación de la monarquía de Luis XIV. Versalles cumple una doble función: la de convertirse en exponente de los nuevos directores de la política europea y, de otra parte, atraer a las afueras de París a la nobleza después de los difíciles momentos de la Fronda, tenerla cerca para controlarla, haciéndola partícipe de los rituales de la vida cotidiana del monarca.

Si la corte francesa siempre había sido bastante cutre, —Huizinga la contrapone a Borgoña—, Versalles es una ficción de formas, protocolos y «espejos» (para ver y ser visto). Es el espacio del «rey-espectáculo», pues la vida diaria del monarca es un ritual digno de ser contemplado. No basta con saber o conocer qué es lo que hace el rey, hay que percibir el discurso visual. Desde que el monarca abre los ojos, su Real Persona entra en escena, sin aviso de regidor, y su quehacer se convierte en espectáculo. Hoy estaríamos cerca de llamarlo un *happening* o una *performance* que abarca las veinticuatro horas del día, todos los días: «El simple hecho de levantarse por la mañana y acostarse por la noche se transformó en las ceremonias del *lever* y del *coucher*, la primera de ellas dividida en dos etapas, el *petit lever*, menos formal y el *grand lever* más formal»[101]. Y así toda la jornada, en las comidas ante los nobles, en la misa diaria, en la caza, o en la fiesta versallesca en la que el monarca puede duplicarse o triplicarse: siete luises pueden aparecer disfrazados de lo mismo y compartir con invitados sin ningún respeto a las normas de proximidad.

La querida del rey es una función y un puesto. Tan sólo puede ser mal vista si no tiene el linaje correspondiente, pero Luis XV, que no estuvo por la labor de ser «soleado» ni respetar las formas de Luis XIV, aspira a ser un rey tranquilo y compra el título de marquesa de Pompadour a su Jeanne-Antoniette, que ejerce no sólo de amante sino de amiga y cómplice. Y como en la corte versallesca no se puede morir nadie (sólo el rey), Luis XV se salta la regla y permite morir a su eterna amiga.

El aparato de propaganda del absolutismo de Luis XIV encuentra en el arte y la literatura, cono no podía ser de otra manera, las formas de transmisión ideológica para expresar la Francia que aspira a convertirse hegemónica en Europa, representada en la figura del rey sol. Las diferentes facetas y atributos del monarca absoluto se expresan en la arquitectura, la pintura, la escultura, la estampación, los tapices, el teatro y los ballets, fiestas, sermones, gacetas, medallas conmemorativas y la compilación en grabados para su publicación. En toda esta imaginería se difunden los atributos del monarca, que no son pocos: divino, augusto, justo y magnánimo, brillante, ilustrado, glorioso, heroico y sabio; protector de las artes y las ciencias; rey Sol, Apolo, San Luis, Buen Pastor, Alejandro Magno; igualmente victorioso en batallas, o recibiendo a embajadores; defensor del Cristianismo y milagroso, tocando con su mano a los enfermos para su sanación mediante el rito de la imposición de manos que caracterizaba de antiguo a los monarcas franceses.

Atrévete a saber

Con todo, más allá del absolutismo, a la altura del siglo XVIII, se evidencian en Europa los síntomas de una sociedad que pone en duda lo establecido: la soberanía del monarca, los privilegios de determinadas clases sociales o el acompañamiento permanente de la Iglesia en el ejercicio del poder. En Francia, al malestar de los intelectuales (que forman parte de la burguesía ascendente) se unen las condiciones sociales de pobreza, de crisis económicas con las Haciendas Reales maltrechas y los conflictos militares que el país mantenía con las monarquías europeas para sostener su hegemonía. Por más que los validos y ministros de los luises de Francia (Richelieu, Colbert, Turgot, Necker, Calonne) se sucedían intentando solucionar los problemas hacendísticos de Francia apelando a la nobleza, sin ningún éxito, para pagar más impuestos con los que solucionar la grave deuda de Francia bajo la amenaza de ver naufragar al Estado, ninguno de ellos fue capaz de controlar el lujo y la ostentación de Versalles.

El primer hecho real de subversión no tiene lugar en Europa. En 1776 las colonias inglesas en América, después de años en conflicto con la metrópoli, declaran su independencia, en un texto que defiende la igualdad de los hombres desde su nacimiento, sus derechos inalienables y su determinación para la búsqueda de la felicidad. En la Declaración se expresa que, cuando los pueblos son sometidos al despotismo absoluto, es un derecho y un deber derrocar a los gobiernos. Consideran que el rey Jorge III ha tenido una trayectoria de agravios y usurpaciones para las colonias en forma de tiranía absoluta, «y un tirano, no es digno de ser el gobernante de un pueblo libre». Y concluyen:

> «Por lo tanto, los representantes de los Estados Unidos de América, convocados en Congreso General, apelando al Juez Supremo del mundo por la rectitud de nuestras intenciones, en nombre y por la autoridad del buen pueblo de estas Colonias, solemnemente hacemos público y declaramos: Que estas Colonias Unidas son, y

92

deben serlo por derecho, Estados libres e independientes; que quedan libres de toda lealtad a la Corona Británica, y que toda vinculación política entre ellas y el Estado de la Gran Bretaña queda y debe quedar totalmente disuelta; y que, como Estados libres e independientes, tienen pleno poder para hacer la guerra, concertar la paz, concertar alianzas, establecer el comercio y efectuar los actos y providencias a que tienen derecho los Estados independientes».

En realidad nadie había podido prever que las nuevas preocupaciones intelectuales de los ilustrados europeos iban a tener su primera experiencia, con un discurso tan radical, en el continente americano, quizás porque la lejanía de aquellas colonias rebeldes había impedido una mayor atención al experimento subversivo. En 13 años la revolución estallaría en París con la peor virulencia.

Como hemos apuntado más atrás, el sustrato de estos movimientos frente al orden absolutista del Antiguo Régimen procedía de los pensadores, los científicos y las burguesías ciudadanas. El llamado «Siglo de Las Luces», de «la Razón», tiene su mayor expresión en la idea de Libertad, que si escrita con mayúscula puede ser una categoría abstracta, en minúscula y en plural, las libertades, adquiere toda su eficacia: libertad individual, de religión, de comercio, de opinión, de reunión, de prensa..., todas ellas con la categoría de derechos. El hombre libre, en fin, es el que se siente seguro y aspira a ser feliz.

Para los ilustrados se trata de poner sobre la mesa la autonomía del hombre, que ha nacido libre, la voluntad de seguir la propia razón sin estar sometido al pensamiento o a la voluntad de nadie. «Atrévete a saber» dice Kant, y nos incita a rebelarnos contra el hombre débil que permite que otros decidan por él. «Época de las Luces», pues se trata de iluminar el oscurantismo religioso y las prácticas absolutas de los poderes. La educación es el medio para sacar al hombre de su oscuridad: «saber es poder», y la Enciclopedia es el medio para compilar los saberes de la humanidad, un proyecto a cuyo frente se encuentran ilustrados como Diderot, Dalambert o Montesquieu.

El hombre ha nacido libre en la naturaleza con sentimientos básicos y naturales; es el «noble salvaje» de Rousseau, para quien los individuos, voluntariamente, deben establecer un «contrato» social» que les aportará mejores beneficios y garantizará la convivencia. Así, los ciudadanos son soberanos; las leyes son la única forma de evitar la arbitrariedad de los gobernantes y para ello los poderes deben dividirse (Montesquieu), con funciones y competencias distintas, vigilarse unos a otros; todo ello bajo el espíritu de una Constitución, acordada por todos, que exprese los derechos y libertades de los ciudadanos así como la forma de organización del Estado. El Estado en su más puro sentido como una sociedad de hombres —dice Kant— sobre los que nadie más que ella misma tiene que mandar o disponer.

La Revolución Francesa hizo tabla rasa de un mundo antiguo y llegó a decapitar a los reyes. La reacción de las monarquías europeas ante tales hechos no se hizo esperar, el pánico ante la desaparición del orden establecido motivó los movimientos contrarrevolucionarios en toda Europa. El movimiento revolucionario francés, en sus diferentes etapas para configurar el nuevo orden, finalmente fue incapaz de concluir en un acuerdo general de la sociedad francesa y Napoleón, llamado como recurso ante el desorden, acabaría instalándose paulatinamente en la ficción, de recuerdo clásico, primero como cónsul y después emperador, una especie de monarca nombrado, pero cuyos gobiernos, aparte de hacer temblar a Europa, consiguieron poner los cimientos administrativos del Estado francés, con una organización territorial modélica y un ingente corpus legislativo en el que destaca el primer código civil. No obstante, toda revolución, a pesar de la virulencia que pueda desarrollar, coloca puntos de no retorno. Las monarquías ya no serían las mismas, ya se podría ser liberal y cristiano sin contradicciones, por ejemplo, monárquico o republicano, conservador y demócrata...

El poder en decadencia

Bayona (Francia), 5 de mayo de 1802. Cara a cara, el rey de España, Carlos IV, su esposa, su hijo Fernando y Napoleón. Se suele decir que fueron «secuestrados» por el ejército francés, pero tanto Carlos IV como su hijo Fernando se habían desplazado, por caminos distintos, hacia Bayona para buscar el apoyo de Napoleón como la única esperanza posible de supervivencia política. Fernando, reconocido mal hijo a todos los efectos, había buscado al emperador desesperadamente para garantizarse la corona española, llegando a altos grados de servilismo y traición a sus padres y a los españoles, engañando vilmente a estos a través de una imagen forjada mediante campañas y el apoyo de un sector de la nobleza. Carlos IV y su esposa han sufrido la ingratitud y las conspiraciones de su hijo y son conscientes de la impotencia ante Napoleón, el corso dispuesto a unificar Europa en una dinastía propia, subyugando a las cortes europeas gracias a su sagacidad militar y política. No en vano, Napoleón otorgará a su hijo, desde su nacimiento, el título de Rey de Roma, en memoria del Sacro Imperio Romano Germánico.

Cuando los poderes llegan a su decadencia, adquieren sus tintes más dramáticos. De niños se nos contaba que el inicio de la Guerra de la Independencia tuvo lugar cuando, mediante el tratado de Fontainebleau, Napoleón nos engañó vilmente y, pidiendo permiso para atravesar España en su enfrentamiento con Portugal, se quedó en el territorio patrio para intentar hacernos sus súbditos. Y era toda una verdad. Lo que no nos contaron nunca fueron las circunstancias en las que se produjo este intento y los pormenores de una monarquía trastocada que lo hizo posible, entre el anciano Carlos IV, su esposa y el más pérfido e incompetente de los monarcas que nunca haya tenido España, a ojos de todos los historiadores: su hijo Fernando VII.

Para comprender mejor el serio y a la vez ridículo momento de Bayona hemos de retrotraernos a los hitos de la biografía de Fernando, pues a través de ellos se nos revelan las paupérrimas condiciones de la monarquía española y sus intrigas palaciegas en el marco de los intentos modernizadores que representa Godoy, el hombre de confianza del rey Carlos cuyo cargo es el de secretario de Estado.

Con Godoy, la monarquía de Carlos IV había tomado medidas ilustradas, nada agradables al clero, como los intentos desamortizadores, la reforma de las órdenes religiosas y las disposiciones para sacar los cementerios de las iglesias (lo que suponían menos ingresos para la Iglesia). En vano lograrían los reyes que Fernando aceptase la figura de Godoy aunque él decía intentarlo. En el fondo del asunto estaba el miedo del príncipe, y de su camarilla de nobles y eclesiásticos, a que Godoy pudiera convertirse en regente si el rey fallecía pues, además, se había casado con una sobrina de Carlos IV. El miedo llevó a la intriga y Fernando, con la nobleza y su maestro Escoiquiz (canónigo de Zaragoza), comenzaron a pensar en la urgencia de que Fernando accediese cuanto antes al trono.

Escoiquiz promueve, con el beneplácito de Fernando, toda una campaña de imagen para crear un estado de opinión en el que Godoy era el responsable de todos los males de España frente a las virtudes del príncipe, desarrollada en estampas, panfletos y cancioncillas para ser repartidas entre el pueblo. Campaña que fue abortada por Godoy pero de la que quedaron copias entre la nobleza. En los términos más soeces el rey era un bobalicón, la reina una lasciva y Godoy el «amigo» que le prestaba favores. Como quiera que la salud del rey es débil y Godoy ha recibido el título de Gran Almirante de España, que conlleva el tratamiento de Alteza, propio de un infante, Fernando y su camarilla deciden actuar.

Tanto Fernando y sus acólitos como los reyes y Godoy son conscientes del despliegue diplomático y militar que Napoleón está realizando en el panorama Europeo; ha declarado el bloqueo internacional a Inglaterra; reparte tronos entre sus hermanos: el de Nápoles a José, a Luis el de Holanda y, más tarde, el de Westfalia a Jerónimo; y ha nombrado a Joaquín Murat, su cuñado, Gran Duque de Berg. Napoleón es consciente de que cualquier asunto europeo debe pasar por su manos, por lo tanto la monarquía española y su heredero están muy atentos a mantener buenas relaciones con el emperador francés. La camarilla fernandina propone incluso casar a Fernando, que ya había enviudado, con la familia imperial y se lo hacen llegar a Napoleón. La diplomacia francesa, exige al príncipe un documento en el que se nombre a Escoiquiz comisionado ante el embajador y solicitar al emperador el consentimiento para solicitar la mano de una francesa. Y Fernando lo hizo: la carta que envió al emperador era de un excitado servilismo, se pone a sus pies, le dedica halagos ridículos considerándolo el salvador de Europa y, además, reconoce que escribe la carta sin el conocimiento de su padre. Podemos imaginar la consideración que merecería a Napoleón un personaje tal capaz de tramar con un Estado extranjero a espaldas del titular de la Corona.

En previsión de la posible muerte del rey, a los fernandinos se les ocurre preparar el primer decreto de gobierno de Fernando. Se suspendería a Godoy de sus funciones y el duque del Infantado ostentaría el mando supremo del ejército, quedando todas las instituciones subordinadas a él. Pasan el decreto a Fernando quien lo firma dejando la fecha en blanco para cuando llegara el momento.

Pronto se enteraron Godoy y los reyes de los manejos de Fernando para buscar una novia francesa e intuyeron que habría algo más, y Carlos mandó registrar los aposentos de Fernando encontrando todo tipo de documentos, poniendo sobre el tapete las maquinaciones del príncipe y su camarilla cuyos fines eran acabar con Godoy en prisión y destronar a su padre, acción justificada, además, con ejemplos históricos en los que los príncipes se rebelan contra sus padres y, concretamente, en el recuerdo de san Hermenegildo. No quedaba la reina ajena a las consideraciones del príncipe, redactadas por Escoiquiz, como lasciva y maquinadora.

Los conspiradores fueron desterrados, Escoiquiz a un monasterio en Córdoba y el duque del Infantado a Écija. Si en principio el príncipe fue arrestado permaneciendo en sus dependencias y custodiado por la Guardia de Corps, Fernando pidió perdón a sus padres, puso como responsable de todo el asunto al canónigo Escoiquiz y, de manera infantil, prometió comportarse como un buen hijo. Pero, según el historiador La Parra el suceso «no redundó en perjuicio de Fernando, al contrario, contribuyó a consolidar ante la opinión pública su imagen de príncipe inocente, víctima de las ambiciones de su madre y del despótico Godoy»[102]. Pues estos asuntos se publicaron en la Gazeta de Madrid, en aquel momento el «diario oficial», a través de sucesivos reales

95

decretos que pormenorizaban lo ocurrido exponiendo a la opinión pública noticias tan novedosas que concluían con el perdón al príncipe por sus acciones y su delito.

Carlos IV se apresuró a poner el asunto en conocimiento de Napoleón (que ya sabía...) a través del embajador español en Francia, pidiéndole ayuda y, lo peor, con respecto a la sucesión del príncipe, comentaba que «uno de sus hermanos [de Napoleón] será más digno de reemplazarle en mi corazón y en el Trono»[103].

No entraban en los cálculos de Napoleón, que tenía ya sus ejércitos por España, ni las conspiraciones, ni proteger al príncipe ni dejar de protegerlo; hubo interpretaciones de todo tipo, pero Napoleón jugaba al silencio, esperar y verlas venir. En cualquier caso tenía previsto opciones según las circunstancias. Conocedores de la astucia del corso, Carlos IV y Godoy sabían que no tendrían más remedio que aceptar las condiciones de Napoleón o la resistencia militar. Por ello, Godoy pone en atención a los comandantes de las tropas españolas y propone trasladar a los reyes a Cádiz e incluso, si fuera necesario, embarcarlos hacia América. Al plan de Godoy se oponen el príncipe y su camarilla que, perdonado su líder, se sentían ilusamente fortalecidos y mantienen su confianza en Napoleón. A la idea del traslado de los reyes se oponen también los vecinos de Aranjuez (que viven de la Casa Real).

Napoleón hace difundir a través de su embajador la idea de que el emperador viaja hacia España. Pero también indica a sus comandantes que acerquen sus tropas a Burgos, aduciendo que van camino de Cádiz para atacar Gibraltar. Entre los fernandinos aumenta el entusiasmo pues con los ejércitos y con el propio emperador de camino sienten reforzada la postura de Fernando.

Carlos IV llama a su hijo y le propone elegir entre permanecer en la corte, nombrándolo lugarteniente, facultado militarmente y con la posibilidad de elegir un gobierno y negociar con Napoleón, en cuyo caso una condición irrenunciable sería mantener la unidad de los reinos y la fe católica; o, desconfiando de Napoleón, acompañarle hasta Cádiz, deshaciéndose de su camarilla y mostrando al pueblo la unidad de la monarquía española. Pero, ya antes de esta conversación entre padre e hijo, los fernandinos habían hecho planes a través del ministro Caballero que, sin conocimiento del rey, se había dirigido a los municipios vecinos instándoles a impedir la salida del rey. Godoy ordena hacer el equipaje de los reyes y reunir en Aranjuez a todas las compañías de la Guardia de Corps. La camarilla fernandina consiguió convencer a un nutrido grupo de nobles, grandes de España todos, para que se negasen a la salida del rey. Vecinos de Aranjuez y municipios cercanos, ante el trasiego de tropas, se van reuniendo en torno al palacio, muchos «pagados» por el duque del Infantado y otros grandes de España.

Varios grupos vigilaban la ruta hacia el sur (Ocaña), el palacio real y la residencia de Godoy. Por la noche sonó un disparo, que al parecer era lo convenido para la salida del rey pero que luego tuvo las más diversas interpretaciones, desde un disparo casual hasta un disparo al aire de una patrulla de guardia ante una de las queridas de Godoy que no había querido descubrirse... Los vecinos se dirigen hacia la residencia de Godoy, que se esconde. Se acusa a los reyes de intentar proteger a Godoy. Por lo tanto, ya se piensa en la abdicación de Carlos IV y Godoy es detenido.

A pesar de que se intentó eximir al príncipe de ser responsable en el amotinamiento, años más tarde Godoy contó a Napoleón por escrito todas las circunstancias: fue el príncipe el que hizo la señal para el alboroto, sacó una luz a los balcones para que se invadiese su casa. En aquella carta, a petición de Godoy, Carlos IV escribió al margen: «Todo lo que dices es la verdad». La Parra utiliza por primera vez este documento, desapercibido para los historiadores[104].

Carlos IV abdica «por cuestiones de salud y para gozar de la vida privada». El pueblo de Aranjuez sale a vitorearlo. No hay ningún tipo de formalidad, de proclamación al uso institucional español. En realidad, todo parecía haber sido fruto de un golpe de Estado. El príncipe avisa al ayuntamiento de Madrid para que se preparen las formalidades de la entrada del nuevo rey en la capital.

Que la abdicación de Carlos IV había sido forzada se expresó formalmente por parte de Carlos IV a Murat en primer lugar y, más tarde, el propio rey se la comunicó a Napoleón mediante carta, poniéndose bajo su amparo, él, su mujer y Godoy. Lo habría hecho para evitar males peores; por lo tanto, su renuncia poco valor podría tener. Y en sucesivas comunicaciones le expresaban su miedo y las peores consideraciones sobre su hijo.

Carlo IV se dirige a Bayona, protegido por una escolta francesa. El embajador francés (Beauharnais) no hizo visita oficial a Fernando, el nuevo rey; tampoco Murat. Tampoco Napoleón le dirigió al menos una carta. Puestos a gobernar, el nuevo rey se propone deshacer toda la labor de Godoy, en favor de la nobleza y de la Iglesia. Escoiquiz, el duque del Infantado y otros miembros de su camarilla forman parte del gabinete privado del rey.

Ahora lo importante era entrevistarse con el emperador y Fernando no deja de trasladar a la diplomacia francesa sus deseos de entrevistarse con él, pues sin el reconocimiento de Napoleón probablemente no habrá reconocimiento de las cortes europeas. El iluso de Fernando no dejaba de dar instrucciones para atender al ejército francés, que ya se encontraba en España. Se prohíben corrillos y se lanzan amenazas para quienes pudieran molestar a los vecinos franceses, con medidas de orden público como el cierre de tabernas a horas determinadas, evitar bullicios, etc.

Fernando no tarda en iniciar su viaje al encuentro con Napoleón, con la avanzadilla como correo de su hermano Carlos, desconociendo todos cuál sería el lugar del encuentro. Fernando creía que en Burgos… No lo encontró allí, ni en Vitoria. Hasta allí se acercó Mariano Luis de Urquijo, quien había sido secretario de Estado y de Despacho de Carlos IV, para informar a Fernando de cuanto se cocía en la prensa francesa sobre las intenciones de acabar con los Borbones españoles. Al duque del Infantado aquello le parecía totalmente desproporcionado, fuera de crédito, y pensaba que Napoleón quedaría desacreditado ante su imagen internacional.

Napoleón se hace escuchar: sólo reconoce a Carlos IV, pero si Fernando le da cumplidas explicaciones de las circunstancias de su acceso al trono no tendrá dudas en reconocerlo. Fernando escribe a Napoleón para rendirse a sus pies y Napoleón le envía una feroz carta denigrándolo en todas sus acciones, pero el príncipe decide continuar, ante la sorpresa de Napoleón. Cabezón, y a pesar de las advertencias de la Junta de Gobierno de Madrid, Fernando entró en tierra francesa sin ningún tipo de recibimiento. Una vez en Bayona, cumplidos aparte, Napoleón no usó el tratamiento ni de Majestad ni de Alteza lo que molestó profundamente a Fernando. En cambio Carlos IV y su esposa fueron recibidos y tratados como reyes.

Volvemos al inicio de este capítulo: la monarquía española, el rey, la reina y Fernando, todos ellos cara a cara manejados por el dueño de Europa, escuchando los reproches del rey a su hijo y certificando la degradación de la monarquía española. Napoleón tiene palabras duras, sobre todo para Fernando, y tiene sus planes: reconoce al viejo Carlos como rey pero le hace firmar un decreto por el que el rey nombraba a Berg, responsable del ejército francés en España, presidente de la Junta de Gobierno.

Napoleón consiguió la renuncia de Carlos IV a su soberanía en favor suyo. Igualmente, la abdicación de Fernando en su padre. Se firmó un tratado que protegía a los monarcas y a sus hijos. Los reyes quedarían en el castillo de Chambord y Fernando en Valençay. Napoleón les prometió posesiones y rentas. Promesa que nunca cumplió.

Como sabemos, la facilidad con la que el emperador se deshizo de la monarquía española no iría seguida de la del pueblo español y sus autoridades locales que, a través de Juntas, supieron hacer frente a la reconocida capacidad de su ejército y a su hermano José, impuesto como monarca. A lo mejor es cierto que Napoleón había creído que los españoles se alegrarían «de verse librados de un soberano ridículo, de unos frailes lunáticos y de una nobleza codiciosa. Pero se encuentra con un pueblo religioso y, por supuesto, patriota, que no teme morir ni matar y para el que el honor lo es todo», como escribió André Maurois[105]. Paradójicamente, frente a estos lamentables acontecimientos los españoles tuvieron «la ocasión de demostrar que la unidad nacional forjada durante siglos había impregnado la conciencia de todos y que podía combinar esa conciencia de unidad con el respeto a la diversidad nacional»[106].

Carlos IV se desplazaría al sur de Francia por sus problemas de salud y acabaría en Roma. Después del exilio en Valençay, Fernando será restaurado en el trono, llegará como «el Deseado», para gobernar con indolencia impidiendo, para muchos años, el camino de España hacia modernidad.

Hacia el Estado liberal

El constitucionalismo había tenido su primera expresión radical en la Constitución de los Estados Unidos y en la Declaración de los Derechos del Hombre y del Ciudadano, promulgada en la Francia revolucionaria por la Asamblea Nacional Constituyente, poniendo en estado de alarma a las sociedades del Antiguo Régimen europeas. Los padres de la patria americanos recorrieron Europa difundiendo las nuevas ideas como un viento de libertades provocando el pánico de las monarquías absolutas instaladas en la sociedad estamental.

En nuestro caso, la debilidad de la monarquía y el intento de Napoleón por asegurarse el control de la península ibérica hicieron posible, en medio del conflicto bélico, el primer intento de establecer un marco constitucional capaz de transformar la realidad española. Con el país sin cabeza coronada, la Junta Central, órgano que dirige un país vacío de poder, publica la convocatoria a Cortes en 1809. Los preparativos son difíciles pues ya hay una primera e importante cuestión de partida: si los diputados que asistan representarán a la nación o se reúnen por estamentos. Lo viejo o lo nuevo. La decisión, que ya es una apuesta por el cambio, será la de reunirse bajo el principio de representación nacional como Cortes depositarias de la soberanía.

Es interesante conocer cuántos y quiénes eran los reunidos: 97 eclesiásticos (3 son obispos), 55 funcionarios, 37 militares, 60 abogados, 16 catedráticos; los restantes son comerciantes, propietarios, escritores, títulos del Reino y médicos[107]. Y las tendencias se encontraban en un abanico que representaba desde el conservadurismo más absolutista, partidario de que nada cambiase, hasta los revolucionarios,

Salvador de Viniegra. *Promulgación de las Cortes de Cádiz* (1912). Cádiz, Museo Iconográfico e Histórico de las Cortes y Sitio de Cádiz

partidarios de la abolición de todos los privilegios. Y entre ambos, un sector moderado que prefiere la soberanía compartida entre el rey y la nación.

El texto de la Constitución de Cádiz determina que la Nación es la «reunión de todos los españoles de ambos hemisferios», lo que significa la participación activa de los representantes de los territorios americanos. La soberanía reside en el pueblo pero se plasma con una pirueta en forma de adverbio cuando dice que la soberanía reside «esencialmente» en la nación. Determina la división de poderes en legislativo, que corresponde a las Cortes, y el ejecutivo al Rey, con muchas restricciones por medio de siete secretarios de Despacho, y las decisiones de aquel requieren la firma del Secretario correspondiente. Los diputados son inviolables. El poder judicial corresponde a los tribunales de justicia, se define el *habeas corpus* y se crea un tribunal supremo de justicia. La religión católica, apostólica y romana, se expresa como la única verdadera, con lo que se satisface a los sectores más conservadores y desaparece la Inquisición. El voto queda en manos de los varones mayores de 25 años y para ser elegido representante se necesita disponer de una renta determinada, con lo que los pudientes serán los encargados de la legislación.

El texto constitucional español en aquellos momentos aparecía como uno de los más liberales de la Europa del momento. Los esfuerzos modernizadores pasaban en primer lugar por la supresión de los señoríos, la herencia medieval por la que los señores recibían propiedades por parte del rey como contraprestación por los servicios a la Corona. Muchas veces, a la propiedad iban unidas delegaciones del rey como la de la justicia, entre otras, y también exenciones de impuestos o privilegios (uso de bosques, los molinos, la caza...). Por otra parte se hacía necesaria la desamortización (en las «tierras de manos muertas») de los bienes de las órdenes religiosas y militares. Igualmente, se suprimían los mayorazgos que suponían la perpetuación del patrimonio familiar en el varón primogénito, con lo que dichos bienes quedaban permanentemente unidos a un linaje.

A partir de ahora nadie debe ser vasallo de nadie. Se trata de sustituir la pirámide jerárquica feudal, consolidada en la sociedad estamental del Antiguo Régimen, por lo que llamamos «sociedad de clases»: ricos, clase media y pobres, pero, frente a la sociedad estamental, existe la posibilidad de transferencia de unas a otras enriqueciéndose o empobreciéndose. El voto censitario que caracteriza estos momentos no es más que el convencimiento de los más ricos de ostentar la capacidad de decisión en base a su estatus económico. Artola ve en el texto de Cádiz un proyecto de sociedad de clases que encuentra su fundamento en «una concepción antropológica según la cual el comportamiento de todos los hombres está determinado por la búsqueda de la felicidad [y] la identificación de la felicidad con la riqueza, tanto porque proporciona los medios de satisfacer las necesidades humanas, cuanto por ser el único procedimiento que permite la cuantificación de la primera»[108].

Realmente lo decidido en la Constitución de Cádiz era de profunda transformación y calado. Y quizá por ello no resulta extraño que cuando Fernando VII vuelve de su exilio, reclamado por los sectores absolutistas, liquida lo establecido en ella, restaurando la sociedad estamental del Antiguo Régimen y, especialmente, devolviendo los bienes de la desamortización (Sexenio Absolutista,1814-1820)

Pero las expectativas liberales no desaparecieron, y tras, el pronunciamiento militar de Riego en 1820, gracias al empuje de la burguesía liberal —que ya ha entendido que sin el ejército no hay cambio posible— el rey decide aceptar la Constitución de Cádiz manifestando aquello de «marchemos francamente, y yo el primero, por la senda constitucional» (Trienio Liberal, 1820-1823). Las potencias conservadoras europeas, que habían hecho un esfuerzo común para defender la sociedad del Antiguo Régimen con la creación de la Santa Alianza, enviaron a España su brazo armado, los Cien mil hijos de San Luis, para reponer a Fernando en el trono español (Década Ominosa, 1823-1833). Sin esta ayuda exterior probablemente la capacidad de los españoles adeptos al rey habría sido nula. La opresión absolutista, instalada de nuevo en los principios de la sociedad estamental, adquiere grandes cotas de represión bajo el duro brazo de Fernando que no escatima en represalias. Y lo anecdótico es que al final de sus días Fernando VII preferirá estar acompañado de estos nuevos hombres, los liberales, y recurrirá a ellos en más de una ocasión.

Los textos constitucionales que se suceden desde la Constitución de Cádiz hasta la republicana de 1873 muestran las tensiones políticas entre el liberalismo y las resistencias conservadoras y se inclinan ideológicamente en función de las circunstancias políticas, determinadas muchas veces por pronunciamientos militares tras los cuales se elabora un nuevo texto constitucional. La vigencia de las mismas no es la propia de un texto fundamental destinado a perdurar; si alguna de ellas apenas dura dos años, otras ni siquiera llegan a promulgarse. Además, durante los gobiernos de Fernando VII tanto los liberales como los conservadores se fueron escindiendo de acuerdo con una interpretación moderada o radical de sus propios principios: exaltados o intransigentes frente a moderados, con la transversalidad de la afección o no, bajo diferentes formas, a la monarquía.

Preparando su sucesión, Fernando VII promulga la Pragmática Sanción (1830), anulando la ley sálica y abriendo la posibilidad de que una mujer pudiera ocupar el trono. En octubre de ese año nace la infanta Isabel (futura Isabel II). Un sector intransigente del absolutismo ya tenía como sucesor al príncipe don Carlos, hermano de Fernando VII, apoyado por obispos y un sector del clero (los carlistas). El carlismo no es constitucionalista, porque la Constitución unifica, frente al regionalismo o al foralismo; está integrado por terratenientes y por el catolicismo más intransigente (que, por ejemplo, nombra a la Virgen de los Dolores comandante de su brazo armado, su ejército, del que forman parte incluso algunos sacerdotes. Su defensa del «altar y trono» les lleva a crear sociedades secretas con nombres tan paradigmáticos como El Ángel Exterminador, Sociedad del Áncora o La Junta Apostólica. En los últimos días de su vida Fernando VII ya había comprendido que debía contar con los liberales ante la reacción carlista, y la Corona realiza una amnistía para todos aquellos liberales exiliados. El rey muere en septiembre de 1833, queda entronizada Isabel II bajo la regencia de su madre, María Cristina, y la guerra carlista está servida como la primera guerra civil española.

Durante la Regencia de María Cristina, y más tarde del general Espartero, se suceden gobiernos progresistas y moderados, inaugurando una «alternancia» entre ellos, prefigurando un modelo que se afianzará con mayor solidez años más tarde. En estos momentos los liberales se encuentran divididos en cuanto a la interpretación de los principios de la Constitución de Cádiz: mientras los liberales progresistas prefieren poner el acento en la soberanía nacional, disminuir las capacidades del monarca, el establecimiento de una sola cámara legislativa y la libertad religiosa y de prensa, los moderados son partidarios de una interpretación no exaltada de la soberanía y atribuyen al poder real potestades legislativas y de veto para nombramientos. Por cuanto a las Cortes, los moderados prefieren un sistema bicameral: una Cámara Alta de próceres que integra a la nobleza, la Iglesia, poderes económicos o personalidades intelectuales, destinada a servir de freno a una Cámara Baja con representación censitaria.

El texto «constitucional» que resume estas tensiones es el Estatuto Real de 1834, elaborado durante el gobierno de Martínez de la Rosa. Con el Estatuto la política española entra en un periodo de transición, intentando dar respuesta a las necesidades de reforma del país pero sin alterar demasiado el orden antiguo. No hay referencia a la Constitución de 1812 y asistimos por primera vez en España al funcionamiento de un parlamento bicameral que tiene sus referentes en Francia e Inglaterra: el Parlamento de Luis XVIII que integraba una Cámara de los Pares (Alta) y una Cámara Baja (la de los diputados de los Departamentos) y en el parlamentarismo inglés con una Cámara de los Lores y la de los Comunes. En este sentido, la monarquía asume un comportamiento que será habitual en los años siguientes: la proximidad a monárquicos y liberales en función de sus propios intereses, con la paradoja de que a veces deberá estar a bien precisamente con quienes desean menoscabar sus capacidades.

El Estatuto Real no es exactamente una Constitución, es lo que se llama una «carta otorgada» en la que el monarca transfiere algunas capacidades a determinados órganos, pero manteniendo la potestad para convocar, suspender o disolver las Cortes. No plantea una declaración de derechos ni establece la división de poderes, y al rey corresponde la iniciativa legislativa, dispone de capacidad de veto así como de nombrar y cesar al presidente del Consejo de Ministros y a los miembros del Gabinete. Esto constituye una novedad: aparece por primera vez el concepto de ministro frente a la figura de los Secretarios del Antiguo Régimen.

El Estamento de Próceres del Reino no es un senado ni una cámara nobiliaria en sentido estricto; esta Cámara Alta la componen arzobispos, obispos, Grandes de España, títulos de Castilla, españoles ilustres por sus servicios en diferentes carreras, intelectuales, propietarios de fábricas, todos ellos relevantes y con determinadas rentas anuales. Las rentas anuales se establecen también para formar parte del estamento de Procuradores del Reino (Cámara Baja) en la que todos deben ser ciudadanos españoles mayores de 30 años.

Si en el Estatuto los progresistas habían aceptado las condiciones del moderantismo, en la Constitución de 1837, después de diferentes levantamientos en la geografía española que concluyen en el motín de los sargentos de La Granja, serán los progresistas los que intentan realizar un texto consensuado con los moderados ante la amenaza del carlismo (que ya tiene su ejército próximo a Madrid). Nunca los progresistas habían acabado de aceptar una carta que no contemplara una auténtica separación de poderes ni el reconocimiento de la soberanía nacional (que la regente no acababa de aceptar), pero transigieron con importantes concesiones como la soberanía compartida entre las Cortes y la Corona, que ostenta el poder ejecutivo y tiene derecho a veto. Se establece la libertad de prensa pero se impuso más tarde el criterio del depósito previo. No prevé ningún tipo de legislación electoral, pero una ley posterior implantó el sufragio censitario por el que tendrían derecho a voto sólo los españoles que pagaran impuestos a Hacienda por valor de 200 reales.

Con la mayoría de edad de Isabel II, Ramón María Narváez, que sustituye al regente Espartero, se convierte en el hombre fuerte del moderantismo, atento al fortalecimiento del ejército y se reforma el texto constitucional: la Constitución de 1845 (que no surgió de un proceso constituyente sino de una remodelación de la del 37 realizada por las Cortes) refleja un talante conservador en el que no se reconocen expresamente las libertades individuales y se refuerza la confesionalidad del Estado y la obligación de mantener al catolicismo como religión de la nación. Bicameral, el Senado es nombrado por el Rey con carácter vitalicio.

A Narváez hay que unir la figura de Bravo Murillo, que en su trayectoria política dirigió varias carteras ministeriales (Gracia y Justicia, Fomento, Hacienda) y la presidencia del Consejo de Ministros. Firmará el Concordato de 1851 con la Santa Sede. La contribución territorial como base de la recaudación saldrá adelante a pesar de la reticencia de los grandes propietarios. Bravo Murillo será un gran gestor de la Hacienda pública en este periodo, derivando más tarde hacia posiciones absolutistas por lo que fue considerado un déspota ilustrado y con tendencia a disolver las Cortes «para que ustedes descansen y a nosotros nos dejen gobernar». Su organización del Ministerio de Hacienda quedo como modelo para los demás ministerios de la administración española, modelo que se podría sintetizar en «un organigrama, una figura de funcionario y una forma de trabajar»[109]. El Ministro había sustituido ya al secretario de Estado y de Despacho; aparecen ya las Direcciones Generales, las secciones y los negociados, y —seguimos a Juan Pro— se había creado una administración provincial que contemplaba al 90 por ciento de los trabajadores. Esta estructura se servía de los Ayuntamientos como intermediarios, mientras en los Ministerios quedaba la mera tramitación de los expedientes.

Un alzamiento militar iniciado por Leopoldo O´Donnell (1854) tiene como consecuencia el regreso de los progresistas en la figura, otra vez, de Espartero. Las Cortes Constituyentes (1854) elaboraron la Constitución no promulgada de 1856, en cuyo texto se expresaba de forma absoluta el principio de soberanía nacional en el pueblo, en la voluntad de la Nación: «Todos los poderes públicos emanan de la Nación, en la que reside esencialmente la soberanía, y por lo mismo pertenece exclusivamente a la

Nación el derecho de establecer sus leyes fundamentales». El Senado sería elegido igual que el Congreso aunque de manera censitaria. La Nación se obligaba a proteger a la religión católica y a sus ministros, pero nadie podría ser perseguido por sus convicciones religiosas. Fue un proyecto que no vio la luz con el encargo de gobierno de Isabel II a O´Donnell y la caída de Espartero.

Estamos en el fin del reinado de Isabel II en el que se suceden los gobiernos moderados con los de un nuevo partido, los unionistas, de centro, creado por O´Donnell, mientras se conjugan diferentes crisis: algodonera, de los ferrocarriles (que no parecen rentables), sanitaria (epidemia de cólera) quiebras bancarias, revueltas en el campo, escasa rentabilidad y crisis informativa (los periódicos son vigilados y censurados). Y la Corte no parece tener la mejor imagen. La literatura, el teatro y el cine nos han dado buena muestra de la vida cotidiana: besamanos, colocaciones de bandas, aristócratas procurando la proximidad a la Corte como fuente de beneficios. *La Corte de los milagros*, de Valle Inclán, nos da buena cuenta de ello. La vida privada de la reina también está en el candelero social, todos perciben en ella una moral distraída... Se decía que su hijo Alfonso (XII) era hijo del capitán valenciano Enric Puigmoltó (Preston); Hugh Thomas la considera ninfómana sin más.

Con el fondo de las crisis, los partidos menos adeptos al régimen se habían comprometido al derrocamiento de Isabel II en el Pacto de Ostende (1866): progresistas encabezados por el general Juan Prim; demócratas (partidos de izquierdas más un sector republicano, monárquicos, federales) y los unionistas, alejados del poder por Isabel II. A ello hay que añadir un gran protagonismo de las élites intelectuales. El fondo común que subyace es la aversión a la monarquía. «Viva España con honra», es el eslogan de un grupo de generales que se alzan en Cádiz y Sevilla (La Gloriosa). Isabel II abandona el país desde San Sebastián. Un gobierno provisional a cuyo frente se encuentra el general Francisco Serrano convoca elecciones de las que surge un parlamento en el que hay mayoría de unionistas y progresistas, con la aparición de republicanos y carlistas.

Tras la salida de Isabel II, los españoles teníamos un problema: necesitábamos un rey, y se busca por Europa. Se piensa en el duque de Montpensier, cuñado de Isabel II y en don Fernando de Portugal, también en el príncipe alemán Leopoldo de Hohenzollern, e incluso en el mismo Espartero. Unas dudas de carácter inaudito, pero que suscitaron la guerra franco-prusiana de 1870. Los republicanos se oponían a la monarquía y pusieron el grito en el cielo. Castelar expresaba que «los reyes pueden salir de un templo, pero no de una Asamblea, descender de una nube pero no de una urna electoral». Y el primer rey de España surgido del Parlamento fue Amadeo I de Saboya, hijo del rey italiano Víctor Manuel II. El mismo día que desembarca en Cartagena, procedente de Italia, se queda sin su valedor al ser asesinado el general Prim. Parece increíble pero fue un rey extranjero el primero que, tras llegar a España por Cartagena, juró en Madrid en los términos de «acepto la Constitución y juro guardar y hacer guardar las leyes del Reino».

Ante la abdicación del joven Amadeo, el Congreso y el Senado, constituidos en Asamblea Nacional, proclaman la República (1873) en la que se suceden diferentes Gabinetes en pocos meses (Figueras, Pi y Margall, Salmerón y Castelar). Una coalición de radicales y federales, con Pi y Margall, presenta un amplio programa de gobierno de tintes federalistas: la separación Iglesia-Estado, la jornada de ocho horas, la regulación del trabajo de niños y mujeres, la creación de cooperativas agrarias y la enseñanza obligatoria. Le sucede un gobierno moderado representado por el almeriense Salmerón, para acabar con el autoritarismo de Castelar que llega a suspender las Cortes.

Una vez más, un proyecto constitucional (Constitución de 1873) no llegó a promulgarse. Definía España como una República Federal, integrada por diecisiete Estados que se daban su propia Constitución y que poseerían órganos legislativos, ejecutivos y judiciales, según un sistema de división de competencias entre la Federación y los Estados miembros.

Pero, sin duda, la experiencia más negativa de la I República fue el intento cantonalista de muchas ciudades. Una especie de autoorganización local, gobernada por una junta revolucionaria: «la caricatura del federalismo; concebía este el Estado español como el resultado de la unión voluntaria de grandes unidades territoriales independientes, combinando, según el modelo proudhoniano, variedad y unidad, gestión política y reforma social»[110].

El golpe militar del general Pavía pone fin al primer experimento republicano (1874); hizo desalojar las Cortes mediante la Guardia Civil ante la negativa del presidente de la Cámara y de los diputados. Convocó a los partidos políticos y entregó el gobierno al general Serrano, a quien la realidad le obliga a detentar una suigéneris «dictadura republicana». La continuidad de la República se hizo difícil entre la enconada rivalidad de los actores políticos y las circunstancias interiores y exteriores: la guerra carlista afectaba a una tercera parte del país (ahora incluso tiene el apoyo internacional de la Iglesia); y permanecía la guerra cubana iniciada en 1858. Por ello, con el republicanismo en baja moral y un estado de conspiración latente de los partidos conservadores, un grupo de generales monárquicos encabezados por Martínez Campos, ponen sobre la mesa el regreso de la monarquía en la figura de Alfonso XII y entregan el poder a los alfonsinos en la figura de Cánovas del Castillo quien se convierte en el artífice de la Restauración.

Alternancia de partidos o el poder corrupto

El primer objetivo de Cánovas fue crear un estado de opinión favorable para la aceptación del príncipe Alfonso como el candidato idóneo al trono español. Nada fácil: Isabel II, todavía con ambiciones, se vería obligada a abdicar y, por otra parte, estaba la persistente rivalidad de los carlistas. Por el contrario, apoyaban al príncipe Alfonso XII los militares que habían tenido un papel fundamental frente a los intentos de independencia cubanos, los empresarios, sobre todo los catalanes vinculados a la economía antillana, y los grandes hacendados descontentos con las medidas de los gobiernos liberales. Así, Cánovas preparó las circunstancias para que desde todos los frentes hubiese una aceptación del príncipe Alfonso y le preparó el manifiesto de Sandhurst (Berkshire), en el que Alfonso se dirige a los españoles en términos como: «Ni dejaré de ser buen español, ni como todos mis antepasados buen católico, ni como hombre del siglo, verdaderamente liberal».

Cánovas del Castillo es una personalidad reconocida y admirada, aún hoy, por la congruencia de sus idearios y el pragmatismo de sus acciones. Concibe el poder como una maquinaria en equilibrio, funcional, lejos de maximalismos ideológicos, intentando atraer a los extremos en base a la negociación y la transigencia. De ahí su concepción de la alternancia de partidos, al igual que el sistema inglés (uno gobierna y otro en la oposición), y la Constitución de 1876 fue lo suficientemente flexible para que los partidos pudieran utilizarla con una gran comodidad. «Tras sesenta años de guerras civiles, desgobierno militar y corrupción política, Cánovas estaba convencido de que hacía falta una etapa de tranquilidad en la que la industria pudiera desarrollarse [...] Estaba decidido tanto a excluir al Ejército del poder político como a no correr el riesgo de que un electorado radical socavara su pretensión de consolidar la monarquía recién restaurada»[111].

En el texto de la Constitución de 1876 la soberanía es compartida por el rey y las Cortes. En la línea del pensamiento moderado anterior, el rey ostenta las capacidades para nombrar al jefe del Gobierno, manteniendo o no su confianza por encima de lo que las Cortes pudieran decidir; puede suspender o disolver las Cortes; es el jefe supremo del Ejército; la religión del Estado es la católica aunque nadie puede ser molestado por sus convicciones religiosas o culto, siempre con el respeto debido a la moral cristiana.

En referencia a los partidos, ahora ya unificados en los términos de conservador y liberal, no hemos de pensar que son partidos a imagen de lo que hoy entendemos, sino meras creaciones de élites con variados intereses políticos y económicos que, «en parte debido al poder local de los caciques [...] no habían llegado a ser gran cosa más que unas tertulias, reuniones semisociales que se celebraban en los cafés en torno a alguna figura»[112]. Sus programas de gobierno los representan Cánovas y Sagasta. El espacio político sólo permitía estos dos partidos dinásticos pues quedaron prohibidos los partidos extremos. A la muerte de Alfonso XII en 1885 (a los 25 años), durante la regencia y el reinado de su hijo Alfonso XIII, el sistema seguirá manteniéndose gracias al acuerdo para la continuidad en el turno entre ambos partidos con la firma del Pacto de El Pardo.

Por cuanto al mecanismo electoral, parece razonable pensar que los españoles del momento eran ya conscientes y estaban bastante informados del acontecer político. Y la clase política ya no podía planear un sistema censitario. En 1890 aparece el sufragio universal masculino con el gobierno liberal de Sagasta. Ello empujó a Cánovas «hacia el mecanismo de la manipulación abierta del sistema electoral [...] Se celebrarían efectivamente elecciones por sufragio universal, pero debidamente orientadas y controladas gubernativamente»[113].

Veamos: con el sistema de «turno pacífico», en el fondo, se mantenía un sistema electoral corrupto desde su concepción que hacía mantenerse siempre a los mismos en el poder (con alternancia, claro): grupos de personalidades de importancia que representaban a los diferentes sectores oligárquicos, terratenientes del centro o del sur, industriales del norte, comerciantes, o los empresarios de la industria textil catalana. Estas personalidades encuentran su figura más representativa en el cacique local. ¿Y quién es esa figura del cacique tan reconocida en el paisaje español del momento? Preston lo define como terrateniente o prestamista (en zonas latifundistas, Andalucía, Extremadura y Castilla la Nueva) que decide quienes trabajan. En los minifundios del norte, además, un abogado o un sacerdote que concediese hipotecas. Mercado laboral, hipotecas, la intimidación, sobornos o favores, son la forma de la adquisición del voto[114]. En el ámbito local,

«el sistema combinaba el palo y la zanahoria; para los pequeños favores bastaba dirigirse al cacique local; en asuntos de más envergadura éste acudía al representante provincial del partido, y en caso necesario a Madrid. Esta inmensa tela de araña cubría toda la nación, funcionando de forma alternativa, unos años en favor de los liberales, otros de los conservadores, lo que no impedía que un cacique del partido en la oposición también tuviera poder, porque se respetaban; hoy por ti, mañana por mí» [115].

A nivel nacional el modelo de corrupción electoral se fundamentaba en primer lugar en la capacidad del rey para cambiar el Gobierno y disolver las Cortes. Entonces el elegido y su camarilla preparaban el amaño electoral que justificara su partido en el poder y «concedía» al partido saliente unos escaños «razonables». Luego se llegaba a un acuerdo entre ambos partidos de modo que el vencedor en las elecciones obtuviera aproximadamente el 65 por ciento de los escaños en la nueva legislatura. Este trabajo lo realizaban los Gobernadores civiles en las provincias junto con los caciques locales. Por último estaban los «cuneros» o candidatos seleccionados desde Madrid a las circunscripciones, de tal manera que, por término medio, la mitad de los candidatos no pertenecían al distrito que representaban, algo que no era mal visto si su influencia política era buena para los intereses de la zona. «El carácter relativamente uniforme de la alternancia lo ilustra el hecho de que, de todos los diputados "electos" entre 1879 y 1.901, 1748 fueran conservadores y 1.761 fueran liberales» [116].

La presidencia del Consejo de Ministros y el rey constituyen el núcleo de la acción de gobierno. El modelo de Administración del Estado a estas alturas y hasta la crisis del 98, contemplaba los ministerios herederos de las secretarías de Despacho del Antiguo Régimen: Estado, Gracia y Justicia, Guerra, Marina, Hacienda, Gobernación, Fomento y Ultramar (Este último destinado a desaparecer en 1898).

No podemos hablar aún de una autonomía de la administración municipal, provincial o regional. El carlismo y la experiencia cantonalista de la República ponían en guardia a los partidos en alternancia. La propia Constitución en su artículo 84 prevenía sobre la extralimitación de Ayuntamientos y Diputaciones provinciales en sus atribuciones, con la posibilidad de intervención del rey o de las Cortes si las mismas se dirigían en perjuicio de los intereses generales. El modelo de alternancia también tenía como consecuencia un cambio permanente de empleos entre el «cesante» y el «pretendiente»: gobernadores, jueces, funcionarios, hasta porteros y barrenderos, dice Preston, y añade que de esta forma apareció la «tradición, que perdura en la actualidad, según la cual pocos alcaldes salen de los ayuntamientos más pobres de lo que entraron» [117].

A estas alturas era evidente que los diarios ya constituían un «poder» muy temido, al menos en las grandes capitales, por su capacidad de información, opinión o manipulación: un contrapoder siempre capaz de alimentar opiniones y movimientos. Una de las primeras acciones que adopta Cánovas del Castillo fue la supresión de la prensa no afín al régimen monárquico.

Maura y Canalejas, herederos en la alternancia, debieron enfrentarse a los más graves problemas que aquejaban a la sociedad española al inicio del nuevo siglo. Desde los últimos años del siglo XIX y hasta la II República, la sociedad española presentaba de manera exacerbada los signos de un Estado que no acaba de configurarse como auténticamente liberal, sin poder dar respuesta a los problemas de una sociedad cada vez más crispada. El Ejército, la Iglesia, los poderes económicos y los primeros movimientos obreros protagonizaron los grandes conflictos de los primeros años del siglo XX.

Las tensiones entre el Gobierno y el Ejército estaban muy unidas a la crisis colonial. El bajón moral de la pérdida de Cuba —que agudizó los problemas en Cataluña, pues muchas de sus industrias textiles se habían sustentado sobre el comercio con la isla— quiso sobreponerse con las perspectivas colonialistas en África, una aventura de la que el país saldría malparado. En 1904, Francia y España se dividen Marruecos, quedando España con el norte, en el que había posibilidades de explotación minera. Pero se minusvaloró a las tribus y al sultán de Fez al que, de alguna manera, todas respetaban. En el fondo, la presencia colonial sirvió para apelar al espíritu de unidad propio de las tribus norteñas, pues el sultán no las controlaba demasiado; fue España la que les dio unidad. La marcha de reservistas hacia Marruecos en 1909 desde el puerto de Barcelona fue la chispa de la Semana Trágica. El desastre de Annual (1921), obra del inteligente Abd el Krim, significó la muerte de al menos 15.000 soldados españoles a causa del incompetente general Fernández Silvestre. Un informe posterior del general Picasso (abuelo materno del pintor)pondría en evidencia el lamentable estado de corrupción que se vivía en el ejército africano. Aquel informe ponía de manifiesto «la incompetencia y la corrupción del alto mando en cuanto a la volatización de los recursos y la venta de víveres a hoteles y restaurantes y de armas al enemigo. El asunto era aún más grave porque se utilizaba al Ejército para proteger los intereses de la oligarquía española, con sus inversiones en minas, electricidad y ferrocarriles, así como en transporte marítimo, sin que nada de ello redundara en beneficio de la nación»[118]. Por otra parte, algunos militares adoptaron una actitud corporativa, creando «juntas de defensa», frente al ascenso por méritos de guerra de los destinados en Marruecos así como la insuficiencia de sus pagas ante la inflación de precios en los años de la Primera Guerra Mundial. Tampoco sentó muy bien que Canalejas aboliera la compra de la exención del servicio militar por los pudientes.

Si miramos bien, desde la Guerra de la Independencia los militares habían tenido un permanente protagonismo político a través de los pronunciamientos, normalmente junto a una camarilla de civiles. Ponían reyes, los deponían o los volvían a restablecer desde el exilio y también los habían traído *ex novo* desde Italia. Habían sido adorados o detestados, utilizados o favorecidos en muchas ocasiones y eran afectos a las diferentes corrientes políticas, liberales o conservadores, en el abanico de tendencias moderadas o exaltadas, monárquicos y republicanos, y también masones.

Por otra parte, la Primera Guerra Mundial favoreció las economías de los países neutrales. España fue uno de ellos, crecía el trabajo y el movimiento de obreros por la geografía española, pero también sufrió la inflación de los precios. Tras la guerra, el paro y las huelgas serían un escenario habitual de enconamiento y violencia. El desarrollo industrial de Cataluña desde el XIX encontró en los nuevos burgueses el caldo de cultivo del nacionalismo catalán. Igualmente, los nuevos poderes sociales empezaron a consolidarse frente a las circunstancias socioeconómicas y los avances de la industrialización. Ya se era muy consciente de los problemas del proletariado urbano y del campesinado de la España rural, y la población analfabeta a principios del siglo XX era del 75 por ciento. En la década de los 30, de los 24 millones de la población española, había 8 millones de trabajadores y alrededor de 4 millones y medio (el 54,5 %) trabajaban la tierra[119].

Para estos años ya se había consolidado el Partido Socialista y el sindicato UGT (fundados en 1879) que irían creciendo paulatinamente, al igual que el anarquismo español, muy organizado ya en 1869, con una gran influencia, aparte de en la Cataluña urbana, en el campo español. El anarquismo había tenido entrada en España en 1868 a través de los enviados de Bakunin, y Proundhon fue traducido por Pi y Margall.

107

En 1873 ya había en España 50.000 bakunistas, llamados primero internacionalistas y más tarde anarquistas[120]. Tras la Semana Trágica de Barcelona se conformó la CNT (Confederación Nacional de Trabajadores), de ámbito estatal, cuyo núcleo lo constituían los anarquistas influenciados por las conquistas de los trabajadores europeos, fundamentalmente los franceses. La CNT tendrá una determinante implantación en Andalucía y Cataluña. Más tarde (1927) aparecerá la Federación Anarquista Ibérica (FAI) de carácter más extremista.

Surgieron también los primeros síntomas de un catolicismo social procedente tanto de sindicatos amarillos controlados por los jesuitas (con el marqués de Comillas como mecenas) y de las inquietudes cristianas de centro izquierda del asturiano padre Arboleya. En la encíclica *De Rerum Novarum* (1891), León XIII, a pesar de su conservadurismo, ya hablaba de justicia social. El propio Sagasta en 1883 crea una Comisión de Reformas Sociales, destinada a indagar y conocer las condiciones de la clase obrera. Era una preocupación internacional y en la avanzada Inglaterra se llegó a realizar una especie de transferencia de la ética a la estética sobre el asunto: se consideraba que la miseria de la clase obrera procedía de su depauperación moral y el Parlamento aprobó una ley (*Million Act*) que proveía fondos por valor de un millón de libras para la construcción de iglesias, no en cualquier estilo sino «en gótico», pues era el más espiritual, dando lugar a la aparición del *gothic revival*, estilo que inundó el urbanismo de las ciudades inglesas (y en buena parte de Europa) durante el XIX.

Maura debía de enfrentarse a uno de los más graves problemas de la sociedad española como era el del caciquismo y quiso afrontarlo con un proyecto de ley de bases para la reforma de la Administración Local que nunca vio la luz, entre otras razones por Juan de la Cierva que controlaba la maquinaria electoral. También se había iniciado un debate sobre el derecho a la huelga, que Maura defendía como un derecho proletario, frente a Canalejas que prefería el arbitraje; y el terrorismo comenzó a ser una forma de expresión de los movimientos sociales más radicales

La Revolución Rusa, por otra parte, constituía un potente imaginario entre los partidos y sindicatos más extremistas, especialmente en cuanto a la colectivización o el reparto de tierras. Pero el imaginario tuvo importantes dosis de realismo: es muy esclarecedor que en 1920 la CNT enviara un representante (Ángel Pestaña) a Moscú para que se informara sobre la Revolución Rusa y observó desengañado la persecución a la que se sometía a los anarquistas rusos y la dura represión a cualquier tipo de oposición. Previamente, ya le había ocurrido algo similar al Partido Socialista que, antes de comprometerse con el Komintern «enviaron a Rusia a Fernando de los Ríos para que se informara. *"Pero ¿dónde está la libertad"*, preguntó el barbudo individualista andaluz. *"¿La libertad -contestó Lenin- ¿para qué?"*»[121].

Por cuanto a la Iglesia, se calcula que en los años 30 disponía de unos 200.000 religiosos, 60.000 monjas y 35.000 sacerdotes. Había casi 5.000 comunidades religiosas (unas 1.000 masculinas y el resto femeninas). Dos tercios de los españoles eran católicos no practicantes (bodas, bautizos y funerales solamente). No se confesaban ni iban a misa. En algunos pueblos de Andalucía solo iba a misa el 1 % de los hombres[122]. De los jesuitas se pensaba, con razón, que dominaban sectores económicos como el comercio de antigüedades hasta, más tarde, salas de baile y cines.

Los sentimientos anticlericales tuvieron, lamentablemente, su máxima expresión en la Semana Trágica de Barcelona, tan espléndidamente contada, con toda su dureza, en la película de Antoni Ribas, *La ciutat cremada* (1976). Es difícil entender la virulencia de este sentimiento antirreligioso si no se comprende que la animosidad contra las órdenes religiosas no era objeto de una minoría sino un sentimiento profundamente arraigado entre las poblaciones obreras, pues «las rentas de algunas órdenes eran altas, habían transformado las antiguas tierras y propiedades inmobiliarias en propiedades comerciales e industriales. El blanco favorito de las críticas lo constituían los jesuitas, que controlaban compañías de azúcar y tabaco. Por estas actividades no pagaban o satisfacían menores impuestos que las mismas actividades desempeñadas por seglares. Los obreros decían que los religiosos ocupaban puestos de trabajo y en concreto las monjas (más de 40.000) restaban ocupaciones a las esposas de los trabajadores»[123].

No era extraño que a la Iglesia se la percibiera desde las clases más humildes como una institución adinerada, rica en bienes materiales, cuyos responsables, los obispos, aún seguían comportándose como auténticos príncipes medievales que arengaban en sus sermones contra el liberalismo o contra el Gobierno, a pesar de las indicaciones de prudencia del Vaticano. Por otra parte, como en España no se financiaba un sistema de escuelas públicas (Francia ya lo tenía), la educación estaba en manos de religiosos. Mientras que la enseñanza pública se hacía eco de la revolución pedagógica europea, los escolapios y maristas, entre otras, continuaban con metodologías tradicionales anticientíficas. El problema religioso, sin duda el más importante en aquellos momentos, llevó al enfrentamiento con el Vaticano, y el Senado inicia la discusión de la «ley del candado» por la que no se establecerían nuevas asociaciones religiosas sin la autorización del Ministerio de Gracia y Justicia.

El sistema de turnos se viene abajo en 1898. Como en la actualidad, entonces se achacaban todos los males a los «políticos profesionales». Los partidos parecen no tener fuerzas y Francisco Cambó lo expresará acusando a la política canovista de haber creado unos partidos que «no corresponden a la vida: la vida en vosotros no puede verse representada». Canalejas es asesinado en 1912, las Cortes se convierten en inoperantes y el golpe de Estado de Primo de Rivera supondrá la suspensión de la Constitución.

Con la crisis de la Restauración todos los esfuerzos para la construcción de un Estado liberal que se había iniciado con la obra de Cádiz llega a un punto de inflexión y la crisis, «fue escenario de una confrontación en cuanto a si reformar el Estado en un sentido democrático o no, si descentralizarlo o no, si hacerlo laico o no, si reconocer las identidades regionales o no, si dotarlo de una política social abandonando la neutralidad en las relaciones entre patronos y obreros... Demandas cuya discusión marcó no solo la crisis del régimen de la Restauración, sino también el ciclo posterior de conflictos que pasa por la dictadura, la República, la guerra civil y la dictadura de Franco»[124]. En 1910 Rafael Shaw escribió:

> «La sumisión paciente del jornalero a condiciones que cree inalterables se debe en parte, a trescientos años de gobierno corrupto durante los cuales lo han exprimido constantemente para que proporcionara dinero para las guerras, lujos y diversiones de las clases gobernantes [...] El campesino se abstiene de quejarse abiertamente, no porque esté contento y no tenga nada de qué quejarse, sino porque una larga experiencia le ha enseñado lo inútil y peligroso que es protestar. Puede ofender a quien le proporciona empleo y perderlo, o peor aún, puede ofender a la Iglesia y a los jesuitas, en cuyo caso será un hombre marcado, y nunca más podrá tener esperanzas de conseguir un puesto de trabajo permanente»[125].

«Mi Mussolini»

Así presentó Alfonso XIII a Miguel Primo de Rivera al rey de Italia, Víctor Manuel. No sabremos nunca el tono con que lo dijo ni la cara que puso el italiano. Primo de Rivera, Capitán General de Barcelona, había dado un golpe de Estado en septiembre de 1923, preparado, según algunos autores, de manera minuciosa y, al parecer, con el conocimiento del rey, o al menos con una actitud de *laissez faire,* dejando que prosperase. Luego, ante el papa Pío XI lo presentó como «apóstol» de la campaña europea contra la anarquía y Alfonso XIII se ofreció para dirigir nuevas cruzadas, algo que, dicen, escandalizó al propio papa[126].

El Directorio militar de Primo de Rivera, compuesto en su mayoría por generales de brigada, fue visto en Madrid con recelo y bien acogido por la prensa catalana en Barcelona. Sustituye a los Gobernadores Civiles por Gobernadores Militares, se suspenden todos los pilares constitucionales, los ministerios, las cámaras, los partidos, los tribunales militares sustituyen a los civiles y se disuelven Ayuntamientos y Diputaciones provinciales. Luego establece un Directorio civil con figuras de la Unión Patriótica, un partido creado por él mismo con personalidades procedentes de partidos afines. Se crea la Asamblea Nacional como cuerpo consultivo formado por gentes procedentes de los Ayuntamientos, las Diputaciones y diferentes cargos de la Administración del Estado. Los Gobernadores militares garantizaban con su celo las elecciones de alcaldes y concejales adeptos, o al menos sin encono, al régimen, y el Directorio se reservaba el derecho de nombrar a los alcaldes de las poblaciones de más de cien mil habitantes. En Marruecos consiguió, por fin, doblegar a Abd el Krim y trasladó muy bien el éxito a la sociedad española.

En los primeros años de la dictadura España realizó importantes inversiones en obras públicas, carreteras, embalses y electricidad, coincidiendo con un periodo de auge de la economía internacional, y se llevaron a cabo dos importantes hitos para la imagen de España como la Exposición Iberoamericana de Sevilla y la Exposición Internacional de Barcelona. Subvencionó a empresas de ferrocarriles. Hizo importantes concesiones de monopolios: la telefonía española a la empresa americana ITT, con subvenciones y exenciones de impuestos, el de CAMPSA a un grupo de banqueros y el transporte aéreo civil a Concesionaria de Líneas Aéreas Subvencionadas, CLASSA. Todas ellas muy relacionadas con políticos y oligarcas. Juan March, sibilino personaje destinado a tener una relevancia especial en los años siguientes, recibió el monopolio del tabaco de Ceuta y Melilla. Como las oligarquías no le permitían la adopción de medidas fiscales no tuvo más remedio que recurrir a la financiación con deuda pública a la que al final tendría que hacer frente la República.

Viudo, dicen que dado a alcohol y las mozas, era caprichoso, llano y déspota a la vez, y con un espíritu de indiferencia ante la ley, algo característico de las derechas españolas de los años 30[127]. José María Pemán, primo del dictador, decía que la vida de Primo de Rivera «era una locura patriótica y una ausencia de libros». Entre otras muchas cosas, Madariaga lo definió como «intensamente patriótico con tendencia a adoptar una perspectiva simplista de la realidad». Mientras que Calvo Sotelo lo tenía por elocuente, Unamuno lo consideraba «el ganso real».

Aunque sin demasiada fuerza, la dictadura de Primo de Rivera encontró la oposición de las fuerzas políticas catalanas (que al principio la habían aplaudido por solucionar los problemas sindicales).También el enfrentamiento de intelectuales e instituciones: con la Academia de la Lengua al oponerse al ingreso en la misma de Alcalá Zamora, o con el Colegio de Abogados de Barcelona por sus publicaciones en catalán. La deportación de Unamuno es el ejemplo final de estas discrepancias. Se enfrentó también con algunos sectores del Ejército por problemas derivados de la regulación de los ascensos y algunos desacuerdos con mandos inferiores llevaron al dictador a sufrir conspiraciones, que no prosperaron, pero que ponían de manifiesto la insatisfacción de muchos militares. Al final, la cuestión militar llevó a Primo de Rivera a solicitar, mediante telegrama, la confianza de los jefes del Ejército encontrándose con una respuesta negativa. El 30 de enero de 1930, aceptada la dimisión del dictador, Alfonso XIII encarga a Dámaso Berenguer, militar también, la formación de Gobierno que se conocerá de manera irónica como «la dictablanda», intentando volver a la normalidad constitucional, y al que sucede el Gobierno del almirante Juan Bautista Aznar.

Como quiera que no se convocaban Cortes y se gobernaba por decretos, algunos monárquicos se declararon antimonárquicos y a favor de una República, en un movimiento que aunó las expectativas de muchos republicanos, entre ellos a sectores catalanes que esperaban su Estatuto de Autonomía. Se crea un movimiento revolucionario que cristaliza en el Pacto de San Sebastián (agosto de 1930), apoyado por militares republicanos, en principio, como Queipo de Llano o Ramón Franco entre muchos, pues el descrédito del rey había «republicanizado» a un número importante de militares.

En 1931 las elecciones del 12 de abril (municipales) presentaban un carácter simbólico. Sus resultados se percibían como constituyentes y un plebiscito sobre la monarquía. Si los monárquicos habían sido aglutinados con dificultad por el conde de Romanones (conservadores liberales, la Unión Patriótica, la Unión Monárquica y otros pequeños grupos), el grupo republicano-socialista presentaba mayor unidad y eficiencia en su campaña.

El país se había acostado monárquico y se levantó republicano, como el almirante Aznar expresó a la prensa. El martes 14 de abril se proclamó la República desde los balcones de los ayuntamientos, ocupados por los nuevos concejales, y el rey Alfonso XIII se vio obligado a abandonar el país. Ese mismo día un comité revolucionario se convirtió en el primer Gobierno Provisional de la Segunda República española pues «para entonces se había apoderado ya de todo el país un sentimiento que veía en la República, confundida con la democracia, como la única salvación de España. El juicio público de los miembros del comité republicano se convirtió en un plebiscito por el cambio de régimen: el público los trató como a los únicos gobernantes de España»[128].

El Estado integral

La República estaba sustentada por una clase política de intelectuales que, definitivamente, abrieron un amplio debate sobre los problemas profundos del país; los que desde el inicio de las Cortes de Cádiz se hacían patentes y que los gobiernos del siglo XIX y las primeras décadas del XX no habían acabado de resolver. Por ello sus programas significaban la ruptura de las tradiciones españolas, estableciendo nuevos presupuestos intelectuales en torno al problema religioso, la propiedad, la enseñanza, la organización territorial y el Ejército. El historiador americano Gabriel Jackson, coloca el nacimiento de la República en las circunstancias de una economía española

Madrid, 14 de abril de 1931. La muchedumbre se agolpa en la Puerta del Sol durante la proclamación de la II República

deprimida, una depresión económica mundial y un potente movimiento intelectual: «España era en 1930, simultáneamente, una monarquía moribunda, un país de desarrollo económico muy desigual y un campo de batalla de ardientes corrientes políticas e intelectuales contrarias»[129].

Nada más proclamarse la República, el Gobierno Provisional convoca elecciones para elegir Cortes Constituyentes y redactar una constitución. El texto resultante, con importante discusión parlamentaria, fue la Constitución de 1931. Buena parte de la historiografía e intelectuales lo consideraron un texto «volcado hacia la izquierda», sin consenso, pero democrático y mucho más avanzado que el de algunos países en aquel momento.

En ella se define a España como una República democrática de trabajadores de toda clase, que se organiza en régimen de Libertad y Justicia, en el que los poderes de todos sus órganos emanan del pueblo. El Presidente de la República es el jefe del Estado y personifica la Nación. El poder legislativo se concibe en una sola cámara, el Congreso de los Diputados, formado por los representantes elegidos por sufragio universal, igual, directo y secreto. La Justicia se administra en nombre del Estado. El presidente del Tribunal Supremo será elegido por el presidente de la República a propuesta de una asamblea en la forma que determinará la ley. Los jueces son independientes y sólo están sometidos a la ley. Se prevé la justicia gratuita para los litigantes económicamente necesitados. Se establece el Jurado como forma de participación del pueblo en la Administración de Justicia. No existen privilegios jurídicos en orden al sexo, clase social, riqueza, ideas políticas o religiosas.

El Estado español no tiene religión oficial. Todas las confesiones religiosas serán consideradas como asociaciones sometidas a una ley especial y se prevé en el plazo de dos años la extinción del presupuesto del clero. Todas las confesiones podrán ejercer sus cultos privadamente. Las manifestaciones públicas del culto habrán de ser, en cada caso, autorizadas por el Gobierno. Ordena la disolución de las órdenes religiosas que estatutariamente impongan, además de los tres votos canónicos, otro especial de obediencia a autoridad distinta de la legítima del Estado. Sus bienes serán nacionalizados y destinados a fines benéficos y docentes. Se instituye la escuela laica, manteniéndose la limitación de la actividad educativa de la Iglesia a enseñar sus respectivas doctrinas en sus propios establecimientos bajo la inspección del Estado.

Por cuanto a la organización territorial, España se concibe como un «Estado integral» en el que es compatible la autonomía de los Municipios y las Regiones. Esta autonomía de las regiones será posible si «una o varias provincias limítrofes, con características históricas, culturales y económicas, comunes, acordaran organizarse en región autónoma para formar un núcleo político administrativo, dentro del Estado español», para lo cual presentarán su Estatuto, en el que podrán recabar determinadas atribuciones de manera parcial o total, sin menoscabo de los derechos del Estado que prevalecen sobre los de las regiones autónomas en todo lo que no esté atribuido a la exclusiva competencia de estas en sus respectivos Estatutos. Importante es la autonomía que se confiere a los Municipios en las materias de su competencia, con la elección de los Ayuntamientos mediante sufragio universal, igual, directo y secreto, salvo cuando funcionen en régimen de Concejo Abierto. Los alcaldes serán designados siempre por elección directa del pueblo o por el Ayuntamiento

El Estado no reconoce distinciones ni títulos nobiliarios, se autoriza el divorcio a petición de ambos cónyuges por causa justa y, finalmente, España incorpora a su ordenamiento jurídico las normas universales del Derecho Internacional.

Evidentemente, al conservadurismo español, caciques, terratenientes, militares, industriales y religiosos, la Constitución les aterrorizó. Aprobada la misma, el Gobierno de la República se pone en marcha con Niceto Alcalá Zamora como presidente y un Gobierno republicano-socialista presidido por Azaña que no tardó en comenzar a adoptar decisiones para transformar las estructuras tradicionales. Uno de los objetivos más urgentes era la reforma agraria. Ya se conocían los resultados beneficiosos de las reformas agrarias que se habían llevado a cabo en países de centroeuropa para aumentar la productividad. Un decreto de Términos Municipales impedía que se contratara a trabajadores fuera del municipio mientras los hubiera en paro en el mismo. Esto impedía a los caciques su política de mano de obra barata. Por cuanto al Ejército se estableció un año de servicio militar, el pase a reserva para quienes lo solicitaran y se clausura Academia Militar de Zaragoza (que dirigía un joven Francisco Franco). Los problemas religiosos se atajaban comenzando por la disolución de la Compañía de Jesús.

Ante el calado de los objetivos de la República, al conservadurismo español le parecía aquello la implantación de un estado de terror extremadamente ateo. El primado de España, cardenal Pedro Segura, a través de una pastoral se opone a la división de Iglesia-Estado y a la libertad de culto. Propone no votar a republicanos en las constituyentes. Es expulsado del país junto a Mateo Múgica, obispo de Vitoria. De acuerdo con la tradición española de levantamientos, a los más radicales les parecía que tan sólo una revuelta militar podría poner fin a semejantes fines. Algo que intentó, sin éxito, el general Sanjurjo.

La radicalidad de las acciones en los dos primeros años de la República de izquierdas hicieron que en las elecciones de 1933 fuera la CEDA y el antirrepublicano Gil Robles determinantes para la formación de un gobierno para deshacer todo lo comenzado. La izquierda había acudido muy dividida a aquellas elecciones, mientras que la derecha había sido capaz de organizarse y realizar un esfuerzo único con cualquier grupo minoritario. Se suspende la ley de reforma agraria, así como la de congregaciones y se amnistía a Sanjurjo. La radicalización de los sindicatos anarquistas y de los socialistas afines al extremismo de Largo Caballero provoca un mes de octubre revolucionario en el que se llega a la mayor virulencia entre las fuerzas antagónicas que se manifiesta con violencia, entre otros lugares, en las huelgas de Asturias y Cataluña.

No fue posible la paz; la paz fue posible

La primera oración del título es atribuida a Gil Robles; la segunda a Joaquín Chapaprieta. Ambos pertenecían al mismo gobierno. Los acontecimientos se precipitaban hacia lo peor: la suprema tragedia colectiva[130]. Para las elecciones de 1936 el espectro político español no podía contar con más disparidad de tendencias: En la derecha, más dividida, el Bloque Nacional de Calvo Sotelo, aquellos partidos monárquicos, confesionales, o los que mostraban formas totalitarias próximos al primer fascismo europeo, Renovación Española, Acción Española, Acción Popular, Acción Católica, la Comunión Tradicionalista o el Partido Agrario.

La Falange Española de José Antonio Primo de Rivera, hijo del dictador, se fusionó con las Juntas Ofensivas Nacional Sindicalista (JONS) de Onésimo Redondo (traductor del *Mein Kampf*) y Ramiro Ledesma, bajo el nombre de Falange Española de las JONS. Con acento fascista, eligieron las armas de los Reyes Católicos, el yugo y las flechas, saludaban a lo romano levantando la mano y vestían de camisa azul. Propuestas como la de nacionalizar la banca o la reforma agraria evidentemente los separaban de los grupos conservadores. A ellos habría que unir el carlismo de la Comunión Tradicionalista, que disponía del Requeté, una especie de milicia fanática que había sido adiestrada en la Italia de Mussolini entre el 34 y el 36.

El Frente Popular aglutinaba las fuerzas de izquierda no sin grandes matices. El socialismo se encuentra dividido entre la defensa de un régimen proletario de Largo Caballero, partidario de la aproximación a los comunistas y a la unidad sindical de UGT y CNT y, por otro, la defensa del orden de Indalecio Prieto.

El Estado republicano fue incapaz de mantener la autoridad, fue un Estado fallido. Y «los nacionales comenzaron a organizar un estado militar, mientras que en la zona republicana, herida en la estructura del Estado, se ponían en marcha procesos revolucionarios»[131].

El levantamiento del 18 de julio fue un golpe de Estado, al que sucedió una guerra civil, con unas características ya modernas en la que tuvieron un protagonismo el desplazamiento en avión y la utilización del teléfono y de la radio para la transmisión de los estados de opinión. El apasionamiento y el terror de los radicales de la izquierda era superado por la frialdad y el ensañamiento organizado de la derecha. Entre los radicales de derechas se promocionaba una situación de violencia para producir un levantamiento. Bajo la idea de limpieza, el general Mola manifiesta que «hay que sembrar el terror, hay que dar sensación de dominio eliminando sin escrúpulos ni vacilación a todos los que no piensen como nosotros»[132].

Es decir, independientemente de los enfrentamientos y sus bajas, la consecución del poder parecía suponer como requisito el exterminio. El capitán Gonzalo de Aguilera, jefe de prensa de Franco, afirmó en una entrevista del periodista estadounidense Jhon Witaker: «hay que matar, matar y matar» a todos los rojos, «exterminar un tercio de la población masculina y limpiar el país de proletarios»[133].

Monarquía sin monarca

Si miramos bien, todo dictador tiene tendencia a arrogarse la imagen del monarca, no sólo para unificar los poderes sino también para obtener un halo de aura y convertirse en símbolo bajo la forma de caudillo. Dice Anthony Beevor que un golpe de Estado no necesita de «un credo positivo, sólo requiere un enemigo»[134]. En el 36 no era otro que el comunismo bolchevique, la confabulación judeo-masónica y, en general, los enemigos de Dios y del orden.

Los sublevados, en principio, no se habían planteado la forma que darían al poder usurpado, la nueva forma de organizar el Estado y un gobierno. Ya se justificaría: «La forma ya no estaba tan clara, pues se presentaban diversas posibilidades: el falangismo, el tradicionalismo, la restauración de la Monarquía alfonsina o una dictadura republicana»[135].

Nueve generales y dos coroneles se constituyen en Junta de Defensa Nacional el 24 de Julio en Burgos, que asume todos los poderes del Estado y la representación ante las potencias extranjeras. Las ideas no habían estado muy claras. Mola, el «director», el que había planificado la conspiración, arrió la bandera monárquica en Pamplona pues le había tentado la idea de una dictadura con principios republicanos, incluida la división de la Iglesia y el Estado. Queipo de Llano intervenía en Radio Sevilla finalizando con vivas a la República y utilizando el *Himno de Riego*. Los carlistas no iban a dejar de pensar en su monarquía, católica, pero claro, sin rey, ya que el candidato Carlos era un anciano sin descendencia. Los falangistas no tenían claro su papel en la nueva maquinaria y los alfonsinos tenían sus dudas sobre el regreso de su líder.

La bandera monárquica, en principio, es aceptada oficialmente como enseña de la nueva «reconquista». En un acto en el ayuntamiento de Sevilla (feudo del general Queipo de Llano, masón y quien se había hecho una campaña de imagen por toda la ciudad, incluido *merchandysing* de retratos, ceniceros, cerámicas...) y al que asiste Franco, se arría la bandera republicana y se iza la roja y gualda al son de la Marcha Real. Queipo de Llano dirige unas efervescentes y esperpénticas palabras y «se remontó a Egipto y a los romanos, se metió en una absurda disquisición cromática: él no podía entender el color morado de la franja republicana, y tras un enrevesado paseo por la historia, concluyó que el color morado debía significar "inmoralidad"»[136]. Dicen que Franco disfrutó con las imbecilidades de Queipo... Pues, aunque Franco aparentaba no tener mucho interés en el liderazgo, contaba con un grupo de adeptos entre los que se encontraban su hermano Nicolás, el general monárquico Kindelán, Yagüe y Millán Astray.

La Junta de Defensa Militar que se celebró en un aeropuerto militar de Salamanca (21 de septiembre), presidida por el general Cabanellas, debía encontrar al líder y la elección se hará por descarte. Con filiaciones más o menos representativas de republicanismo o masonería, Cabanellas, Queipo de Llano y Mola quedan descartados. Kindelán, monárquico, propone a Franco como «generalísimo» de los ejércitos de Tierra, Mar y Aire (convencido de que Franco restauraría a Alfonso XIII).

El 30 de septiembre la Junta de Defensa Nacional hace público el nombramiento de Francisco Franco como Generalísimo y jefe del Gobierno. El 1 de octubre de 1936 (fecha que se convertirá en el Día del Caudillo), en el salón del trono de la Capitanía de Burgos Franco es investido. Se encuentra presente la diplomacia de Italia, Alemania y Portugal. Cabanellas se dirige a Franco en los términos de: «Señor Jefe del Estado Español. En nombre de la Junta de Defensa Nacional, os entrego los poderes absolutos del Estado». Disintió Cabanellas del nombramiento de Franco; a Mola no le gustó que Franco aglutinara el poder civil y militar; Kindelán y Dávila se encargaron de terciar aportando la solución definitiva de que Franco fuese nombrado jefe del Gobierno del Estado español «mientras dure la guerra», como quedaría redactado y que sirve de título a la película de Alejando Amenábar (2019). Por si faltaba algo, como en el Ejército español el grado de Capitán General sólo lo ostentaban los monarcas, el gobierno de Burgos elevó a la dignidad de Capitán General al jefe del Estado.

El problema que se le presentaba a Franco (y que será el ejercicio más difícil durante toda su dictadura) era el de aunar las distintas sensibilidades: carlismo, falangismo, monárquicos y republicanos. Y por otra parte, definir las relaciones —de instrumentalización mutua— con la Iglesia. Los carlistas acostumbraban a decir que «Navarra había salvado a España», despreciaban a la Iglesia castellana a la que tildaban de farisaica y consideraban a los falangistas chusma sin Dios; el coronel Rada consideraba a sus soldados hombres con fe en Dios y en la victoria que portaban un rosario en una mano y una granada en la otra. Franco exilió a Fal Conde en Portugal por intentar cierta autonomía del Requeté creando una academia militar carlista propia. Los falangistas, por su parte, a quienes se les había ocultado el fusilamiento de su jefe, temían por su identidad y se encontraban escindidos en cuanto a la interpretación del pensamiento joseantoniano.

Para manejar a las distintas familias, Franco, con la ayuda del que será el cerebro gris, su cuñado Serrano Suñer, crea un partido único para unir todas las sensibilidades: Falange Española Tradicionalista y de las Juntas Ofensivas Nacional Sindicalista. Franco es proclamado jefe absoluto del nuevo partido. Para cuando las sensibilidades intentan reaccionar ya es tarde y el dictador se emplea en acallar con rotundidad cualquier disensión. Reducida la oposición interna, podría construir la nueva España.

El primer gobierno de Franco se constituyó en enero de 1938. Al promulgar la ley de administración central del Estado, vincula la Presidencia a la Jefatura del Estado en la que reside la potestad de dictar normas jurídicas de carácter general. Los poderes Legislativo, Ejecutivo y Judicial quedan reunidos en la persona del dictador. Domínguez Ortiz considera la dictadura de Franco un caso diferente que no tiene nada que ver con los «espadones» del XIX, ni con la de Primo de Rivera y en comparación con «Mussolini, Hitler, Estalin, que, cada uno en su estilo, tenían don de gentes, un soporte ideológico y un partido [...] Franco carecía de calor humano; helaba al interlocutor no con la majestad de Felipe II, sino con la frialdad de un pescado. [...] "Mi magistratura es vitalicia", decía sin molestarse en probarlo. ¡Tan evidente le parecía!"»[137].

Si para el Vaticano España había sido uno de los últimos reductos donde el ateísmo aún no había cuajado, ahora era la reserva espiritual de Occidente. No obstante los mutuos halagos, Franco puso muy claro que no renunciaba al privilegio que tenían los reyes en cuanto a la presentación de los obispos (elegir entre una terna que le era presentada por el nuncio del papa). Aparte de considerarlo caudillo y cruzado, la Iglesia le concedió también el derecho de los monarcas a entrar en la iglesia bajo palio.

Para legitimarse como tal, el nuevo régimen debía construir un aparato simbólico que lo justificara. Si los emperadores romanos se convertían en dioses y los Borbones franceses eran capaces de obrar milagros, el dictador ahora debe inventar una ficción no exenta de muchos de aquellos divinos matices pero más contingente. El conjunto de símbolos era amplio. Diseños corporativos que aunaran las diferentes sensiblidades del régimen: escudos y banderas, la nacional, la de la Falange, del carlismo y todas sus iconografías. Incorporación al escudo español del yugo y las flechas que adoptara la Falange, bandera carlista blanca con la cruz de San Andrés. Y consignas, proclamas y gritos: ¡Arriba España¡, triple grito de ¡Franco, Franco, Franco!, ¡Caídos por Dios y por España! de los falangistas al que se respondía con el de ¡Presentes!. Entre las canciones triunfó el Cara al sol (también falangista) y una popular Marcha real con letra aplicada al Caudillo. Cada uno de los grupos aportaban también una indumentaria que respondía a la tradición o las nuevas estéticas de los partidos fascistas europeos. Así, al propio caudillo a veces podíamos verlo «travestido» con elementos de unos y de otros. Procedente también de Italia y Alemania se adoptó el saludo «a lo romano», el brazo levantado que, aunque no está demasiado claro si realmente los romanos llegaron a utilizarlo, fue adoptado por el fascismo italiano, el nazismo alemán y la Unión Británica de Fascistas[138].

El nuevo régimen también determinó un calendario de conmemoraciones: Día de la Victoria, Día del Caudillo, Día del Alzamiento, Día de la Hispanidad, Fiesta de Cristo Rey... También se esforzó en el establecimiento de hitos urbanísticos como los monumentos a los caídos y las placas conmemorativas en edificios públicos e iglesias. Igualmente, promovió una arquitectura civil «herreriana» cuyo mayor exponente fueron las sedes ministeriales y el monumental Valle de los Caídos, símbolo de los símbolos de la dictadura.

El régimen también construyó discursos y narraciones elaboradas —o reelaboradas— instrumentalizando acontecimientos históricos (las Cruzadas, los Reyes Católicos, el Imperio...). En el mismo orden de ficciones, presentó un conjunto de enemigos potenciales: el ateísmo, la masonería, el comunismo, el marxismo, el liberalismo, la democracia... Entre ellos, la ficción del peligro judeo-masónico parecía realmente obsesiva. Una idea que ya había sido elaborada por la Iglesia Española pero que Franco elevó a tintes surrealistas. En un discurso de Navidad dio gracias a Isabel la Católica por la expulsión de los judíos. Elogiaba a la reina española por lograr la unidad racial e instalar una política totalitaria y racista[139]. Su obsesión con el asunto lo llevó a indagar a los judíos residentes en España y se creó un archivo que llevó a cabo el conde de Mayalde, director general de Seguridad, con la ayuda de los Gobernadores Civiles. La ficha individual de los judíos españoles o extranjeros consultaba sobre su capacidad económica, opinión política y peligrosidad. Además, se aconsejaba especial precaución con los judíos sefardíes pues, como herederos de costumbres españolas, podrían pasar más desapercibidos y, ocultando su origen, podrían ser más peligrosos[140]. Más tarde, en 1940, tendría que recular ante la intervención del embajador israelí Abba Eban en la Asamblea General de las Naciones Unidas, acusándolo de ser conocedor del problema judío europeo y aliado del régimen nazi. Franco se apresuró a lanzar un manifiesto, en inglés y francés, que expresaba los miles de judíos que había salvado en Francia, Hungría, Bulgaria, Rumanía y Grecia, a diferencia de Inglaterra.

Por ultimo, la papelería de las Administraciones Públicas se vio inundada de timbres, coletillas y grafías comunes; en algún momento incluso se estableció «la obligatoriedad de que todos los escritos oficiales llevaran las frases "saludo a Franco: Arriba España" y "Por Dios, por España y la revolución nacional sindicalista»[141].

El soporte normativo-jurídico en el que se sustentó el franquismo como modelo político institucional fueron las Leyes Fundamentales del Reino (que los bachilleres de entonces aprendíamos en las clases de Política —obligatorias—, a cargo de profesores ligados al Movimiento. La primera de aquellas leyes, el *Fuero del Trabajo,* regulaba la vida laboral y económica. La *Ley Constitutiva de las Cortes* de 1942 establecía las Cortes como instrumento colaborador. En el *Fuero de los Españoles* de 1945 se fijaron los derechos y deberes de los españoles. La *Ley del Referéndum Nacional* de 1945 regulaba el referéndum cuando el jefe del Estado lo considerara «o el interés público lo demande». Por la *Ley de Sucesión en la Jefatura del Estado* de 1947, España se configura como un reino en la monarquía borbónica. La Ley de *Principios del Movimiento Nacional* de 1958 señalaba los principios rectores del ordenamiento jurídico y la *Ley Orgánica del Estado* de 1967, reformaba todas las anteriores y fijaba los poderes del jefe del Estado. Finalmente, la Ley para la *Reforma Política de 1977,* fallecido el dictador, fue el instrumento jurídico, «arrancado» a las Cortes franquistas, que permitió articular la Transición española.

En realidad, hasta su muerte, Franco, manejó muy bien los conflictos entre las diferentes sensibilidades. Todas ellas intentaban dorale la píldora para mantenerse en el sistema, aunque los mayores conflictos se dieron entre los tecnócratas del Opus Dei y la Falange. Lo peor de aquel régimen (que el autor vivió en su infancia y adolescencia), más allá de las políticas del miedo y las penurias económicas y sociales, fue el «tono de la vida» de doble moral que se instaló de manera cotidiana e inconsciente en los ciudadanos, produciendo una imagen ñoña y pacata en todos los ámbitos de la vida.

Anular el razonamiento: totalitarismo y estética

Sobre las causas de la aparición de los totalitarismos la historiografía suele ser bastante unánime, aunque poniendo mayor o menor acento en algunas de ellas. La construcción de un Estado totalitario tendría una versión conservadora en los fascismos, de una parte, y en la sociedad sin clases del comunismo de otra. Ambas responderían al desasosiego de una sociedad que no acababa de encontrar el equilibrio entre los movimientos sociales (las masas) y los poderes. Si en el siglo XIX se habían puesto las bases del liberalismo y de la participación ciudadana en el poder, «¿se trata de una regresión hacia formas políticas arcaicas o de un tributo inevitable de ciertos aspectos de la industrialización?»[142]. Algo así podríamos preguntarnos en nuestros días en relación con las globalizaciones y la aparición de las actuales minorías extremas.

Los totalitarismos encontraron en el nacionalismo decimonónico su caldo de cultivo inicial, pero la historiografía apunta a causas diversas en su desarrollo. La amplitud de los imperialismos del XIX llevó al concepto de «espacio vital» propio de la «Nación», que a veces se considera usurpado, pues los nacionalismos remontan a épocas pasadas el espacio de sus asentamientos. Doctrinarios, dogmáticos y excluyentes, los nacionalismos consideran que un pueblo y un territorio sólo pueden corresponder a una nación.

Por otra parte, las razones económicas derivadas del funcionamiento de la sociedad industrial tenían como consecuencia la inflación, el paro y la pobreza de las masas desclasadas. Habría que añadir el malestar de la posguerra, la humillación de Alemania en Versalles tras la I Guerra Mundial y el militarismo, de raíz prusiana, que pronto controló Hitler. La aparición de milicias o bandas como grupos incapaces de integrase en la sociedad industrial, en el caso de Italia, y su capacidad para coaccionar a las masas había llevado a un desequilibrio entre burguesía y proletariado en las ciudades y entre aristocracias locales y campesinos en el medio rural. Finalmente, el miedo a la Rusia bolchevique y su vocación internacionalista, que dio al traste con lo teorizado en el materialismo histórico de Marx al producirse la primera revolución comunista no sobre una sociedad capitalista, como él había teorizado, sino directamente sobre un país como Rusia instalado en el Antiguo Régimen —si no en la Edad Media—.

Al *Mein Kampf* (Mi lucha), obra programática de Hilter, le habían precedido los trabajos de intelectuales como Oswald Spengler y su obra *La decadencia de Occidente*, título ya expresivo, en el que contempla las sociedades históricas como organismos vivos que nacen, florecen y decaen; por lo tanto la civilización occidental estaría en sus momento finales. Junto a él, Arthur Moeller van der Bruck anunciaba en *El Tercer Reich* el nuevo imperio germánico, unificado; la época de Carlomago habría sido el primero y la dinastía prusiana de los Hohenzollern el segundo.

En el nuevo orden totalitario el Estado dispone todos los poderes y la capacidad coercitiva; no hay contrapeso, ni vigilancia de unos sobre otros, ni participación de los ciudadanos mediante procesos electorales, que no son sino una actividad inútil. La igualdad de los hombres es un mito pues «la igualdad democrática se basaba en la tradición judeocristiana, que considera a todos los hombres hijos de Dios, y para el fascismo, que rompe con esta tradición, la desigualdad no sólo es un hecho, sino un ideal»[143]. Desde la desigualdad se construye el mito de la raza. Italia (la Roma imperial) volvería a gobernar sobre el mundo, pensaba Mussolini; Hitler buscará en el romanticismo alemán los mitos y héroes de la raza aria a la que hay que proteger de cualquier otra raza, especialmente de los judíos, o los individuos que puedan desestabilizar la pureza biológica de la misma (gitanos, homosexuales, discapacitados...).

Desechada la democracia, el gobierno corresponde a las élites y a un Jefe. Caudillo, *Führer*, Padre de los Pueblos o Gran Timonel son diferentes formas de liderazgo carismático a los que las masas transfieren su voluntad para tutelar al Estado. El líder se arropa de atributos que le identifican con mitos, hechos y gestas de la historia nacional (Hitler como caballero teutónico, Stalin y Mao se representan como padres o timoneles, y Franco como cruzado. Toda esa imaginería que aún hoy perdura en lugares como Corea del Norte.

Vimos en las páginas anteriores que es consustancial a los poderes afirmarse en discursos ideológicos encarnados en símbolos y ceremoniales a través de las manifestaciones artísticas (¿qué no es el Renacimiento y el Barroco sino la estética al servicio de del poder político y religioso?). Los totalitarismos crean nuevos

Franco como cruzado según la obra de
Arturo Reque Merubia, "Kemer" *Alegoría de
Franco y la cruzada* (detalle), 1949

1934. Ceremonia de las SA y las SS en el Luitpold Arena

discursos retóricos a través de la emoción. Buen conocedor de la materia, Román Gubern nos recuerda la observación de Walter Benjamin de que el fascismo «desemboca en una estetización de la vida política», lo que vendría a constatar la afirmación del filósofo Ernst Cassirer de que «el mito es la expresión de una emoción». Así, tal emoción «puede estar impregnada de ideología, potencialmente cohesiva para un grupo social, que convierte el mito en un patrimonio simbólico compartido [...] La seducción visual —concluye Gubern—, anulando el razonamiento, sirve para legitimar el mito»[144].

Consciente del valor de la propaganda, todos los totalitarismos crean un departamento propio, un ministerio específico al que adjudican la función de crear y difundir, —de la manera más inconsciente posible según Goebbels— los mitos, palabra e imagen, del nuevo poder, utilizando, además, dos nuevos medios de comunicación como la radio y el cine.

Así, el espectáculo del poder se convierte en una obra de arte, una especie de *perfomance* pública, multitudinaria, con una rigurosa puesta en escena al mejor estilo operístico de Wagner: masas uniformadas compactas, despliegue de símbolos, desfiles, marcialidad, rostros impertérritos, sonidos, el fuego siempre purificador, escenografías lumínicas como las creadas por Speer (arquitecto de Hitler) con proyectores que expandían sus columnas lumínicas a kilómetros de altura como catedrales de luz. En una ceremonia del primero de mayo en la que Goebels hacía de «telonero» de Hitler, ralentizó su discurso esperando a que el sol, tras una nube, iluminara el momento de la entrada del *Führer* en escena[145].

Se trata de anular la capacidad razonadora de los ciudadanos para favorecer la emoción, algo muy parecido a la metodología de los *Ejercicios espirituales* de san Ignacio de Loyola, basada en la meditación, la introspección y la «visualización». En sentido contrario, el dramaturgo Bertolt Brecht (tan perseguido por Hitler), intentó

¡Gloria al pueblo victorioso!, ¡Gloria a nuestro querido Stalin!. Cartel propagandístico ruso, 1940

Hubert Lanzinger. *El abanderado*. Retrato de Hitler como caballero teutónico. 1934/36. United States Holocaust Memorial Museum (USHMM)

desenmascarar este mecanismo en sus piezas teatrales, desmontando la emoción estética del espectador en su butaca, haciendo que el actor se dirigiera al público interrumpiendo la ficción, la continuidad y emocionalidad, para favorecer la actitud crítica hacia lo que estaba viendo.

Hitler consideraba los «ismos» como arte degenerado y el llamado realismo socialista ruso prohíbe el arte abstracto, estableciendo una nueva estética, programática y realista, destinada a difundir el trabajo y los logros de la Revolución como temas para la pintura, la escultura y la edilicia urbana. El líder, los trabajadores y la vida cotidiana se convierten en temas moralizantes para exaltar los logros de una sociedad sin clases, orgullosa de su trabajo y de sus dirigentes. Así ocurrió con el metro de Moscú en el que la decoración historicista se funde con la propaganda bolchevique. El gigantismo vale tanto para los voluminosos cuerpos arios del escultor Arno Breker como para los evangelistas de Juan de Ávalos en el Valle de los Caídos.

La falsificación de la historia para elaborar mitos es moneda corriente de los totalitarismos. El mito se convierte en un símbolo que falsea el contenido. En el caso de la España franquista se recurrió a la Reconquista, don Pelayo, el Alcázar, los Reyes Católicos, el Imperio... Aún en nuestros días hay quienes intentan vender estas «motos», dicho en román paladino, revisando interesadamente periodos de nuestra historia como la Reconquista, o el reinado de los Reyes Católicos, que no supuso la unidad de los reinos hispánicos (obra de los Borbones); y tampoco el Imperio español tuvo una «unidad de destino en lo universal»; fue, como vimos, un extraordinario Estado compuesto en el que hunden sus raíces buena parte de los países europeos y herencia de la que debemos sentirnos muy orgullosos.

2. IDENTIDAD

El hombre es el único animal capaz de crear símbolos; es decir, dispone de una estructura mental mediante la cual «un particular contenido espiritual se une a un signo sensible concreto y se identifica íntimamente con él»[146]. Esto es, la idea de España, su unidad, su historia, el sentido de pertenencia común de los españoles (contenido espiritual) queda asociado a un trozo de tela, con unas medidas determinadas, compuesto por dos franjas rojas y una amarilla central el doble de ancha que las anteriores (signo sensible o material). Esta cualidad de unir a un objeto un contenido intelectual o emocional es específica del hombre y se le ha prestado especial atención desde diferentes saberes, especialmente desde la antropología, la semiótica o la psicología de la percepción. Es cierto que algunos animales pueden desarrollar un sentido simbólico primario: en algunos experimentos se ha conseguido que un chimpancé esbozara un pájaro y para comprobar la relación se le pidió después que dibujara una baya, lo que el chimpancé realizó con otras formas sin problema[147], pero una manada de lobos afanados en la pieza conseguida después de una sufrida cacería nunca estarán celebrando un cumpleaños, ni las golondrinas elevarán a la categoría de monumento la laboriosa construcción de su nido.

Banderas, escudos o blasones, canciones o himnos, medallas, bastones, penachos... Sería prolijo dar cuenta de la relación de objetos que tienen como fin la identificación, la distinción y la representación pública de los poderes a través de símbolos. En nuestros días, lejos de haber sido olvidados, estas relaciones de identificación y comunicación se han desarrollado a partir de nuevos conceptos como la identidad corporativa, la imagen institucional, o las «marcas», que invaden nuestras ciudades, medios de comunicación y redes sociales para asegurar la representación institucional o empresarial.

En general los llamamos «símbolos» para unificar una terminología compleja, heredera de siglos de cultura emblemática —cuyos lenguajes ya se nos escapan— y de la que proceden la mayoría de símbolos de los Estados, los entes que lo componen y sus poderes; símbolos que, en muchos casos, han perdido sus connotaciones originales para representar nuevos significados.

La herencia, ya prácticamente en desuso, de blasones, divisas, empresas, motes, gritos de guerra, sellos, atributos, famas, victorias, jeroglíficos, alegorías… evocan lenguajes que forman parte del imaginario estético y literario de la historia, y muy especialmente de nuestro Siglo de Oro en el que cristalizan, de manera especial, contribuyendo a la construcción de la imagen de los poderes, las monarquías y sus vasallos, los ejércitos, la nobleza y el poder religioso[148].

La cultura simbólica de la que hablamos se fundamentó en la mirada retrospectiva hacia el mundo grecolatino en general, y de la mitología en particular, que a través de las publicaciones medievales, descubrió imágenes provocadoras capaces de sostener la representación de los nuevos poderes centralizadores de las monarquías de la Edad Moderna. Buen ejemplo de ello es la complicada y simbólica elaboración del escudo de los Reyes Católicos, que más adelante veremos con detenimiento. Contribuyó a ello la proliferación de estudios y publicaciones como los *Hieroglyphica* de Horapolo, los trabajos del sacerdote italiano Marsilio Ficino, los del judío español León Hebreo, los de Pierio Valeriano y, sobre todo, los de Cesare Ripa y su *Iconología* (que aún se vende en las librerías en modernas ediciones)[149] para disfrute de quien guste de estos asuntos.

Como los seres vivos, los símbolos nacen, evolucionan, desaparecen, se reproducen cambiando su forma o su significado, o se mistifican en el peor de los casos instrumentalizándolos con fines espurios. El *fascio* romano ha tenido presencia en diferentes ámbitos y etapas de la historia utilizado por diferentes corporaciones. Aún hoy forma parte del escudo de la Guardia Civil. El báculo o la serpiente de Asclepio (o Esculapio), unido a la medicina, ha servido desde siempre para identificar la profesión farmacéutica; hoy, también forma parte del logotipo de la bandera de la Organización Mundial de la Salud, o la de la Organización Médica Colegial de España. La actual paloma de la paz nos refiere a lo narrado en el *Génesis* cuando, después del Diluvio enviado por Dios a los hombres como castigo, Noé soltó una paloma para comprobar el nivel de las aguas y volvió con una rama verde de olivo en el pico, símbolo de la paz entre Dios y la humanidad; hoy, por ejemplo, forma parte del escudo de la Universidad de Málaga, procedente de las elaboraciones de Picasso.

Para el rodaje de la película *Alexander* (Oliver Stone, 2004), el historiador Robin Lane Fox, autor de *Alexander the Great*, la novela en la que se inspiraron los guionistas, puso como condición para la cesión de los derechos participar en el rodaje como figurante; y el prestigioso profesor de Historia Clásica del New College de Oxford, aparte de asesor de rodaje, se convirtió en un soldado más al objeto de comprobar en realidad cómo funcionaron los ejércitos en la batalla de Gaugamela desde el punto de vista de un soldado que debía seguir instrucciones, entre el polvo que levantaban los caballos, los carros y las tropas, seguir las indicaciones de las «banderas» de cada sección o falange. Aunque con efectos especiales, la película contó con una cantidad de figurantes capaces de reproducir en pequeña escala las acciones de aquella batalla en la que Alejandro Magno, se estima, manejó 7.000 jinetes y 40.000 infantes y el número de persas llegaba a los 250.000. Cómo podían recibir instrucciones, comunicarse, esas increíbles masas de soldados era lo que Robin Lane quería experimentar.

Las banderas sirvieron —y sirven— para la identificación o señalización de lugares, situaciones, posesiones, embarcaciones, o indican la presencia de autoridades en edificios o en automóviles en los que viajan, y en la marina constituyeron un alfabeto. Esta función lingüística de las banderas, conativa, meramente práctica, ha adquirido en la actualidad nuevas funciones expresivas o de carácter emocional presentes en manifestaciones públicas de todo orden: identitarias, deportivas, lúdicas o reivindicativas.

En las primitivas formas de agrupación familiar los jefes de los clanes o tribus se arropaban de signos de identificación propia que los representaban, unidos simbólicamente a elementos de la naturaleza (león, guepardo, águila, búfalo...), que exponían en sus penachos, en los bastones de mando, o en las lanzas muchas veces acabadas en una especie de moharra. Las tribus actuales así lo atestiguan. Los dioses también tenían los suyos: el caduceo de Mercurio, el bastón de Esculapio o el rayo de Júpiter; la ciudad de Atenas era identificada con la lechuza de Palas; Esparta tenía como símbolos a los gemelos Cástor y Pólux; el águila era el símbolo de Roma por excelencia, aunque también usaron la loba que alimentó a Rómulo y Remo.

Lábaros y *vexilos* son los elementos más comunes —o al menos los que la historia nos ha aportado— como identificadores más próximos a lo que podría haber cumplido una función de «bandera», aunque su forma pueda definirse mejor como estandarte (muy parecido a los de las cofradías religiosas actuales). Acompañaban a determinados magistrados en Roma, y desde Constantino el vexilo recibió también los primeros anagramas del Cristianismo.

La bandera puede representar al grupo, que a veces recibe el nombre de «Bandera», como ocurría con los tercios españoles, término que se mantiene en la actualidad. El arrebatar la bandera a un grupo o la rendición de una bandera es un símbolo de victoria al que puede ir unido también el deshonor o cobardía. A veces las banderas enemigas vencidas se guardaban y se exhibían con ocasión de ceremonias, como en el caso del entierro del Gran Capitán cuyos funerales se celebraron en el convento de San Francisco (Granada) con la presencia de las banderas de los enemigos vencidos junto al altar. Fueron también —y son— objeto de juramento de militares (y civiles), como los juramentos que a ellas hacían los soldados romanos ante los augures. Hubo siempre lugares donde se guardaban tanto en tiempos de guerra como de paz, y desde la aparición del Cristianismo existió el rito de la bendición, tradición seguida en la Edad Media y hasta el presente.

Las dinastías árabes incluían en sus banderas elementos astrológicos o textos del Corán y la España de la Edad Media sufrió tanta confusión de símbolos y códigos que Alfonso X hubo de tomar cartas para reglamentar los símbolos, sus formas, contenidos y a quiénes correspondía el uso de cada una de ellas. Al igual que Felipe II tuvo que poner orden a propósito de a quién correspondía utilizar coronas.

Los ejércitos cuentan con una larga tradición en el uso, nombre y significación de las banderas. Por citar algunas, la que portaba un sargento encargado de alistar reclutas, la bandera de mochila propia del ejército español que, diseñada en vertical, servía para cubrir las pertenencias ante la ausencia de taquillas, la blanca o de «parlamento» que suspendía un enfrentamiento para dialogar. Sería largo indicar todas las identificaciones, situaciones y conceptos unidos a la bandera: «arresto en bandera», «alzar bandera», «militar bajo la misma bandera», «asegurar la bandera», «rendir la bandera», «salir con bandera desplegada». Aún más, se dice que una persona o un grupo con un objetivo común «llevan por bandera»; y entre los antiguos médicos se llamaba «ruido de bandera» al que produce una membrana en las vías aéreas que indica la presencia de una bronquitis seudomembranosa, parecido al de una bandera ondeando con fuerte viento.

Pero existe un momento en el que las banderas, más allá de su función conativa, adquieren una especial significación de empatía y respeto procedente de los nacionalismos y las culturas románticas del XIX. El surgimiento de los Estados modernos como formas de administración centralistas, integradoras, y la aparición de corrientes de pensamiento que ponen en valor el pasado común del territorio y su cultura, supone una nueva valoración de los símbolos patrios, especialmente las banderas. Empatía y difusión que no obtienen, por ejemplo, los escudos.

El nacionalismo constituye una mirada especial hacia el lugar patrio y sobre todo a la herencia histórica, la cultura y la lengua común. Es más un sentimiento que una ideología (miremos los nacionalismos que aún funcionan…). En muchos Estados europeos surgió la conciencia de pertenecer a una comunidad ligada esencialmente a estos términos. Así, los nacionalistas italianos se enfrentaron al despotismo austríaco, Bélgica reclamó la separación de Holanda y los polacos se opusieron a las políticas autoritarias del Zar. Surge así la idea de «patria», en el sentido latino del término, «la tierra de los padres», como entidad particular frente al centralismo ilustrado o el imperialismo napoleónico. El filósofo alemán Herder elabora la idea del *volkstein*, «el pueblo», la «Nación» como entidad natural dada frente al Estado, que sería una creación artificial, y considera la lengua y la literatura como la mayor creación y expresión del genio popular. Esta sobrevaloración de la lengua por encima de otros referentes culturales animaba el sentimiento nacionalista, al que seguirían las nociones de «espacio vital», la pureza de la raza y la identidad religiosa, que alimentaron los conflictos internacionales del pasado siglo, tanto en las dos Guerras Mundiales como en los conflictos balcánicos posteriores a la desintegración de la Unión Soviética.

Muy al contrario que sobre las banderas, las fuentes medievales informan en abundancia sobre las insignias, los escudos u otros símbolos de identificación, que la heráldica configuró en un universo simbólico que ha perdurado durante siglos. La idea fundamental de la materia heráldica es el blasón como signo individualizado de reinos, ciudades, pueblos, familias y personas para identificarse. Desde este punto de vista los testimonios de la heráldica son documentos históricos en cuanto sirven para conocer no sólo quiénes eran nuestros antepasados, las genealogías, hechos relevantes y méritos, sino también para saber qué les animaba o pensaban, así como múltiples aspectos de carácter intrahistórico. Salvo para los expertos, el contenidos de los escudos, sus significados y lenguajes, son bastante desconocidos para los ciudadanos, incluidos los símbolos actuales. Si hiciéramos una consulta entre escolares, profesores, representantes políticos o ciudadanos en general sobre los contenidos, por ejemplo, del escudo de España o la bandera, nos llevaríamos una buena decepción.

El escudo de armas español tiene su primera configuración formal en el enlace matrimonial de los Reyes Católicos. Después de las capitulaciones matrimoniales de Cervera (1469), en la Concordia de Segovia (1475) Isabel y Fernando acordaron también el blasón que identificaría a los monarcas integrando las armas de ambos. El escudo presentaba en primer lugar un águila, atributo del evangelista san Juan (que no la bicéfala del Sacro Imperio Romano Germánico con la que no hay que identificar), un símbolo querido por la reina y que ya formaba parte de la emblemática personal de Isabel. Ella lo utilizaba junto al lema *sub umbra alarum tuarum protege nos* (protégenos bajo la sombra de tus alas). El escudo integraba las armas de Castilla, León, Aragón y Sicilia, y más tarde se añadirían las de Granada al convertirse en reino. No hemos de olvidar que las armas de Aragón ya contemplaban el cuartel castellano por enlaces matrimoniales anteriores.

El yugo con el «nudo gordiano», cortado, y el «Tanto Monta» eran divisas de Fernando; el haz de flechas lo era de Isabel representando la unión de lo disperso, según autores, o como expresión de aquel dicho de que, separadas, una flecha es fácilmente rompible, pero juntas son indestructibles; o lo que es lo mismo: la unión es la fuerza. El «Tanto Monta» se suela asociar a la autoridad equivalente de los monarcas en ambos reinos.

La Y de Isabel y la F de Fernando corresponden a los usos de la época de utilizar las iniciales como forma de identificación, o de firma. Pero en el caso del nuevo blasón la F se incluye junto a las flechas de Isabel y la Y en el yugo de Fernando, una especie de galantería expresiva en el intercambio de signos.

La idea del yugo con el intrincado nudo cortado (nudo gordiano) tenía largo recorrido histórico: Gordias era considerado un mítico rey de Frigia (Anatolia) que llegó al poder de manera poco habitual. En un momento en el que los frigios se encontraban sin rey, un oráculo les indicó que el primer hombre que entrara a la ciudad con un carro sería proclamado rey y, además, gobernaría sobre toda Asia. Así que el campesino Gordias entró con su carromato hasta el templo y fue nombrado rey; luego fundó la ciudad de Gordio (cerca de la actual Ankara) y entregó su carro al templo no sin antes asegurar el yugo con un complicado nudo muy difícil de deshacer.

Al historiador romano Quinto Curcio Rufo le vino como anillo al dedo aquella leyenda y en su *Historia de Alejandro Magno de Macedonia* nos presenta a Alejandro, camino del Imperio persa, entrando en Gordio; encuentra el yugo atado por el intrincado nudo y, conocedor de la leyenda que le garantizaba la conquista de Asia, Alejandro no dudó, y en vez de elucubrar cómo deshacerlo, lo cortó de un tajo con su espada sin más complicaciones: «y qué más da», dijo. Este significado de «cortar por lo sano» o lo que es lo mismo, firmeza y resolución sin reparar en cómo, está unido a la idea de la forma en que se deben resolver los asuntos de Estado. Son las tesis de Maquiavelo de quien Fernando era un gran admirador. Admiración recíproca, pues Maquiavelo ponía como ejemplo de príncipe de la modernidad a Fernando.

Existen diferentes interpretaciones al conjunto de símbolos que los Reyes Católicos dispusieron y fueron añadiendo a su escudo, cuyas procedencias se han explicado de manera diferente y, sobre todo, se han interpretado posteriormente con muy diversos fines. La literatura científica es amplia, las interpretaciones diversas y bastantes las instrumentalizaciones posteriores con lecturas del pasado interesadas aplicándoles valores del presente.

Mitad verdad, mitad interpretaciones, lo cierto es que este tipo de construcción de una imagen responde al interés de una cultura simbólica, a la que nos referíamos, que aúna referencias clásicas (Alejandro Magno, la expansión de los imperios, la creación de mitologías personales), los juegos de letras, motes o lemas, y la inclusión del nombre de la amada o sus iniciales en las divisas y, finalmente, una construcción intelectual unida a la teoría política. Tal articulación representativa, evidentemente, tuvo que ser obra de alguien suficientemente conocedor de este tipo de asuntos y se ha apuntado a la figura de Antonio de Nebrija, aunque sólo en algunos de sus elementos.

Salvo espléndidas excepciones —como el pendón de la Capilla Real de Granada— disponemos de pocos objetos o representaciones de la época que puedan hablarnos del tipo de banderas o estandartes de los Reyes Católicos y hemos de tener mucho cuidado cuando intentamos buscarlos en la pintura histórica del XIX o en el cine histórico, por razones obvias.

El yugo y las flechas desaparecieron del panorama representativo con la llegada de la monarquía borgoñona al unirse Juana I de España con Felipe I el Hermoso.

Jean Simon Berthélemy. *Alejandro Magno cortando el nudo gordiano*. 1767. París. École des Beaux-Arts

Ahora el elemento esencial es la Cruz de san Andrés, patrón de Borgoña, sobre fondo blanco, en recuerdo del martirio del santo en cruz de aspa en la que son visibles los vestigios de las ramas cortadas.

Con Carlos V el escudo se hizo complejo al representar la herencia del Sacro Imperio Romano Germánico junto a las coronas de Castilla y Aragón, los Países Bajos, los reinos de Nápoles y Sicilia y los Estados hereditarios de los Habsburgo, a los que une el águila imperial, bajo cuyas cabezas aparecen la Cruz de San Andrés y el Toisón de Oro. Se añaden, además, las dos columnas de Hércules timbradas con corona imperial a la derecha y real a la izquierda y las leyendas *Plus* y *Ultra* en cada una de ellas.

De esta época sabemos que, aparte del blanco como fondo, en la conquista de Túnez, por ejemplo, los ejércitos de Carlos V utilizaron banderas amarillas y verdes. Con fondo carmesí las utilizaron Hernán Cortés en Méjico y don Juan de Austria en la batalla de Lepanto. El siglo XVII tuvo por moda las banderas rojas con la cruz de Borgoña en blanco y hasta la llegada de los Borbones se utilizaron infinidad de aplicaciones o variaciones en cuanto a escudos y divisas por parte de los ejércitos.

El origen de la bandera de España en su forma actual remite a una decisión de Carlos III puramente funcional, lejos de ser una decisión o diseño programático. Como el color blanco de fondo era utilizado también por Francia y las diferentes familias borbónicas, ante la confusión que suponía para la marina española la bandera blanca, solicitó (1785) que le propusiesen diseños de banderas al objeto de asegurar la identificación de las naves. Así surgió la bandera roja y amarilla, muy visible por su contraste de rojo y amarillos sobre cielo y mar, con las armas de Carlos III como escudo integrado de dos cuarteles correspondientes a Castilla y León. Con Carlos IV la bandera pasó de la marina a plazas marítimas y fortificaciones. De allí hasta hoy, la bandera de España ha sido objeto de debates e intentos de transformación durante los siglos XIX y XX, en un largo recorrido que expresa las tensiones políticas y sociales de la historia contemporánea española que es necesario conocer, al menos, en sus secuencias determinantes.

A veces se nos hace pensar en la historia de la bandera española como una sucesión de decretos u ordenanzas que han reglamentado su forma, sus colores y usos. Muy al contrario, y al igual que los himnos, el uso de estos símbolos nacionales han estado sujetos a bastante desregulación, conviviendo varios en algunas circunstancias de manera oficial, militar o popular, en función de los afectos o significaciones que producían por ser entendidos monárquicos, constitucionales, liberales o republicanos. Durante la Guerra de la Independencia cualquier símbolo propio se consideró conveniente y volvieron a aparecer banderas blancas con la cruz de Borgoña. Algunas unidades del ejército unían a la roja y amarilla los escudos de las ciudades y nombres de los regimientos; José Bonaparte utilizó de nuevo bandera blanca a la que añadió al escudo las posesiones en ultramar así como el águila de Napoleón.

A partir de la Guerra de Sucesión que enfrenta a los isabelinos y a los partidarios de don Carlos, la bandera carlista formará parte del paisaje histórico del XIX y XX; habitualmente sobre fondo blanco, mostraba la cruz de san Andrés y textos religiosos como «Dios, Patria, Rey», e incluso al final del conflicto carlista también utilizaron la bicolor con las mismas expresiones o las imágenes de la Inmaculada o el Sagrado Corazón de Jesús.

Junto a la bandera, el himno es otro de los símbolos más respetados en la actualidad. La mayoría de los himnos europeos proceden del nacionalismo romántico, asociando una música a las aspiraciones y el espíritu de un pueblo así como a su independencia. La mayoría son temas populares o militares que recuerdan momentos heroicos, o se inventan ex profeso en momentos revolucionarios. En España, desde la época de Carlos III, los granaderos, herederos de la tradición militar francesa, disponían de una marcha propia en sus desfiles. Probablemente este hecho fue el que los llevó a un protagonismo como escoltas de banderas en los actos militares. Esta *Marcha Granadera,* llamada igualmente *Marcha Real,* no era tal sino marcha de acompañamiento, interpretada en presencia del rey, autoridades militares y ante el Santísimo Sacramento, vinculándose desde su origen al altar y el trono[150].

Por iniciativa del propio Riego para animar a sus tropas surgió el *Himno de Riego,* expresión del liberalismo y la Constitución gaditana, que fue tomado como marcha de ordenanza. Tuvo una amplia difusión en la sociedad como símbolo del republicanismo. Junto a este himno, la guerra contra el francés había dejado detrás de sí múltiples canciones populares, irónicas, patrióticas, jocosas, que identificaban a la población sublevada contra el invasor (*La Virgen del Pilar dice* o *Con las bombas que tiran.*). Y *La Marsellesa,* que había traspasado fronteras, se cantó también en las filas liberales. Junto a ella *El Trágala* (o la Constitución como comida indigesta) se dirigía contra Fernando VII y los absolutistas.

A pesar de que la *Marcha Real* era la partitura que se interpretaba con cierta oficialidad, el *Himno de Riego* convive y se mantiene, aún con la resistencia de los más conservadores, incluso cuando se acompañaba de letras dedicadas a la reina niña y a la Regente, o a favor de la monarquía de Isabel II frente al carlismo.

En el Trienio Revolucionario los liberales no dejaron de utilizar la bandera roja y amarilla, así como otras moradas, en recuerdo de los Comuneros, o verdes que simbolizaban la esperanza de los liberales. Con Isabel II se decreta (1843) la roja y amarilla como bandera nacional «símbolo de la monarquía española», extendiéndola a todos los cuerpos del ejército y a la Milicia Nacional. El escudo dispone solamente las armas de Castilla y León, acompañado de la flor de lis borbónica en el centro y la granada en la punta.

En 1868, con el alzamiento revolucionario de Prim y Serrano y la salida de la reina de España, se sustituye en el escudo la corona real por la mural y aparecen las armas de Castilla, León, Navarra, Aragón, Granada y las columnas de Hércules. En este momento la bandera es objeto de loas emotivas que aportan al símbolo nuevos contenidos. Así, Manuel de Palacio, militar, periodista y poeta, escribió en torno a ella.

De rojo y amarillo está partida;
dice el rojo del pueblo la fiereza;
El amarillo copia la riqueza
Con que su fértil suelo nos convida.
Plegada alguna vez, jamás rendida,
Ningún borrón consiente su pureza[151].

Durante la breve presencia de Amadeo de Saboya en el trono de España, a la bandera se le colocan en el escudo las armas de Saboya en el centro, y con la I República no se alteró en nada la bandera bicolor. Al gobierno republicano no pareció preocuparle el asunto y se limitó a colocar la corona mural en el escudo. Tampoco pensemos que el emblema nacional en aquellos momentos era demasiado conocido por los españoles y debemos comprender la poca difusión que noticias e imágenes tenían más allá de los medios de comunicación de la época y su consumo exclusivo por parte de la élites ilustradas, pero quedaron muy asumidos como valor identitario del ejército español en los conflictos coloniales y, especialmente, en la posterior Guerra de Marruecos.

Por otra parte, el final del siglo XIX español vio cuajar símbolos nacionalistas como la *senyera* catalana, o la *ikurriña* vasca; la primera compuesta por cinco franjas amarillas y cinco rojas, en horizontal, en recuerdo de los signos de Aragón (y condado de Barcelona), y la segunda, inspirada en el escudo de Vizcaya (fondo rojo), presenta la cruz de San Andrés, en verde, (el roble, de antigua tradición vizcaína, junto al que se celebraban las asambleas asimilado luego al árbol de Guernika), el blanco es el *Jaun-Goikua* (Dios) pues los autores, los hermanos Sabino y Luis Arana se inspiraron en el lema nacionalista J*aun-Goikua eta Lagi-Za´ra*, (*Dios y Ley Vieja*), o sea los fueros. Ambas banderas, catalana y vasca, convivieron de manera diferente con la roja y amarilla, pues con el enconamiento de la vida social y económica serían objeto de conflictos y fuertes agravios en la vida pública frente a los partidarios de la roja y amarilla.

Al abrigo del asociacionismo catalanista, Joan Maragall escribió el *Cant de la senyera*, sin demasiado éxito, que sí lo tuvo, en cambio, *Els Segadors*, antigua canción que narraba el enfrentamiento catalán contra los ejércitos de Felipe V. El árbol de Guernika, en el que los señores de Vizcaya juraban el sometimiento a las leyes, sirvió a José María Iparraguirre para componer el *Gernikako arbola*, un *zortziko* (octavo), pieza musical en la que sus partes constan de ocho compases.

La dictadura de Primo de Rivera, como vimos, suspendió las libertades constitucionales y acuñó el término «bandera única» para prohibir los símbolos nacionalistas. La prohibición de los símbolos regionales no hizo sino aumentar los sentimientos nacionalistas unidos a ellos unidos. Y, finalmente, a percibir la roja y amarilla como símbolo antidemocrático, militarista y monárquico.

La guerra de símbolos comenzaba a estar servida. Difundida ya la roja y amarilla con bastante aceptación entre la ciudadanía, el Ejército se arropa la legitimidad de su defensa. Alfonso XIII —que siempre se consideró un soldado— apoyó estas iniciativas, y la ley de Jurisdición de 1906 deja en manos de la justicia militar juzgar las ofensas y penalizar los agravios a los símbolos de la nación bajo cualquier forma (publicaciones, estampas, expresiones, caricaturas, signos, alusiones...). Hasta el punto de que el poeta Azorín se burlaba de esas ambigüedades al proponer que se persiguiera a «cuantos vejen, injurien o menosprecien representaciones indiscutibles de la españolidad como el cocido, la capa, los toros y la navaja». Todo ello bajo pena de prisión, con la que muchos periodistas y obreros dieron con sus huesos en la cárcel. No fue vista con buenos ojos entre los partidos políticos y añadió fuego a la guerra de símbolos tanto en el País Vasco como en Cataluña. A pesar de todo ello el *Himno de Riego* siguió formando parte de los actos de los círculos progresistas, junto a la habitual *Marsellesa* y, muy pronto, junto a la Internacional.

Los primeros años del siglo XX, además, vieron nacer nuevos nacionalismos. Así las *Irmandades de Fala,* (Hermandades del Habla) surgieron para inscribirse en la vía identitaria gallega; encontraron en *Os Pinos* su himno en torno al rey celta Breogán como padre del pueblo gallego, según un poema de Eduardo Pondal. Y en Andalucía Blas Infante (que había publicado en 1915 su *Ideal Andaluz*), compone un texto inspirado en un antiguo canto religioso de jornaleros al que aplica una hermosa letra por el levantamiento de los andaluces por España y la humanidad.

La II República volvió a utilizar el *Himno de Riego*, aunque fue considerado por muchos republicanos como antiguo, sin capacidad para expresar las nuevas situaciones. En ciudades y pueblos de la geografía española hubo conflictos en los que la mayor parte los monárquicos se resistían a abandonar sus señas. Ahora, las banderas republicanas junto al *Himno de Riego* empezaron a ser vistos como símbolos de partido. Con la II República la bandera acoge la franja inferior morada de tradición liberal, con el escudo de 1868 (Castilla, León, Aragón y Navarra, con Granada en punta, timbrado por corona mural y entre las dos columnas de Hércules), y durante la Guerra Civil, mientras el bando republicano exponía con toda seguridad sus símbolos, asociados a los de los partidos y organizaciones sindicales (la roja y amarilla, además, ya era fascista), no lo tenía tan claro el bando sublevado en sus inicios. Algunos militares tenían miedo a la identificación de la roja y amarilla con los sentimientos monárquicos. Al parecer, correspondió a los generales Mola y Sanjurjo tomar cartas en el asunto y proclamar la roja y amarilla, en principio, con muchas dudas.

Con un decreto de la Junta de Defensa Nacional de 1936, la bandera roja y amarilla intentará ser despojada de su identidad monárquica para consagrarla como símbolo de la patria frente a la republicana que se consideraba una bandera partidista. En cuanto al escudo, un decreto de Franco de 1938, volviendo la mirada hacia los Reyes Católicos, inscribe las armas de los reinos hispánicos sobre el águila de San Juan, a cuyos pies aparecen el yugo y las flechas. Comenzaron también a tener presencia pública otras banderas del bando sublevado, la de la Falange, roja y negra, de reminiscencias fascistas europeas y la blanca de la Comunión Tradicionalista.

Por otra parte, la guerra conjugó himnos con canciones propias de los partidos o los movimientos internacionales, o sin contenido expresamente político: *Cara al sol*, *La Internacional*, *El Oriamendi* de los carlistas, *Hijos del pueblo* y *A las barricadas* (ácrata), *Guardia Roja* (comunista), *Ay Carmela*, *El novio de la muerte*…

Nuevas formas de representación y comunicación

No podemos dejar de referirnos a las nuevas formas que los organismos públicos han venido adoptando para su representación, realizando manuales de identidad institucional, o corporativa, desplazando o conviviendo con las representaciones tradicionales.

Las cuestiones de identidad corporativa irrumpieron con fuerza en España en las décadas de los 70 y 80 del pasado siglo. Se trataba —se trata— de operaciones de mercadotecnia y comunicación propias de las corporaciones empresariales, que se fundamentaban en la necesidad de desplazar la representación de lo meramente productivo, es decir, de la actividad que realizan, hacia la imagen de la empresa o la marca.

Norberto Chaves, uno de los teóricos más reconocidos de estas nuevas consideraciones lo expresaba así: «El desplazamiento del valor de lo *objetivo* (producto) a lo *subjetivo* (productor) desplaza así los contenidos de la comunicación hacia la identidad del emisor»[152]. Hoy ya algo habitual: hemos dejado de considerar las características o la calidad de un producto sustituyéndolo por quien lo fabrica. Lo importante no es el cacao sino Nestlé, no las zapatillas sino Adidas, no la ropa deportiva sino Nike, no este u otro modelo sino Volkswagen o Mercedes. La garantía no está en el producto sino en la confianza en quien lo fabrica para crear un estado de fidelización a la marca. Aún más, Chaves continúa con la validez general de esta operación afirmando que ello es tan válido para el mundo de la producción comercial como para el mundo de la «producción institucional», para las Administraciones que, obviamente, seguían con retraso y debían asumir las nuevas estrategias comunicacionales en relación a la ciudadanía.

Así lo hicieron Comunidades Autónomas, Ayuntamientos y Diputaciones. Quien trabajara en aquellas décadas en una administración pública recordará la manía con los logotipos que recorría nuestras entidades, los carísimos manuales de identidad y el afán, hasta cansino, de algunos departamentos, por elaborar cada uno su propia identidad (Cultura, Deporte, Servicios Sociales...), consiguiendo con esta diletancia que la identidad unitaria del Ayuntamiento quedara muchas veces dispersa.

La propia Administración General del Estado se hizo eco de estos nuevos planteamientos y publicó en 1999 el *Real Decreto 1465/1999, de 17 de septiembre, por el que se establecen criterios de imagen institucional y se regula la producción documental y el material impreso de la Administración General del Estado*, documento que planificaba estratégicamente, de manera simple y poco complicada, bueno es decirlo, una forma muy institucional de expresión con un sistema jerárquico de niveles de identificación. El Decreto arranca exponiendo que «en una sociedad en la que factores como la globalización y el auge de la comunicación han provocado el que la imagen se haya convertido en un referente de primer orden, las organizaciones incluyen entre sus prioridades la de dotarse de instrumentos que reafirmen su identidad y faciliten su identificación por los ciudadanos. La Administración General del Estado no puede permanecer ajena a esta realidad, que además lleva aparejados efectos de acercamiento al ciudadano y economía en sus manifestaciones que se revelan como trascendentales en una organización dedicada precisamente a prestar servicios básicos a los ciudadanos».

Y añade —esto es lo novedoso— que «una nueva identificación visual se corresponde necesariamente con un cambio en la realidad y en la propia cultura de la organización a la que representa». O lo que es lo mismo, la necesidad de adoptar nuevas culturas de trabajo. Decía Norberto Chaves que «el diseño de un perfil de *imagen institucional* conduce necesariamente a un planteamiento (o replanteamiento) de la i*dentidad institucional* [...] por lo tanto, formular un sistema de recursos integrales de imagen de una institución es optar por una determinada caracterización de la modalidad y el temperamento con que dicha institución se integra y opera en el contexto social»[153]. O sea, que una nueva imagen debe conducir a una nueva cultura administrativa, nuevas formas de trabajo, algo que en estas décadas se ha venido implantando, con mayor o menor suerte pero que, sin duda, las Entidades locales, llevan con peor éxito.

El concepto de la imagen institucional de la Administración General del Estado (art. 2) se fundamenta en el escudo de España, con las características ya legisladas, junto a la denominación del correspondiente Departamento ministerial que será obligatoria de acuerdo con los formatos, diseños y supuestos de uso previstos en el Real Decreto y en el Manual de Imagen Institucional que se apruebe en aplicación del mismo. Manual que vio la luz con la *Orden de 27 de septiembre de 1999 por la que se aprueba el Manual de Imagen Institucional de la Administración General del Estado* y se dictan normas de desarrollo del *Real Decreto 1465/1999, por el que se establecen criterios de imagen institucional y se regula la producción documental y el material impreso de la Administración General del Estado.*

Esta adopción de medidas por parte de la Administración General del Estado puede considerarse, también, como una respuesta a la modernidad de las Comunidades Autónomas que, desde sus inicios, habían optado por elaborar cuidados manuales de identidad institucional.

La Constitución dispuso que los Estatutos pudieran reconocer enseñas propias de las Comunidades Autónomas. Así, en la actualidad, las Comunidades Autónomas disponen de sus correspondientes símbolos (escudos y banderas) junto a manuales de imagen corporativa y comunicación: todo un compendio de intenciones identitarias para modernizar la visualidad institucional de las administraciones autonómicas. En todos ellos, bajo el conceptismo, jerga o palabrería común con la que los diseñadores justifican su elección de formas y contenidos, se decide la proyección representativa, desde las más clásicas a las más atrevidas en su concepción y aplicaciones.

Así, el Manual de Identidad Visual Corporativa del Gobierno de Aragón (2007) se plantea como la «voluntad de trasladar a la sociedad aragonesa una imagen única, nítida y diferenciada del Gobierno de Aragón», como un documento fundamentalmente técnico de consulta y un «patrimonio colectivo que debe ser usado y respetado por todos». La Xunta de Galicia (2009), reitera los valores de la comunicación, la «racionalización y reducción del gasto público» y pone el acento en la necesidad de que «la imagen corporativa de la Xunta de Galicia actúe como un elemento de cohesión, moderno y homogéneo». El manual de Castilla La Mancha es el más pedagógico y menos pedante: «Para el gobierno de Castilla La Mancha, la Identidad Corporativa de una institución es la suma de la totalidad de los mensajes emitidos por la misma. Y esa identidad es percibida por el ciudadano a través de la comunicación visual, proceso mediante el que puede distinguir de manera clara y concluyente cuáles son las actividades realizadas y servicios prestados por esa institución. Ese proceso de comunicación visual se materializa mediante el uso de una iconografía aplicada a todos los estamentos».

La autoconciencia y el particularismo adquieren un matiz especial en el documento de la Junta de Extremadura: «En este punto del desarrollo autonómico, cuando el extremeño ha comenzado a adquirir la noción de su particularidad dentro del contexto nacional, se hace preciso proyectar esta concepción a través de una simbología específica y la elaboración de normas que regulen su aplicación».

La claridad, versatilidad y totalidad de la identidad de la Generalitat de Cataluña es a todas luces la más completa. Sin complejos, organiza, diversifica y determina tipografías, logos y aplicaciones, con sutiles variaciones, sin perder ni un ápice de unidad siempre en torno al escudo. Ademas, singulariza los organismos autónomos y entidades asimiladas con independencia de los criterios generales. No en vano, nos recuerda las adaptaciones del manual conforme a los cambios tecnológicos e informáticos desde 1983 al 2015. Y la originalidad de traducir cada uno de sus organismos a diferentes idiomas cuando se trata de imagen exterior.

La Comunidad Autónoma de Andalucía adoptó tras su creación un manual de identidad elaborado por el polifacético diseñador Alberto Corazón, el gran experto en los años de la Transición, quién definió los 15 grados de inclinación del texto «Junta de Andalucía», símbolo de elevación y progreso, unidos a la complicada estereotipación del Escudo de Andalucía con la imagen de Hércules. Años más tarde (2007) la Junta de Andalucía rediseñó su identidad aprobando un nuevo Manual de Diseño Gráfico, con una fuerte implantación y presencia. Una implantación no exenta de algunas críticas por su diseño intrínseco, formal, de elaborada abstracción y modernidad; críticas que son habituales cuando todos aspiramos a convertirnos en diseñadores o a opinar sobre cualquier asunto estético en el convencimiento de que es una cuestión de «gusto», como si de cocina se tratase. Quizás las oposiciones más interesantes procedieron de la amplitud de sus aplicaciones, del carácter acaparador, como fue visto en algunos ámbitos en su implantación. Así, por ejemplo, *El País* titulaba que la abrumadora imagen de la comunidad en los juzgados (edificios de titularidad de la Consejería de Justicia) irritaba a los magistrados de Málaga, pues suponía un ataque indirecto a la independencia del Poder Judicial. Un magistrado recordaba como una señora se acercaba a la ciudad de la Justicia de Málaga para interponer un recurso, y al llegar a la entrada del edificio, la mujer, poco experta en el principio de separación de poderes, preguntó preocupada a su abogado. «¿Nos van a atender jueces de la Junta?»[154].

Con la llegada al Gobierno de la Junta de Andalucía del Partido Popular, se ha ido haciendo una sustitución radical del manual vigente, sin demasiados alardes, para sustituirlo por una elemental letra A, sosa a nuestro humilde entender —y propia de marcas comerciales— que el manual justifica: «En esta nueva propuesta el símbolo genérico A actúa obviamente como inicial de Andalucía, pero a su vez constituye una nueva síntesis del arco de la puerta, presente en el escudo andaluz. La propia Andalucía (A) nos abre la puerta. El nuevo diseño aporta una imagen sintética, sólida y modernizada, mucho más geométrica, con un gran peso visual y mayor volumen, renovando forma y concepto hacia una estética reconocible y perdurable». Pero bueno, es válido y funciona, que es lo importante, porque todos los logotipos o marcas funcionan por pregnancia y reiteración. No es bueno para las instituciones cambiar su identidad cada vez que cambia el signo político de su gobierno; la identidad pertenece a la institución y su objeto es la imagen, confianza y fidelización de los ciudadanos ante ella, no ante su Gobierno, que siempre es eventual. No lo han hecho los últimos gobiernos de la Nación ni la mayoría de las Comunidades Autónomas.

Criterios generales

Básicamente son dos las normas legales que se ocupan de regular la bandera de España: la Constitución Española, que la describe formada por tres franjas horizontales, roja, amarilla y roja, siendo la amarilla de doble anchura que cada una de las rojas, y en ella se podrá incorporar el escudo de España, y la ley que regula su utilización (*Ley 39/1981, de 28 de octubre, por la que se regula el uso de la bandera de España y el de otras banderas y enseñas*). En ellas se la considera símbolo de la nación, de soberanía, independencia, unidad e integridad de la patria que representa los valores superiores expresados en la Constitución. Disposiciones posteriores establecieron sus medidas y colores de acuerdo con las codificaciones internacionales de color. Con la institucionalización de la bandera española en la Constitución de 1978 se cerró más de un siglo de conflictos y la difícil aceptación del símbolo, al igual que ocurrió con el himno.

Por cuanto al uso legal prescrito, la bandera de España se exhibe en solitario en las sedes de los órganos constitucionales del Estado, sus órganos centrales, edificios militares y de las fuerzas de seguridad del Estado, misiones diplomáticas, oficinas consulares, residencias de sus jefes y en los medios de transporte oficial; y como pabellón en los buques y embarcaciones cualquiera que sea su tipo, clase o actividad. Igualmente, en el interior de los mismos.

Por otra parte, todas las Comunidades Autónomas se han dotado de bandera. La referida ley 39/1981 prevé su uso junto a la bandera de España en el territorio de la Comunidad (Arts. 4º, 5º y 6º). Como es sabido, la bandera de España se usa en el lugar de máximo honor, presencia y visualidad, habitualmente junto a la de la Comunidad Autónoma, precediéndola. A su vez, los Municipios y las Provincias pueden adoptar sus propias banderas. Es habitual que en los edificios de las Entidades Locales ondeen: España, Comunidad Autónoma, la ciudad y la de la Unión Europea (las banderas de la Provincia tienen muy poco uso, salvo en los edificios propios de la institución provincial o actos organizados por esta). Por cuanto a despachos, salones, salas de prensa y similares es común que a nivel de Estado se coloque la española y la de la UE; en las Comunidades Autónomas, España, Comunidad y UE; y en las entidades locales se añade la propia correspondiente.

Las banderas oficiales constituyen un grupo. En los edificios institucionales o en los actos oficiales no son decorativas. No responden a simetrías. No deben aparecer separadas por ningún otro elemento (retrato del Rey o escudo municipal) colocando dos a cada lado de manera simétrica. Su representación es grupal, la precedencia de cada una de ellas la adquiere por ir juntas. Si separamos el grupo oficial estamos

En España se estableció mediante ley el actual escudo nacional en el año 1981 (Ley 33, de 5 de octubre de 1981), año en el que se hizo público, además, su modelo oficial mediante el *Real Decreto 2964/1981, de 18 de diciembre, por el que se hizo público el modelo oficial del Escudo de España*.

El escudo de España es cuartelado y entado en punta. Cuarteles: PRIMERO (Castilla). Un castillo de oro, almenado, aclarado de azur o azul y mazonado de sable o negro. SEGUNDO (León) De plata, un león rampante, de púrpura, linguado, uñado, armado de gules o rojo y coronado de oro. TERCERO (Aragón). De oro, cuatro palos, de gules o rojo. CUARTO (Navarra). De gules o rojo, una cadena de oro, puesta en cruz, aspa y orla, cargada en el centro de una esmeralda de su color. ENTADO de plata, (Granada). Una granada al natural, rajada de gules o rojo, tallada y hojada de dos hojas, de sinople o verde.

Acompañado de DOS COLUMNAS, de plata, con base y capitel, de oro, sobre ondas de azur o azul y plata, superada de corona imperial, la diestra, y de una corona real, la siniestra, ambas de oro, y rodeando las columnas, una cinta de gules o rojo, cargada de letras de oro, en la diestra Plus y en la siniestra Ultra.

Al TIMBRE, corona real, cerrada, que es un círculo de oro, engastado de piedras preciosas, compuesto de ocho florones de hojas de acanto, visibles cinco, interpoladas de perlas y de cuyas hojas salen sendas diademas sumadas de perlas, que convergen en un mundo de azur o azul, con el semimeridiano y el ecuador de oro, sumado de cruz de oro. La corona, forrada de gules o rojo. ESCUSON de azur o azul, tres lises de oro, puestas dos y una, la bordura lisa, de gules o rojo, propio de la dinastía reinante.

136

 Administración periférica

DELEGACIÓN DEL GOBIERNO EN

DENOMINACIÓN ORGANISMO DE TERCER NIVEL

GOBIERNO DE ESPAÑA — MINISTERIO DE EDUCACIÓN, CULTURA Y DEPORTE

BIBLIOTECA NACIONAL DE ESPAÑA
BNE

GOBIERNO DE ESPAÑA — MINISTERIO DE HACIENDA Y ADMINISTRACIONES PÚBLICAS

DENOMINACIÓN ORGANISMO DE SEGUNDO NIVEL

DENOMINACIÓN ORGANISMO DE TERCERNIVEL

GOBIERNO DE ESPAÑA

 AGENDA 2030

GOBIERNO DE ESPAÑA — MINISTERIO DE HACIENDA Y ADMINISTRACIONES PÚBLICAS — MINISTERIO DE ASUNTOS EXTERIORES Y DE COOPERACIÓN

La *Guía para la Comunicación Digital de la Administración General del Estado*, establece los criterios y las aplicaciones de la imagen institucional. Se conjugan la bandera de la Unión Europea, fondo azul y las tres estrellas de la izquierda, la bandera de España, el escudo de España, elemento básico que define la imagen de la Administración General del Estado y el texto «Gobierno de España» en tipografía Gill Sans y la denominación del Ministerio en tamaño un punto inferior al de Gobierno de España.

El sistema de identificación visual y verbal utilizado es simple: un primer nivel de significación con el escudo y «Gobierno de España», y un segundo nivel de identificación con el ministerio correspondiente. El sistema admite además un tercer nivel que corresponde a otros órganos dependientes, autónomos, adscritos, institutos, etc. del departamento ministerial, así como de programas y agendas.

137

haciendo dos grupos que formarán inevitablemente su propia precedencia. Tan sólo si se utilizan dos banderas (Altas instituciones del Estado que utilizan solamente la bandera española y la europea, o parlamentos de las Comunidades Autónomas), parece razonable esta utilización simétrica pues al quedar sólo una a cada lado podríamos considerar que no constituyen un grupo.

El lugar de máximo honor de las banderas oficiales en el interior (salón de Plenos , salas o despachos) es a la derecha de la Presidencia, o de la mesa de despacho, o en lugar de especial relevancia que garantice su visualidad y respeto. El salón de Plenos debe estar presidido por el retrato oficial del Rey, a su derecha el grupo de banderas y a la izquierda el escudo municipal (en su caso) o cualquier otro símbolo. Y no pasa nada porque no haya simetría.

Las banderas de empresas, las universitarias o la olímpica deben ocupar siempre un lugar separado de las oficiales. Las universitarias, a veces, se integran en las oficiales, después de las locales. Por cuando a los actos empresariales, entendemos por principio general y de respeto a los símbolos que, salvo que asistan autoridades, no debería colocarse ninguna y, en su caso, separadas las oficiales de la de la empresa. Esto es algo difícil de entender en un país que tiene por costumbre instrumentalizar los símbolos.

Indica la *Ley 39/1981, de 28 de octubre, por la que se regula el uso de la bandera de España y el de otras banderas y enseñas,* que el uso con otras banderas de otros Estados o naciones extranjeras se hará de acuerdo con los usos y normas internacionales (art. 7º). Bajo el principio de intentar no abusar del uso de banderas, salvo en los casos de actos con presencia de autoridades de otros países o actos deportivos internacionales, la casuística para la aplicación de orden de las mismas es variada según el carácter institucional del acto o la función oficial o decorativa de las mismas así como si su utilización es interior o exterior. En cualquier caso, las ilustraciones de las páginas 142 y 143 muestra algunas fórmulas básicas que se suelen utilizar en nuestro país, y en general en Europa, tanto de manera oficial como con una función decorativa.

El principio fundamental es determinar el significado que las banderas cumplen en un acto y su lugar físico dentro del espacio en el que se desarrolla para la visualidad ajustada de las mismas (y en ocasiones, intuir el plano de los tiros de cámara cuando se prepara el lugar de la prensa). Mientras los actos oficiales más rigurosos tienden siempre a la simetría visual, aquellos atentos a nuevas formas de comunicación y de escenografías más atrevidas vacilan en la aplicación de las banderas o incluso las sustituyen por otras formas de identificación de los colores nacionales o su presencia a través de contenidos visuales en movimiento (proyecciones fijas o móviles). Poner atención a los informativos de la televisión nos ayudará a comprender muchas de estas circunstancias y las soluciones más creativas y habituales.

En el ámbito de las actividades internacionales el uso y la utilización de las banderas vienen determinados por los tratados de las entidades supranacionales, acuerdos, usos y tradiciones, cortesía o acuerdos específicos para determinados actos de carácter diplomático, conferencias o encuentros en los que pueden presentarse susceptibilidades de diferentes órdenes. Como ejemplo, hemos de recordar la Conferencia de Paz de Madrid de 1991 que reunió a Israel, la Organización para la Liberación de Palestina, Líbano, Jordania y Siria, en la que el no reconocimiento del Estado palestino por Israel planteó problemas en cuanto a los símbolos del acto, por lo que se renunció a la utilización de banderas y su sustitución por una decoración floral.

La presencia de una autoridad extranjera, o de un país invitado de manera especial a un acto, supondrá la colocación de su bandera después de la nacional. A veces la bandera del país invitado es «acompañada» o flanqueada a uno y otro lado por la nacional. La reiteración alternada de las banderas de ambos países es otra solución muy común. En ocasiones la nacional parece ceder la presidencia a la extranjera. En este sentido hay variedad y opiniones para todos los gustos. Cuando se trata de un acto con asistencia de diferentes países, las banderas oficiales del país organizador pueden ocupar un lugar diferente del conjunto de las extranjeras. Las casuísticas pueden ser muy diferentes. No hemos de olvidar que aunque la mayoría de organismos supranacionales organizan el juego de banderas de acuerdo con la grafía en inglés, como en el caso de la ONU (la OTAN lo hace en francés), las banderas de los organismos internacionales suelen abrir y cerrar la línea de banderas de los diferentes Estados y organismos que participan en un acto.

Por cuanto al luto y su expresión mediante las banderas no hay un consenso entre los expertos, los usos y la costumbre. Hemos visto ciudadanos frente a la fachada del ayuntamiento preguntándose, de manera airada por qué hay una bandera a media asta y las otras no. Y entonces hay que dar una explicación, que suele resultar compleja. La bandera a media asta es la expresión de luto de los Entes del Estado. El luto se decreta por acto administrativo de la Entidad (Estado, Comunidad Autónoma, Provincia o Ayuntamiento). Hay quienes colocan a media asta la correspondiente a la administración que ha decretado el luto, manteniendo el resto en su izado habitual. Los más «rigoristas» incluso afirman que hay que arriar las restantes banderas en señal de respeto.... Casi que es peor (por lo del respeto) que no estén. Como bien dice López-Nieto el luto no corresponde a las banderas sino a las personas, por lo tanto el dolor y el luto no es divisible. Frente a la diferencia de costumbres, y atrevimientos, el uso común en la mayoría de las administraciones es disponer todas las banderas a media asta. Y es que la visualidad, por ejemplo, de la bandera nacional a media asta y el resto en su sitio puede ser percibida por el ciudadano ante la fachada de su ayuntamiento como una falta de respeto, como si el resto de las administraciones no se unieran al luto. Como en tantas ocasiones, un «criterio» se ve enfrentado al sentido común más emotivo y, en cualquier caso, ante alguna interpelación de los más rigoristas siempre hay que preguntarse a qué norma legal, uso o costumbre, de qué lugar y época, debemos referirnos. En cualquier caso la polémica entre el vecino y nuestro Alcalde la tenemos garantizada. Siempre hemos tenido por principio ante asuntos tales que si es una norma extraña, si no es conocida por los vecinos, si va a causar confusión... no debe utilizarse. Es algo básico: que la comunicación sea efectiva depende de que el emisor y el receptor conozcan los códigos.

A veces, se suele colocar un lazo negro en las de exterior. Para algunos expertos no es necesario: estar a media asta es el contenido del mensaje. Se suele colocar dicho lazo, a veces, en las banderas de interior (que no se pueden colocar a media asta, evidentemente). Dicen que para que forme parte del tiro de cámara, según los que atienden a la comunicación. Y claro, hay que sujetarlo en la bandera, pincharlo, para horror de los rigoristas que entienden que "la bandera no se pincha", como si la tela o el símbolo «sufrieran» (en cuyo caso el velcro sería un mal menor ¿no?), y prefieren colocarlo en la moharra, que tampoco está mal, es preferible y, además, es muy elegante, salvo que a la bandera le hayan concedido corbatas —muy habitual en las instalaciones militares— y pudiera confundirse entre ellas. Este rigorismo procede de algunos encuentros y ponencias de los años 90 en los que algunos expertos, de tradición en la materia lanzaban criterios de lo más suigéneris.

La necesaria regulación que históricamente necesitaba el himno español se produjo en 1997 con el *Real Decreto 1560/1997, de 10 de octubre, por el que se regula el Himno Nacional*, durante el gobierno del presidente Aznar. Se solucionaba en primer lugar el asunto de la autoría del mismo, con la cesión gratuita efectuada por el maestro Francisco Grau Vergara de los derechos de explotación por la revisión y orquestación del Himno Nacional y atribución de la administración de tales derechos al Ministerio de Educación y Cultura, aceptada por Real Decreto 2027/1998, de 18 de septiembre. En segundo lugar se establecía la partitura oficial en sus diferentes versiones y duración y, fundamentalmente, determina los actos en los que procede su uso. Con ello, a nuestro entender, se le otorgaba una mayor consideración y respeto a la idoneidad de su interpretación según los actos.

Son dos las formas de utilización del himno en función de su duración: «completa» o «breve». La versión completa se interpreta en los actos de homenaje a la Bandera de España; en aquellos que asista el Rey o la Reina o sus consortes, y en los previstos en el Reglamento de Honores Militares.

La versión breve se interpreta en los actos a los que asisten el príncipe o la princesa de Asturias o los infantes de España; aquellos que cuentan con la presencia del presidente del Gobierno; los previstos en el Reglamento de Honores Militares y los actos deportivos de carácter internacional o de cualquier naturaleza en los que haya una representación de España. Y no indica ningún otro tipo de actos...

Otras casuísticas: Cuando al iniciarse el acto esté prevista la ejecución de los himnos oficiales de las Comunidades Autónomas o de las Corporaciones Locales, el himno nacional de España se interpretará en primer lugar. Si estuvieran previstos al final del acto, el himno nacional de España se interpretará en último lugar. De igual forma, en actos o visitas oficiales con autoridades de otros países, en territorio español, se interpreta en primer lugar el himno extranjero seguido del himno nacional.

La regulación de los himnos vino a poner en orden la manía de tocarlo en cualquier acontecimiento. Manía muy propia de alcaldes que lo colocaban en cualquier acto, no sólo institucional, del tipo que fuera, cultural, deportivo... sin ningún miramiento o respeto, a veces mientras la gente se sentaba entre murmullos, o para callar al público porque el acto iba a comenzar, colocando al pobre militar que estuviera presente en una situación ridícula. Mas grave, también hemos visto a un alcalde intentar obligar a una banda militar a tocarlo en un momento inapropiado y negarse esta en rotundo con la ley en la mano. En cualquier caso, hay tradiciones que se mantienen por encima de cualquier norma y es difícil conjugarlas: las entradas y salidas de los pasos de Semana Santa, o los patronos de los pueblos, por ejemplo.

Las Entidades Locales

Los Municipios y las Provincias pueden adoptar escudos y banderas. Para ello y de acuerdo con la Ley de Bases del Régimen Local (Art. 22. b) corresponde al Pleno la adopción del acuerdo correspondiente. El otorgamiento definitivo se realiza por parte del órgano competente de la Comunidad Autónoma, previa instrucción del expediente de acuerdo con el artículo 186 (Título VII) del R.O.F).

Como analizábamos en las páginas anteriores, la suerte de los escudos, integrados en las nuevas identidades corporativas, ha sido diversa según las Comunidades Autónomas y Municipios españoles, conviviendo bajo diferentes formas de mantenimiento, redefinición, abstracción y, sobre todo, en sus aplicaciones impresas o mediáticas.

En el ámbito del reconocimiento y regulación de los símbolos de las Entidades Locales es de destacar la modernidad de la Junta de Andalucía con la *Ley 6/2003, de 9 de octubre, de símbolos, tratamientos y registro de las Entidades Locales de Andalucía* que, en su artículo 1º. 1 establece las normas reguladoras de la adopción, modificación, rehabilitación, uso y protección de los símbolos de las Entidades Locales andaluzas. La ley reconoce como tales los símbolos gráficos, de expresión verbal, vexilológicos y sonoros, así como cualquier otro de distinta naturaleza: escudos, emblemas, logotipos y otras insignias gráficas a los que se atribuya por la Entidad Local el carácter de símbolo de la misma; los símbolos de expresión verbal; los lemas, apotegmas, anagramas y otros símbolos basados en expresiones verbales; los símbolos vexilológicos, banderas, enseñas, estandartes, pendones y otras insignias consistentes en piezas de tela; y, finalmente, los símbolos sonoros, los himnos y cualquier composición musical, con o sin letra.

Por cuanto a los objetos que identifican a las autoridades municipales, los alcaldes y concejales suelen recibir, en general, el cordón corporativo junto al escudo de solapa o miniatura que les identifica como pertenecientes a la Corporación local y que suelen utilizarse en determinados actos de solemnidad (algunos Ayuntamientos disponen además de un collar para el Alcalde). Estos dos objetos son el mismo símbolo, único, para usos diferentes Por lo tanto no deben llevarse nunca juntos. El cordón corporativo (o el collar el alcalde) se usa cuando el Ayuntamiento asiste a un acto —se decía— «en Corporación»; es decir, asiste la Corporación en su totalidad. Si alguien no quiere o no puede asistir al acto, su ausencia no significa que el Ayuntamiento no asista en Corporación. Ejemplo habitual: a la procesión del patrón del Municipio, el Ayuntamiento decide ir en Corporación pero no asisten los concejales de la oposición o mandan a uno en representación.

Cuando el Ayuntamiento no asiste en Corporación no debe utilizarse el cordón y se utiliza la miniatura: en este caso el Ayuntamiento, se decía, está presente «en Comisión». Ejemplo un concejal, o dos, o tres, asisten a un determinado acto, o el Alcalde y un concejal.

El cordón corporativo, como el bastón de mando, es propiedad de la institución. Son símbolos que se entregan y se devuelven una vez concluido el mandato. En los últimos años se ha puesto de moda el que los concejales y el alcalde se queden con sus insignias como recuerdo, lo que supone un importante gasto para el Ayuntamiento, podemos dar fe. Lo correcto es que compren ellos una réplica, pues el bastón de mando de la institución debe adquirir la antigüedad que este símbolo obtiene con el tiempo. Y qué decir de la moda cateta de regalar o entregar el cordón corporativo a las imágenes religiosas (¿?). Sí, hemos tenido oportunidad de sufrirlo, y el concejal pide que el Ayuntamiento le compre otro. No debería ser un honor para los custodios de dichas imágenes religiosas la recepción de un símbolo representativo de carácter personal. En todo caso las imágenes religiosas pueden recibir honores o distinciones, pero siempre representados en la persona física o jurídica de sus custodios, o cualquier autoridad o colectividad religiosa, pues los honores y distinciones se conceden

141

España C. A. C. A. España Municipio

Municipio España C. A. U.E.

Provincia C. A. España Municipio U.E.

142

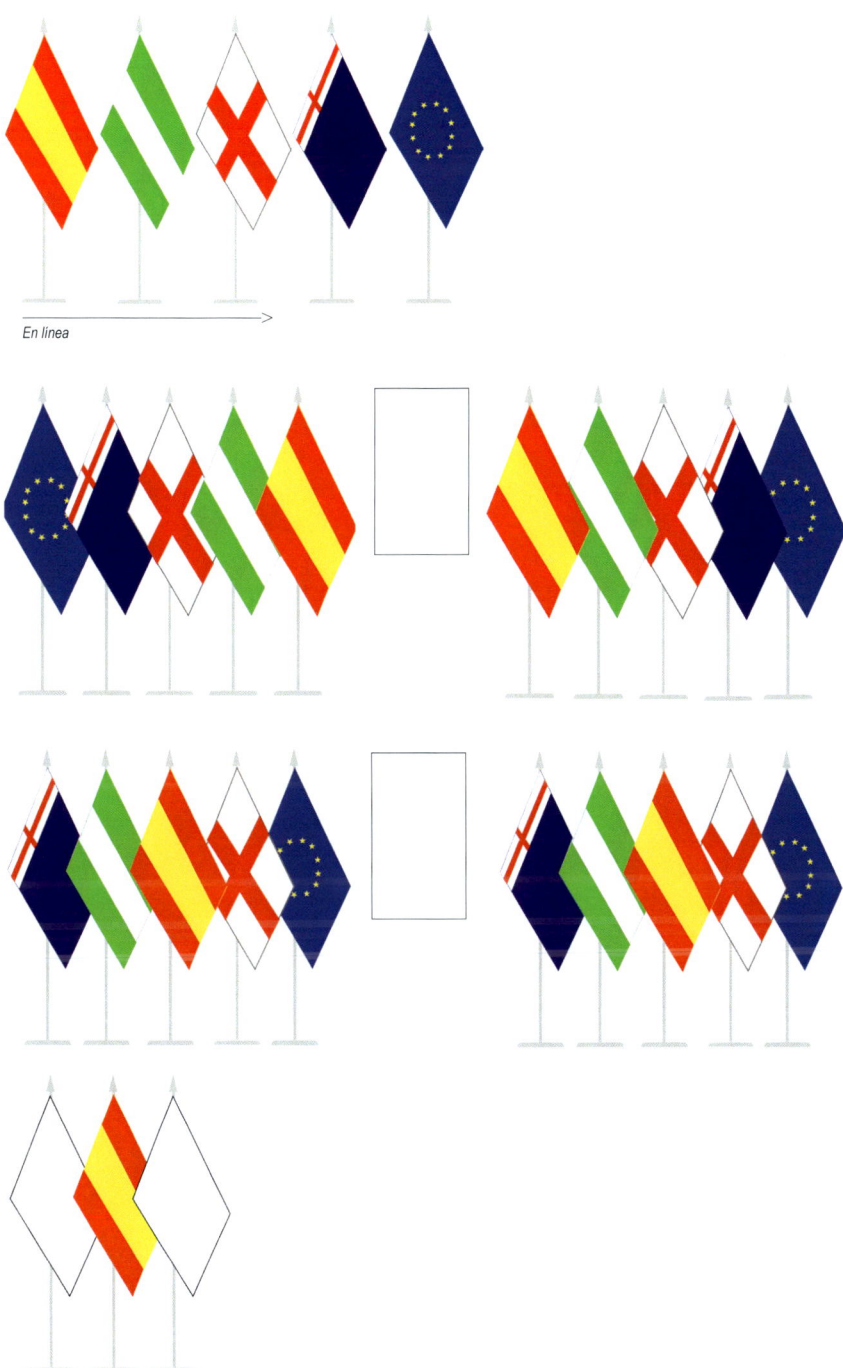

En línea

143

mediante actos administrativos de los que no pueden ser sujetos las imágenes religiosas, conceptos abstractos o personajes de ficción. Podríamos conceder una distinción a Cervantes (a título póstumo) pero no a don Alonso Quijano.

El bastón de mando es común a cualquier autoridad «con mando», *potestas*, competencia. Amén de las autoridades militares, es propio de alcaldes, presidentes de Diputaciones, o presidentes de Comunidades Autónomas. Su aparición pública es escasa: tomas de posesión, procesiones, recepciones en la puerta de un ayuntamiento. Sobre si se debe ceder durante una visita al Municipio por parte de los alcaldes, hay quienes piensan que jamás se debe ceder pues es el símbolo del gobierno municipal. Bueno, depende. Nuestra opinión es que como máximo signo de la representación del Ayuntamiento no está de más que se le entregue de manera simbólica a determinadas autoridades: es un símbolo y, esto es lo importante, solo puede ser eso y no más. Es símbolo de representación pero no supone capacidad o función alguna. No hay nada reglamentado sobre el asunto y la representación del Ayuntamiento es indelegable más allá de la propia Corporación. ¿Dónde está el problema?: en el sentido común de quien lo entrega. Una cesión de ese tipo sólo debe hacerse a favor de una alta autoridad del Estado que, una vez recibido simbólicamente, no deberá ostentarlo demasiado, a lo mejor desapareciendo entre un acto y otro; y lo devuelve en la despedida con el agradecimiento oportuno. A ello hay que añadir que es una auténtica incomodidad para la autoridad invitada si va para largo, como lo es el ramo de flores para las señoras: habrá que decidir si aporta respeto, emoción, agradecimiento o cursilería. Ante la duda, mejor no.

Muchos Ayuntamiento mantienen la tradición del uso de maceros en actos oficiales de especial relevancia. El macero era el soldado que llevaba una maza y que anunciaba la persona del rey, un señor o un autoridad religiosa. Las mazas eran de cobre, precedían al monarca, a los altos dignatarios, también religiosos, y a las corporaciones públicas en las ceremonias solemnes. Recuerda a los magistrados romanos acompañados de lictores. Hay Ayuntamientos españoles o corporaciones religiosas que los mantienen como una tradición inveterada (realmente en el sentido de la palabra). Anteceden a la autoridad, o corporación, aportan dignidad e imagen en procesiones y actos de relevancia institucional. Son de esas figuras emotivas que no deberían perderse por cuanto mantienen un contenido de respeto hacia los actos y autoridades, dan sentido al poder y a la vez aportan contenidos emocionales y de imagen de la institución. Son símbolos sin contenido, como tantos, pero que nos emocionan (siempre que al macero no se le coloque una horrorosa peluca, como hemos visto en algunas instituciones autonómicas y Ayuntamientos).

La Unión Europea

Más allá del ámbito nacional, la pertenencia de España a una entidad supranacional como socio nos obliga a referirnos a los símbolos de la Unión Europea. Pocos municipios e instituciones españolas no han adoptado su uso. En el *Libro de Estilo Interinstitucional de la UE*[155] se identifica la bandera europea con la unidad e identidad de Europa, simbolizando las estrellas la solidaridad y la armonía de sus pueblos. Hay una larga trayectoria de identificación de este símbolo con la UE que se inicia en el Consejo de Europa que, ya en 1949, consideró necesario la adopción de un símbolo común. La idea estuvo presente en diferentes organismos e instituciones de lo que luego sería la Unión Europea y en 1983 el Parlamento Europeo recomendó que se utilizara como bandera de la Comunidad. Las instituciones comunitarias empezaron a utilizarla a principios de 1986. Desde entonces la bandera comenzó a ser adoptada y aceptada por los ciudadanos. Ya hemos visto cómo en la identidad institucional del Gobierno de España queda reflejada como una primera referencia visual en su lectura de izquierda a derecha.

La descripción heráldica del *Libro de Estilo Interinstitucional de la UE* la define en los siguientes términos: «Sobre campo azur, un círculo formado por doce estrellas de oro de cinco puntas, cuyas puntas no se tocan entre sí». El emblema consiste en una bandera rectangular de color azul, cuya longitud equivale a tres medios de su anchura. «El radio del círculo equivale a un tercio de la anchura de la bandera. Cada una de las estrellas de cinco puntas se inscribe en un círculo imaginario cuyo radio equivale a un dieciochoavo de la anchura de la bandera. Todas las estrellas están en posición vertical, esto es, con una punta dirigida hacia arriba y otras dos sobre una línea recta imaginaria, perpendicular al asta de la bandera». La disposición de las estrellas se corresponde con la de las horas en la esfera de un reloj.

No hay demasiada documentación sobre el proceso técnico de creación de la bandera europea. Al parecer fue simplemente el trabajo de un funcionario al que le sedujo la idea y voluntariosamente se puso a ello. En cualquier caso, era un buen conocedor del carácter simbólico del número 12: 12 eran los hijos de Jacob y las tribus de Israel, 12 son los meses del año y los signos del zodíaco, con lo que habría una referencia al orden cósmico; los caballeros de la mesa redonda también eran 12, como 12 eran los frutos del árbol de la vida; 12 fueron los apóstoles y la Virgen suele llevar corona de 12 estrellas (*Apocalipsis* 12.1).

La bandera europea carece de legislación específica sobre su uso, excepto la recomendación de colocarla en las fronteras exteriores de la UE y en los edificios de sus instituciones. También la Comisión Europea instó a los estados miembros a izarla en los actos propios de la Unión y en dos fechas conmemorativas: el 25 de marzo, aniversario del Tratado de Roma, y el 9 de mayo, día de Europa. Por lo demás, cada estado es libre de utilizarla según sus propios criterios.

En las instituciones de la Unión Europea, la ordenación, ya sea lineal o en alternancia, siempre va encabezada por la bandera de Europa, que suele ir seguida por la bandera del país que ostenta la presidencia de turno del Consejo de la Unión Europea. En los países miembros, la bandera de la UE debe adecuarse a la legislación nacional ocupando, habitualmente, el último lugar en la prelación.

La Unión Europea organiza sus banderas alfabéticamente de acuerdo con la grafía de cada país en su propio idioma, comenzando por el país que preside la Unión en ese semestre. Algunas circunstancias pueden variar la normativa en función de si el acto se celebra fuera de las sedes oficiales, en cuyo caso la del país anfitrión ocupa un lugar preeminente. A veces, la serie o series de banderas suelen abrir y cerrar visualmente con la bandera de la UE a manera de acompañamiento.

El himno de la Unión se toma de la conocida como *Oda a la Alegría* de la *Novena Sinfonía* de Ludwig van Beethoven. La divisa o lema de la Unión es «Unida en la diversidad». Se adoptó por primera vez en mayo de 2000 mediante un proceso no oficial, un concurso que contó con la participación de 80.000 estudiantes de los 15 países que entonces formaban parte de la Unión Europea.

Instrumentalización de los símbolos

Como símbolos, las banderas tienen un uso oficial y un uso popular. Si la ley, a través de la indicación del uso y no uso de las banderas oficiales, intenta regular su utilización, los medios de comunicación nos asaltan de vez en cuando con un conflicto de banderas, oficiales y no oficiales. Y es que en las sociedades actuales las banderas, a diferencia de los escudos u otros signos de identificación (como logotipos o marcas), tienen un gran uso y han sido asumidos por los ciudadanos como emblemas identitarios propios, utilizándolos públicamente, a su libre albedrío, con un alto componente emocional y, en multitud de ocasiones, unidos a conmemoraciones o celebraciones. Nos referimos a todo ese tipo de aplicaciones de los colores nacionales a objetos como llaveros, pulseras, tazas, bolígrafos, toallas, cinturones, paraguas, cortinas de ducha, camisetas, guantes, corbatas, ropa interior y de baño; banderas impresas con la corona real, el toro de Osborne, el escudo del club de fútbol de la localidad, fundidas con las de las Comunidades Autónomas, o con textos como el «yo soy español»... En fin, véase en la Internet, es algo propio de todos los países.

Seria impropio pensar que —independientemente del mal gusto o no de este *merchandising*— esto no fuera bueno o ilegal; todo lo contrario, es una manera colectiva de identificarse con los símbolos, y si no, que se pregunte a los estadounidenses que no conciben su identidad sin barras y estrellas y la difunden por el mundo como marca corporativa USA. En este asunto, los expertos más rigurosos ponen el grito en el cielo cuando las ven ondear *ad Ibitum* en los lugares más insospechados, como en los edificios hoteleros, en las estaciones de servicio o los parques temáticos. Si se aplicara la ley en su más estricto sentido los juzgados no darían abasto dilucidando criterios...

Es evidente que hay que distinguir entre el uso oficial de las banderas y el popular, emotivo, en el que las banderas, sus colores, son utilizadas como signo de cohesión del «grupo», en términos antropológicos. Y no por ello constituyen menosprecio o desconsideración sino todo lo contrario. Otra cosa son las acciones en las que la voluntad es degradar el contenido simbólico: al Estado, a los españoles, a una Comunidad Autónoma o una Entidad Local. En este sentido las legislaciones internacionales suelen ser ambiguas. Cada sociedad, cada país, penaliza de una manera determinada las ofensas a sus símbolos. La sociedad americana, por ejemplo, tan identificada con su bandera, no condena su profanación pública en aras de la libertad de expresión, de acuerdo con una sentencia de la Corte Suprema de 1989.

Hay un conflicto muy habitual que vemos en los medios de comunicación y que puede ilustrar esta diferencia entre el uso oficial y el uso popular. Muchos colectivos sociales, solicitan a las instituciones, especialmente a los Ayuntamientos, la colocación de su propia bandera en los edificios públicos con ocasión de celebraciones o conmemoraciones. Lo hemos visto cada año con el colectivo LGTBI en una auténtica polémica. Y, a veces, se suele tratar no de una bandera sino de otro tipo de objetos a modo de pancartas o estandartes. Primero, cualquiera de estos objetos no es una bandera. Segundo, si el objeto del colectivo es fácticamente una bandera, no es una bandera oficial, por lo tanto no puede estar junto a las oficiales en un balcón o en un acto (como tampoco las empresariales o deportivas, culturales...). Puede buscársele, y debe buscársele, otro lugar de visibilidad pero nunca junto a ellas. Y tercero, es bueno que las instituciones colaboren con las entidades sociales, difundiendo sus

Iñaki y Frenchy. Humoristas Gráficos. *Inventos* (2018)

mensajes, o con los acontecimientos de cualquier orden que se celebren en la ciudad (culturales, deportivos, empresariales...), exhibiendo en sus instalaciones sus pancartas o cualquier tipo de objetos, sin condición de oficialidad. No está mal que el Ayuntamiento exhiba la pancarta del día de la lucha contra el cáncer, un encuentro de cofradías religiosas, la feria de muestras agrícola, el día del medio ambiente, el orgullo LGTBI o un certamen internacional de acuarelistas... Son discusiones estériles, habitualmente muy instrumentadas políticamente, en las que siempre se echan de menos las explicaciones, no interesadas, a los ciudadanos.

A mitad de camino entre el uso oficial y popular, grandes corporaciones empresariales no dudan en su uso. Observen cualquier asamblea general de un banco o empresa. Si bien es cierto que en la mayoría de los casos las banderas oficiales —que en principio no tienen por qué utilizarlas, salvo la presencia de autoridades— están separadas de las de la entidad bancaria, no es menos cierto que, miren por donde, el atril de intervención suele estar muchas veces delante de ellas. Revisemos nuestra memoria visual. ¿No recuerdan a Mario Conde en televisión siempre con una bandera de España detrás?

Y por último, existe el intento de asimilación de la misma como propia de una facción, un partido, una ideología, exhibiéndola como argumento de autoridad. En los días en que se escriben está páginas hemos visto a una Angela Merkel ser respetuosa con la bandera alemana cuando en un cierre de la convención de su partido alguien le puso un banderita alemana en la mano y ella la retiró rápidamente considerando que la bandera es un símbolo de todos los alemanes y aquel era un acto de partido.

Recordamos la visita de una ministra a la Diputación de Almería, hace ya años (una excelente ministra), con un programa de diferentes actividades, mañana y tarde,

147

y la obsesiva persecución que sufrimos de su Gabinete para que en cada lugar y momento hubiera detrás de ella una bandera de España. En la Diputación de Almería hay juegos de banderas en todas sus salas institucionales, pero no contentos, los del Gabinete querían que las desplazáramos hasta en los lugares más insospechados. Al inaugurar una exposición en un patio de luces, un acto de recorrido, palabras y cátering querían que llevásemos una bandera hasta allí. Hartos de la cabezonería y diletancia nos dirigimos a su jefe de Gabinete y le explicamos muy seriamente que el respeto hacia la bandera nos hacía imposible, bajo ningún concepto, colocarla entre expositores, coctails y empanadillas. Claro, es que cuando vienen a provincias...

Estas actitudes, tan nuestras, tienen un largo recorrido histórico, como vimos. Nunca hasta la Transición hemos respirado con el mismo respeto, convivencia y afectividad hacia los símbolos nacionales, autonómicos o locales durante tanto tiempo. Y aún hay dudas sobre el uso sincero de los mismos. Cuando en la noche de la victoria electoral de las elecciones andaluzas de 2022, Juan Manuel Moreno se dirigió al público y mostró una bandera andaluza que le había regalado algunos días atrás un escolar, no sólo estaba mostrando la identidad de todos los andaluces, los que le habían votado y no, sino que por primera vez, a nuestro entender, expresaba que la derecha española, al menos la andaluza, creía en las Comunidades Autónomas de una vez por todas sin necesidad de ser nacionalista.

Lamentablemente la dicotomía entre globalización y nacionalismos que asola al viejo continente debe ponernos en guardia frente a las nuevas formas de instrumentalización de los signos que nos representan; en primer lugar despojándolos de contenidos historicistas, burdos, meramente afectivos y poco científicos y, en segundo lugar, insertándolos y comprendiéndolos en la diversidad de nuestra organización territorial.

La pureza de los símbolos está en su significante y significado, pero la forma en la que los utilizamos determina nuestra adhesión y nos evocan los pensamientos y afectos más nobles y racionales, pero también pueden ser resignificados con mensajes espurios. Dicho en palabras del periodista Manuel Rivas: «Es fundamental saber qué se envuelve cuando alguien se envuelve en una bandera [...] puede envolverse la libertad de expresión como bien máximo a respetar o el propósito de silenciar la palabra contraria. Una bandera puede envolver la llave de una biblioteca o un martillo de herejes. Puede envolver memoria fértil o amnesia retrógrada, pluralidad o monocultivo»[156].

3. NORMAS

Algunos días antes de su muerte, el viejo Emmanuel Kant recibía la visita de su médico y amigo. Sin fuerzas para mantenerse en pie, casi ciego, se levantó temblando y no consintió en volver a sentarse hasta que no lo hiciera el doctor. Entonces dijo: «aún no me ha abandonado el sentimiento de la humanidad». Más allá de la idea de educación, Emmanuel Kant concedía al término «humanidad» en aquella ocasión un sentido más profundo, aquel que hace referencia a los principios que uno mismo se impone y que en aquellos últimos momentos de su vida eran un gesto que tenía un sentido especial frente a las circunstancias de la enfermedad y la proximidad de la muerte[157]. En este mismo sentido —los principios que uno mismo se impone— pero en el ámbito institucional, no deja de asombrar que la veterana de Inglaterra, enferma, dos días antes de su muerte recibiera en Balmoral a la recién elegida Primera Ministra, Elizabeth Truss, para cumplir la alta función de encargarle la formación de gobierno.

Uno de los sentidos tradicionales del concepto humanidad (*humanitas*) es la contraposición al de *barbaritas*; esto es, la cualidad, según los clásicos, que distingue al hombre de los «brutos», los animales, o el hombre salvaje, no cultivado. En general, las personas poseemos una conciencia que nos indica lo que está bien y lo que está mal, y actuamos en consecuencia. Por más que se aprecien diferencias de costumbres y creencias en ámbitos culturales distintos, existe una gran similitud en los valores de la humanidad a pesar de las distancias geográficas o culturales[158]. Kant considera que hay ciertas actitudes, principios o normas que tienen un carácter universal, es decir, válidos para toda la humanidad. Respetar a los padres, asistir a los ancianos, atender a un herido, ser tolerante, corresponder a la lealtad que los demás nos deparan... todas estas conductas tendrían igual valor en cualquier lugar del mundo. Son normas morales o éticas.

A partir del Neolítico las comunidades tuvieron necesariamente que adoptar una organización social fundamentada en normas de convivencia, transmitidas por los ancianos, heredadas inconscientemente, o escritas a partir de la aparición de la escritura en las primeras civilizaciones urbanas. Todas ellas dan sentido a la organización de manera funcional, bien como reglas de obligado cumplimiento, costumbres o tradiciones, a veces de orgullosa identidad. El Estructuralismo, incluso, considera que todas las sociedades mantienen elementos comunes en la concepción del mundo (eso que los alemanes llaman *weltanchaung*) y en sus rasgos culturales. Es decir, disponen de normas o ritos para el matrimonio, los de paso hacia la edad adulta, funerales, la defi-

149

nición de los espacios en la ciudad, liturgias religiosas, conmemoraciones u honores, explicaciones para los fenómenos de la naturaleza y, finalmente, la propia estructura del lenguaje. Y la costumbre se encarga de fijarlas a través de la reiteración.

Las costumbres y los usos, como norma, se hacen necesarios para garantizar la convivencia. Aún más, dicen los psicólogos que a partir de la reunión de más de cuatro o cinco personas se necesitan «normas de organización» aunque sea para decidir qué película vamos a ver en una tarde de sábado o como organizar un viaje en familia.

La riqueza de las culturas radica muchas veces precisamente en sus costumbres, pues expresan su escala de valores y el sentido que conceden a las relaciones entre los individuos. Los animales se alimentan pero la humanidad ha transformado esta necesidad orgánica en un rito en el que el acto de sentarnos a comer juntos, más allá de su pura funcionalidad biológica, es un lugar de encuentro, negocio, o el puro placer de compartir entre personas, ya sea en la intimidad familiar o celebrando algún acontecimiento; y en función de ello habrá un «ceremonial». Siempre ha sido así, desde que decidimos dónde se sienta la abuela cuando viene a casa, sea una familia adinerada o humilde, o hasta el clan gitano en donde siempre se tiene muy claro cuál es el lugar del «viejo» o patriarca. Así, las costumbres se manifiestan en asuntos cotidianos como el saludo, la alimentación, la forma de vestir, la concepción de lo privado y lo público, el trato al extranjero, las ceremonias civiles o religiosas, que varían en función del tiempo o del lugar.

Antes de la aparición de los medios de comunicación de masas y del turismo desconocíamos las costumbres de ámbitos lejanos. Tan sólo los viajeros nos sorprendían con los hábitos y los formas de vida de otros lugares. Montaigne ya advertía que: «los habitantes de países remotos no nos parecerían raros ni peregrinos, como tampoco nosotros lo seríamos para ellos, si cada cual supiera, después de haber examinado los ejemplos que le procuran las costumbres de otros pueblos, reflexionar acertadamente sobra las peculiares del país en que vive, y comparar las unas con las otras»[159].

Hay quienes utilizan palillos para comer, cubiertos, o simplemente utilizan las manos. Las formas de saludarse presentan variedades de todos conocidas, apretón de manos, besos, abrazos, reverencias... que indican la proximidad o la frialdad en el trato o muestran diferentes valores simbólicos de respeto. La historia del vestuario nos muestra la evolución de las prendas con las que nos hemos vestido hasta la actualidad según lugares, zonas climáticas, actividades particulares o compromisos sociales.

Montaigne, no obstante, nos advertía de no confundir la costumbre con «lo natural» (pues «lo natural» se concibe de manera distinta en culturas lejanas) y de las peligrosas consecuencias que puede tener la tiranía de la costumbre: «Los pueblos que están habituados a la libertad y por sí mismos a gobernarse, estiman monstruosa toda otra forma de gobierno, y entienden que va contra la naturaleza; los que están hechos a la monarquía abrigan y practican igual creencia, y cualquier suerte de facilidad que la fortuna les preste para cambiar de instituciones, aun habiéndose desembarazado de su amo venciendo dificultades grandes, adquieren nuevo amo venciendo también obstáculos análogos, por no poder acostumbrarse a odiar la soberanía. A la costumbre se debe el que cada cual se acomode al lugar en que la naturaleza le colocó.»[160]. Montaigne también es un buen antídoto para quienes gustan hacer de la costumbre un referente categórico y tiránico.

Como las costumbres proceden de la convivencia humana, de los valores en los que la sociedad se establece, en muchos casos se convirtieron en ley, quizás por necesidad. En Grecia se concedía un alto valor a la ley no escrita (*ágrafos nómos*). En Roma se trataba de las *mores maiorum* que procedían de los antepasados. Y en nuestro ordenamiento jurídico actual en el artículo 1° del *Código civil* se cita a la costumbre en caso de ausencia de ley, siempre que no sea contraria a la moral o al orden público y que resulte probada.

En las *Partidas* de Alfonxo X se dice que la costumbre «debe ser con justa razón e non contra la ley de Dios, ni contra Derecho natural, ni contra procomunal de toda la tierra del lugar do se hace», o sea, de uso conforme al Derecho Natural y orientada al bien común.

La utilización de la costumbre como fuente del Derecho no es demasiado contemplada en los países de nuestro entorno y es objeto permanente de estudio y discusión. Mientras el Código suizo, por ejemplo, es muy parecido al nuestro, el alemán no la contempla. Italia confiere valor normativo a la costumbre cuando la ley se lo concede, algo evidente. Hay juristas que piensan que son muchas las dificultades para su aplicación o critican el oportunismo con que suele utilizarse. Aparte de nuestro *Código Civil*, el carácter subsidiario de la costumbre como fuente del Derecho también lo recogen las leyes emanadas de las Comunidades Autónomas.

Ahora bien, especial cuidado hay que tener cuando aparece el concepto de «tradiciones y costumbres inveteradas» tan traídas y llevadas en la organización de actividades institucionales. Si bien no hay ningún problema cuando las leyes se refieren a «tradiciones reconocidas por la ley» (puesto que si las reconoce la ley forman parte del ordenamiento), el asunto se complica ante algunas posiciones que se fundamentan en aquello del «es que desde siempre ha sido así», o expresiones similares, intentando hacer tradición de algo que cuenta tan sólo con unos cuantos años u ocasiones de uso. Responder a la pregunta de cuándo una tradición puede ser reconocida como tal es difícil. Nuestros abuelos, fundamentalmente los que vivían en el medio rural, hacían uso de tradiciones no reconocidas de forma jurídica pero que todos cumplían sin el más mínimo resquicio, muchas de ellas relativas a la vida cotidiana, y no sólo referidas a aspectos relacionados con el trabajo (turnos de riego, pasos y veredas, limpiezas de acequias, quema de rastrojos, venta de la cosecha) sino también a la vida privada. Una palabra dada, un apretón de manos, podían tener la misma eficacia que la firma ante notario.

El transcurso del tiempo y la reiteración parecen ser elementos básicos imprescindibles para que la costumbre pueda ser considerada como tal. Ya una sentencia del Tribunal Supremo de 1951 definía la costumbre como «la norma jurídica elaborada por la conciencia social mediante la repetición de actos realizados con intención jurídica». Como punto común, muchos de los manuales de Derecho se refieren a ella con las palabras de Ulpiano en el sentido de un consentimiento tácito del pueblo, inveterado por un largo uso *(tacitus consensus populi, longa consuetudine inveterata)*. En cualquier caso, quizás el mejor criterio en el que encontrar una respuesta que nos pueda ser válida —que es de lo que se trata— es el del jurista italiano Norberto Bobbio, quien nos da una explicación que parece bastante convincente sobre los requisitos que deben de concurrir para hablar de costumbre. En primer lugar la repetición, además no debe haber sido interrumpida en el tiempo, no debe ser uso de una sola persona, debe ser uniforme siempre (el mismo comportamiento, la misma forma), debe contemplar una frecuencia en el tiempo (en las *Partidas* se consideraba un plazo entre 10 y 20 años) y tiene que ser reconocida por todos (pública). Algo así no se sustancia en unos cuantos años. El problema es que en nuestro *Código Civil*, al contrario que en las *Partidas*, no se determina el tiempo para que la costumbre quede fijada como tal, por lo que los juristas se ven obligados a recurrir a las tradiciones jurídicas.

Normas morales, la costumbre y, en tercer lugar, las leyes. Con estos tres tipos de normas nos movemos a diario casi de manera inconsciente. La Ley es la norma escrita, que adquiere su mayor grado de eficacia, o de coerción, precisamente por su carácter impreso, público y de obligado cumplimiento. Aparece con las primeras civilizaciones, como vimos, y es expresión de la voluntad de quien ostenta el poder, sujetando a los individuos a cuanto en ella se dispone, con sanciones por su incumplimiento. Todas son normas, pero la única que nos obliga de manera coercitiva es la Ley.

Mientras que las normas de carácter jurídico son de obligado cumplimiento, los usos y costumbres están a voluntad de los individuos, son o pueden ser utilizadas con liberalidad, pueden ser incluso «moda» como en el caso de la forma de vestir. O puede que su incumplimiento sea un acto de voluntad para transgredirlas y expresar nuevas inquietudes. López-Nieto nos lo explica de manera muy clara cuando afirma que el incumplimiento de las normas morales solo atañe a la propia conciencia y pueden suponer una sanción moral por parte de los demás; el incumplimiento de las de uso y costumbre, una sanción social y, utilizando el argumento de autoridad del jurista alemán Rudolf Stammler, recuerda que «son dos formas de obligarse, pues mientras en el primer caso [normas legales] aparece el Derecho como voluntad independiente que obliga, en el segundo [usos y costumbres] se trata de "reglas convencionales" o simples invitaciones a los individuos a cumplir, dependiendo de ellos mismos que quieran vincularse o no»[161].

En la actualidad, la aplicación de esta diversidad de normas en las actividades de carácter institucional de las administraciones públicas debe responder esencialmente al obligado cumplimiento de la ley. La ordenación de las autoridades y personalidades que concurren a una actividad no puede proceder de otra norma que no sea la de la ley, salvo excepciones, de las que hablaremos más adelante, y que tienen que ver con las costumbres y finalmente con la moral. Todo el repertorio legal, nacional o autonómico, viene a justificar el carácter normativo de la aparición pública de las autoridades, propio de una sociedad democrática en la que «nadie es más que nadie» y la determinación del lugar que corresponde a cada uno procede de la representación que ostenta en el engranaje institucional del Estado. Nadie como Vilarrubias nos recuerda siempre en sus escritos que el fin último de la precedencia es la legalidad como acto de justicia: Cuando se organiza un acto público, «aplicando en su desarrollo ciertas reglas, no se pretende exhibir la vanidad humana, ni formar acomodadores distinguidos, sino que se ejerce una manifestación de justicia al dar a cada uno su puesto»[162].

Pero quienes trabajan en la materia institucional tienen sobradas dificultades para hacer entender esta triple consideración de lo legal, lo habitual y lo moral. Y no hablemos del «sentido común», pues en los tiempos que vivimos significaría perdernos. En las Administraciones Locales nos hemos acostumbrado a ver «retorcer» la ley y despreciar los más elementales principios éticos y de educación. El egocentrismo de algunas autoridades, por un lado, y la distorsión del principio de representación o del concepto de autonomía local por otro, han creado una atmósfera difícil de respirar en muchas instituciones, de la que en buena parte son culpables los gabinetes de las autoridades, o los de comunicación, tan diletantes a veces.

A ello hay que añadir la instrumentalización de las nuevas formas de comunicación, las redes sociales, cuya amplitud e inmediatez producen «narraciones», «verdades» e «interpretaciones» que en relación a las normas que tratamos en este capítulo suponen una auténtica confusión para la ciudadanía. Lamentablemente, ya tenemos interiorizada la expresión tan habitual en los medios de comunicación de «es legal, pero moralmente reprochable» en relación a la actuación de un responsable público. Algo que este exhibe con el mayor descaro y complacencia.

4. REPRESENTACIÓN, PRECEDENCIA Y PRESIDENCIA

Los conceptos de precedencia y presidencia deben entenderse siempre unidos al de representación, entendida esta como la delegación o el apoderamiento que la sociedad otorga a determinados ciudadanos transfiriéndoles su voluntad para la gestión de las instituciones mediante procesos electorales. El voto es la herramienta que utilizan los sistemas democráticos para la elección de los poderes, que deben ejercer la soberanía de la que los ciudadanos son titulares. Cuando un presidente, senador, diputado, alcalde, o cualquier autoridad es elegido (o nombrado), adquiere una de las más altas responsabilidades que una persona puede recibir de los ciudadanos y uno de los más altos compromisos con su país, su Comunidad o su Municipio. Es fundamental que el principio de representación —dice la periodista francoalemana Geraldine Schwarthz—, junto al diálogo, el consenso y el acuerdo, debe ser comprendido y aceptado por los ciudadanos para el buen funcionamiento del sistema democrático, frente a la política actual de antagonismos e intransigencias.

Ese binomio de representación y responsabilidad para la gestión de lo público (independientemente de sus éxitos o fracasos de orden político) es el que le confiere la honorabilidad, el respeto institucional y un lugar determinado (legal, normativo) en sus comparecencias públicas. Las precedencias y las presidencias son la expresión funcional y visual de esa representación. Por ello, cuando se menoscaba o se dejan de considerar estas por razones espurias, de mala educación, desconocimiento o intereses estrictamente de imagen política o personal, no solamente estamos incumpliendo legislaciones sino mostrando el peor talante institucional y personal claramente antidemocrático.

La norma general, y evidente, es que la presidencia de un acto es unipersonal y corresponde al organizador del mismo (y si no le correspondiera por disposición legal ocupa el lugar inmediato a la misma). No hemos de olvidar —y se olvida habitualmente— que los actos oficiales, salvo contadas excepciones, son el objeto o forman parte de un acto administrativo que ha sido acordado o decretado por los órganos de gobierno de la administración que los organiza. Por ello, le corresponde a la autoridad que lo aprueba, no sólo el honor sino también la responsabilidad de su organización y ejecución. Por lo tanto, la autoridad que organiza el acto es la responsable de la determinación de la precedencia de quienes asisten al mismo, lo dirige conforme a la secuencia prevista, lo abre y lo cierra, concede la palabra... Dejemos así, en principio, esta definición funcional a sabiendas de que nos ocuparemos de situaciones especiales más adelante.

Básicamente hay dos modelos de presidencia: lineal e intercalada. La primera es en pie y la hemos visto en recepciones de autoridades, presentación de corporaciones o gobiernos, recepciones en aeropuertos; y la intercalada es la colocación a la derecha y a la izquierda, alternativamente, de la autoridad que preside. Es la propia de los

TT. DE ALCALDE   ALCALDE   CONCEJALA

ALCALDE   TT. DE ALCALDE

actos sentados ante una mesa, aunque como el lector hará observado en los medios de comunicación, se ha puesto de moda la presencia de autoridades sentadas, sin mesas delante, en una expresión de menor distancia (perdiendo la seguridad que la mesa otorgaba) y de proximidad con los asistentes: presentaciones, conferencias, desayunos informativos, e incluso en actos a los que asisten grandes dignatarios (como las comparecencias del G7), hablando desde un atril lateral o directamente sentados, con mesas de apoyo. Igualmente, la intercalada la podemos ver con las autoridades en pie: presentación del Gobierno en la puerta de La Moncloa, posado final de congresos, cumbres internacionales, etc.

En un acto puede que en la presidencia concurran un número par de personas con lo que pudiera parecer que tal simetría no permite una visualidad clara de la persona que preside. Tal y como se indica en las ilustraciones, y de manera metodológica, debemos pensar en las dos que ocupan la parte central; de ellas preside la que está a la derecha (a nuestra izquierda desde el punto de vista del espectador). Esta visualidad simétrica induce en muchas ocasiones a los organizadores, para evitar conflictos, a pensar aquello de «bueno... vamos a hacer una presidencia «par» para que se diluya quien preside, ofrecer una imagen de unidad o paridad...». Este conflicto de dos, es muy habitual, y se suelen escuchar los argumentos más peregrinos. (Situaciones en las que, permítame el lector como humorada, siempre recuerdo a mi madre cuando mi hermano y yo nos peleábamos por algo y nos decía «sois más tontos que los pavos de doña Lola que había dos y uno quería dormir en medio»). Es una contradicción: no puede hablarse de «presidencia par» pues la presidencia es unipersonal. La presidencia es unipersonal no sólo por situación de lugar, o de visualidad, sino porque la presidencia, además, es operativa, cumple funciones.

En cuanto a la precedencia, no es más que el lugar que ocupa una autoridad con respecto a otras. «¿Y quién es más en protocolo, tal autoridad o aquella?» es una pregunta habitual que se nos hace. Y no nos cansamos de explicar que en un protocolo democrático nadie es más que nadie. Faltaría más, después de dos siglos de

ALCALDE   PTE. DIPUTACIÓN   DIPUTADA NACIONAL   SENADOR.   PARLAMENTARIO C.A. TT. DE ALCALDE CONCEJALA

En línea

TT. DE ALCALDE   SENADOR   PTE. DIPUTACIÓN   ALCALDE   DIPUTADA NACIONAL   PARLAMENTARIO C.A.   CONCEJALA

Número impar

PARLAMENTARIO C.A DIPUTADA NACIONAL   ALCALDE   PTE. DIPUTACIÓN   SENADOR   TT. DE ALCALDE

Número par

157

Ilustración, igualdad, derechos y libertades. La precedencia es, como hemos visto, es mera ubicación, sin que ello signifique en los actos oficiales la valoración de cualquier jerarquía, honor o suponga el menoscabo o la modificación de las competencias o funciones propias de una autoridad, tal y como lo indica el R.D. 2099. Aún más, el concepto de autonomía de los Entes del Estado español —con grandes diferencias en relación a países de nuestro entorno (pensemos en el centralismo francés, por ejemplo)— debe ser una noción presente en los argumentos a la hora de concebir y determinar la precedencia de autoridades y, por supuesto, más allá del R.D. 2099 cuando debemos aplicar precedencia a las autoridades no contempladas en el mismo. Así pues, el desconocimiento del concepto de autonomía de los Entes del Estado español puede dar lugar a paradojas entre muchos responsables políticos.

La alternancia a izquierda y derecha en la sucesión de autoridades no es más que la tradición histórica de la proximidad a la autoridad. Lo que antiguamente era el honor, el privilegio, la oportunidad de estar próximo al soberano, hoy se ha traducido en estar en el centro o en el margen de la foto...

A título anecdótico, en las Cortes de Madrid de 1709, hubo suspicacias entre los procuradores de Aragón y de Castilla, por pretender los primeros hablar en razón a la mayor antigüedad de la monarquía aragonesa. Se le concedió la precedencia a los segundos en razón a la mayor extensión de Castilla y León, a su constante fidelidad a la Corona y a que fue el núcleo de la nación y monarquía española.

Ya en *La Ilíada*, encontramos anécdotas tales como cuando el anciano Néstor tercia en la discusión entre el divino Aquiles y el rey Agamenón por adjudicarse una esclava ganada en combate. Y le dice a ambos: «ni tú, Pelida [por Aquiles, hijo de Peleo], quieras altercar de igual a igual con el rey, pues jamás obtuvo honra como la suya ningún otro soberano que usara cetro y a quien Júpiter diera gloria. Si tú eres más esforzado, es porque una diosa te dio a luz; pero éste es más poderoso, porque reina sobre mayor número de hombres»[163].

«Reinar sobre mayor número de hombres» es una justificación, tan antigua como de lo más actual. En general, antes de que se contabilizaran los individuos a través de censos (o incluso ya con el esfuerzo de los gobiernos de los monarcas ilustrados), era el territorio la justificación para la proximidad, la precedencia, como la mayor extensión de Castilla... Hoy es el número de habitantes, el número de votos obtenidos por sufragio o la antigüedad en el cargo.

Por otra parte, es necesario no olvidar que la precedencia no es voluntad de la autoridad que la ostenta. Nos explicamos: hay ocasiones en las que en una persona coinciden dos cargos, alcalde que es parlamentario autonómico, presidente de Diputación que es alcalde, concejal que es presidente de una entidad supramunicipal, etc. etc. Y muchas veces asisten comunicando a la entrada: «hoy yo quiero sentarme como...». Incluso hay quienes se acercan a un acto y dicen «no me voy a sentar, me pongo aquí en la última fila...». La autoridad se sienta en el lugar que le corresponde, no donde a ella le plazca, y si ostenta varios cargos en el de mayor precedencia (pues tampoco el ostentar varios cargos le hace tener mayor valencia). Es la ley la que la indica el lugar y, sobre todo, en el que los ciudadanos esperan verle. Pues la representación que han otorgado los ciudadanos o las administraciones no descansa liberalmente a voluntad de quien la ostenta: se duerme con ella..., está por encima de la persona y de los intereses particulares, como aparece en la voz «precedencia» de la vieja enciclopedia Espasa Calpe: «No siempre debe verse en estas cuestiones un punto de orgullo, pues frecuentemente son expresión de las prerrogativas y de la dignidad del cargo de que se está investido, *y que no es posible dejar de permitir, porque están por encima de la persona y de los intereses particulares* [la cursiva es nuestra]. De ahí la necesidad de reglas que regulen lo más completamente posible el lugar que cada cual debe ocupar â fin de evitar razonamientos y disgustos»

Decimos que está «por encima» de la persona para «no confundirla con la persona», algo muy habitual en muchas autoridades en cuyo inconsciente parece que se ha instalado la idea de «la representación soy yo». Viene a ser como en la fábula de Esopo (reelaborada por Alciato en sus *Emblemas*) en la que un borrico, que transporta a lomos una imagen de la diosa Isis, viendo que los ciudadanos se arrodillan se cree que es en su honor y adopta una actitud soberbia, hasta que el arriero, con unos azotes, le recuerda que él no es la diosa sino que lleva a una diosa[164].

Facilitar a los ciudadanos la comprensión del lugar de cada autoridad en los actos públicos y sus fundamentos es una buena labor pedagógica: entenderán que no hay arbitrariedad en la imagen que perciben y que los responsables que se encargan de establecer las precedencias están cuidando de que no sea menoscabada la representación de la autoridad. En este sentido, los medios de comunicación se han hecho eco de la legislación en materia de precedencias y así ocurre en sus manuales de estilo. La mayoría de ellos están en la Internet: *ABC*, *El País* o la Corporación RTVE. A modo de ejemplo, el *Libro de estilo de El País* recoge un capítulo completo dedicado a los tratamientos y protocolo advirtiendo de que si se citan las autoridades asistentes a un acto hay hacerlo que respetando lo establecido en el R.D. 2099 y relaciona a continuación la autoridades en los actos en la villa de Madrid así como en las Comunidades Autónomas.

5. PODERES DEL ESTADO, ORGANIZACIÓN TERRITORIAL Y LEGISLACIÓN

El R.D. 2099 y la legislación de las Comunidades Autónomas sobre precedencias para su propio ámbito constituyen el corpus normativo más inmediato de aplicación en los actos oficiales cuando se trata de organizar autoridades e instituciones. El R.D. 2099 establece los criterios fundamentales en cuanto a la tipología de los actos, precedencias y presidencias, distinguiendo entre los que se realizan en Madrid como sede de las altas instituciones del Estado y los que se organizan en las Comunidades Autónomas.

No es fácil conjugar el R.D. 2099 con las legislaciones de las Comunidades Autónomas. Aunque se puede observar en estas que, en lo estructural, hay una semejanza con el R. D. 2099, no es menos cierto que se aprecian evidentes contradicciones en muchos aspectos tales como la representación de una autoridad por otra, así como los diferentes criterios en la ordenación de la propia Comunidad Autónoma de las autoridades elegidas con respecto a las nombradas, el lugar de los alcaldes, presidentes de Diputaciones, la Administración periférica de la Comunidad. Diferencias que evidencian criterios contradictorios con lo dispuesto en la legislación estatal por lo que no acertamos a comprender si los legisladores autonómicos han sido conscientes del «material sensible» que tenían en sus manos o se trataba de simples ocurrencias o arbitrariedades. Tras la aparición del R.D. 2099, algunas Comunidades Autónomas recurrieron disposiciones en cuanto a la precedencia de algunas autoridades y la competencia para el establecimiento de la prelación en el propio territorio de las mismas, llegando el asunto hasta el Tribunal Constitucional.

Cuando nos enfrentamos a la comprensión del R.D. 2099, debemos preguntarnos qué criterio utilizó el legislador para distribuir poderes, autoridades, instituciones y administraciones, aquí o allá, antes o después de, para producir la representación del Estado desde la Jefatura del mismo hasta los tenientes de alcalde.

En el R.D. 2099, la naturaleza de un Estado como el nuestro, con Entes dotados de autonomía, hace alternar cada uno de los poderes y sus representantes con los de las Comunidades Autónomas y los gobiernos del Municipio y la Provincia. Así, tras la Jefatura del Estado, alternan el Poder Ejecutivo (el Gobierno) seguido de las Cortes Generales (Congreso y Senado) y el Poder Judicial (Consejo General del Poder Judicial). Luego el Poder Ejecutivo de la Comunidad Autónoma y el presidente de la Asamblea Legislativa de la misma, a quien sigue el delegado del Gobierno en la Comunidad Autónoma como primera autoridad representante de la Administración General del Estado. Inmediatamente aparece la Administración Local con el alcalde

PODERES, ORGANIZACIÓN TERRITORIAL DEL ESTADO, ENTES, ÓRGANOS DE GOBIERNO Y ADMINISTRACIÓN PERIFÉRICA

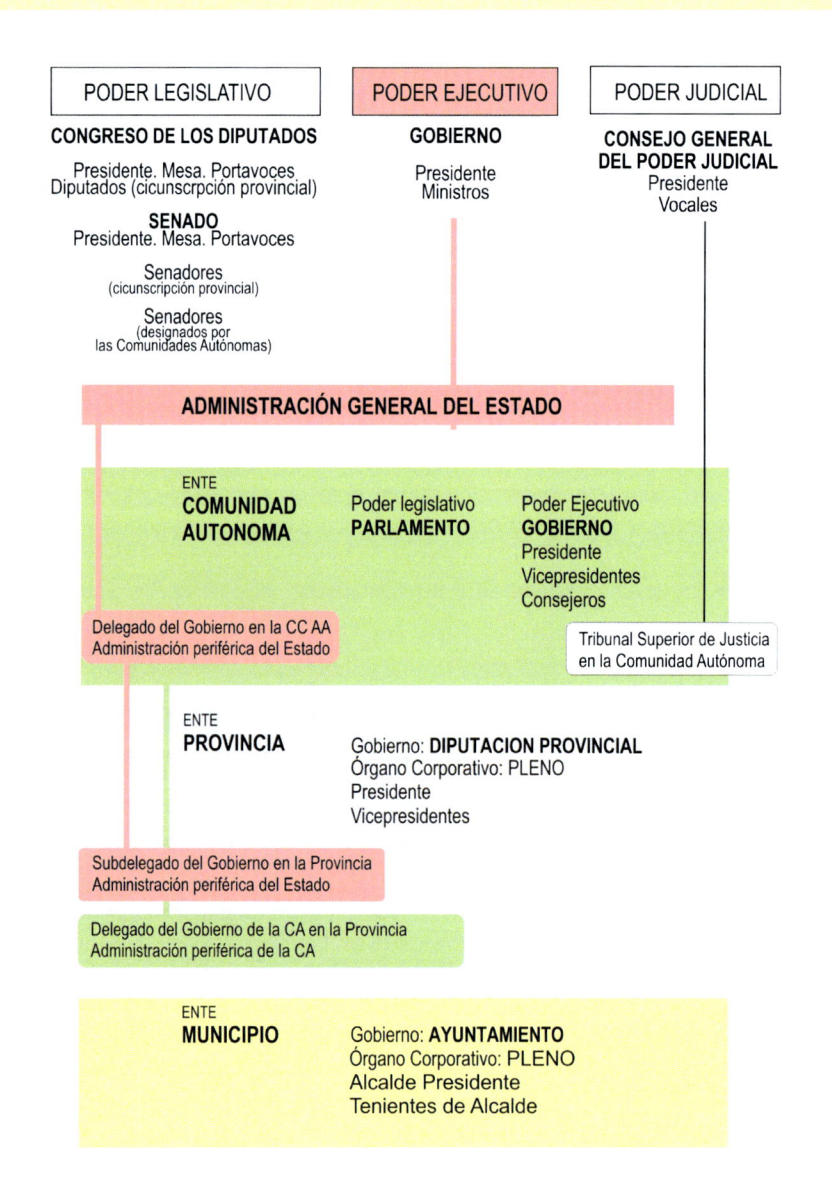

PODER LEGISLATIVO

CONGRESO DE LOS DIPUTADOS

Presidente. Mesa. Portavoces
Diputados (cicunscrpción provincial)

SENADO
Presidente. Mesa. Portavoces

Senadores
(cicunscripción provincial)

Senadores
(designados por
las Comunidades Autónomas)

PODER EJECUTIVO

GOBIERNO

Presidente
Ministros

PODER JUDICIAL

**CONSEJO GENERAL
DEL PODER JUDICIAL**
Presidente
Vocales

ADMINISTRACIÓN GENERAL DEL ESTADO

ENTE
**COMUNIDAD
AUTONOMA**

Poder legislativo
PARLAMENTO

Poder Ejecutivo
GOBIERNO
Presidente
Vicepresidentes
Consejeros

Delegado del Gobierno en la CC AA
Administración periférica del Estado

Tribunal Superior de Justicia
en la Comunidad Autónoma

ENTE
PROVINCIA

Gobierno: **DIPUTACION PROVINCIAL**
Órgano Corporativo: PLENO
Presidente
Vicepresidentes

Subdelegado del Gobierno en la Provincia
Administración periférica del Estado

Delegado del Gobierno de la CA en la Provincia
Administración periférica de la CA

ENTE
MUNICIPIO

Gobierno: **AYUNTAMIENTO**
Órgano Corporativo: PLENO
Alcalde Presidente
Tenientes de Alcalde

del Municipio (que es la Entidad básica del Estado). Continúa con otras altas autoridades (Consejos de Estado, Tribunal de Cuentas, fiscal General...) entre las que aparece de nuevo el Poder Legislativo con los componentes de las Mesas del Congreso y del Senado (vicepresidentes). Más adelante la Entidad local provincial, el presidente de la Diputación, al que siguen los diputados nacionales y senadores por la provincia.

Con los tenientes de alcalde, el R.D. 2099 cierra la posibilidad de argumentar legalidad a otras autoridades de los diferentes Entes del Estado. Aún no sabemos cómo no se ha actualizado para contemplar los parlamentarios autonómicos, algo reiterado por quienes se dedican a la materia protocolaria. En resumen, ordena los poderes del Estado, la Comunidad Autónoma, el Municipio y Provincia y sus respectivas Administraciones de manera jerarquizada: Poder ejecutivo, Poder legislativo, Poder judicial, Administración General del Estado, la de la Comunidad Autónoma, el Municipio y la Provincia.

La Constitución Española de 1978 recogió el espíritu histórico, nada centralista, del Estado español cuando reconoce en su artículo 137 que el Estado se organiza «territorialmente en municipios, en provincias y en las Comunidades Autónomas que se constituyan», y a todas ellas les confiere autonomía para la gestión de sus respectivos intereses. Respecto a la Administración Local, el artículo 140 se inicia precisamente expresando que la Constitución garantiza la autonomía de los municipios, y el 141, relativo a las Provincias, indica que su Gobierno y administración autónoma estarán encomendados a Diputaciones u otras Corporaciones de carácter representativo.

Poco acento se pone sobre el concepto de autonomía en la literatura sobre organización de las actividades institucionales, tanto en lo publicado como en las memorias y ponencias de cursos, encuentros o congresos. Según nuestra experiencia, a través de la impartición de cursos para trabajadores de las Entidades Locales, es muy difícil aprehender el espíritu de las legislaciones en materia de ordenación protocolaria sin conocer profundamente, por un lado la originalidad de nuestro ordenamiento constitucional en cuanto a la concepción territorial del Estado y su organización, y por otro, el concepto de «autonomía» del que todas ellas gozan. ¿Cuántos actos de las administraciones locales no evocan o invocan en sus tenores la idea de la autonomía local?, ¿cuántas fricciones no ha habido de orden político y administrativo sobre el asunto? Y en su versión más negativa: las controversias sobre la duplicidad de funciones y competencias, la ingente cantidad de disposiciones y estructuras institucionales sobre lo mismo, la cantidad de leyes —en vía muerta— de «coordinación entre la Comunidad Autónoma y las Entidades Locales de su territorio» que, a su vez, creaban órganos de coordinación, agendas de trabajo, etc., etc.

Habitualmente, referimos la esencia del funcionamiento democrático al sufragio universal, el voto mediante el cual los ciudadanos ejercemos la soberanía. Cierto, pero el sufragio no es más que el medio, la herramienta. El fundamento de una sociedad democrática es la división de los poderes del Estado y la independencia de los mismos. Es la estructura básica de las democracias liberales surgidas del espíritu de la Ilustración, que limitan la concentración del poder en manos de una persona, como era propio de las monarquías del Antiguo Régimen, los despotismos, las dictaduras o las tiranías. En el capítulo relativo al poder y su representación recordábamos que las primeras formas de democracia se esforzaban en que personas o instituciones diferentes se vigilaran entre sí para su funcionamiento. El lector que conozca nuestro siglo XIX y XX convendrá en el difícil camino que el liberalismo y el constitucionalismo español tuvo para el establecimiento de un Estado social y de derecho como el que disfrutamos los españoles en la actualidad gracias a la Constitución de 1978.

Haciendo una pequeña labor de síntesis por cuanto a los poderes y la estructura territorial, el Estado español se concibe como una Monarquía Parlamentaria, propia de mucho países europeos, en la que el Rey, jefe del Estado, arbitra y modera el funcionamiento de las instituciones. El Rey «reina pero no gobierna», se suele decir. Por ello, la persona del Rey no está sujeta a responsabilidad. De sus actos responden las personas que los refrendan: presidente del Gobierno y los ministros correspondientes. Es la más alta representación del Estado.

La soberanía reside en el pueblo español, del que emanan los poderes del Estado. El Poder Legislativo corresponde a las Cortes Generales, constituidas por el Congreso de los Diputados y el Senado (como el modelo histórico de una Cámara Baja y una Cámara Alta, y concebido el Senado como cámara de representación territorial). La función esencial del Congreso y el Senado es la legislación, los Presupuestos Generales del Estado y la vigilancia del Ejecutivo a través de sesiones de control a las que asiste el Gobierno para responder a los requerimientos de la cámara. Los proyectos de ley son aprobados por el Consejo de Ministros y los envía al Congreso. Aprobados por este, son remitidos al Senado para su deliberación. El Senado puede oponer vetos o introducir enmiendas, pero la ley no podrá pasar a la firma del Rey hasta que el Congreso no haya ratificado los vetos, por mayoría absoluta, y las enmiendas, aceptándolas o no, por mayoría simple.

Cada una de las cámaras está representada por su presidente. La elección de los diputados y senadores se realiza por sufragio universal, libre, igual, directo y secreto. La circunscripción electoral es la provincia. Si la elección de los diputados se realiza mediante listas cerradas, la de los senadores es de lista abierta y el elector puede otorgar su voto a miembros de diferentes opciones políticas. El Senado, además, cuenta con senadores designados por los Parlamentos de las Comunidades Autónomas, en una elección indirecta o de segundo grado. Para este caso, la Constitución sólo indica que la elección de estos debe responder a la proporción del Parlamento autonómico. Los Estatutos de Autonomía, la ley autonómica y/o el Reglamento de la Cámara autonómica regulan la elección de los mismos[165].

El Poder Ejecutivo (y la potestad reglamentaria) corresponde al Gobierno, responsable de la política interior y exterior, la Administración civil y militar y la defensa del Estado. El Gobierno lo componen el presidente, los vicepresidentes, en su caso, y los ministros. Responde políticamente ante las Cortes Generales. El Consejo de Estado es el supremo órgano consultivo del Gobierno cuya función es dictaminar sobre las consultas que el mismo les remite. Estas pueden ser preceptivas, de carácter obligatorio, o facultativas. Aparte de dictaminar, el propio Consejo puede elevar al Gobierno mociones sobre asuntos que considera de interés. A partir de 2004, mediante la reforma de su Ley Orgánica, forman parte del Consejo los ex presidentes de Gobierno, con carácter vitalicio.

El Poder Judicial lo integran los jueces y magistrados, bajo el gobierno del Consejo General del Poder Judicial. El presidente del Consejo lo es a su vez del Tribunal Supremo, órgano jurisdiccional superior, salvo lo dispuesto para asuntos constitucionales. En efecto, el Tribunal Constitucional no forma parte del poder judicial. Es independiente en su labor de interpretación de la Constitución: responde únicamente a la Constitución y a su propia ley orgánica.

En las Comunidades Autónomas, el Poder Legislativo corresponde al Parlamento autonómico; el Ejecutivo (en cada Comunidad suele tener una denominación específica) dispone de presidente y consejeros. Las Comunidades Autónomas no disponen de Poder Judicial: los Tribunales Superiores de Justicia de las Comunidades Autónomas forman parte del poder judicial del Estado aunque son los máximos órganos del mismo en la Comunidad Autónoma.

El Municipio es la entidad local básica del Estado, proporciona a los vecinos los servicios más próximos de acuerdo con sus fines y competencias, que no son pocos... Su gobierno corresponde al Ayuntamiento, que está integrado por los alcaldes y los concejales. Los concejales son elegidos mediante sufragio universal libre y directo. Los alcaldes pueden ser elegidos por los concejales o los vecinos, atendiendo en este último caso a la forma del Concejo Abierto donde así proceda. Para finalizar, no olvidemos recordar que todas las Entidades son Estado. No debemos confundir Estado con Administración General del Estado. Y recordar, una vez más, que el representante del Estado en la Comunidad Autónoma es el presidente de esta, no el delegado del Gobierno, que representa a la Administración General del Estado.

Y las Provincias son división territorial del Estado (y de la Comunidad Autónoma) para el cumplimento de sus fines —como en muchos de los países de nuestro entorno—, pero en nuestro caso hay una particularidad: están concebidas también como agrupación de Municipios sobre los que actúan con carácter subsidiario, especialmente en favor de los de menor capacidad, para que puedan cumplir con sus funciones y competencias. Las Provincias están gobernadas por las Diputaciones Provinciales, que disponen de órganos unipersonales de gobierno (presidente, vicepresidentes, diputados delegados...) y pluripersonales (Pleno, Junta de Gobierno, Comisiones...). Su capacidad normativa se basa en reglamentos y normativas asimiladas, destinados a su propia organización y, fundamentalmente, a cumplir su labor subsidiaria con respecto a los municipios de menor capacidad económica y técnica para que estos puedan cumplir con los fines y competencias que les atribuyen las leyes.

Conjugar, estimar la valencia y ordenar los poderes, sus representantes y los diferentes Entes del Estado que acabamos de sintetizar, debió ser una labor compleja para el legislador, para aquel grupo de expertos al que aludíamos en la Introducción que dieron forma al R.D. 2099, el texto legal de mayor rango que utilizamos a la hora de organizar los actos oficiales y establecer las precedencias correspondientes. Comentamos a continuación los aspectos a nuestro entender más significativos o complejos del mismo.

Representación o designación

En principio, el carácter de representación ciudadana que ostenta una autoridad elegida por sufragio precede a cualquier cargo designado, es decir, por nombramiento, salvo que el cargo por nombramiento ostente la representación de un gobierno o una administración. El R.D. 2099 ya en su preámbulo apela a la diferencia entre los cargos elegidos mediante sufragio y los cargos que se ostentan por nombramiento, por designación: «La proyección del signo democrático y social en el Estado supone [...] una distinta graduación en la presencia de la autoridad o cargo público, por corresponder mejor valencia a las investiduras electivas y de representación que a las definidas por designación». Algunos ejemplos pueden ser clarificadores: diputados nacionales, senadores, alcaldes, concejales y parlamentarios autonómicos son elegidos en sus respectivas convocatorias electorales por sufragio universal directo (salvo los Senadores elegidos por los Parlamentos autonómicos); pero la administración periférica del Estado contempla en cada una de las provincias organismos a cuyo frente están autoridades o funcionarios nombrados por designación (delegado provincial de la Agencia Estatal de la Administración Tributaria, director del I.N.S.S, subdelegado de Defensa, director del INEM, comandante de Marina...), pero el subdelegado de Gobierno «representa» al Gobierno de la nación (jerárquicamente bajo el delegado del Gobierno en la Comunidad Autónoma). De igual forma, la Comunidad Autónoma tiene una estructura periférica en cada provincia con los organismos propios de su administración, al frente de los cuales existen autoridades nombradas por designación (delegados territoriales de las Consejerías, responsables de organismos autónomos, directores o jefes de Servicios...), pero el delegado del Gobierno de la Comunidad Autónoma en la Provincia «representa» al Gobierno de la Comunidad Autónoma en la misma.

Ámbito de aplicación

El ámbito de aplicación de las normas del Real Decreto 2099 es únicamente el de los actos oficiales. No lo es en actos empresariales, de colectivos sociales, de familia u otro tipo. Eso no quiere decir que en actos no oficiales sus organizadores, cuando asisten autoridades, apliquen los preceptos de esta norma combinándola con su propia organización, sus costumbres, o peinando las precedencias con los cargos de la empresa o del colectivo social. Es razonable pensar que estas entidades cuando organizan sus actos, deben respetar la representación democrática que ostentan las autoridades.

Mera ordenación

Las precedencias que establece el R.D. 2099 sólo significan «lugar», y nada más. El que una autoridad sea ubicada antes o después que otra no presupone ningún tipo de preferencia o relación jerárquica entre ellos. Es mera ordenación y expresión pública. Poca atención se presta al R.D. 2099 cuando dice que: «el alcance de sus normas queda limitado a dicho ámbito, sin que su determinación confiera por sí honor o jerarquía, ni implique, fuera de él, modificación del propio rango, competencia o funciones reconocidas o atribuidas por la Ley» (Art. 1.2). No podía ser menos en una concepción del Estado que manifiesta como fundamental la autonomía de sus Entes.

Aplicación de las normas

La competencia para discernir los posibles conflictos derivados de la aplicación de la ley se encomendaba en el R.D. 2099 a la Jefatura de Protocolo del Estado (Art. 2), pero se transfirió mediante el *Real Decreto 838/1996, de 10 de mayo, por el que se reestructura el Gabinete y la Secretaría General de la Presidencia del Gobierno* a la Presidencia del Gobierno. En concreto, su artículo 5º determina que el Departamento de

Protocolo de la Presidencia del Gobierno asumirá las funciones atribuidas a la Jefatura de Protocolo del Estado y a la Jefatura de Protocolo de la Presidencia del Gobierno.

Es importante indicar aquí que corresponde al Departamento de Protocolo del Gobierno aclarar cuántas dudas o problemas puedan surgir en la organización de actos oficiales. Es muy recomendable recurrir al mismo cuando nuestros asuntos alcancen grados de complejidad, o de encono. Por ello debemos recordar que quienes apliquen las normas establecidas para le realización de actos oficiales tienen, de alguna manera, una dependencia no jerárquica pero sí funcional del mencionado Departamento para la determinación de precedencias en caso de duda o conflicto.

Carácter general y especial de los actos

De manera bastante ambigua, el Real Decreto 2099 diferencia los actos oficiales según sean consecuencia de una función o competencia propia de una Entidad o Administración (actos de carácter especial) o se trate de celebrar «conmemoraciones o acontecimientos nacionales, de las autonomías, provinciales o locales» (actos de carácter general). Es la primera determinación a la hora de organizar un acto, y muchas veces se confunden o no se entiende claramente esta división, pues hay actos de carácter general que pudieran ser entendidos como competencia propia y función de una Entidad, con lo que se podría considerar que se menoscaba la autonomía de esta.

Presidencia de los actos

Dice el artículo 4 que «los actos serán presididos por la autoridad que los organice. En caso de que dicha autoridad no ostentase la presidencia, ocupará lugar inmediato a la misma». El lugar inmediato a la misma es la derecha de quien preside, pues «la distribución de los puestos de las demás autoridades se hará según las precedencias que regula el presente Ordenamiento, alternándose a derecha e izquierda del lugar ocupado por la presidencia». Derecha e izquierda alternativamente: el R.D. 2099 lo deja claro. Hay una polémica antigua —a nuestro entender estéril— y sin solución, a propósito de «el lugar inmediato a la misma», planteada sobre la casuística de que se quiera ofrecer la imagen de que el lugar de la presidencia ha sido cedido «voluntariamente» o por la obligación legal[166]. Tales sutilezas, salvo para los *connaiseurs*, pasan desapercibidas o no hacen más que confundir a los asistentes.

Para los actos de carácter general organizados por las Comunidades Autónomas y las Entidades Locales, el R.D. 2099 mantiene la firmeza del ordenamiento: «en los actos oficiales de carácter general organizados por las Comunidades Autónomas o por la Administración Local, la precedencia se determinará prelativamente, de acuerdo con lo dispuesto en el presente Ordenamiento, por su normativa propia y, en su caso, por la tradición o costumbre inveterada del lugar». Las circunstancias de normativa propia, que las suele haber, o la tradición inveterada no pueden menoscabar la presencia del Estado pues: «en ningún supuesto podrá alterarse el orden establecido para las Instituciones, Autoridades y Corporaciones del Estado señaladas en el presente Ordenamiento», concluye el R.D. 2099.

En cambio para los actos de carácter especial (la mayoría de los que organizan las Entidades Locales) el legislador ha dejado la mano abierta a los criterios del organizador instando a la normativa propia, las costumbres, tradiciones y, en su caso, con los criterios y prelaciones del R.D. 2099.

Concurrencia de autoridades del mismo rango

«Si concurrieran varias personas del mismo rango y orden de precedencia, prevalecerá siempre la de la propia residencia». Entre concejales de diversos Ayuntamientos preceden los propios de la localidad en la que se realiza el acto. Entre parlamentarios de distintas provincias, tienen precedencia los de la provincia donde se celebra el acto. En un acto al que asisten diferentes alcaldes, precede el del municipio en el que se celebra el acto. Ojo con los alcaldes de las capitales... fuera de su municipio son un alcalde más. Tienen tendencia a menoscabar la representación de los alcaldes de los pequeños municipios. Lo idóneo es que los alcaldes, fuera de sus municipios, se organicen por el número de habitantes (con lo que la «visualidad» de los grandes municipios a veces es contestada por los pequeños).

En los actos de las Diputaciones, por su propia naturaleza, suelen concurrir muchos alcaldes. En la Diputación de Almería hay una costumbre, que ya casi se puede considerar «inveterada», o cuanto menos arraigada, pues ya pasa de los 30 años: un ala del lugar del acto se reserva exclusivamente para los alcaldes, sentados de manera peinada los de mayor número de habitantes con los de menor: Así, al de la capital (mayor número de habitantes) sigue el de menor número de habitantes. Se acabó así el viejo dilema de la presencia y visualidad de los alcaldes de los municipios más poblados y pudientes, además de comunicar el carácter subsidiario que las Diputaciones tienen con respecto a los municipios de menor capacidad.

Representación de una autoridad por otra

Cuando una autoridad asiste en sustitución de otra no ocupa el lugar que le corresponde a la representada sino al suyo propio, salvo que ostente la representación de el Rey o el presidente del Gobierno. En igual sentido se manifiesta el Reglamento de Honores Militares en cuanto a la rendición de honores[167]. López Nieto nos recuerda que «no debe confundirse la representación, a que este precepto se refiere, con el ejercicio de autoridad o cargo de carácter interino o accidental. Y en nota a pie de página nos pone como autoridad al maestro Vilarrubias, en los mismos términos, y a González Navarro cuando en su Derecho Administrativo Español, «distingue entre sustitución o suplencia, la delegación de funciones y la representación»[168]. El artículo 21 del *Real Decreto Legislativo 781/1986, de 18 de abril, por el que se aprueba el texto refundido de las disposiciones legales vigentes en materia de Régimen Local* se expresa en los términos de «conferir delegación» al decir que «cuando el Alcalde se ausente del término municipal por más de veinticuatro horas sin haber conferido la delegación, o cuando por una causa imprevista le hubiere resultado imposible otorgarla, le sustituirá el teniente de alcalde a quien corresponda, quien deberá dar cuenta de ello al resto de la Corporación». Aunque hemos encontrado argumentos jurídicos diversos y abundan opiniones en todos los sentidos, según los expertos, cuando un alcalde se encuentra fuera del término municipal puede ocupar el lugar del alcalde a todos los efectos y no el propio que le corresponde como teniente de alcalde.

Por otra parte, este principio general del R.D. 2099 no es observado en las legislaciones de algunas Comunidades Autónomas como Cataluña, Andalucía, Navarra o Valencia, y prevén el lugar del representado para quien lo representa en algunas autoridades[169].

A nuestro entender, el asunto va más allá de si se sienta en el lugar del representado o no. Se trata de dilucidar si la imagen, la representación, la *auctóritas* que ostenta un cargo se puede —o debe— transferir hacia otro fácilmente. En una sociedad democrática la representación que ostenta una autoridad no se debe trasladar, en líneas generales, y debe ser una circunstancia extraordinaria, pues la representación emana de la ciudadanía y a este principio debe estar sujeta. Por otra parte, el colocar al representante en el lugar del representado puede ser también —y ha sido— una forma de herir sensibilidades. El celo del legislador en el R.D. 2099 fue radicalmente contrario en relación al antiguo *Reglamento de Precedencias y Ordenación de Autoridades y Corporaciones* de la dictadura franquista (Decreto 1483/1968, de 27 de junio) que reconocía entre sus principios generales que la persona que legalmente sustituyera en su cargo a cualquier autoridad gozaba de la misma precedencia reconocida al titular, lo que constituía una forma de control sobre jerarquías inferiores, propia de un aparato totalitario, decidiendo quién, según las circunstancias e intereses, era el enviado, evitando así cualquier autoridad "no controlada".

Delegados y Subdelegados del Gobierno en las CC AA

La *Ley 6/1997, de 14 de abril, de Organización y Funcionamiento de la Administración General del Estado* (en adelante LOFAGE), vino a suprimir la figura de los Gobernadores Civiles y creó la de los Delegados del Gobierno de la Administración General del Estado en la Comunidad Autónoma (Art. 22), como representantes de la misma, y los Subdelegados para las provincias (Art. 29), bajo la dependencia de los mismos. Con ello, además, se realizaba una reestructuración de la administración periférica de la Administración General del Estado.

El *Real Decreto 617/1997 de 25 de abril de Subdelegados del Gobierno y Directores insulares de la Administración General del Estado* establece lo siguiente: «En tanto se modifique el Real Decreto 2099/83 de 4 de agosto, por el que se aprueba la Ordenación General de Precedencias del Estado, los Subdelegados del Gobierno en las provincias ocuparán el lugar inmediatamente anterior previsto para los Rectores de la Universidad y los Directores Insulares se situarán delante de los Tenientes de Alcalde del Ayuntamiento del lugar».

En referencia al Subdelegado del Gobierno de la Nación y Delegado del Gobierno de la Comunidad Autónoma hay que recordar que estas dos figuras fueron causa habitual de problemas, pues si bien el *Real Decreto 617/1997, de 25 de abril, de Subdelegados del Gobierno y Directores Insulares de la Administración General del Estado* los contempla como cargos puramente funcionariales, subordinados a la autoridad del Delegado del Gobierno en la Comunidad Autónoma, nombrados por libre designación entre funcionarios de carrera y con nivel orgánico de Subdirector General, los decretos de creación de los delegados representantes de los gobiernos de las Comunidades Autónomas suelen ir más allá. En concreto, en el caso de Andalucía, el Decreto de creación de la figura del Delegado del Gobierno Andaluz lo contempla como el máximo representante del Gobierno de la Comunidad Autónoma en la Provincia y con rango de Director General.

Presidencia del Gobierno, a quien correspondió en su momento dirimir este asunto consideró que un Subdirector General del Estado tiene mayor valencia que un Director General de comunidad autónoma, y determinó mediante circular que el Delegado del Gobierno Andaluz en las provincias ocupara el puesto inmediato al Subdelegado del Gobierno, colocándose éste delante del Rector, de acuerdo con el criterio general de ordenación del R.D. 2099 (Administración General del Estado, Comunidad Autónoma, Municipio y Provincia).

Personalmente, recuerdo este tipo de problemas y las circunstancias políticas que favorecieron la desaparición de los Gobernadores Civiles y la creación de los Delegados y Subdelegados, en el marco de la LOFAGE, para la formación del gobierno del presidente Aznar, gracias al pacto con el presidente Pujol, al objeto de «menoscabar» el significado de la administración periférica del Estado en la Comunidad Autónoma. En los decretos de creación de cargos pocas veces se indica su precedencia; en este caso el asunto cantaba..

.

Delegados y Subdelegados de Defensa y la representación de las Fuerzas Armadas

Nos vamos a detener de manera especial en el concepto de representación en las Fuerzas Armadas y la figura de los delegados y subdelegados de Defensa, asunto pocas veces bien explicado, o entendido, en los manuales al uso y motivo de duda de muchos de quienes se dedican a la organización de actividades institucionales. Pues, de partida, la representación del Ejército no recae sobre los delegados o subdelegados de Defensa como se suele pensar, incluso con cierta lógica o sentido común (aunque pueden recibir de forma delegada dicha representación, como veremos).

La voluntad del Estado de organizar sus estructuras administrativas periféricas, expresada en la mencionada LOFAGE, se manifestó igualmente para armonizar la organización periférica de la Administración militar con el *Real Decreto 2206/1993, de 17 de diciembre por el que se crean Delegaciones de Defensa,* al objeto de establecer una organización periférica unitaria del Ministerio de Defensa. El espíritu del real decreto era permitir una clara diferenciación entre las funciones operativas y de logística del Ejército, de las administrativas y de gestión que se encomiendan a las Delegaciones. Ello supuso la desaparición paulatina de los Gobiernos militares (prevista en la disposición adicional segunda.

Así, se crean las Delegaciones de Defensa, una en cada provincia, como órganos territoriales a cuyo frente está un delegado dependiente del Ministerio (a través del secretario de Estado de Administración militar). Entre otras, al delegado de Defensa se le atribuye la función de «ostentar la representación del Ministerio de Defensa» (art. 4, a). Y en la Disposición transitoria segunda expresa que «hasta tanto se determine, dentro del Ordenamiento General de Precedencias del Estado, el lugar que ocupará el delegado de

Defensa será el que corresponda por razón de su empleo militar y antigüedad, entre las autoridades militares de la estructura periférica de las Fuerzas Armadas».

Se podría pensar en la ambigüedad del término «representación» del Ministerio (su significado) pues dicha representación, como en el caso de los delegados de Gobierno, no queda en el titular del órgano creado de la estructura periférica, sino que queda sujeta al empleo o la antigüedad de cualquier otro miembro de la estructura militar periférica, "ajeno" a los asuntos cometidos y funciones de las Delegaciones de Defensa como estructura orgánica y que pueden preceder a los delegados.

La dicotomía entre la representación orgánica del Ministerio (en el titular del órgano (la Delegación de Defensa) y el mayor empleo de cualquier miembro de la Administración periférica militar del Estado en la provincia, debieron llevar a reflexiones de calado, pues en el año 2002 se publicaron el *Real Decreto 915/2002, de 6 de septiembre, sobre organización y funcionamiento de las Delegaciones de Defensa* y, en la misma fecha, curiosamente, el *Real Decreto 913/2002, de 6 de septiembre,sobre representación institucional de las Fuerzas Armadas.*

En el primero de ellos (915) las Delegaciones de Defensa se conciben bajo el principio de «"gestión territorial integrada", como uno de los criterios organizativos básicos de la Administración del Estado, conforme a lo dispuesto en la LOFAGE, y al objeto de armonizar «la estructura periférica de la Administración militar con la aplicada en el resto de la Administración General del Estado, en cuya regulación se ha inspirado», tal y como se indica en su preámbulo. Así, aparecerán las Delegaciones de Defensa, «con sede en una capital de provincia y abarcarán el territorio de varias provincias, salvo en aquellas cuyo territorio coincida con el de una Comunidad Autónoma y en las Ciudades de Ceuta y Melilla en las que podrá existir una Delegación de Defensa. En la medida de lo posible, se ajustarán a la estructura territorial de la Administración del Estado» (art. 2.1).

Las Delegaciones de Defensa se constituyen «como órganos territoriales para la gestión integrada de los servicios periféricos de carácter administrativo de los órganos superiores y directivos del Ministerio de Defensa y de los Organismos públicos adscritos a los mismos» (art. 1.2), a través de las cuales «la Administración militar ejerce su acción en todo el territorio del Estado» (art. 1.1). Dependiendo de ellas, y con un ámbito territorial inferior al de éstas, se podrán crear Subdelegaciones de Defensa y Oficinas Delegadas que ejercerán, en su ámbito territorial, las mismas funciones que las establecidas para las Delegaciones de Defensa. Las Subdelegaciones de Defensa «tendrán sede en la capital de la provincia y abarcarán el territorio de la misma, dependiendo orgánicamente de la Delegación de Defensa correspondiente» (art. 2.4). Finalmente, se deroga el primer decreto, 2206/1993 de 17 de diciembre, que creaba las Delegaciones. Y no hay ninguna referencia sobre precedencias o representación.

El segundo es el *Real Decreto 913/2002, de 6 de septiembre, sobre representación institucional de las Fuerzas Armadas,* que viene a establecer, precisamente, los criterios de representación institucional de las Fuerzas Armadas, expresando en su artículo 4.1 que «ostentarán la representación institucional de las Fuerzas Armadas, en el ámbito territorial que se determina, los siguientes Jefes de unidades, sin que esta función, meramente representativa, suponga la asunción de facultades disciplinarias ni de otra índole»:

a) El General Jefe de la Fuerza Logística Operativa, con sede en A Coruña, en el territorio abarcado por las provincias de A Coruña, Álava, Asturias, Ávila, Burgos,

Guipúzcoa, León, Lugo, Ourense, Palencia, Pontevedra, Salamanca, Santander, Segovia, Soria, Valladolid, Vizcaya y Zamora.

b) El Inspector general del Ejército de Tierra con sede en Barcelona, en el territorio abarcado por las provincias de Barcelona, Girona, Huesca, La Rioja, Lleida, Navarra, Tarragona, Teruel y Zaragoza.

c) El Almirante de Acción Marítima, con sede en Cartagena, en el territorio abarcado por la Región de Murcia.

d) El General Jefe del Mando Aéreo General, con sede en Madrid, en el territorio abarcado por las provincias de Albacete, Ciudad Real, Cuenca, Guadalajara, Madrid y Toledo.

e) El Almirante de la Flota, con sede en Rota, en el territorio abarcado por las provincias de Almería, Cádiz, Granada, Huelva y Málaga.

f) El General Jefe de la Fuerza de Maniobra, con sede en Valencia, en el territorio abarcado por las provincias de Alicante, Castellón y Valencia.

g) El General Jefe de la Fuerza Terrestre, con sede en Sevilla, en el territorio abarcado por las provincias de Badajoz, Cáceres, Córdoba, Jaén y Sevilla.

h) El General Jefe del Mando de Canarias del Ejército de Tierra, con sede en Santa Cruz de Tenerife, en el territorio abarcado por las provincias de Las Palmas y Santa Cruz de Tenerife».

El apartado 2 del mismo artículo indica que: «Los Jefes de las unidades citadas en el apartado anterior podrán "delegar" [las comillas son nuestras] el ejercicio de la representación institucional de las Fuerzas Armadas que ostentan en otras autoridades militares, le estén o no directamente subordinadas y pertenezcan o no a su mismo Ejército».

Y en el apartado 3 indica que —y esto es lo importante— «sin perjuicio de la delegación a que se refiere el apartado anterior, y en el ámbito territorial asignado a dichos Jefes de unidad, en cada provincia se encomienda la representación institucional al militar de mayor empleo destinado en ella; a igualdad de empleo, al que tenga asignado mando de Fuerza; en su defecto o igualdad de mando, al de mayor antigüedad; a igualdad de antigüedad, al de mayor antigüedad en el empleo anterior, y así sucesivamente, hasta llegar a la fecha de ingreso en las Fuerzas Armadas. En último extremo se resolverá a favor del de mayor edad».

Por último y en referencia a la legislación del Estado en materia de protocolo, la Disposición adicional única aclara que «las autoridades que ejerzan la representación institucional de las Fuerzas Armadas tendrán, en lo que respecta a la precedencia en las normas de protocolo del Estado, la consideración prevista en el artículo 10, apartado 26, en los actos celebrados en la Villa de Madrid, en su condición de capital del Estado y sede de las instituciones generales; y artículo 12, apartado 28, en los actos en el territorio propio de una Comunidad Autónoma». El apartado 28 correspondía al Capitán General de la Región Militar, Capitán General y Comandante General de la Zona Marítima, el Jefe de la Región o Zona Aérea y el Comandante General de la Flota, según su orden.

Más adelante, en 2007 aparece el *Real Decreto 308/2007, de 2 de marzo, sobre organización y funcionamiento de las Delegaciones de Defensa.* que deroga al 915/2002.

En su artículo 6.4, indica en cuanto a sus competencias que, sin perjuicio de las que tengan atribuidas los delegados del Gobierno, le corresponde al delegado de Defensa constituir cauce ordinario de relación con las autoridades civiles de la Comunidad Autónoma y las militares ubicadas en ellas. Este «cauce ordinario de relación con las autoridades civiles», pensamos, no es un asunto menor y debe ser valorado como la labor de producir el conocimiento, la estimación y la mejor relación del Ejército con la sociedad, como vienen realizando Delegaciones y Subdelegaciones.

En la disposición transitoria cuarta, sobre precedencias indica que: «Hasta tanto se modifique el Real Decreto 2099/1983, de 4 de agosto, por el que se aprueba el Ordenamiento General de Precedencias en el Estado, el delegado de Defensa y, a continuación, el Subdelegado ocuparán el lugar previsto para el Gobernador militar, figura hoy desaparecida».

Probablemente las circunstancias o la experiencia, llevaron al legislador a realizar, dentro de este mismo decreto y mediante una disposición final primera, modificar el *Real Decreto 913/2002, de 6 de septiembre, sobre representación institucional de las Fuerzas Armadas* en los siguientes términos: «El Real Decreto 913/2002, de 6 de septiembre, sobre representación institucional de las Fuerzas Armadas, queda modificado como sigue: El párrafo b del artículo 3 queda redactado del siguiente modo: b) Los Jefes de Estado Mayor del Ejército de Tierra, la Armada y el Ejército del Aire, como miembros más antiguos de sus respectivos Ejércitos, ostentarán la representación institucional de los mismos. Podrán delegar su representación en otros mandos militares de su mismo Ejército, incluidos aquellos destinados como Delegados o Subdelegados de Defensa», y el apartado 2 del artículo 4 queda redactado del siguiente modo: «2. Los Jefes de las unidades citadas en el apartado anterior podrán delegar el ejercicio de la representación institucional de las Fuerzas Armadas que ostentan en otras autoridades militares, le estén o no directamente subordinadas y pertenezcan o no a su mismo Ejército, entre los que se incluirán a los Delegados y Subdelegados de Defensa». Parece como si el legislador hubiera caído en cuenta que también los Delegados y Subdelegados de Defensa son cargos en los que se puede delegar la representación [170].

En consecuencia, la representación del Ejército queda encomendada a la totalidad de los empleos pues en cada provincia se encomienda al militar de mayor empleo destinado en ella, como dicta el apartado 3 del artículo 4 del real decreto 913/2002 de representación de las Fuerzas Armadas.

Cuando haya que modificar el R.D. 2099 y colocar la representación de las Fuerzas Armadas será difícil de expresar técnicamente a la autoridad determinada. Evidentemente las autoridades militares que representen a la Fuerzas Armadas ocuparán el lugar 26 o 28 del R.D. 2099, pero la que ostente «la delegación» ocuparan el lugar que les corresponde por su propio empleo, de acuerdo con el criterio general del R.D. 2099 que impide la representación de una autoridad por otra, salvo el Rey y el presidente del Gobierno.

En conclusión, no debemos olvidar que la autoridad de mayor empleo en la provincia ocupa el lugar anteriormente previsto para las altas autoridades del Ejército como los Capitanes Generales de las Regiones Militares, los jefes de las Regiones aéreas y los Comandantes de Flota, desaparecidos del R.D. 2099; con mayor valencia que los consejeros de la Comunidad Autónoma, presidentes y fiscales de los Tribunales superiores de Justicia de la Comunidad, presidentes de Diputación, diputados nacionales y senadores por la provincia, entre otras autoridades. Probablemente, en los actos que se celebren en Madrid, con las altas autoridades militares del Estado, en los de las grandes capitales de provincias o en las que estén radicadas sedes con altas autoridades militares al mando, pueda tener sentido la representación y el lugar expresados, pero en el resto de capitales o municipios quizás haya un desequilibrio visual de los representantes de las instituciones y los poderes. No decimos que sea mejor o peor, pero el concepto de representación no encontrará su mejor afirmación. En definitiva la pregunta es: ¿puede cualquier miembro de una institución, tan relevante y apreciada, como las Fuerzas Armadas, representarla en su totalidad, y aún más de forma delegada?

Tenientes de Alcalde

Conviene recordar al lector que con los tenientes de alcalde se cierra la precedencia de autoridades correspondientes a Entidades Locales, junto a la presencia del alcalde del municipio del lugar y el presidente de la Diputación provincial, Mancomunidad o Cabildo Insular. Por lo tanto, junto a las legislaciones autonómicas, se cierran las normas de carácter legal a la que podamos referirnos.

Para quienes trabajan todos los días en Municipios y Provincias queda el problema de las autoridades elegidas y nombradas con las que se trabaja habitualmente. Concejales, diputados provinciales, directores y asimilados de la Organización General del Estado en la provincia, los delegados del Gobierno autonómico, las organizaciones empresariales y sindicales, consulados, organizaciones religiosas...: un conjunto de autoridades e instituciones que en la vida municipal y provincial mantienen importantes relaciones institucionales y presencia pública, sobre las que nos extenderemos en el capítulo dedicado al Municipio y la Provincia.

Otras consideraciones

La doble legislación, estatal y autonómica, viene a complicar en muchas ocasiones la actividad institucional. Es muy difícil que a un acto organizado por la Comunidad Autónoma no asista alguna autoridad con diferente valencia en ambas legislaciones o que no la contemple. La simple presencia de una autoridad de la Administración General del Estado puede dar al traste con lo organizado y previsto según una legislación autonómica.

La legislación autonómica, por tanto, está condenada, lamentablemente a ser endogámica. No estaría mal una revisión, consensuada, a nivel estatal, de estas «complejidades» que, en el fondo, lo que ponen de manifiesto es el grave problema de la diferente concepción que se otorga al concepto de representación y el valor de la misma en una sociedad democrática que, por lo visto (y legislado) es muy diferente en cada Comunidad Autónoma. La competencia la tiene el Estado...

El R.D 2099 cuenta ya con más de 40 años de funcionamiento y ha sido recurrido por algunas Comunidades Autónomas en cuestiones de competencia para el establecimiento de las precedencias, con sentencia del Tribunal Constitucional[171], considerando que es al Estado a quien compete este asunto, razonando en el apartado 3º de los fundamentos jurídicos: «La conclusión inicial por tanto ha de ser que esta competencia, con carácter general, corresponde al Estado. Solución que es lógica, pues concebido también el Estado en la Constitución como una institución compleja, del que forman parte las Comunidades Autónomas, resulta necesario convenir que la regulación de la precedencia de las autoridades y órganos de distinto orden en los actos oficiales ha de corresponder a los órganos generales o centrales del Estado». Pues, se podría poner un poco de orden.

Para concluir, también es necesario recordar que el R.D. 2099, no hace nada más que adaptar el decreto sobre precedencias de la dictadura franquista, del año 1968, al nuevo modelo de Estado de la Constitución de 1978. El viejo decreto no tenía desperdicio y entre sus «perlas» se encontraba, entre otras, la obligación de las autoridades de asistir a los actos de carácter general —no así los de carácter especial—. En los actos de carácter especial se capacitaba a la presidencia de los mismos para ser acompañada, a su criterio, por otras autoridades; y se señalaba como norma que debían estar representadas entre aquellas la civil, eclesiástica, militar y judicial[172].

En cualquier caso, en nuestra opinión, el Real Decreto 2009 ha venido funcionando bien a pesar de que ha recibido críticas por parte de muchos expertos, la mayoría en el sentido de la necesaria actualización del mismo, así como incluir muchas más autoridades de orden nacional, autonómico, local o religioso; es decir, llegar hasta más abajo. En este sentido, a nuestro humilde entender, una regulación de precedencias de un Estado no puede llegar hasta niveles "de detalle". Pues no es una cuestión de amplitud sino de representación. Habitualmente se nos olvida que las instituciones siempre están representadas con sus representantes a la cabeza. No concebiríamos un decreto que llegara hasta el ultimo concejal del Ayuntamiento; ya está el alcalde, e incluso los tenientes de alcalde, que si son muchos... Tampoco parecería razonable que llegara hasta el director provincial de Tráfico o la Tesorería de la Seguridad Social, que ya tienen al subdelegado del Gobierno... Tampoco la administración periférica de la Comunidad Autónoma, los delegados de las Consejerías, sus organismos autónomos, agencias o empresas, que ya tienen al representante en el delegado del Gobierno de la Comunidad en la Provincia.

Con todo, quizás podríamos afirmar que la juventud de nuestra democracia y nuestra Constitución han hecho posible que nuestro ordenamiento en cuestión de precedencias sea de los más democráticos de Europa. En primer lugar es totalmente laico. No existe lugar para representantes de las confesiones religiosas, muy al contrario que otros, como el alemán o el inglés (que sólo contemplan las iglesias «oficiales»). En Alemania, el presidente de la Conferencia Episcopal Alemana, el presidente del Consejo de la Iglesia Evangélica y el presidente del Consejo Central de los Judíos disfrutan de un alto lugar inmediatamente después de los ex presidentes federales. O el caso de Reino Unido en el que el arzobispo de Canterbury ocupa el lugar inmediato a la familia real, como el más alto de los *lords spiritual*, (con los obispos de York, Londres, Durham, etc. según su antigüedad). Pero ya sabemos que la tradición forma parte de la constitución inglesa y su ordenamiento se ha realizado cimentando la costumbre a base de leyes, o no, y en sus normas la nobleza está por encima de los cargos, aunque a los cargos se le atribuyen títulos... En fin, los ingleses.

Ha pasado demasiado tiempo como para que el R. D. 2099 no haya sido tomado en consideración para incluir todas las autoridades cuyo lugar se ha expresado en los decretos de su creación con el reiterado «hasta tanto se modifique el Real Decreto 2099/1983, de 4 de agosto» pues dicho texto «ha quedado totalmente superado por las sucesivas modificaciones introducidas en el organigrama estatal y reclama desde hace tiempo una actualización que, por el momento, no parece que vaya a producirse. Lo cierto es que muchas de las autoridades que en el Ordenamiento General de Precedencias de 1983 se consignan han desaparecido y, por contra, se han creado nuevos altos cargos que se hallan en la práctica desubicados en los e incluir a los representantes de los Parlamentos autonómicos»[173].

6. MUNICIPIO Y PROVINCIA

En el ámbito europeo los «municipios», o las divisiones similares, con sus peculiaridades administrativas y su tradición histórica (*comune* en Francia, *commune* en Italia, *gemeinden* en Alemania, o los diferentes tipos de *boroughs* ingleses...), constituyen las administraciones más próximas a los ciudadanos y tradicionalmente son considerados como una entidad «natural», básica, frente a otros Entes de la organización de un Estado considerados a veces «artificiales» (Departamentos, Comunidades Autónomas, Regiones, Provincias, Landers, Condados...). Pues el gobierno de los asuntos más inmediatos surge de la necesidad histórica de solucionar problemas comunes, bien por la voluntad de unir vecindades, propia de territorios dispersos, para el desarrollo de la vida económica y social, bien por el espíritu de necesidad, o de aventura propia de los colonizadores que, llegados a un lugar, debían de delimitar el territorio, planificar la ciudad y organizarse institucionalmente a través de normas y leyes, conforme al modelo de la metrópoli o ajustándolas a sus nuevos intereses.

Si la referencia a entidad «natural» tiene tintes propios del romanticismo decimonónico, lo cierto es que los vecinos de los pequeños y medianos municipios encuentran en su Ayuntamiento todo un mundo administrativo, una entidad que a veces totaliza a «la Administración». Referiremos, una vez más, cómo los vecinos muchas veces se dirigen sin complejos a su ayuntamiento, o a su alcalde, para preguntar de todo y sobre cualquier asunto que les afecta, no conoce, le preocupa, le interesa o desea solucionar, independientemente de la administración competente sobre la materia que se trate. Quien trabaje en un Ayuntamiento, incluso no tan pequeño, sabe perfectamente de lo que estamos hablando. Es como un primer «servicio de información al ciudadano» ante el complejo laberinto de la Administración; por no hablar de la labor de «traducción» que los empleados municipales realizan sobre la burocracia de documentos —ya digitales— que aquella suele generar. Más allá de los otros Entes del Estado, el Municipio, además, es el espacio en el que se materializa la vida económica, laboral, social, cultural, educativa, afectiva. El lugar en el que se nace y se muere, y en el que se asientan las generaciones y la construcción de la historia local y familiar. En fin, el lugar en el que los derechos y deberes formales se hacen reales, se viven a diario.

Si la historia contemporánea de España hacia la instauración de un Estado liberal es una sucesión de frustraciones, aún más lo es la del municipalismo o, por decirlo mejor, el camino hacia la autonomía municipal, la capacidad de los vecinos para gestionar sus propios intereses más allá del paternalismo, o la injerencia, de entidades superiores a las que debían sujetarse.

La construcción de un Estado democrático, independientemente de la organización territorial en la que se configure, es inviable sin la consolidación de su sociedad civil en la vida municipal y la existencia de una administración local prestadora de los servicios más próximos a las necesidades de los vecinos. Como vimos páginas atrás, muchos de los grandes enfrentamientos entre el liberalismo y el conservadurismo español del XIX y XX tuvieron una dramática expresión en torno al Municipio, pues los esfuerzos hacia la autonomía y el gobierno electivo de estos no acababan de cuadrar con los intereses centralistas de quienes encontraban en ellos un mecanismo de control de la vida urbana, a través del caciquismo o de «enviados», en forma de Jefes políticos, Subdelegados y Gobernadores.

La Historia, y sobre todo, los expertos en Derecho Administrativo, suelen remontar el municipalismo al Imperio romano. Es cierto que tanto en Grecia como en la configuración del Imperio romano existía una auténtica organización de la ciudad y que crearon modelos de organización institucional y urbanística que, además, exportaban a sus colonias o a los territorios conquistados. Pero resulta quizás lejano cuando pensamos en lo que actualmente entendemos como Municipio. Quizás aceptamos mejor sus orígenes en los siglos de la Alta Edad Media y en las múltiples configuraciones territoriales surgidas del Feudalismo y el desarrollo de las ciudades y villas tras la descomposición territorial del Imperio romano. En este sentido, a pesar de la excelente documentación que los magistrados (Cicerón, por ejemplo) o los literatos latinos nos dejaron de la vida en provincias, no abundan las referencias a una vida que pudiéramos llamar propiamente municipal.

En cambio, la idea de Provincia como referente histórico encaja mejor en la estructura territorial del Imperio romano: una auténtica división territorial que bien podría expresarse en términos modernos «para el desarrollo de los intereses del Estado». Según la forma en la que los territorios quedaron adscritos al Imperio, las provincias romanas tenían diferente estatus político: las ciudades propiamente de identidad romana eran fundadas por colonos romanos y, muchas, veces, eran el lugar de retirada para los licenciados del ejército; las ciudades federadas disponían de una relativa autonomía a partir de la concesión de privilegios; y finalmente, las ciudades estipendiarías, esto es, las que estaban sujetas a tributos y sin ningún tipo de autonomía. Así, encontramos diferentes interpretaciones etimológicas y sentidos atribuidos al concepto de «provincia». Una interpretación muy común es remontarla a los términos latinos *pro vincere* («por haber vencido», o «antes de vencer» cuando se iba a conquistar territorios), errónea a todas luces, según los expertos, pues se trataría de un caso de etimología popular en la que por similitud fonética, o de concepto, se busca sentido a una palabra: lo que llaman los lingüistas una atracción paronímica. Por el contrario, «provincia» sería más un «cargo sobre un territorio», y el diccionario Spes de latín (el de toda la vida) así lo entiende cuando incluye como principales significados «gobierno de una provincia» o «gobernador».

Lo habitual era que el gobierno de las provincias se les concediera a los altos magistrados, excónsules o expretores. Así durante la expansión del Imperio surgieron ciudades consulares y pretoriales, según el magistrado enviado. Ciudades que, más tarde, serían imperiales o senatoriales según estuvieran gobernadas en última instancia por el emperador o por el Senado. Estos pro-cónsules (en lugar del cónsul) y pro-pretores eran auténticos gobernadores con un equipo de expertos funcionarios, formados en Roma, para ejercer todos los poderes (ejecutivo, legislativo y judicial).

Muchos de los gobernadores utilizaron su poder para el enriquecimiento personal; a veces eran amonestados o desterrados, pues existían vías para las quejas por parte de las provincias hacia Roma, procedentes de un *consilium* provincial, no muy bien definido, una especie asamblea que integraba a notables propios del territorio y que vendría a ser una especie de senado elegido, según la costumbre romana, en *comitia,* que debatía asuntos administrativos y religiosos. Cuando el gobernador cesaba en sus funciones el *consilium* solía enviar un informe, una especie de «cuaderno de quejas», a Roma para su evaluación y consecuencias.

En Hispania, la incapacidad del Imperio para controlar militarmente sus provincias y ciudades y el empuje germánico (alanos, vándalos, suevos) produjeron el abandono de las poblaciones urbanas y la huida de los notables hacia el campo, con la consiguiente aparición de latifundios. Se puede afirmar que para el inicio del siglo V en Hispania, la estructura organizativa romana estaba en plena decadencia.

Por cuanto a los visigodos, se pone en duda si dispusieron de una auténtica organización municipal. Como en tantos asuntos relativos a la Edad Media, existen diferencias en la interpretación historiográfica. Domínguez Ortiz dice que la época visigótica es como un «agujero negro», por la escasez de documentación oficial de un periodo de tres siglos que fue arrasada por la invasión islámica[174]. En cualquier caso lo cierto es que acabaron con la estructura provincial de la península de herencia romana y, especialmente, con la «vida municipal» o ciudadana de lo que fueron las grandes ciudades de origen romano.

La paulatina reconquista de los reinos hispánicos de los territorios musulmanes constituye un proceso histórico determinante en la configuración política y territorial hispana por la aparición paulatina de los reinos Astur-Leonés, Castilla y Navarra en unos momentos finales en los que la organización territorial de Al Ándalus ve imposibilitada el mantenimiento de una estructura «estatal», a pesar de los últimos intentos de supervivencia que representan almohades y nazaritas. En este panorama norte–sur, con espacios fronterizos de hostigamiento, o despoblados, las monarquías asturiana y leonesa inician el proceso conquistador bajo «el principio jurídico de que toda la tierra abandonada era de propiedad real»[175]. Desde la Alta Edad Media, las propiedades de los reyes (*realengum*) comenzaron a ser adjudicadas a nobles y eclesiásticos bajo diferentes formas jurídicas (presuras, donaciones, tenencias..), con singularidades y denominaciones distintas en uno u otro reino. Con ello se crea una clase de propietarios dispuestos a ejercer jurisdicción y ponerlas en cultivo. En consecuencia «si geográficamente el realengo era creciente por las conquistas, intrínsecamente era menguante, porque una parte del mismo acababa en manos de nobles»[176].

Salvo las ciudades de importancia, los pequeños territorios con población no eran más que núcleos dispersos en torno a una fortificación, una torre, o una iglesia, cuyo entorno daría lugar al alfoz (una especie de primitivo «termino municipal») sujetos al control de la nobleza feudal o del rey. La necesidad de organización de los pequeños núcleos urbanos daría lugar a formas de adopción de decisiones comunes de los pobladores, mediante la reunión en asambleas vecinales o Concejos, abiertos a todos los vecinos. Si en las pequeñas poblaciones cristalizó el funcionamiento de este Concejo Abierto (institución que llega hasta nuestros días), las ciudades tuvieron que articular una estructura de cargos para responder a las necesidades de una vida urbana en crecimiento. Así, a partir del siglo XI el Concejo Abierto comenzará a perder su singularidad democrática para convertirse en una reunión cerrada en la que el protagonismo lo representan los llamados *boni homines*, esto es, los vecinos de mayor arraigo, capacidad económica, propiedades, y los llamados «caballeros villanos», gentes capaces de disponer de un caballo para luchar «con privilegios semejantes a los que de antiguo gozaba la caballería de linaje»[177], una clase heredera de muchos que habían luchado en la Reconquista.

Por poner un ejemplo concreto y según Orduña Rebollo, en Castilla y León, en el «organigrama» del Consejo estaba en primer lugar el juez con atribuciones políticas y judiciales, de quien dependía el Alférez, encargado de la milicia; le seguían un alcalde por cada *collación* (barrio) con un amplio número de funciones judiciales y administrativas, policía rural y urbana, precios y pesos y medidas. La elección de estos cargos se hacía por elección en cada barrio.

El segundo nivel de autoridad lo integraban: el merino responsable de la administración económica; el almotacén controlaba el mercado; los documentos oficiales y los libros de actas eran responsabilidad del escribano o notario; los andadores se encargaban de la custodia de los presos y la ejecución de las sentencias; a la entrada de las ciudades, el portazguero cobraba los derechos por acceso de mercancías; los pregoneros llamaban a las convocatorias del Consejo; y el alguacil actuaba a instancias del juez. Existían, en fin, los vigilantes de los montes (montaneros), las dehesas (deheseros) y las viñas (viñadores)[178].

Si los Concejos controlaban una ingente economía urbana, acaparada por las oligarquías, la monarquía prontamente comprendió la necesidad de controlar la vida urbana mediante el envío de cargos regios, ajenos a la vida municipal, para garantizar la sujeción y el control de las ciudades. Aquí debe encuadrarse el envío de los corregidores de la monarquía hispana a las ciudades de mayor riqueza. La figura del corregidor se convirtió en el más alto representante de la voluntad regia que actuaba como presidente. Concejos y corregidores no tardarán en convertirse en una oligarquía dispuesta a repartirse los cargos del Concejo para convertirlo en «cerrado», conviviendo los grupos urbanos con los representantes reales.

Por otra parte, el desarrollo de las ciudades supone contraponer la vida urbana al medio rural feudalizado. El habitante de las primeras ciudades, de alguna manera, se siente liberado de algunas de las formas de sujeción a los señores pues «no le faltaban motivos al hombre medieval para pregonar que el aire de la ciudad hace libre. Si el señor es el arquetipo de la sujección personal, el Municipio es el reducto de las libertades» como se indica en el amplio preámbulo de la *Ley 7/1985, de 2 de abril, Reguladora de las Bases del Régimen Local* .

A su vez, las ciudades son instrumento de las monarquías para menoscabar poderes feudales en el proceso de construcción del Estado, y la Corona les entrega fueros, privilegios o exenciones de impuestos. Funcionaban así por España ciudades con distinto rango de «autonomía» en función de su riqueza y de los servicios que pudieran prestar a la Corona. Esta estructura de control oligárquico de las ciudades, las villas y sus entornos perdurará durante siglos, sin demasiadas transformaciones y con la particularidad de que los Austrias, siempre necesitados de dinero para el mantenimiento de su política imperialista, adoptaron la política de venta de cargos y oficios en una actitud permanente de desplazar del gobierno de las ciudades a las tradicionales oligarquías; cargos que, por otra parte, podían ser arrendados, heredados o vendidos, favoreciendo la inmovilidad estamental.

Los Borbones también fueron incapaces de cambiar el modelo de organización municipal, a pesar de los esfuerzos de reorganización y unificación de los tipos de municipios, sobre todo preocupados por las haciendas locales, pero se enfrentaban a la fortaleza de la sociedad estamental. No obstante, en el ejercicio de su política centralizadora hicieron tabla rasa de los reinos medievales para unificarlos mediante Intendencias (1718). La división del territorio nacional en 32 Intendencias («provincias») procedía de la experiencia administrativa francesa, racionalizadora, uniforme para todo el territorio. Las Intendencias eran dirigidas por un alto funcionario, el Intendente (que muchos suelen considerar la prefiguración del futuro Gobernador) cuyas funciones eran atender y fiscalizar asuntos de la Hacienda, la economía, el fomento de la industria y garantizar el orden público.

Los manuales de Historia suelen pasar por alto el primer texto constitucional español y los reales decretos que tienen lugar bajo el reinado de José I Bonaparte. La Constitución de Bayona de 1808 es un experimento constitucional que, a pesar de su corta vigencia, muchos historiadores han puesto en valor por cuanto anuncia nuevos horizontes, ilustrados, para la organización territorial con novedosos intereses para algunas ciudades (que, más tarde, no tendrían reparos en referirse a la Constitución de Bayona para reclamarlos). José I dividió España en 38 prefecturas, de acuerdo con el modelo francés (y las ideas de algunos afrancesados españoles). Los municipios del reino quedaban bajo la custodia de los Prefectos y se creaba una Junta Municipal nombrada en Consejo Abierto, integrado por los vecinos contribuyentes de la misma municipalidad: diez individuos en las municipalidades cuya población no pasara de dos mil vecinos; veinte en las que no excediera de cinco mil y treinta en todas las que pasaran de este número.

La Constitución elaborada por las Cortes de Cádiz durante la invasión francesa adopta un modelo de organización territorial con base en el Municipio y la Provincia; prevé la creación de Ayuntamientos donde no los hubiera y obligatoriamente a partir de mil habitantes. Estos Ayuntamientos estarían compuestos por el alcalde, los regidores y el procurador síndico, dotándolos de competencias específicas en orden a la policía de salubridad, observancia del orden público, contribuciones, escuelas de primeras letras, hospicios, casas de expósitos, beneficencia, construcción y mantenimiento de caminos y obras públicas en general, así como el fomento de los intereses municipales en cuanto a la agricultura, la industria y el comercio.

Por cuanto a las provincias, establece que en cada una de ellas habrá una diputación, llamada «provincial» al frente de la cual habrá un Jefe Superior nombrado por el Rey. Tanto para los Ayuntamientos como para las Diputaciones prevé la figura de un Secretario a cargo de la entidad. Establece como competencias la promoción de la prosperidad de la provincia y, entre otras, velar por la buena inversión de los fondos públicos de los pueblos, observancia de las leyes y reglamentos, proponer al Gobierno los impuestos necesarios para la realización de obras públicas y el censo de la provincia. Es de resaltar la atribución a las Diputaciones de la promoción de «la educación de la juventud conforme a los planes aprobados, y fomentar la agricultura, la industria y el comercio, protegiendo a los inventores de nuevos descubrimientos en cualquiera de estos ramos». Por último, descarga sobre ellas la responsabilidad de velar por el cumplimiento de la Constitución, al adjudicarles la función de dar parte de cualquier infracción de la misma.

El modelo planteado por Cádiz era centralista y jerárquico: «La ilusión de un autogobierno municipal que se había vislumbrado en el Discurso Preliminar, se disipó en el texto por el carácter subordinado del Ayuntamiento. Por un lado al Jefe Político, porque es clara y terminante la supeditación de los Ayuntamientos a las Diputaciones y por otro, que las competencias serían ejercidas bajo la vigilancia e inspección de las Diputaciones y del Jefe Político que también es presidente de la Diputación, y ejerce el gobierno político de la provincia»[179].

A la vuelta de su exilio en Francia, Fernando VII no quiere saber nada de lo acordado en Cádiz, pero en el Trienio Liberal que se inaugura con la sublevación del coronel Riego en Cabezas de San Juan, la Constitución de Cádiz vuelve a ser proclamada. Es entonces cuando aparece el *Decreto de 3 de febrero de 1823 de Instrucciones para el gobierno económico-político de las provincias*, considerado por muchos expertos en Derecho Administrativo como la primera ley de régimen local española, que revisa y amplía la política local prevista en Cádiz. Se crean 52 provincias, 50 peninsulares más una para cada uno de los archipiélagos balear y canario. El alcalde aparece ahora con competencias propias, como la ejecución de las disposiciones y acuerdos municipales, la jefatura de la Milicia Nacional y, en cuestión de justicia, sólo está capacitado para abrir diligencias y enviarlas a los jueces. Más de 50 artículos se encargan de expresar sus funciones y así el Alcalde aparece como un delegado del gobierno en el Municipio, reduciendo al Ayuntamiento (artículo 191) a una institución consultiva: «Con lo cual se establecerá la dualidad alcalde-agente y Corporación [...] como la técnica de articular los entes locales con los del Estado atribuyendo la esfera de acción a órganos unipersonales, ligados por el vínculo de jerarquía, reduciendo las corporaciones u órganos colectivos a una mera función deliberante y asesora»[180]. La vuelta al poder de Fernando VII acabó con estas nuevas disposiciones.

Durante la regencia de María Cristina de Borbón España quedó dividida en 49 provincias y más tarde en partidos judiciales. La división fue realizada por Javier de Burgos, secretario de Estado y de Fomento, un afrancesado que conocía muy bien los males de España y sus soluciones desde una óptica ilustrada. No en vano había sido subprefecto en Almería con la Constitución de Bayona, corregidor en Granada y era gran conocedor del Derecho Administrativo francés que había estudiado durante su exilio en aquel país.

A partir del Estatuto Real de 1834, el recorrido del municipalismo español sufrió los vaivenes de los sucesivos gobiernos progresistas y moderados, expresados en las diferentes Constituciones que se suceden en el XIX y XX español, convirtiéndose en un permanente lugar de conflicto, con modelos diferentes y nunca llevados realmente a la práctica, o sin desarrollos legislativos suficientes para su implantación.

No obstante, a veces pasa desapercibido el papel que los Municipios y las Provincias cumplieron durante el siglo XIX como intermediarios entre los ciudadanos y el aparato estatal. Este ejercía la gobernanza desde Madrid hacia las provincias a través de los Gobernadores, que tenían que negociar permanentemente con Municipios y Diputaciones Provinciales, pues no eran pocas las labores que realizaban: recaudación, contribuciones, los censos, o el reclutamiento de los mozos llamados a filas. Por lo tanto, el alcalde era a la vez jefe administrativo y representante del Estado. Por ello, los alcaldes de los municipios de mayor importancia eran nombrados desde Madrid (desde 1835). Los Ayuntamientos funcionaban mediante comisiones que, presididas por un teniente de alcalde, se repartían las diferentes áreas de gestión: Gobierno,

Hacienda, Presupuestos, Obras, Policía urbana, Educación y Beneficiencia[181]. Correspondía al secretario garantizar el cumplimiento de la legalidad y ejecutar las decisiones de la Corporación.

Las Diputaciones provinciales se encargaban de ejecutar las órdenes del Gobierno en cada provincia, distribuyendo en los municipios los cupos de contribuciones, establecían el censo electoral y se encargaban de la determinación de los términos municipales. Por otra parte, tenían competencias subsidiarias con respecto a los Ayuntamientos relativas a los caminos, las carreteras y su mantenimiento, la instrucción pública, la sanidad y la beneficiencia. Las Diputaciones disponían de una variada administración que, encabezada por el secretario, el depositario y el oficial mayor, componía un organigrama integrado por escribientes, auxiliares administrativos, ingenieros, aparejadores, archiveros, médicos y enfermeros, personal docente y los empleados de los establecimientos penitenciarios. Así, el profesor Juan Pro concluye que «el Estado español del siglo XIX era, de hecho, una confederación de más de 9.000 entidades locales, aunque los textos constitucionales lo definen en el plano ideal como un Estado unitario y centralista; esto no fue durante la mayor parte del XIX, sino la expresión de un deseo, la formulación de un objetivo que creó una tendencia»[182].

El volumen de competencias que ejercían los Ayuntamientos y Diputaciones y su amplia estructura administrativa era motivo de recelos. Como hemos apuntado al inicio, bajo estas diferencias subyacía el miedo a la autonomía municipal, a los peligros de unas administraciones locales que impidieran el control caciquil en las consultas electorales. El Jefe Político, para cumplir la misma función, alternó diferentes nombres: el real decreto de 1833 los llama Subdelegados de Fomento pensando en un cargo periférico más de carácter administrativo; en 1834 pasa a denominarse Gobernador Civil; en 1836 el gobierno progresista volverá a la figura del Jefe Político para, con los moderados, en 1849, volver a la figura del Gobernador Civil... y hasta 1979 que desaparecen definitivamente del panorama español con el gobierno del presidente Aznar.

A pesar de ello hay que destacar la labor de algunos próceres, como Maura, que realizó esfuerzos sinceros por extirpar la lacra del caciquismo que hacía imposible cualquier modernización de las instituciones locales. Inspirado en las concepciones mauristas, durante la dictadura de Primo de Rivera, Calvo Sotelo, impulsó el Estatuto Municipal (1924) y el Estatuto Provincial (1925), ambos de indudable corte reformista por cuanto suponían el menoscabo de las tendencias centralistas, promoviendo una mayor autonomía municipal; pero estos planteamientos descentralizadores estaban en contradicción con los principios de la dictadura de Primo de Ribera. En aquellos estatutos, el Municipio era considerado como «un hecho social de convivencia», propio de la Naturaleza —no una creación jurídica del legislador— anterior a la existencia del propio Estado. El Estatuto de 1925 planteaba por primera vez un cambio radical en la concepción jurídico-administrativa de la Provincia. Esta dejaba de ser mera división, circunscripción territorial, para convertirse en «agrupación de municipios». El Estatuto Municipal no se llevó a cabo y los gobiernos municipales y provinciales fueron nombrados por los Gobiernos Civiles, pero las legislaciones posteriores recogieron la nueva concepción de la Provincia como agrupación de municipios.

Así, en la Constitución republicana de 1931 encontramos por primera vez garantizada la autonomía municipal, considerando al Municipio unidad esencial del Estado, que está integrado por «municipios mancomunados en provincias y por las regiones que se constituyan en régimen de autonomía». Los Ayuntamientos se elegirán por sufragio universal, igual, directo y secreto. Los alcaldes serán elegidos por el Ayuntamiento o por los ciudadanos (Concejo Abierto).

Más adelante, la *Ley de Bases de Régimen Local* de 1945 considera al Estado integrado por «entidades naturales que constituyen los municipios agrupados territorialmente en provincias». En plena dictadura, la ley concibe la elección de los representantes municipales de una forma que ya en su momento causó estupor, incluso entre los propios juristas del régimen. Los concejales se elegían de manera tripartita: un tercio a cargo de los cabezas de familia (tercio familiar), un tercio por las organizaciones sindicales del término municipal (tercio sindical) y «por elección que harán los Concejales representantes de los dos grupos anteriores entre vecinos miembros de entidades económicas, culturales y profesionales, radicantes en el término», y si estas no existieran, entre vecinos de reconocido prestigio en la localidad (tercio de entidades). Para la elección de este tercer grupo de concejales, el Gobernador Civil proponía una lista de candidatos. El nombramiento del alcalde correspondía al ministro de la Gobernación en las capitales de provincia y municipios de más de diez mil habitantes. En los demás municipios el nombramiento correspondía al Gobernador civil. Su cese era dispuesto, en todo caso, por el Ministerio de la Gobernación cuando se estimaba conveniente por razones de interés público. En 1969, con la entrada de los tecnócratas en el Gobierno de la dictadura se realizaron intentos de modernizar la legislación ante los problemas de unas ciudades con fuerte desarrollo; eso sí, sin tocar para nada el nombramiento de los alcaldes y la elección por tercios de los concejales. Un proyecto de ley de bases de régimen local tramitado durante 1972 fue muy contestado y el intento durante el gobierno de Arias Navarro, convertido en Ley el 19 de noviembre de 1975 apenas tuvo recorrido.

Autonomía / Competencia

Tenemos por costumbre recordar (ya casi de manera tópica) lo expresado en el amplio preámbulo de la Ley de Bases de Régimen Local de 1985 cuando dice: «Como demuestra nuestra historia y proclama hoy la Constitución, decir régimen local, es decir autonomía», una referencia tan reiterada cuanto incomprendida en muchas ocasiones.

La Carta Europea de 1985 vino a reconocer el fundamento de las Entidades Locales en los regímenes democráticos, manifestando que, junto al derecho a la participación de los ciudadanos en los asuntos públicos, común a todos los Estados del Consejo de Europa, las Entidades locales, «investidas de competencias» —es decir, con capacidad jurídica para actuar—, constituyen la administración más próxima al ciudadano. La Carta Europea no entra en cuáles sean las competencias que cada Estado atribuye a sus Entidades locales: la diversidad de tradiciones políticas, históricas y legislativas es amplia, pero reconoce la proximidad y la desconcentración como elementos básicos.

En nuestro país, tras la promulgación de la Constitución Española de 1978, la organización y el funcionamiento de las Entidades Locales viene regulada por la *Ley Reguladora de las Bases de la Administración Local* (Ley 7/1985, de 2 de abril); el *Real Decreto Legislativo 781 de 18 de abril de 1986 por el que se aprueba el Texto Refundido de las disposiciones legales vigentes en materia de Régimen Local*; y el

Real Decreto legislativo 2568 de 28 de noviembre de 1986 por el que se aprueba el Reglamento de Organización, Funcionamiento y Régimen Jurídico de las Entidades Locales. A estas normas hay que añadir las disposiciones de las Comunidades Autónomas y toda la normativa sectorial relativa a las Haciendas locales, presupuestos económicos, racionalización, contratos, etc.

Conocer algunas de las materias de esta legislación básica es fundamental para quienes se dedican a la organización de actividades institucionales en el ámbito local. En ella se encuentran los fundamentos para manejarse con eficiencia en el desarrollo de las mismas, para dilucidar dudas, para planificar con criterios seguros y democráticos. Por ello no está mal dedicar unas páginas a la legislación y al espíritu de las mismas.

La tipología de las Entidades locales territoriales en la concepción territorial de nuestro Estado es diversa: Municipios, Provincias, Islas, Mancomunidades de Municipios, Comarcas, Áreas Metropolitanas y las Entidades Locales de ámbito inferior al Municipio.

Cuando en el R.D. 2099, así como los que sobre la misma materia han promulgado algunas Comunidades Autónomas, el legislador previó dos tipos de actos oficiales (generales y especiales), concibió los de carácter especial como «los organizados por determinadas instituciones, organismos o autoridades, con ocasión de conmemoraciones o acontecimientos propios del ámbito especifico de sus respectivos servicios, funciones y actividades». Servicios, funciones y actividades que las Entidades Locales disponen como función y competencia. Así, de acuerdo con la legislación que hemos indicado, los Municipios pueden ejercer como competencia propia en las siguientes materias:

1. Urbanismo: planeamiento, gestión, ejecución y disciplina urbanística. Protección y gestión del Patrimonio histórico. Promoción y gestión de la vivienda de protección pública con criterios de sostenibilidad financiera. Conservación y rehabilitación de la edificación.

2. Medio ambiente urbano: en particular, parques y jardines públicos, gestión de los residuos sólidos urbanos y protección contra la contaminación acústica, lumínica y atmosférica en las zonas urbanas.

3. Abastecimiento de agua potable a domicilio y evacuación y tratamiento de aguas residuales.

4. Infraestructura viaria y otros equipamientos de su titularidad.

5. Evaluación e información de situaciones de necesidad social y la atención inmediata a personas en situación o riesgo de exclusión social.

6. Policía local, protección civil, prevención y extinción de incendios.

7. Tráfico, estacionamiento de vehículos y movilidad. Transporte colectivo urbano.

8. Información y promoción de la actividad turística de interés y ámbito local.

9. Ferias, abastos, mercados, lonjas y comercio ambulante.

10. Protección de la salubridad pública.

11. Cementerios y actividades funerarias.

12. Promoción del deporte e instalaciones deportivas y de ocupación del tiempo libre.

13. Promoción de la cultura y equipamientos culturales.

14. Participar en la vigilancia del cumplimiento de la escolaridad obligatoria y cooperar con las Administraciones educativas correspondientes en la obtención de los solares necesarios para la construcción de nuevos centros docentes. La conservación, man-

tenimiento y vigilancia de los edificios de titularidad local destinados a centros públicos de educación infantil, de educación primaria o de educación especial.

15. Promoción en su término municipal de la participación de los ciudadanos en el uso eficiente y sostenible de las tecnologías de la información y las comunicaciones.

16. Actuaciones en la promoción de la igualdad entre hombres y mujeres así como contra la violencia de género.

Hasta aquí lo que «pueden», pero, en todo caso, los Municipios «deben» prestar los siguientes servicios:

1. En todos los Municipios: alumbrado público, cementerio, recogida de residuos, limpieza viaria, abastecimiento domiciliario de agua potable, alcantarillado, acceso a los núcleos de población y pavimentación de las vías públicas.

2. En los Municipios con población superior a 5.000 habitantes, además: parque público, biblioteca pública y tratamiento de residuos.

3. En los Municipios con población superior a 20.000 habitantes, además: protección civil, evaluación e información de situaciones de necesidad social y la atención inmediata a personas en situación o riesgo de exclusión social, prevención y extinción de incendios e instalaciones deportivas de uso público.

4. En los Municipios con población superior a 50.000 habitantes, además: transporte colectivo urbano de viajeros y medio ambiente urbano.

Para el caso de los municipios menores de 20.000 habitantes la ley prevé que la Diputación Provincial, o entidad equivalente, coordinará la prestación de los servicios mínimos tanto en forma directa como a través de la gestión compartida. Finalmente, la ley prevé que el Estado y las Comunidades Autónomas pueden delegar en los municipios determinadas competencias al objeto de favorecer la gestión de los asuntos públicos, o evitar duplicidades administrativas.

Gobierno

El gobierno de los Municipios corresponde al Ayuntamiento, integrado por el alcalde y los concejales (salvo aquellos casos en los que el municipio funcione en régimen de Concejo Abierto) y el de las provincias corresponde a la Diputación Provincial, compuesto por el presidente y los diputados provinciales. El término habitual para denominar el Pleno del Ayuntamiento, es decir, la reunión de los concejales y el alcalde es el de Corporación Local y el del presidente de la Diputación con los diputados provinciales es el de Corporación Provincial. No olvidemos que «Ayuntamiento» es un término polisémico que responde a tres conceptos que no debemos confundir: gobierno del Municipio, administración municipal y edificio.

Las Corporaciones municipales se constituyen el vigésimo día después de las elecciones locales (salvo recurso contencioso electoral). Las Diputaciones se constituyen tras las elecciones locales y una vez resueltos los posibles recursos que se hubieran podido formular contra la proclamación de concejales electos. Los diputados provinciales son concejales. Su elección es indirecta, o de segunda, realizada por los concejales de la provincia, repartiéndose los escaños de la Diputación según la fórmula D´Hont entre los partidos políticos de los concejales electos y el número de votos obtenidos.

Hay una similitud en la organización del Municipio y la Provincia en cuanto a sus órganos de gobierno, como en general en todas las Entidades locales, en el sentido de que todas disponen de órganos de gobierno unipersonales y pluripersonales. Alcalde, tenientes de alcalde y concejales son órganos unipersonales (presidente, vicepresidentes y diputados en las Diputaciones). El Pleno y la Junta de Gobierno son órganos de gobiernos pluripersonales. A uno y otro tipo de órganos, la legislación los faculta de capacidades determinadas para su funcionamiento.

Alcalde, tenientes de alcalde y Pleno existen obligatoriamente en todos los Ayuntamientos; igualmente, la Junta de Gobierno local debe existir en todos los municipios mayores de 5.000 habitantes, y en los de menos si así lo acuerdan en Pleno o lo dispone su reglamento orgánico.

Los concejales del Pleno se integran en grupos políticos de acuerdo con las listas electorales para las que concurrieron a las elecciones locales. Un portavoz de cada uno de estos grupos (y elegido por ellos) los representa, no sólo a la hora de intervenir en las sesiones plenarias sino también a la hora de reunirse, como Junta de Portavoces, con el Alcalde, cuando este los convoque para cualquier asunto de urgencia, o de menor interés administrativo pero que requieran cierta unidad de criterio o acción de la Corporación, o aquellos que el Alcalde considere consultar. En la Junta de Portavoces se consultan aquellos asuntos que necesitan un especial consenso, muchas veces relacionados con cuestiones de especial relevancia o urgencia. Y por cuanto a nuestra materia, para revisar la organización de las actividades institucionales de carácter representativo, sus programas y secuencias, al objeto de evitar sorpresas y desencuentros posteriores. Y, por supuesto, para concertar la concesión de honores o distinciones a terceros, mucho más si para ello se requieren mayorías cualificadas, impidiendo así que en el acto administrativo de la concesión de un honor (normalmente el Pleno) no floten en el aire sentimientos contrarios.

La legislación atribuye al Pleno los asuntos y la toma de decisiones de mayor relevancia para la vida municipal, mientras que la gestión ordinaria, «cotidiana» queda en manos de la Junta de Gobierno, concebida como de asistencia al alcalde en el ejercicio de sus atribuciones y en la que el Pleno, o el propio alcalde, puede delegar funciones para la mejor gestión del Ayuntamiento. La Junta de Gobierno está integrada por el alcalde y los concejales nombrados por este en número no superior a un tercio de los que integran la corporación.

Los concejales de la Junta de Gobierno y los tenientes de alcalde son elegidos y separados del cargo con entera liberalidad por el alcalde. Los tenientes de alcalde sustituyen al alcalde en caso de vacante, ausencia o enfermedad.

El alcalde puede delegar en los concejales la gestión de las diferentes áreas de trabajo mediante el nombramiento de concejales delegados, como también puede hacerlo para asuntos específicos que requieran una dedicación específica mediante delegaciones especiales.

En los Ayuntamientos mayores de 5000 habitantes y en los de menos, si lo acuerdan, existen Comisiones Informativas, En ellas cada partido cuentan con un número de concejales en la misma proporción que se encuentra en el Pleno. Como los asuntos que se llevan al Pleno suelen ser complejos, en las Comisiones Informativas los grupos políticos debaten previamente, intentando conocerlos de primera mano, recabando información y haciendo propuestas de mejora. Todo ello para que al llegar al Pleno cada grupo tenga conocido el asunto, adopte la postura más conveniente (y se ahorre tiempo en la sesión). No obstante, los grupos, ya en Pleno, pueden cambiar de opinión o hacer nuevas sugerencias. Igualmente, en las Comisiones Informativas se revisan o verifican las actuaciones de las diferentes áreas de la gestión municipal. La Comisión Especial de Cuentas existe en todos los municipios. El asunto de mayor relevancia que se eleva al Pleno suele ser el Presupuesto Anual, al que va unido el Catálogo de Puestos de Trabajo.

Algunos municipios disponen de Entidades Vecinales de gestión descentralizada para el ejercicio de las competencias municipales que se determinen. Cada Comunidad Autónoma dispone de legislación general sobre estas Entidades y los requisitos para su creación, organización y funcionamiento, atribuciones y competencias, la forma de elección de sus miembros, etc. En su organización, habitualmente aparecen la Junta Vecinal integrada por el Alcalde Pedáneo y los Vocales (Cantabria, Extremadura, Aragón, Galicia, Murcia, Castilla La Mancha...). En el caso de Andalucía la Junta Vecinal está integrada por la Vocalía-presidencia y las Vocalías.

Igualmente, las Comunidades Autónomas, en general, contemplan en su régimen local las Entidades Locales Autónomas, o Menores, que pueden recibir diferente nomenclatura según cada Comunidad. Estas Entidades encuentran su sentido en la diferencia de intereses particulares con respecto a los generales de su Municipio. En este caso, de manera original, la Comunidad Autónoma Andaluza establece para estas que «los órganos de gobierno de la entidad local autónoma son la junta vecinal y la presidencia de la entidad local autónoma [y] no se podrá aplicar a los órganos de gobierno de las entidades locales autónomas denominaciones que puedan inducir a confusión sobre su naturaleza. La mención de la titularidad de la presidencia habrá de ir seguida siempre de la expresión "de la entidad local autónoma", y no podrá denominarse alcalde o alcaldesa a su presidente. Tampoco podrá denominar a la junta vecinal como ayuntamiento, ni a sus vocales como concejales» (artículo 125, 1 y 2 de la *Ley 5/2010, de 11 de junio, de autonomía local de Andalucía*).

A ello hay que añadir en los municipios con mayor número de habitantes la existencia de organismos autónomos (con su personal delegado o directivo), consorcios, patronatos, empresas públicas, mancomunidades..., con un entramado de representantes del Ayuntamiento en cada uno de ellos y todo un cuerpo de trabajadores públicos que forma parte de la vida administrativa local.

Precedencias en la Corporación Local

En uso de su autonomía, los Ayuntamientos pueden disponer de sus propias normas de precedencia, herederas del uso o la costumbre o reflejadas a través de un reglamento para tal fin. No es fácil muchas veces disponer el lugar de los órganos de gobierno en los actos de los Ayuntamientos, ni siquiera cuando se realizan en instalaciones municipales. La propia disposición en el salón de Plenos, nada más constituida la Corporación, a veces crea pequeños roces (incluso entre concejales del mismo partido). El Reglamento de protocolo tiene sus ventajas e inconvenientes. Hemos conocido el caso de alcaldes que han nombrado 4 o 5 tenientes de alcalde para que sus concejales tengan mayor precedencia ante los demás... Por el contrario, a veces observamos que en los pequeños municipios no se suscitan problemas de precedencia, no necesitan prácticamente norma, ni piensan demasiado en estos asuntos y sus actividades se desarrollan con una naturalidad digna de admiración, pues su propio sentido común, o de la costumbre, les dicta el lugar de cada uno. Todo ello, salvo que a algún concejal le haya asaltado la «manía protocolaria» y se dedique a hacer cosas raras o novedosas que alteren el orden tradicional de los actos de la vida municipal. Son los más peligrosos.

En cualquier caso, siempre es necesario disponer de criterios a la hora de establecer precedencias en función de la representación, jerarquía, delegación, funciones, antigüedad e incluso edad si llegara el caso (que suele ocurrir). La norma fundamental es que toda ordenación de precedencias siempre debe estar justificada en argumentos razonables y comúnmente aceptados. El orden según su lugar en la lista con la que se concurrió a las elecciones no puede suponer un criterio de precedencia o valencia, puesto que al ser las listas cerradas todos los candidato obtienen el mismo número de votos y, por lo tanto, la misma valencia. Será válido como uno de los últimos criterios en algunos casos.

Sabemos que hay criterios diferentes, matices, o consideraciones que se puedan objetar en cuanto lo que aquí se propone, pero nos parece que el orden más coherente (y el más comúnmente aceptado) es el que a continuación se expresa.

Imaginemos una línea de saludo en nuestro ayuntamiento cuando recibimos una visita de importancia (un ministro, un presidente de la Comunidad Autónoma o cualquier alta autoridad del Estado, por ejemplo):

1. Alcalde.

2. Tenientes de alcalde (según su número de orden).

3. Portavoces de los grupos políticos, por partidos, según su número de concejales. En caso de empate, precede el portavoz del partido más votado en las elecciones municipales. Hay alcaldes a los que no les gusta esta visualidad de los portavoces, pero es el lugar más correcto, como en otras instituciones corporativas.

4. Concejales miembros de la Junta de Gobierno: primero los que tuvieran Delegación genérica, seguidos de los que tuvieran Delegación específica; concejales presidentes de Comisiones Informativas; a continuación los restantes concejales en los que no concurran ninguna de las circunstancias anteriores, en primer lugar por antigüedad (legislaturas) en el Ayuntamiento y, en caso de igual número de legislaturas, por la edad.

5. Concejales con Delegación genérica (que no pertenezcan a la Junta de Gobierno).

6. Concejales con una Delegación especial (que no pertenezcan a la Junta de Gobierno).

7. Concejales presidentes de Comisiones Informativas (que no pertenezcan a la Junta de Gobierno).

8. Concejales (sin ninguna de las adscripciones anteriores) por partidos, según su número de miembros; en caso de igualdad preceden los de la lista más votada en las elecciones locales. Entre los concejales del mismo partido la precedencia viene determinada en primer lugar si tuviera antigüedad de más de una legislatura; y si hubiera coincidencia en último caso, se utiliza como criterio la edad, aunque ya sabemos que a la oposición siempre le gusta ordenarse a sí misma.

Como bien podrá haber pensado el lector, en un pequeño o mediano municipio probablemente ocurra que un concejal es miembro de la Junta de Gobierno, tiene Delegación o es teniente de alcalde. Siempre ocupará el lugar que le corresponda por la mayor precedencia y nunca por acumulación de cargos o responsabilidades.

Es decir, un teniente de alcalde, que forma parte de la Junta de Gobierno y que, a su vez, ostenta la delegación de Urbanismo, obtiene su precedencia no por la suma de cargos y responsabilidades sino exclusivamente por la de teniente de alcalde que es su mayor valencia.

Esta sería una organización teórica, fundamentada, pero en la práctica, amigo lector, el estar más o menos cerca de la Presidencia o más o menos escondido en el plano fotográfico general de la Corporación, producirá muchas tensiones e incluso cambios por decisión del alcalde...

Hasta aquí lo que es el Ayuntamiento «en Corporación». Nadie exterior a ella puede colocarse públicamente entre ninguno de sus miembros menoscabando la presencia corporativa: es el Ayuntamiento Pleno, el gobierno del Municipio. No obstante, y continuando en el caso que hemos imaginado de recepción de una alta autoridad, a veces es muy correcto que, separados a un metro del último concejal, o en lugar aparte, estén presentes los altos funcionarios del Ayuntamiento, secretario, interventor y depositario, por este orden, y a continuación los representantes sindicales de los trabajadores. Convendrá el lector que así se ofrece la imagen integral de la organización municipal. La experiencia nos ha demostrado, al menos al autor de estas líneas, que la autoridad invitada suele agradecer esta imagen de la Institución que une al Ayuntamiento Pleno, sus máximos responsables administrativos y la representación de los trabajadores. Si el Ayuntamiento dispone de entidades de gestión descentralizadas, sus representantes (alcalde pedáneo, vocal-presidente, presidentes de Entidades Locales Menores...) deberán ocupar un lugar separado de la Corporación Municipal.

Hay circunstancias en las que los funcionarios acompañan a la autoridad con una función administrativa o de apoyo, a veces interviniendo en el propio acto. Más allá de las reuniones del Pleno, las Juntas o las Comisiones (en la que los funcionarios tienen un lugar determinado para realizar su trabajo), nos referimos a actos como la firma de convenios, con la presencia del secretario, o el arquitecto en la colocación de una primera piedra. Suele ocurrir lo mismo en la inauguración de exposiciones o presentaciones de libros con la presencia de técnicos. Muchas veces el problema es cuando determinados funcionarios son invitados a conmemoraciones o actos, sin ningún tipo de función en el mismo sino como mera cortesía de la autoridad. En tal caso su lugar estará después de todas las autoridades elegidas o nombradas y, por supuesto fuera de la Corporación. En estos casos habrá que respetar el organigrama de la propia institución: secretario interventor, depositario, jefes de servicio, organismos autónomos, etc. El jefe de la policía local (o asimilado) es un funcionario. Lamentablemente lo vemos muchas veces cerca de los representantes de su Ayuntamiento, e incluso al lado de los representantes de los otros cuerpos de seguridad del Estado que tienen lugar en el R.D 2099 (quizás por aquello del uniforme...) pero claro, si al acto asiste un teniente de alcalde de su Ayuntamiento quedaría delante de él. Lo hemos visto y eso es grave... El argumento de que todos los cuerpos de seguridad del Estado deben estar juntos no es negociable, menoscaba la representación de otras autoridades.

Precedencias en la Provincia

En la capital de la provincia, la Administración del Estado y las de las Comunidades Autónomas o la Diputación provincial suelen mantener un alto grado de actividad institucional para el que cuentan con funcionariado y experiencia en organización de actividades; pero bien saben los alcaldes que cuando en su municipio se realiza una actividad de importancia se les suele complicar el ceremonial, la atención y el lugar en el que situar a sus invitados. La naturalidad les cubre la espalda a los más nobles, pero desde que existen los decretos de precedencias, los Gabinetes y la prensa institucional el asunto se les complica y andan de un lado para otro preguntando a los *connaiseurs* o telefoneando de una administración a otra para que le solucionen la papeleta.

Como siempre hay que recordar que «protocolo» no hay nada más que uno en las sociedades democráticas: el oficial, el determinado por preceptos legales. Lo demás —que ahora llaman también protocolo—, no es nada más que la educación, el respeto, la naturalidad, el sentido común y las buenas costumbres que los alcaldes de los pequeños municipios solían conocer mejor que nadie.

Los alcaldes debe tener muy claro que son la primera autoridad del Ente fundamental del Estado, el Municipio (y por ello los decretos de precedencias los sitúan en lugar de gran valencia representativa), que son autónomos en la gestión de sus asuntos y nadie puede menoscabar su autonomía municipal (aún menos bajo la errónea idea de una supuesta jerarquía, inexistente, entre autoridades). Por otra parte, la mayoría de las actividades institucionales de los pequeños y medianos municipios son de carácter especial con lo que sus determinaciones tiene pocas posibilidades de contestación.

En cualquier Municipio que se realice un acto, incluido el de la capital, al que asisten autoridades de los diferentes poderes del Estado, la Comunidad Autónoma, sus administraciones periféricas correspondientes y la Provincia, representada por la Diputación, se hace necesaria la aplicación de los decretos de precedencias correspondientes del Estado y la Comunidad Autónoma (en su caso), en función del carácter general o especial del acto, así como del Reglamento de protocolo del Ayuntamiento, si lo hubiera, prevaleciendo siempre la normativa estatal cuando concurran autoridades de la Administración General del Estado y de la Comunidad Autónoma.

Supongamos un acto estrictamente integrado por algunas autoridades provinciales, sin altas autoridades del Estado o de la Comunidad Autónoma, para no hacer muy extensa la ordenación e intentar ser lo más ilustrativo posible:

1. Autoridad que organiza el acto, y si no le correspondiese, el lugar inmediato a la misma.

2. MUNICIPIO. Alcalde del municipio del lugar en el que se celebra el acto (cuando no lo preside).

3. PROVINCIA. Presidente de la Diputación Provincial.

4. PODER LEGISLATIVO. Diputados nacionales de la provincia, según el número de votos de su lista.

5. PODER LEGISLATIVO. Senadores de la provincia, según el número de votos obtenido por cada uno de ellos, seguidos de los correspondientes a la Comunidad Autónoma (elección indirecta o de segunda).

6. PODER LEGISLATIVO. Parlamentarios de la Asamblea legislativa autonómica. Aunque el Real Decreto no contempla esta representación, parece razonado aquí su lugar: es el poder legislativo de la Comunidad Autónoma y debe ocupar los lugares siguientes al poder legislativo del Estado. Es extraño que el legislador los olvidase, pues sí

PRECEDENCIA
Simulación de la precedencia de algunas autoridades que hubieran confirmado asistir a un acto institucional

PODER EJECUTIVO	PODER LEGISLATIVO	PODER JUDICIAL	PODER EJECUTIVO	PODER LEGISLATIVO	ADMINISTRACIÓN PERIFÉRICA DEL ESTADO
PTE. DEL GOBIERNO Administración General del Estado. (R.D. 2099)	PTA. DEL CONGRESO DE LOS DIPUTADOS (R.D. 2099)	PTE. CONSEJO GENERAL DEL PODER JUDICIAL (R.D. 2099)	PTA. CONSEJO DE GOBIERNO COMUNIDAD AUTÓNOMA Administración de la Comunidad Autónoma (R.D. 2099).	PTE. ASAMBLEA LEGISLATIVA COMUNIDAD AUTÓNOMA (R.D. 2099).	DELEGADO DEL GOBIERNO EN LA COMUNIDAD AUTÓNOMA. Representante del Gobierno en la Comunidad Autónoma. Máximo responsable Administración General periférica del Estado en la Comunidad Autónoma. (R.D. 2099)

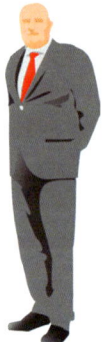    

ADMINISTRACIÓN PERIFÉRICA DEL ESTADO	ADMINISTRACIÓN PERIÉERICA DE LA C.A.	AUTORIDAD ACADÉMICA	ADMINISTRACIÓN PERIFÉRICA DEL ESTADO	ADMINISTRACIÓN LOCAL
SUBDELEGADO DEL GOBIERNO EN LA PROVINCIA Representante Gobierno. Máxima autoridad Administración periférica del Gobierno en la provincia (2)	DELEGADA DEL GOBIERNO DE LA COMUNIDAD AUTÓNOMA EN LA PROVINCIA Representante Gobierno de la C.A. Máxima autoridad Administración periférica de la C.A.en la provincia (3)	RECTOR UNIVERSIDAD (R.D. 2099)	COMANDANTE DE MARINA Administración periférica del Estado (R.D. 2099)	1ª TT. DE ALCALDE Ayuntamiento (R.D. 2099)

(2) No aparecen en el R.D. 2099. Representante del Gobierno y responsable de la Administración periférica del Estado. Se crearon por Real Decreto 617/1997, de 25 de abril que, en su Disposición transitoria segunda, indica que «hasta tanto se modifique el Real Decreto 2099/1983, de 4 de agosto, por el que se aprueba la Ordenación General de Precedencias del Estado, los Subdelegados del Gobierno en las provincias ocuparán el lugar inmediatamente anterior al previsto para los Rectores de Universidad....».

(3) Representante del Gobierno de las Comunidades Autónomas en la provincia y responsables de la Administración de aquellas. Presidencia del Gobierno determinó, lógicamente, su lugar inmediatamente después de los Subdelegados de Gobierno..

192

ADMINISTRACIÓN LOCAL

ALCALDE
Presidente de
la Entidad local
municipal.
(R.D. 2099)

PODER EJECUTIVO

CONSEJERO DEL
CONSEJO DE
GOBIERNO COMU-
NIDAD AUTÓNOMA.
(R.D. 2099)

PODER JUDICIAL

PRESIDENTE
TRIBUNAL SUPERIOR
DE JUSTICIA DE LA
COMUNIDAD AUTÓ-
NOMA.
(R.D. 2099)

ADMINISTRACIÓN LOCAL

PTE. DIPUTACION
Presidente de
la Entidad local
provincial,
(R.D. 2099)

PODER LEGISLATIVO

DIPUTADA NACIONAL
(R.D. 2099)

PODER LEGISLATIVO

PARLAMENTARIO
COMUNIDAD
AUTÓNOMA (1)

(1) No aparecen en el R.D. 2099.
Siguiendo el criterio del R.D. lo correcto es situarlos después de los
miembros de las Cortes Generales

ADMINISTRACIÓN LOCAL

VICEPRESIDENTES
de la Diputación Pro-
vincial (4)

ADMINISTRACIÓN LOCAL

CONCEJALA
Ayuntamiento
del lugar

ADMINISTRACIÓN LOCAL

Diputados Pro-
vinciales (5)

ADMINISTRACIÓN PERIFÉRICA DEL ESTADO

TTE. CORONEL JEFE
COMANDANCIA O
COMANDANTE DE
PUESTO LOCAL.

ADMINISTRACIÓN PERIFÉRICA DEL ESTADO

COMISARIO
POLICÍA NACIONAL

ADMINISTRACIÓN PERIFÉRICA DEL ESTADO

DELEGADO
PROVINCIAL DE LA
AGENCIA ESTATAL DE
LA ADMINISTRACIÓN
TRIBUTARIA

(4) Por asimilación con los Tenientes de Alcalde y de acuerdo con las criterios generales del R.D. 2099. Son concejales
elegidos por sufragio universal y diputados provinciales por
elección indirecta o de 2º grado.

(5) Los Diputados provinciales nunca preceden a los concejales del municipio
donde se celebrara el acto. En su propio municipio son concejales elegidos por
sufragio universal; fuera de él, como diputados provinciales, pertenecen a una
elección indirecta o de 2º grado.

ADMINISTRACIÓN PERIFÉRICA DEL ESTADO	ADMINISTRACIÓN PERIFÉRICA DE LA C.A.		ADMINISTRACIÓN LOCAL	ADMINISTRACIÓN LOCAL	ADMINISTRACIÓN LOCAL
JEFE PROVINCIAL DE TRÁFICO	DELEGADO PROVINCIAL- DE LA CONSEJERÍA DE HACIENDA		SECRETARIO CORPORACIÓN LOCAL Funcionario Junto con Interventor y Depositario,	JEFA DE SERVICIO Funcionaria	INTENDENTE O JEFE POLICÍA LOCAL Nombrado o funcionario del Ayuntamiento.

tuvo en cuenta la representación de los parlamentos autonómicos al disponer en el Título III, relativo a la ordenación de las Instituciones y Corporaciones, cuando indica el lugar de la Asamblea Legislativa de la Comunidad Autónoma (14) para los actos en la villa de Madrid (art. 14) y el 9 en los actos que se celebren en una Comunida Autónoma (art. 16).

7. ADMINISTRACIÓN PERIFÉRICA ESTADO. Subdelegado del Gobierno. *Real Decreto 617/1997, de 25 de abril, de Subdelegados del Gobierno y Directores insulares de la Administración General del Estado*. Lugar inmediatamente anterior al previsto para los Rectores de Universidad (Disposición transitoria segunda).

8. ADMINISTRACIÓN PERIFÉRICA COMUNIDAD AUTÓNOMA Delegado del Gobierno de la Comunidad Autónoma en la provincia. Circular del departamento de Protocolo de Presidencia del Gobierno.

9. AUTORIDAD ACADÉMICA Rector de la Universidad.

10. PODER JUDICIAL Presidente de la Audiencia Provincial.

11. PODER JUDICIAL Fiscal Jefe de la Audiencia Provincial (Por asimilación con el R.D. 2099)

12. ADMINISTRACIÓN PERIFÉRICA ESTADO Delegado de Defensa. *Real Decreto 308/2007, de 2 de marzo, sobre organización y funcionamiento de las Delegaciones de Defensa*. Sin olvidar la precedencia que corresponde a la autoridad militar, que pudiera asistir, de acuerdo con el *Real Decreto 913/2002, de 6 de septiembre, sobre representación institucional de las Fuerzas Armadas*.

13. MUNICIPIO Tenientes de Alcalde del Ayuntamiento del lugar.

14. ADMINISTRACIÓN PERIFÉRICA ESTADO Comandante Militar de la Plaza y la Provincia.

15. ADMINISTRACIÓN PERIFÉRICA ESTADO Comandante de Marina.

16. ADMINISTRACIÓN PERIFÉRICA ESTADO Comandante Militar de la zona Aérea.

17. CONSULADOS Representaciones consulares extranjeros.

18. PROVINCIA. Vicepresidentes de la Diputación Provincial por su orden (elección in-

directa o de segunda). Por asimilación de las figuras de los Tenientes de Alcalde.

19. MUNICIPIO Concejales del municipio (si no tuvieran un lugar específico como Corporación)

20. PROVINCIA. Diputados provinciales. (Siguiendo la prelación general de Ayuntamiento y luego Diputación y si no tuvieran un lugar específico como Corporación. Elección de segunda).

21. MUNICIPIO Ex alcaldes.

22. PROVINCIA Ex presidentes de la Diputación.

23. MUNICIPIO Medallas de la administración organizadora.

24. ADMINISTRACIÓN PERIFÉRICA ESTADO Jefe de la Comandancia de la Guardia Civil.

25. ADMINISTRACIÓN PERIFÉRICA ESTADO Comisario Jefe del Cuerpo Superior de Policía.

26. ADMINISTRACIÓN PERIFÉRICA ESTADO Directores Provinciales y asimilados, como Administración periférica del Estado. Cargos no elegidos mediante sufragio. El representante de la Administración General del Estado en la Provincia, el Subdelegado del Gobierno, y superior jerárquico de ellos, ya está ubicado.

27. ADMINISTRACIÓN PERIFÉRICA COMUNIDAD AUTÓNOMA Delegados Provinciales de las Consejerías de la Comunidad Autónoma en la Provincia, como Administración periférica de la Comunidad Autónoma. Cargos no elegidos en sufragio. El representante del Gobierno de la Comunidad Autónoma en la Provincia, como tal y superior jerárquico ya está ubicado.

28. PARTIDOS POLÍTICOS Presidentes o Secretarios generales de los partidos políticos. Art. 6. de la Constitución Española: «Los partidos políticos expresan el pluralismo político, concurren a la formación y manifestación de la voluntad popular y son instrumento fundamental para la participación política. Su creación y el ejercicio de su actividad son libres dentro del respeto a la Constitución y a la ley. Su estructura interna y funcionamiento deberán ser democráticos». Estas autoridades habitualmente suelen tener ya un cargo en alguna de las administraciones.

29. ORGANIZACIONES SINDICALES Presidentes o Secretarios generales de las Organizaciones sindicales. Art. 7 de la Constitución Española: «Los sindicatos de trabajadores y las asociaciones empresariales contribuyen a la defensa y promoción de los intereses económicos y sociales que les son propios. Su creación y el ejercicio de su actividad son libres dentro del respeto a la Constitución y a la ley. Su estructura interna y funcionamiento deberán ser democráticos».

30. ORGANIZACIONES EMPRESARIALES Presidentes de las organizaciones empresariales.

31. INSTITUCIONES CULTURALES Presidentes o responsables de instituciones del mundo de la cultura, en sentido amplio, de la historia, la literatura, instituciones científicas....

32. SECTOR PÚBLICO INSTITUCIONAL DE LA ADMINISTRACIÓN GENERAL DEL ESTADO Presidentes de colegios profesionales.

33. COLECTIVOS SOCIALES Presidentes de colectivos sociales y vecinales. Nuestra Constitución es aconfesional, pero no cabe duda de que el Obispo de la diócesis es autoridad religiosa, muy reconocida y representante de los católicos. Considerándolo representante de la Iglesia Católica como *eclesía* de creyentes, de gran arraigo histórico y cultural, puede ser respetuoso y honorable que su lugar sea el número uno de los colectivos sociales. No obstante, en este asunto, puede que exista diversidad de criterios. Y los hay. Le seguirían los representantes de otras confesiones religiosas ya presentes en muchas de nuestras provincias.

34. MEDIOS DE COMUNICACIÓN Directores de los medios de comunicación.

35. ALTOS FUNCIONARIOS MUNICIPALES En su caso, y si asistieran, altos funcionarios del Ayuntamiento: Secretario, Interventor, Secretario y otros empleos de la Corporación Local. Los funcionarios de las Entidades Locales en los actos oficiales, si cumplen una función prevista en el acto ocuparán el lugar idóneo para el cumplimiento de su labor próximos a la presidencia. Cuando asisten como invitados no deben olvidar que también son anfitriones y se situaran después de todas las autoridades y personalidades invitadas. Un Secretario general, jefe de Servicio, un director de un organismo autónomo, un ingeniero o la jefatura de la Policía local no pueden preceder a ninguna autoridad.

Circunstancias particulares

La prelación que acabamos de establecer —estamos convencidos— está sujeta a muchos y diferentes criterios y opiniones como hemos tenido oportunidad de comprobar desde hace tiempo. La particularidad de los tipos de actos (generales o especiales) y las características del acto, su función u objetivos, su institucionalidad o emotividad y el propio lugar en el que se celebra el acto, nos harán tomar decisiones en cuanto a la ubicación de algunas autoridades. Los objetivos de un acto y las condiciones de carácter organizativo y espacial hacen que en muchas ocasiones el orden de prelación que hemos desarrollado se vea alterado, y debe alterarse, aún más si el espacio en el que se celebra el acto permite la distribución en grupos por afinidad institucional u otro tipo de consideraciones.

Puede que el acto se celebre en un edificio de carácter municipal y que se considere oportuno separar a los concejales, presididos por el Alcalde, del resto de autoridades para que su imagen sea corporativa. Igualmente, y aún más si se trata de un acto organizado por la Diputación provincial, los alcaldes pueden aparecer en un lugar común dado el carácter de agrupación de municipios que tiene la Provincia. La visualidad «grupal», o corporativa, es mejor percibida por la ciudadanía —y los medios de comunicación— y suele despejar muchas dudas a las autoridades sobre «el lugar en el que le han colocado». Igualmente el lugar de los ex Alcaldes o ex Presidentes de la Diputación se ajustará a las particularidades del acto. Inaugurar un centro cuya iniciativa y acuerdo correspondió a un ex Alcalde anterior probablemente nos hará pensar mucho sobre el lugar más idóneo (salvo que el Alcalde esté abducido por el sectarismo, algo muy habitual).

Puede que el acto esté organizado en torno a una personalidad de carácter no político ni administrativo (medallas, hijos adoptivos, cruces...). Esta deberá ocupar un lugar significativo, sin que nada le impida acceder al lugar en donde se le entregará la condecoración. Sus familiares deberán ocupar un lugar próximo, separados de la ordenación oficial pero cercanos.

Se dan también oportunidades para producir la mejor imagen de nuestras instituciones. No hay que tener miedo (en los acto que lo permitan) a crear la mejor imagen de las autoridades e instituciones y de cuanto ocurre, usando la creatividad al servicio de la eficacia y el buen desarrollo de los mismos. En un acto de la Diputación de Almería de homenaje a la Guardia Civil en su 150 Aniversario, los alcaldes ocuparon un ala cada uno acompañado de su Comandante de Puesto (los que lo tenían). Si Arnold Schwarzenegger viene a recoger el *Premio Almería Tierra de Cine* por el rodaje en Almería de la película *Conan el bárbaro* (John Milius, 1882) y nos indica que prefiere que lo recibamos como ex gobernador de California, cargo del que se siente muy orgulloso, adelante con las recepciones en aeropuerto, cápsula de seguridad, intervenciones valorando su labor de servicio público, etc. etc.

7. CULTURA PREMIAL

Los poderes siempre han dispuesto formas de recompensa para los mejores servidores en razón a sus éxitos militares, las grandes hazañas o las conquistas. La concesión de un Triunfo, como vimos, era uno de los máximos honores a los que podía aspirar un general romano. Igualmente, la concesión de tierras a los veteranos al dejar el ejército era una forma de premio que pronto daría lugar a la configuración de una nobleza militar.

En la Edad Media este reparto de tierras entre los señores supone una forma de delegación del poder al concederles el monarca determinadas funciones. En el control de las marcas fronterizas encuentran su origen los marquesados; igualmente, los *comes* que formaban parte de la corte, junto al rey, dieron lugar a los condes en una doble función, cerca del rey en el palacio como servidores, o desplazados para el ejercicio de la delegación real en un determinado territorio. Estas concesiones suponían, aparte de la delegación de potestad, algo que es inherente a toda recompensa, *quid pro quo*: la filiación o sujeción a la autoridad que la otorga.

Las órdenes militares, que tuvieron un gran protagonismo en la Europa medieval, fueron asimiladas, no sin grandes desencuentros, por las monarquías. Estas dispusieron entonces de la capacidad para conceder el ingreso en las mismas y la concesión de honores. Así, la concesión de méritos se convirtió en algo sustancial de las monarquías, algo propio del rey. Los tiempos revolucionarios tampoco cambiaron mucho las cosas y Napoleón creó la Legión de Honor como una orden más, al viejo estilo, al objeto de ganar voluntades.

Los méritos individuales, la ostentación de cargos públicos o magistraturas, las hazañas militares, la capacidad económica o el liderazgo, están en el origen de toda nobleza o aristocracia. Habitualmente confundimos los términos nobleza y aristocracia, utilizándolos en muchas ocasiones de manera indistinta. Y al respecto hay diversidad de criterios e interpretaciones. En general, se da por aceptado que la mera valía personal sería el origen de la aristocracia, mientras que la nobleza se fundamenta en la capacidad económica y la transmisión de la valía por razones de linaje, la sangre, la herencia. El término griego de aristocracia presenta una compleja genealogía que aúna y a la vez confunde: por *agathós*, se entendía en la tradición literaria clásica el bueno, el mejor, justo, buen ciudadano, de buena familia, de buena cuna... La palabra *aristós*, superlativo de *agathós*, expresa el más alto grado de valentía, la excelencia en cualquier actividad, el mejor, o los mejores en plural. De ahí surge el concepto *aristocratía* con doble significación: aludiendo a la idea del gobierno de los más poderosos, por un lado, y el de los mejores, los más virtuosos y honestos por otro. Para Aristóteles era el gobierno de unos pocos —para la mejor gestión de la polis— pero siempre que gobernara más de uno, contraponiéndolo a la dictadura o a la oligarquía. En Roma el concepto *nobilis* refiere igualmente a lo notorio, notable, ilustre; pero se pertenece a una familia noble (*gens*) por nacimiento.

Las élites aristocráticas fueron clases muy activas en periodos históricos, ejerciendo su dominio y su preeminencia sobre las demás de acuerdo con las circunstancias y aunque intentan permanecer en los poderes admiten nuevos individuos en sus filas (algo que no es propio de la nobleza); pero las aristocracias también decaen, se agotan en sus propios procesos. Y cuando se agotan intentan volverse hereditarias con lo que empezarían a convertirse en nobleza. Por otra parte, la necesidad de dar respuestas (políticas, económicas, científicas, artísticas, sociales) a los intereses de las nuevas clases sociales, da lugar a la aparición de nuevas élites, como en el caso del Renacimiento o la Ilustración. Así, la burguesía sería una nueva «aristocracia» que encuentra su poder en los nuevos desarrollos de la Revolución Industrial frente al carácter agrario de la nobleza.

En el transcurso de las generaciones aparecen divisiones entre quienes ostentaban títulos. A la «nobleza de privilegio» correspondía a los títulos concedidos por acciones o servicios; la «de cargo» por la función que se cumplía dentro del aparato del Estado; y la «nobleza de sangre» la constituían quienes habían heredado los títulos por antiguas acciones de sus antepasados. El matrimonio constituía una forma de sumarse a la nobleza. Existió también una nobleza que, sin poseer título, encontraba su dignidad en el pasado, de casta, herencia orgullosa de quienes alguna vez dispusieron de títulos: es la «nobleza no titulada». Y aquí estarían los hidalgos, palabra de etimologías diversas a tenor de los especialistas que la derivan tanto del concepto latino *fides* (fe), como de *fidalgo*, hijo de algo... Su estatus quedó recogido en la Novísima Recopilación, relacionado con la idea de «hombre de bien», dispuesto a entrar al servicio del rey, herencia de los antiguos nobles o ricos-hombres que podían mantener caballería. Y en fin, no eran moros ni judíos, por lo tanto tampoco ejercían profesiones indecorosas. Exentos de impuestos, los monarcas los utilizaban a su conveniencia, incluso creando nuevas hidalguías. Esto les llevó a la diferenciación entre hidalguías «de sangre» y «de privilegio» y al menos debían pasar tres generaciones para que estos fueran reconocidos como los primeros. Por ello se decía que los reyes pueden crear caballeros (en el sentido de nobleza), pero no hidalgos. Felipe V quiso equiparar a los Pares de Francia con los Grandes de España, «y en esa polémica llegó a decir el Conde-Duque de Benavente al Rey: "Señor, V.M. puede crear Grandes de España, pero no Hidalgos; los Hidalgos sólo los hacen Dios y el Tiempo"»[183].

Para el hidalgo, por encima de sus hechos están sus valores, sus ideales. Ello ha dado lugar a la creación de estereotipos y conceptos como el «hidalguismo» que, en forma de tópico, tanto se nos ha atribuido a los españoles. Aparte del ingenioso hidalgo de Cervantes, la versión más estereotipada —y agria— se encuentra en el *Lazarillo de Tormes*. En las páginas en las que Lázaro relata sus días al servicio de un hidalgo venido a menos se nos muestra todo un catálogo de virtudes morales y usos cotidianos de la hidalguía en la época de Carlos V. Va a misa a diario y cuida muy bien su imagen:«Y con un paso sosegado y el cuerpo derecho, haciendo con el y con la cabeça muy gentiles meneos, echando el cabo de la capa sobre el hombro y a veces so el brazo, y poniendo la mano derecha en el costado, salió». Aunque su casa es un desastre, «oscura e lóbrega», observa si su criado tiene las manos limpias para tocar y doblar su capa. Galante, «dice a las mujeres más dulzuras que Ovidio». Heredero de la moral caballeresca, como no podía ser de otra manera, presume de su espada:

«a ninguna de cuantas Antonio [célebre espadero toledano del momento], no acertó a ponelle los aceros tan prestos como esta los tiene». Alecciona a Lázaro en consejos y formas morales cuando el criado descubre que no hay en su casa nada a lo que echarle el diente: «no hay tal cosa en el mundo para vivir mucho que comer poco [...] porque el yantar es de los puercos y el comer reglamentadamente es de los hombres de bien». Y lo que más le identifica y le duele: había dejado su tierra (Castilla la Vieja) por una cuestión protocolaria con un vecino: aquello de si el bonete me lo quito yo antes o te corresponde a ti... «Que un hidalgo no debe a otro que a Dios y al rey [y] a los más altos, como yo, no les han de hablar menos de: "Beso las manos de vuestra merced", o por lo menos: "Besoos, señor, las manos",si el que me habla es caballero».

Entre las titulaciones españolas constituyeron el mas alto nivel de la nobleza los Grandes de España. El título tiene su origen tras la Reconquista y los procesos de unificación y cohesión de los diferentes reinos españoles con la Casa de Trastámara. Aunque al parecer no hay documento de creación, se atribuye a Carlos I su estableci- miento y se apunta su origen como una forma de premiar a quienes se habían puesto a su favor en el enfrentamiento de las Comunidades. Se dice que Carlos llamaba «pri- mos» a los Grandes y «parientes» al resto de los titulados. Los Grandes de España siempre ostentaron un reconocimiento especial hasta bien entrado el siglo XX en el que perdieron el último de sus privilegios en 1984 al desaparecer su derecho a llevar pasaporte diplomático.

¿Y qué fue del primer estado, de la nobleza, con el tránsito desde el Antiguo Ré- gimen a las sociedades burguesas de economía liberal? La aristocracia inglesa tradi- cionalmente había estado muy ligada a la tierra y cuando finalizó la I Guerra Mundial la caída de los productos agrarios le hizo perder su capacidad y significación social; algunos de sus componentes se hicieron profascistas pensando en los beneficios que podrían acarrearles tales simpatías si Alemania invadía Inglaterra. Tras los horrores de las guerra tuvieron que vender tierras y dedicarse a negocios rentables y de lo más pintorescos como parques de atracciones, puesta en alquiler de sus palacios para ceremonias, tal y como ocurre hoy. Excentricidades las hay para todos los gustos. Había quienes buscaban una boda con las fortunas americanas (la serie de televisión inglesa *Downton Abbey (*2010), da buena cuenta de esas circunstancias); el duque de Bedford anunciaba un producto de limpieza para el brillo de los salones de su palacio; y se dice que la madrastra de Diana de Gales (Lady Di) se ofrecía a firmar autógrafos o postales a los turistas que visitaban Althorp House (la casa en la que se había criado Diana y donde está enterrada) por cinco libras.

Si la aristocracia inglesa tiene un punto de originalidad o excentricidad tan reco- nocida, la italiana contó en sus filas con importantes intelectuales y artistas. La difícil unificación italiana y los cambios modernizadores de Víctor Manuel II de Saboya en- contraron la resistencia de la nobleza. Algunos se mantuvieron en sus dominios, otros se exiliaron, los hubo quienes se encerraron en sus palacios (la «nobleza negra») o se infiltraron en el Vaticano como mayordomos o guardias de los papas y, en fin, algunos barones provincianos dieron pávulo al bandolerismo del *mezzogiorno*. El rey Humber- to adoptó el título Humberto I de Italia y no siguió la línea que le habría correspondido (Humberto IV de Saboya), a fin de reforzar su imagen como soberano efectivo de sus súbditos en todo el reino de Italia y no sólo de los nativos de Piamonte. En 1869 el rey decreta la creación de una consulta heráldica al objeto de unificar las diversas noblezas italianas para clarificar las falsificaciones, reconocer la similitud de rangos en diferentes regiones y la conservación de la memoria a través del *Libro D´Oro della Nobilità italiana* (1896). Mussolini favoreció el proceso clarificador y normalizador de las reglas de transmisión de títulos a través de la *Ordinezione dello Stato Nobiliare Italiano* y permitió la acomodación de la nobleza negra del Vaticano en la sociedad italiana.

Algunos nobles no vieron con malos ojos el pensamiento y las leyes antisemitas de Mussolini, que tuvieron su expresión más destacada en el *Manifesto degli scienziati razzisti* (Manifiesto de científicos racistas), un decálogo realizado por reconocidos investigadores abundando en la supremacía de la raza italiana, de origen ario, y exhortando a los italianos a que se proclamasen racistas. En el fondo, el fascismo del Ducce defendía los intereses de la nobleza frente a los movimientos campesinos y los sindicales en la industria, y el conde Ciano, próximo a Mussolini, se casó con su hermana Edda. El espléndido largometraje de cinco horas de Bertoluci, *Noveccento* (1976), nos aproxima a la situación italiana del momento. Victor Manuel III abdicó en su hijo, Humberto II, pero un referéndum proclamó la República y la Constitución italiana de 1948 no reconoció títulos. Los herederos del naufragio de la nobleza italiana ocuparon entonces la escena de la *dolce vita* italiana a mediados de la pasada centuria: el príncipe de Lampedusa, de gran formación humanística y literaria, murió sin ver publicada su novela *Il Gattopardo* (1963) llevada al cine por Luchino Visconti, aristócrata también, conde de Modrone y, además, comunista. Algunos fueron más acertados en sus inquietudes y la industria del automóvil también contó con destacados miembros de la nobleza (Giovanni Agnelli).

A partir de la Constitución de Weimar (1919), que abolía los privilegios, la nobleza alemana comenzó a pagar impuestos, dejaron de tener influencia política y les fue difícil adaptarse a las circunstancias económicas de la posguerra, de tal manera que incluso se ha llegado a hablar de un «proletariado nobiliario». No fue difícil que se acercaran a Hitler, el *Führer* necesitaba sus contactos económico-financieros y sociales para validar su ascenso.

La nobleza alemana no vio con malos ojos que los judíos que formaban parte de la administración alemana fueran separados para ocupar ellos su espacio. En muchos jóvenes aristócratas la ideología fascista caló de manera especial y ocuparon importantes cargos dentro de las SS (*Schutzstaffel*, «escuadrón de protección», grupo paramilitar, político y policial). El propio Augusto Guillermo de Prusia, cuarto hijo del Kaiser, ingresó en las SA (*Sturmabteilung*, «destacamento de tormentas» en su tradición literal, o guardia de asalto, también paramilitar caracterizado por las camisas pardas), y a la segunda esposa del kaiser, Herminia von Reuss-Greiz, no le importó sumar apoyos a Hitler esperando la restauración de su marido. También es cierto que en la Operación Walkiria (complot contra el *Führer* en julio de 1944) tuvieron una gran importancia algunos miembros de la nobleza. Tras la II Guerra Mundial no se les molestó demasiado y gozaron de los beneficios del milagro económico alemán.

En la España de Alfonso XIII la nobleza tuvo buena influencia política. Ya la habían tenido en la restauración de los Borbones y Alfonso XII había concedido títulos a las nuevas clases, banqueros y grandes hombres de negocios, amén de latifundistas, muchos de los cuales formaban parte del Senado. Con Alfonso XIII la nobleza llegó a ocupar carteras ministeriales (conde de Romanones, el marqués de Vadillo o el de Alhucemas, entre otros).

La II República hizo tabla rasa de los privilegios de la nobleza con la Constitución de 1931 y en adelante para cualquier gestión debían de dejar de firmar con el título y hacerlo con su nombre y apellidos… Como anécdota, en 1984, el autor de las líneas asistió a un curso de verano en la Universidad Menéndez Pelayo celebrado en Sevilla, dirigido por el duque de Alba, entonces el señor Aguirre. Aún conservo el título de aquel encuentro firmado sin más por «El duque de Alba».

La nobleza hizo siempre causa de su vocación monárquica y participó activamente en el primer intento de levantamiento militar contra la II República, promovido por Sanjurjo (la Sanjurjada). Con algunas excepciones (el duque de Alba dimitió de su cargo de embajador en Londres), la nobleza se colocó a favor del levantamiento de julio y participó activamente en el conflicto. El Manifiesto de Lausanne (1945) aglutinó a los nobles que habían esperado la restauración de la monarquía tras la guerra en su legítimo heredero, don Juan, y recibieron la negativa de Franco. En su texto daban por rotas sus relaciones con la dictadura. No obstante, Franco entendió que debía integrarlos respetando su legitimidad, igualando los títulos de los carlistas a los de los alfonsinos. Como «monarca», Franco se atribuyó también capacidad para la creación de títulos y favorecer a sus fieles y próximos al aparato. No en vano, su nieta se casó con Alfonso de Borbón y Dampierre, duque de Cádiz. Pero tras la contienda, la nobleza española comprendió que ya nada iba a ser lo mismo pues «a pesar de pertenecer al bando vencedor de la Guerra Civil, paradójicamente perdieron las bases tradicionales de su poder y experimentaron una notable renovación en sus filas»[184]. Las grandes fortunas, entonces, tuvieron que adecuarse a la nueva situación: del campo se trasladaron a Madrid familias de terratenientes absentistas que arrendaban las tierras o las dejaban a cargo de un administrador (otra espléndida película da cuenta de ello, Los santos inocentes, 1984, de Mario Camus); otros se convirtieron en rentistas en las ciudades, y también los hubo que pasaron a ocupar cargos directivos de empresas o a formar parte de sus consejos de administración. En cualquier caso, el sistema de valores de las grandes familias españolas no sufrió cambios, pues, «contando con unos patrimonios tan amplios, las familias que formaban las clases altas de Madrid no se veían en la necesidad de trabajar. La "elegante ociosidad" era todavía un valor apreciado entre las élites, por lo que la mayoría desdeñaron desarrollar carreras profesionales como abogados, médicos y arquitectos, o emprender un lento ascenso en las empresas privadas. Muchos se contentaban con ser a lo sumo "amateurs" o personajes de segunda fila en la política, la administración pública o la dirección empresarial»[185].

Actualmente, la situación jurídica de la nobleza en la España viene determinada por nuestra Constitución, en la que la única mención al asunto es el artículo 67, apartado f, que contempla la capacidad del Rey para la concesión de títulos, de acuerdo con las leyes. Aunque en ella no se hace referencia a los títulos españoles, pudo prohibirlos, tal y como dice el Tribunal Constitucional, pero no lo hizo. Así pues, «aunque la Constitución no los menciona los títulos nobiliarios existen en sus dos formas: los antiguos y los de nueva creación»[186]. El Tribunal da por sentado que en la actualidad carece totalmente de relevancia jurídica el hecho de ser o no noble, y es inadmisible que el «hecho diferencial (tener título o no tenerlo) se convierta en ningún caso en hecho discriminatorio». No podría ser de otra manera en aras de la igualdad de todos los españoles y en la no discriminación del artículo 14 de nuestra Carta. Por lo tanto —seguimos las Sentencia— es el Derecho el que «puede y debe controlar la legalidad y aun la constitucionalidad de determinados aspectos de las nuevas concesiones ("con arreglo a las Leyes"), de las transmisiones, de las rehabilitaciones o del uso de las mismas».

Ser noble no tiene ninguna relevancia jurídica, aunque poseer un título nobiliario es, como hemos visto, un hecho lícito y compatible con la Constitución, pero su contenido jurídico, de acuerdo con la sentencia, «se agota en el derecho a adquirirlo, a usarlo y a protegerlo frente a terceros de modo semejante a lo que sucede con el derecho al nombre [...] Pero en el uso del título adquirido por concesión directa o por vía sucesoria agota el título su contenido jurídico, y no es, como en el Antiguo Régimen, signo definitorio de un estatus o condición jurídica estamental y privilegiada. Su esencia o consistencia jurídica se agota en su existencia».

Personajes famosos y menos famosos no han dejado de tener presencia mediática en cuanto a la ostentación, transmisión y restauración de títulos al amparo de reales decretos en los años 1980 y 1981 y toda suerte de sentencias judiciales. «Es el club más reservado del país, pero las peleas entre ellos son el pan nuestro de cada día. Para defender sus títulos o conseguir otros nuevos, pleitean sin descanso. Entre sus pugnas, desde hijos de la "duquesa roja" hasta Ágatha Ruiz de la Prada o las Koplowitz»: esta era la entradilla de un titular de *El País* en 2012 que daba cuenta de la obsesión por «ser noble», el gran número de problemas con la herencia, los pretendientes y la astucia de falsificadores de documentación para la tramitación de expedientes de rehabilitación[187].

Al margen de la capacidad del Rey para la concesión de títulos, que en las últimas décadas han sido concedidos a personalidades del mundo de la política, o de la cultura (Adolfo Suárez, o a Vicente del Bosque, seleccionador nacional de fútbol, a quien se le concedió el título del marquesado de Del Bosque), el Estado mantiene desde antiguo determinados honores y condecoraciones como recompensas honoríficas que suponen el acceso a una órden de carácter civil o militar. Entre las órdenes civiles se encuentran la Orden del Toisón de Oro, la de Isabel la Católica, la del Mérito Civil, la de Sanidad, la del Mérito Agrario, la de Solidaridad Social, entre otras. Y en cuanto a las Medallas se encuentran las del Trabajo, la de Bellas Artes, Mérito Turístico, Seguridad Vial, Protección Civil. Todas ellas dan cuenta de la creación y adecuación de los méritos a la evolución de la sociedad y sus nuevos ámbitos de desarrollo.

Igualmente, las Comunidades Autónomas y las Entidades locales disponen de normativas para la concesión de honores y distinciones, reglamentando su fundamento y objeto, sus destinatarios y los procesos administrativos para su resolución y entrega. En el calendario institucional español no falta la entrega de honores en los Días de la Comunidad Autónoma, del Municipio o de la Provincia con las que sus gobiernos expresan su agradecimiento a personas físicas o jurídicas por algún mérito en favor de la sociedad. De «irreflexiva incontinencia normativa» califica García-Mercadal a la vocación de las Comunidades Autónomas, Ayuntamientos y Diputaciones, en cuestión de honores, ceremonial y protocolo: «Condecoraciones, premios, tratamientos, precedencias y otras solemnidades varias han merecido también la atención -desmedida si la comparamos con la recibida por los símbolos nacionales- de nuestras autoridades periféricas, al tiempo que ayuntamientos, diputaciones y cabildos han desbordado con frecuencia las pautas fijadas en este punto por los arts. 186 a 191 del Reglamento de Organización, Funcionamiento y Régimen Jurídico de las Corporaciones Locales de 28 de noviembre de 1986» [188].

Ciñéndonos a la Administración local, el *Real Decreto 2568/1986, de 28 de noviembre, por el que se aprueba el Reglamento de Organización, Funcionamiento y Régimen Jurídico de las Entidades Locales*, permite la concesión de honores y distinciones en los siguientes términos: «Las Corporaciones Locales podrán acordar la creación de medallas, emblemas, condecoraciones u otros distintivos honoríficos, a fin de premiar especiales merecimientos, beneficios señalados o servicios extraordinarios» (art.189), facultando a los Ayuntamientos, Diputaciones provinciales, Cabildos y Consejos insulares para «acordar nombramientos de hijos predilectos y adoptivos y de miembros honorarios de la Corporación, atendidos los méritos, cualidades y circunstancias singulares que en los galardonados concurran y que serán aplicados con el mayor rigor en expediente que se instruirá al efecto» (art.190.1), con la advertencia de que tales distinciones «no otorgarán en ningún caso facultades para intervenir en el gobierno o administración de la entidad local, pero habilitarán para funciones representativas cuando éstas hayan de ejercerse fuera de la demarcación territorial respectiva». Para concederlos a extranjeros se requerirá autorización expresa del Ministerio para las Administraciones Públicas, previo informe del de Asuntos Exteriores (art. 190.2). Todo ello mediante la determinación de un Reglamento especial (art. 191).

Así, el Reglamento de Honores y Distinciones, o denominación similar, debe ser el referente normativo para cualquier honor, nombramiento, medalla, escudo o cualquier agradecimiento público de una administración local. El autor de estas líneas recuerda cuando se le encargó en los años 80 del pasado siglo la elaboración de un reglamento para la Diputación de Almería que sustituyera al vigente desde los años 50. Llegamos a consultar una treintena de reglamentos de Diputaciones y Ayuntamientos españoles, a cuál de ellos más obsoleto, salvo honrosas excepciones. Lo lamentable es que, a día de hoy, muchos de ellos no se han remozado o lo han hecho reproduciendo viejos contenidos de dudosa transparencia administrativa o impropios de una sociedad democrática.

A nuestro entender, un reglamento de concesión de honores debe responder a una estructura que contemple, en síntesis, los siguientes aspectos: En primer lugar un preámbulo general que ponga en valor la capacidad de los Ayuntamientos para agradecer los méritos, esfuerzos, trabajo, vocación de personas o instituciones en beneficio de la sociedad, o del Municipio, en distintos ámbitos de la vida. Hemos de recordar que el cumplimiento por parte de las Administraciones de las competencias y funciones que le son atribuidas por la ley tienen como objeto final el progreso, el bienestar y la calidad de vida de los ciudadanos, pero que los particulares, en general, coadyuvan a la consecución de estos fines. Igualmente debe quedar claro que es el Municipio, sus vecinos y su organización quienes agradecen a través de la institución que los representa, su Ayuntamiento, dejando claro que la incoación de expediente y la resolución por los órganos de gobierno competentes caracteriza estas recompensas en las sociedades democráticas, esto es, que no son concedidas *ad libitum* por la autoridad. .

En segundo lugar, lo conveniente es la creación o establecimiento de las distinciones y sus clases. Las particularidad, los fines y competencias de cada Entidad determinarán el tipo de honores; así es muy propio de los Ayuntamientos el nombramiento de Hijos Predilectos o Adoptivos; algo que no parece, a nuestro entender, tan «propio» de las Diputaciones, pues el hecho de «nacer» nos parece más unido al municipio, en el que está nuestra partida de nacimiento, que propio de la institución provincial, o nacional (¿Hijo predilecto de España?); en cualquier caso, de todo hay en la viña del Señor... Quizás lo más correcto, y es muy habitual, es la creación de la Medalla del Municipio, como el máximo honor que concede la Entidad, y otras que puedan atender

Medallas con sus correspondientes acuerdos de concesión

a méritos en ámbitos como la Cultura, la Sociedad, la Acción vecinal, el Deporte, la Promoción del Municipio, etc. etc.

A nuestro entender, parece impropio, el establecimiento de una «escala» entre bronce, plata y oro como niveles de honor que alguien recibe. Aparte del inconsciente paralelismo deportivo (que supone haber quedado en uno de los tres puestos de «una competición») parece difícil consensuar si el mérito de una persona o entidad puede ser escalonado según tres niveles por algún tipo de criterio o fórmula, aún más si consideramos que los receptores del honor puedan considerarse (y lo harán) por agravio comparativo merecedores de un nivel superior. Por tanto, no debería haber «niveles» de mérito pues el mérito se tiene o no se tiene. Si a la Cruz Roja de nuestro municipio le quisiéramos conceder la Medalla Social, por ejemplo, por su trabajo durante unas inundaciones, qué criterios vamos a utilizar: ¿oro, plata, bronce? Igual ocurriría si los merecedores fueran los bomberos del Consorcio, la UME o la Guardia Civil. Nuestra experiencia nos hace pensar simplemente en un gran honor (Medalla del Municipio) para las grandes acciones o reconocimientos, y otra para los ámbitos de la cultura, el deporte o la acción social en sentido amplio (economía, investigación, solidaridad...)

Hubo un tiempo en el que determinados honores se concedían bajo el principio de *númerus clausus*, es decir, se establecía un número fijo de medallas y una vez concedidas todas, no podían concederse más hasta que alguno de su poseedores muriera. Si muchas veces esta antigualla corregía la tendencia de la autoridad a prodigarse en concesiones y ganar afectos, por otra parte suponía no poder agradecer los méritos de muchas personas acreedoras de los mismos. Si en nuestro Municipio dos equipos deportivos, o atletas, han conseguido méritos como para entregarles una Medalla del Deporte, ¿por qué no se van a conceder dos?

En tercer lugar debemos referirnos al procedimiento. En una administración democrática la concesión de un honor o distinción es un acto administrativo, como voluntad de la misma y en uso de sus competencias. Por lo tanto supone la incoación de un expediente por parte del alcalde o concejal delegado, o a instancia de parte de personas físicas o jurídicas, es decir, vecinos, autoridades, colectivos sociales, etc., que eleven al Ayuntamiento su voluntad en favor de alguien. El expediente debe contener los preceptivos informes técnicos y jurídicos, memorias, currículums, pruebas y diligencias, así como cuanta documentación se considere oportuna para justificar el merecimiento de la distinción. Debemos recordar el ROF cuando se refería a la rigurosidad en la instrucción del expediente. A él habrán de incorporarse cuantas adhesiones se reciban (y las consideraciones en contra, si las hubiera). La resolución del expediente debe corresponder al Pleno de la Corporación, por mayoría absoluta, y, para el caso del mayor honor o condecoración el voto cualificado favorable de las dos terceras partes del número legal de miembros que integran la Corporación. Probablemente una Medalla del Deporte o de la Cultura es susceptible de ser aprobada por mayoría absoluta, pero la concesión de la Medalla del Municipio, como máxima distinción que aprueba el Ayuntamiento en Pleno debe estar muy consensuada y valorada por todos los grupos políticos en general para que el receptor pueda recibirla sin sombra de duda sobre el mérito que recibe. Claro que (y he aquí el vicio) lo que no es razonable bajo ningún punto de vista es el «reparto» entre los grupos políticos (habitualmente en reunión de portavoces) en función de las afinidades del grupo con la persona o instituciones a la que se le va a conceder la distinción.

Tampoco es muy conveniente que el reglamento estipule el momento de la entrega. Como muchos Ayuntamientos celebran el Día del Municipio, habitualmente eligen esa fecha para la entrega, pero al reflejarlo como el único día cierran la oportunidad de entregarlo a cualquier persona que tenga previsto acercarse al municipio por cualquier razón, en cualquier momento, o a propósito de cualquier actividad del calendario social o cultural.

Por otra parte, hay muchos Ayuntamientos, y Diputaciones, que contemplan una distinción «de menor categoría», un escudo de solapa en oro, por ejemplo, que puede ser entregado en visitas institucionales, actividades de menor calado, famosos que se encuentran por cualquier razón en el territorio municipal, a funcionarios que se jubilan, etc. Como quiera que es un procedimiento sin demasiada previsión, o a veces de urgencia, el procedimiento idóneo sería mediante decreto de la Alcaldía.

Finalmente, hay una serie de disposiciones comunes que todo reglamento debe contemplar: expresar claramente los destinatarios de cada una de las distinciones establecidas: personas físicas, jurídicas españoles, extranjeros, tipos de méritos... (Las medallas concedidas a personas jurídicas sólo podrán ser ostentadas por su representante legal); la advertencia de que las distinciones tienen un carácter honorífico sin que otorguen cualquier otro derecho administrativo o económico, aunque a veces pueden tener un carácter representativo de carácter protocolario; la posibilidad de concesión a título póstumo; el establecimiento de un *Libro de Registro de Honores y Distinciones* bajo la custodia del secretario de la Corporación en el que se deben consignar los datos de los distinguidos, el mérito, así como las razones para el merecimiento y la fecha y lugar de la entrega. Por último, el reglamento debe derogar cualquier disposición que en la misma materia hubiese aprobado la entidad local con antelación. Un Anexo incorporará la descripción material de los «objetos», sus formas, significados o símbolos, con los dibujos, fotografías o representaciones que garanticen la unidad formal para su producción y presentación.

Los actos administrativos acordados son trasladados a los interesados y a quienes tengan o puedan tener un interés legítimo en los mismos. El traslado del acuerdo de Pleno o resolución oportuna, se traslada por la Secretaría del Ayuntamiento. No obstante, y con independencia de ello, el alcalde debe enviar una carta respetuosa y afectiva al interesado felicitándolo.

Junto con la condecoración correspondiente se suele entregar el acuerdo o resolución impreso en un documento de formato y tipografía elegantes, enrollado y sujeto con una cinta. Existe el mal gusto, a nuestro entender, de entregarlo enmarcado con horrorosas y barrocas molduras. Como no sabemos en qué lugar y cómo querrá exhibirlo el homenajeado, varios días después debemos acompañarlo para que elija la moldura o el soporte que considere de acuerdo con sus criterios, abonando nuestra institución los gastos.

Abríamos este capítulo refiriéndonos a la tradición histórica del «premio» como forma de reconocer méritos y crear lealtades, y no podemos acabarlo sin referirnos a las formas en las que la sociedad actual realiza la misma instrumentalización pero con fines distintos. Si tan eficaz era para el poder otorgar un título en razón a las acciones meritorias en favor del Estado —ganando una batalla, sometiendo a rebeldes, o controlando una marca fronteriza—, no hay más que echar un vistazo a los medios de comunicación y constatar el volumen de galas (con su correspondiente *photocall*) en las que las escenografías se llenan de «premiantes» y premiados anuales en todo tipo de ámbitos, desde los puramente económicos hasta los más variados de la cultura y el deporte.

Sobresalen las acciones de promoción de las grandes multinacionales del cine y la música. El cine comprendió muy pronto el valor de la promoción industrial mediante la concesión de premios en galas que, junto a las películas y sus actores, unen las marcas de los grandes diseñadores de moda, carísimas joyas (alquiladas) y todo tipo de glamures, produciendo grandes beneficios e imágenes que darán la vuelta al mundo mediante retransmisiones televisivas y ocupando buena parte de los contenidos en las redes sociales. De manera más próxima, no hay periódico que no realice su gala anual de reconocimientos y los diarios de provincias los emulan repartiendo, incluso en galas comarcales, a diestro y siniestro «premios» a empresas locales y vecinos. A ningún ciudadano o empresa le amarga una distinción, evidentemente, y los diarios se nutren de los beneficios comerciales que suponen el especial que edita al día siguiente.

En los pequeños festivales de cine de nuestras provincias se entregan premios a actores nacionales e internacionales como reconocimiento a toda una carrera artística y profesional; lo que no saben muchos ciudadanos es lo que esos actores suelen cobrar por recibir el premio, tanto en metálico como en atenciones. Cierto es que para la ciudad supone una labor publicitaria y se persigue la promoción televisiva y de las redes sociales. ¿Qué otros méritos no deberían recibir grandes artistas o colectivos cuya valía cultural o social no parece generar beneficios económicos?

8. ACTIVIDADES INSTITUCIONALES

De partida, una cuestión estrictamente metodológica: saber qué entendemos por «actividad institucional». Evidentemente el concepto es amplio pues toda actividad que realiza una administración pública es susceptible de llamarse institucional, trátese de un pleno de la Corporación, la inauguración de una carretera o un centro de servicios sociales, la firma de un convenio, una maratón deportiva o las fiestas de la localidad. Si miramos con detenimiento encontraremos una primera diferenciación: por un lado aquellas actividades en las que se proponen, estudian y resuelven actos administrativos como son las sesiones plenarias, las reuniones de la Junta de Gobierno, las Comisiones Informativas y las similares de los organismos autónomos, mancomunidades, consorcios, etc. Son actividades propias de la organización y funcionamiento de la entidad que se realizan siempre en las instalaciones municipales. La reiteración habitual de las mismas hace que sean actividades con un modelo asumido.

Por otra parte, hay un conjunto de actividades que son consecuencia de la ejecución de los acuerdos emanados de estos órganos colegiados o los decretos del Alcalde. Aquí encontramos toda la variedad de actos de un Ayuntamiento según sus áreas: los relativos al fomento y las infraestructuras, deportivos, culturales, sociales, de promoción turística o económica, inauguraciones etc. Actos que suelen preparar los técnicos municipales o encargan su ejecución a empresas especializadas. Y por último, algunos de estos pero que, de manera transversal, quedan afectados por una mayor relevancia por su contenido o al asistir determinadas autoridades o personalidades. Es posible que en la presentación de las Escuelas Deportivas Municipales asista un reconocido deportista o un consejero de Deportes; o un secretario de Estado en la inauguración de un nuevo edificio público; el pregón de las fiestas patronales; la entrega de la Medalla del Municipio; o la visita de una alta autoridad del Estado o la Comunidad Autónoma. En ellas se aprecia una mayor institucionalidad por cuanto concurren valores simbólicos y de comunicación, de orgullo para el Ayuntamiento y los vecinos, o de interés más allá del entorno municipal. A estas últimas proponemos al lector, llamar «institucionales» en un sentido más estricto para diferenciarlas de las propias de los órganos corporativos o de las actividades y programas. Es una mera convención, cierto, pero útil por la responsabilidad y el trabajo al detalle que conllevan para nuestra institución. O dicho con un ejemplo muy visual: si durante la entrega de premios de un partido de fútbol sala en el pabellón deportivo falla rotundamente el equipo de sonido, es todo un problema, pero si falla durante la intervención del presidente de la Comunidad Autónoma o un ministro, debemos perdernos.

Constitución de las Corporaciones Locales

Las Corporaciones municipales se constituyen el vigésimo día después de las elecciones locales (salvo recurso contencioso electoral). Los trabajadores de cualquier Entidad Local saben que la constitución del Ayuntamiento (o la Diputación) es el acto más relevante de la vida administrativa. Sucede cada cuatro años y, de alguna manera, viene a «conmocionar» la vida administrativa por cuanto se crean expectativas (sobre todo si va a suponer el cambio de identidad política del gobierno local). A pesar de que el funcionariado es consciente de su seguridad, da rienda suelta a las posibilidades de cambios, estilos de gobernanza o cultura de trabajo, aspiraciones para cambiar los viejos funcionamientos (o mantenerlos para peor...) así como las afinidades y las confianzas o desconfianzas internas.

El acto por el que los ciudadanos elegidos como concejales se comprometen y adquieren su condición de representantes para el gobierno local y la elección del Alcalde es la constitución del Ayuntamiento como órgano de gobierno del Municipio. Un acto que está sujeto a un desarrollo establecido jurídicamente por la Ley y en su materialización necesita de formalidades e instrumentos, muchas veces también del uso tradicional y del acuerdo previo como veremos.

El acto es público y suelen ser invitadas las autoridades y personas representativas del tejido social del Municipio: jueces de instrucción o de paz, comandantes de puesto, directores de colegios, presidentes de colectivos sociales. En ocasiones se unen personalidades de la organización del Estado, de la Comunidad Autónoma o de la Provincia. Debe invitarse a los altos funcionarios y jefes de servicio, si los hubiere, así como a los representantes de los trabajadores. Como siempre, se deberá procurar que los ancianos, muy habituales en este tipo de actos, y los discapacitados tengan un lugar apropiado.

Es necesario advertir que es un acto público pero no «para el público». Hay una invisible «cuarta pared» que separa el lugar de la acción del espacio reservado a los ciudadanos. El público debe mantener una actitud respetuosa. No se le permite hacer manifestaciones ni expresiones, es mero observador. La autoridad puede obligar a desalojar a quien incumpla la normativa.

El objetivo fundamental desde el punto de vista organizativo es procurar la mayor institucionalidad que los ciudadanos esperan. Ello significa seriedad, responsabilidad, respeto, educación y sentido del deber público al objeto de que, como lamentablemente hemos visto en algunas ocasiones, no se convierta en un «circo» a ver quién de los electos hace la pirueta más estrambótica. El secreto: la previsión, la previsualización minuto a minuto de lo que va a suceder de acuerdo con lo planificado por la organización junto con el secretario de la Corporación, que es el relator y fedatario público del acto.

Las leyes de aplicación al acto son *Real Decreto 2568/1986, de 28 de noviembre, por el que se aprueba el Reglamento de Organización, Funcionamiento y Régimen*

Jurídico de las Entidades Locales (ROF), la *Ley Orgánica 5/1985, de 19 de junio, del Régimen Electoral General* (LOREG) y el *Real Decreto 707/1979, de 5 de abril, por el que se establece la fórmula de juramento en cargos y funciones públicas*. También el Reglamento de Organización y Funcionamiento del propio Ayuntamiento o Diputación, si lo tuviere. Todas estas normas vienen a complementarse.

Hasta aquí, de manera esquemática, la legislación a la que ajustarnos, pero en la materialización del acto, en su desarrollo, probablemente se deben adoptar criterios que no están escritos en ningún sitio pero que forman parte del uso, la costumbre o circunstancias especiales que, en bastantes ocasiones, un secretario debe arbitrar.

Días previos a la constitución del Ayuntamiento los concejales electos (o diputados provinciales en su caso) deben presentar sus credenciales ante la Secretaría y declarar sus bienes en el Registro de Intereses del que es responsable la Secretaría y que deberá mantener al día, pues las circunstancias de los concejales a lo largo de la legislatura pueden cambiar y están obligados a comunicarlo.

Tres días antes del acto de constitución del Ayuntamiento, la Corporación cesante realizará mediante Pleno una sesión al objeto de firmar las actas de la última celebrada y aprobar el «arqueo» realizado por el Interventor, o lo que es lo mismo: declarar las cuentas de la institución, en metálico o entidades bancarias, así como el inventario del patrimonio del Ayuntamiento.

El acto de constitución suele realizarse en el salón de Plenos del ayuntamiento. Si este es pequeño y no puede cumplir la necesaria función de acto público a veces se traslada a centros municipales que puedan cumplirla. Por otra parte, si se da la circunstancia de que se va a producir un cambio de signo político, el alcalde entrante también tiene deseos de invitar a determinadas autoridades o familiares, y se prevé la asistencia concurrida de vecinos de su partido político. Todo ello es razonable si al comportamiento de los invitados no le sobrepasan las emociones.

Técnicamente es un acto que organiza la Corporación saliente en funciones. Es natural que el alcaldable y los nuevos concejales quieran (y deben) conocer cómo se desarrollará el mismo, pero también, lamentablemente, les gusta disponer, cuando no atreverse a «ordenar» a los encargados del acto determinadas «concesiones» en materia de precedencia o visualidad de sus invitados. Puedo dar fe de las visitas de los alcaldables, días previos, para manifestar sus deseos y las dificultades para hacerles entender que aún no son alcaldes y que los funcionarios aún tenemos jefe hasta la fecha de constitución del Ayuntamiento, aunque falten tres días. Solución: recurrir siempre al criterio del secretario, y una vez planificado el acto solicitar al futuro alcalde una entrevista para el día anterior y explicarle detalladamente, paso por paso, toda la secuencia del acto y, además, solicitarle nuestra confianza. Con ello despejaremos la ansiedad, los miedos y las inseguridades, razonables, de un ciudadano que va a asumir un cargo público. Completaremos nuestra visita entregándole la relación de invitados, los confirmados y los que han expresado la imposibilidad de asistir. Por último le confiamos nuestro teléfono para cualquier duda o circunstancia que nos quiera trasladar a cualquier hora. Todo ello sin menoscabo de las consultas de carácter jurídico que quiera realizar al secretario. Igualmente, el secretario o el funcionario responsable de la organización se reunirá previamente con los concejales de mayor y menor edad para determinar la secuencia completa del acto y las funciones que ellos deben desarrollar en la Mesa de Edad. Sus intervenciones las tendrán redactadas por el secretario.

Bastón de mando y cordones corporativos preparados para la toma de posesión del cargo

Esa mañana ya el salón de Plenos está repleto y habremos tenido cuidado de respetar al Alcalde saliente colocándolo en un lugar respetuoso (puede que intervenga con la entrega del bastón... o no) así como al esposo/a o pareja del entrante. Es la mejor manera de garantizar que no haya incomodidades de última hora. Por último, la seguridad. No es habitual, pero hay ocasiones en las que el público suele manifestar cierta inquietud, cuando no expresiones fuera de lugar, tono y oportunidad. Normalmente esto se «huele» días antes. Por ello la previsión de los agentes locales será una garantía para el acto.

Para dar comienzo al acto ¿los concejales electos ya están sentados en sus asientos? División de opiniones: hay secretarios que prefieren ir llamando a los electos para que vayan ocupando su asiento, y los hay con el criterio de que, aunque todavía no han adquirido su condición de concejales pueden estar ya sentados en su sitio (los secretarios también suelen tener manías...). Lo más sensato es que se encuentren ya sentados aunque no hayan sido llamados.

El sitio previsto ya es tradicional en los escaños del salón de Plenos, por grupos políticos. Si hubiese algún tipo de dudas lo correcto es que las hayan dirimido ante el secretario, o ante el funcionario responsable del acto, al objeto de aplicar los criterios de mayor número de concejales y la proximidad a la Presidencia. Por cuanto al orden interno de los concejales de un propio grupo político es natural consultarles y que decidan ellos mismos. De partida, todos son meramente concejales votados en una lista. En cualquier caso, un representante de cada grupo político (el que va a ser portavoz del mismo en el acto, o va a proponer al alcalde) deben ocupar asiento en la primera fila. No hay que olvidar que, independientemente de los resultados electorales, todos los grupos pueden presentar un candidato a la alcaldía.

Hasta aquí las personas. El salón de Plenos ya tiene los símbolos del Estado, banderas, retrato del Rey, escudo municipal... Pero en esta ocasión hay objetos, símbolos especiales: en un lugar destacado hay un ejemplar de la Constitución, si es posible de buen tamaño y encuadernación, abierto por el Título VIII, capítulo II, «De la Administración Local», «El Municipio» (o por donde se estime). Y en la página opuesta una hoja con la fórmula de juramento del cargo de concejal. Sobre la mesa presidencial están preparados los cordones corporativos, el bastón de mando y cualquier otro símbolo de representación del que dispusiese el Ayuntamiento para sus integrantes. Urna, papeletas en blanco, sobres (y bolígrafos para los despistados). Ese día la sonorización del acto debe ser perfecta (un par de micros siempre preparados por seguridad).

Si el Ayuntamiento dispusiese de maceros, son los primeros en ocupar su lugar, sin ningún tipo de ceremonial, pues se presentan a un acto de interregno. La mesa presidencial tiene tres asientos. El secretario accede y se coloca en el número tres (izquierda de la presidencia). Introduce el acto comunicando su naturaleza y explicando, conforme a la ley, cuanto va a acontecer. Da fe de las credenciales presentadas por cada uno de los concejales electos y va nombrándolos por orden alfabético (todavía no son concejales ni están constituidos en grupos), cerciorándose de que están presentes.

La Mesa de Edad la componen los concejales de mayor y menor edad. El secretario, de acuerdo con la documentación que obra en su poder, llama a ambos para presidir y dirigir el acto (con todas sus consecuencias) asistidos por el secretario. El de mayor edad ocupa la presidencia y el de menor ocupa el número dos (a su derecha). La Mesa de Edad comprueba las credenciales de los concejales electos.

Juramento o promesa. La presidencia de la Mesa de Edad va llamando uno a uno a los electos (también lo puede hacer el secretario), por orden alfabético, para el juramento o promesa de acuerdo con la fórmula legal de jurar o prometer, con la mano (habitualmente pero no obligatoriamente) sobre el ejemplar de la Constitución Española: «Juro/prometo por mi conciencia y honor el cargo de concejal del Ayuntamiento de ..., con lealtad al Rey y cumplir y hacer cumplir la Constitución como norma fundamental del Estado»[189]. El juramento se hace dirigiéndose el concejal hacia la Mesa de Edad y no hacia el público. Reiteramos el carácter público del acto pero no para el público. Una vez realizado el juramento, cada concejal se acerca hasta la presidencia que le entrega el símbolo corporativo correspondiente. Concluidos los juramentos o promesas, la presidencia declara constituida la Corporación Municipal. Ya son concejales.

¿Jurar o prometer? Existe la extraña opinión, generalizada, de que jurar «es más que prometer»; que los de derechas juran y los de izquierdas prometen. O el tamaño disparate de que, cuando se jura, se jura por Dios. Jurar (iurare) es una fórmula antigua, muy extensa en la Edad Media que ha llegado hasta nuestros días unida a la idea de divinidad, poniéndola como testigo («Juro por Dios», «juro por Dios y sobre las Sagradas Escrituras»), pero habitualmente en la vida cotidiana también se juraba, y se jura, por familiares («te juro por mi madre», «te juro por mis hijos»), o por cualquier criatura de Dios (como dice el diccionario de la RAE), es decir, cualquiera de las criaturas suyas, desde un animal a una piedra... Pero jurar también se hace en nombre de la propia responsabilidad y compromiso, sin referirlo a ninguna divinidad, persona o criatura. Se jura o se promete a la hora de asumir un cargo público por «la conciencia y honor» propio, que es lo que indica la ley (nada de Dios ni sus criaturas). Por lo tanto jurar o prometer es lo mismo. Son dos maneras de asumir un compromiso personal por el que los actos de quien jura o promete se sujetarán a la propia conciencia y honor.

En los últimos tiempos hemos visto a autoridades añadir al juramento algo de su cosecha propia como «por mandato legal», «... y las leyes de la Comunidad Autónoma» así como toda una variedad de argumentos reivindicativos o demostrativos, de lo más suigéneris. Normalmente se suelen dar por válidos estos juramentos siempre que sean «añadidos» a la forma jurídica legal. Particularmente pensamos que son aspavientos innecesarios, o una manera de hacerse significar por algunos en un acto que no es el idóneo para manifestarse o explicarse. Ya habrá tiempo...

Complejo, igualmente, ha sido la presencia en el lugar del juramento o promesa de una Biblia y un crucifijo junto a la Constitución, y las controversias que se han producido sobre el asunto. Con el malentendido, aún más grave, de que si se jura se pone la mano sobre la Biblia y si se promete se coloca sobre la Constitución. Desde los primeros años de la Transición española nos acostumbramos a ver en los medios de comunicación la Biblia y el crucifijo en la toma de posesión del Gobierno de la nación; los tiempos han cambiado y ahora han desaparecido (desde 2014). Tampoco los hubo en el juramento de la Constitución de la heredera de la Jefatura del Estado. España es un Estado aconfesional. Lo peor de todo: hemos tenido la oportunidad de presenciar en un Ayuntamiento de capital el bochornoso espectáculo de que cuando un concejal de la derecha subía a jurar o prometer exigía la presencia del crucifijo y la Biblia, a lo que seguía la retirada de ambos símbolos por solicitud de un concejal de la izquierda. Y nadie se para a pensar que a muchos ciudadanos cristianos (nos lo han referido en más de una ocasión) les puede molestar esta instrumentalización, en forma de circo, de sus símbolos religiosos más apreciados.

Elección del alcalde. La presidencia invita a los concejales a proponer candidatos. Puede proponerse el propio interesado o proponerlo algún concejal de su grupo, simplemente levantándose de su asiento e indicándolo a la Mesa. Recordamos que todos los grupos pueden proponer candidato, aún a sabiendas de que no tienen posibilidad numérica. Los funcionarios responsables del acto (protocolo, ujieres, personal de la Secretaría) entregan las papeletas y el sobre a los concejales. A veces los grupos políticos han pedido al secretario que el nombre de su candidato esté ya impreso en las papeletas, para evitar escribirlo. Lo hemos visto hacer, pero es una excepcionalidad que debe ser convenida previamente entre todos los grupos, y que no será posible en caso de que los grupos no estén de acuerdo con ello, o entre los propios concejales de un grupo (que en alguna ocasión también hemos visto...). Otros secretarios, a pesar del acuerdo de todos los grupos políticos permiten la papeleta con el candidato impreso, pero añaden obligatoriamente una papeleta en blanco... Pero ya decimos que esto de la papeleta impresa nos parece un poco rocambolesco, al menos en los municipios.

La ley no prevé que los candidatos puedan hacer una intervención previa de su programa de gobierno, y como no lo prevé hay muchas interpretaciones por parte de los secretarios y, a veces, se acuerda previamente con los grupos políticos. Lo hemos visto hacer y parece que no encaja. Los grupos que ya se saben perdedores suelen utilizarlo con fines extemporáneos, fuera de lugar y con ganas de hacerse oír en un acto que no es para escucharlos. En cualquier caso es una circunstancia que los secretarios, en general, de manera colegiada, no suelen ponerse muy de acuerdo. El argumento es que si la Ley no lo prevé ni lo prohíbe... Nada mejor que un acuerdo previo.

La Mesa va llamando uno a uno a los concejales para que voten. Concluida la misma se procede al recuento de votos, sacando el concejal de mayor edad uno a uno cada sobre de la urna y leyendo lo escrito en voz alta. Realizado el recuento, la presidencia invitará a los concejales a comprobar las papeletas si lo desearan (posteriormente las papeletas se destruirán). La mesa (el concejal de mayor edad) proclama al alcalde elegido y dirigiéndose a él le pregunta si acepta el cargo. El nuevo Alcalde contestará (levantándose, por favor) y se expresará con el término «acepto» o «sí,acepto».

El alcalde elegido se acerca de nuevo hacia la Constitución para jurar el cargo. Algún funcionario ya habrá cambiado la fórmula de juramento que había sobre ella (juramento de los concejales) para que aparezca la misma pero con el «cargo de Alcalde». Es el momento de los aplausos de la sala y el acto adquiere su mayor tono de emoción institucional. Se le entrega el bastón de mando y cualquier otro símbolo correspondiente al cargo. Si hay buen *feeling* entre Alcalde entrante y saliente, se habrá acordado previamente la entrega por parte del último. Es, además, una buena imagen democrática del traspaso de poder, educada, elegante y esperada por la ciudadanía. Pero si no hubiera afinidad de caracteres o repetición del cargo será la presidencia de la Mesa de Edad la que haga entrega de los símbolos.

Tras las fotos correspondientes y la ocupación de la presidencia por el alcalde, la Mesa de Edad desaparece y sus integrantes vuelven a sus escaños. El Ayuntamiento ya está constituido. El ya alcalde podría levantar la sesión si lo estimara, pero lo normal es que dirija unas palabras de agradecimiento a la Corporación constituida y será de matrícula de honor si realiza un discurso programático de las líneas generales de gobierno. Es su discurso de investidura, en el que indica los objetivos de gobierno para los cuatro años, una declaración de los principio rectores de la política municipal que el nuevo equipo de gobierno quiere llevar a cabo. Debe ser elaborado por el alcalde y su personal de confianza. Estará muy bien estructurado, definirá objetivos generales y establecerá las áreas de trabajo del Ayuntamiento. Era muy común, y debería volver a serlo, que durante la legislatura, en muchos de los actos administrativos que se realizan, las propuestas e informes de los expedientes se inicien haciendo referencia al Discurso de Investidura

Inauguratio

Así se llamaban las ceremonias que practicaban los augures romanos para solicitar la aprobación de los dioses, y servía lo mismo para la elección de un *rex* en época arcaica o la elección de un lugar para establecer una ciudad o colonia. Entre fuentes literarias y leyendas, conocemos bien la fundación y establecimiento de una ciudad. Era un acto político pero eminentemente religioso, de tradición etrusca, decidido y programado desde Roma de acuerdo con un modelo estándar según el tipo de asentamiento y para el que se enviaba una comisión especial.

En presencia de los colonos (soldados en su caso), los augures consultaban y pedían el favor de los dioses. Se trazaban sobre el espacio dos calles: el *cardo maximus* (de norte a sur) y el *decumanus maximus* (de este a oeste). Paralelamente a los ejes se trazaban las calles, creando manzanas (*insulae*) para la construcción de las viviendas.

En el centro, se abría una cavidad circular a la que llamaban *mundus* en la que se depositaba tierra del lugar de procedencia, de la metrópoli, junto a ofrendas y objetos de uso cotidiano y se cerraba con una piedra. Era un lugar sagrado, entendido como foso, círculo o *umbiliculus* (ombligo), según las interpretaciones que se le han otorgado. Este punto central sería la plaza, el *forum*, lugar de los edificios públicos y religiosos y espacio de las relaciones sociales.

El perímetro de la nueva la ciudad (*promoerium*), se trazaba mediante un arado con la reja de cobre, tirado por bueyes blancos conducidos por un sacerdote, sobre el que se construirían las murallas, como un límite físico y jurídico, pues el exterior de la muralla ya no es la ciudad. Algunas magistraturas perdían su *imperium* al atravesarlas, como vimos. Estaba prohibido introducir o adorar a dioses extranjeros o la construcción de cementerios (se situaban en las calzadas). Concluidos estos ceremoniales los sacerdotes realizaban sacrificios a los dioses y se solicitaba el amparo de la ciudad a un protector, un dios o un héroe antepasado.

Tras estas líneas al lector se le habrán venido a la cabeza dos actos muy habituales en nuestros días: colocar la primera piedra de un edificio o inaugurarlo, algo muy propio de las Administraciones Públicas y muy en boga en las locales. En el ámbito privado ha decaído la costumbre de bendecir las casas por un sacerdote, pero aún se mantiene en algunos lugares la tradición del aceite y la sal como lo primero que debe entrar cuando compramos un piso.

Es un caso más de un símbolo que pierde su contenido primigenio para soportar otros significados. Ya no suele haber acto religioso, salvo que la autoridad haya decidido su bendición católica, para lo que existe una ceremonia establecida con Letanía de los Santos, antífona o salmo y rociado de agua bendita.

Tampoco existió nunca la idea de que esconder bajo tierra objetos cotidianos del momento histórico tuviera como fin un posterior «descubrimiento» y datación del inicio de la construcción. En la actualidad se ha puesto de moda esta idea como «cápsula de tiempo». En la Edad Media aquella primera piedra era horadada y podía contener reliquias. En el caso de catedrales o edificios religiosos era una parte más de un ritual, previo a la orientación, situación del altar mayor, cimientos y encomendación. La «piedra angular» era otra forma testimonial, visible, sobre todo en edificaciones religiosos, sobre la que se podía grabar el nombre del arquitecto, patrocinadores, autoridades y la fecha del acto.

El caso es que hoy no hay edificio público sin el acto de la colocación de la primera piedra. La caja para depositar los objetos y documentos hoy suele ser de metacrilato. En ella se introducen periódicos de la localidad correspondientes a la fecha, monedas de uso corriente y un acta firmada por los principales responsables de la construcción presentes: Alcalde, autoridades, arquitecto, constructor… Hay variaciones: en algunos lugares firma en el margen del acta un anciano y un niño de la localidad, o persona notable cuyo nombre recibirá el edificio (bibliotecas, teatros), o incluso vecinos que manifiestan su voluntad de firmar al margen del acta…

El acto suele ir precedido de unas palabras del Alcalde o autoridad que lo organiza, o varias autoridades si es una obra ejecutada con presupuestos de diferentes Administraciones; igualmente el arquitecto, apoyado con planos, debe hacer una descripción de los espacios que componen el edificio y su función.

Por fin, la caja se entierra en el lugar determinado cubriéndose con paladas de tierra o cemento según esté previsto (a veces, si el constructor es dadivoso, es una pala especialmente realizada para la ocasión, de menor tamaño y buen material, grabada con la fecha del acto para el recuerdo). El Alcalde suele invitar a los firmantes a cumplir con el ritual de la palada.

Despedidas las autoridades (para almorzar o cenar, si el constructor sigue siendo espléndido), puede que la caja cubierta quede en su sitio si realmente se ha colocado en un lugar de cimentación, pero los tiempos modernos están aconsejando otras formas: puede que sea desenterrada y guardada para colocarla posteriormente en un muro del edificio (normalmente a la entrada), escondida, pero con una placa que hace referencia a que allí se encuentra la primera piedra; también la hemos encontrado en estas mismas circunstancias pero visible; y, aún más, colocada en un lugar estratégico, preeminente, exenta, visible desde cualquier lado y configurando un lugar excepcional de referencia, haciendo valer su voluntad (contradictoria) de no estar escondida sino de «ser vista» como elemento referencial a la entrada del edificio... ¿La fórmula más correcta? Ya hemos dicho en estas páginas que para muchos asuntos no existe la fórmula correcta. Quienes organicen el acto, según lugar, circunstancias y voluntad del organizador sabrán discernir lo más conveniente.

La obra se construirá y se inaugurará. Si la colocación de la primera piedra es menos mediática, la inauguración y puesta en funcionamiento es expresión de eficacia y de orgullo. Tanto las empresas como las Administraciones inauguran sus edificios con gran despliegue de comunicación. Las Administraciones Públicas deben informar y comunicar a la ciudadanía el buen fin de los compromisos políticos, y las empresas dan a conocer su desarrollos, inversiones y competencia. Así pues es el momento de reconocer la obra acabada y los proyectos de futuro mediante la inauguración del edificio o infraestructura.

Todo comienza porque nuestro alcalde desea que el pabellón deportivo, el centro cultural o el edificio de servicios sociales que se acaba de construir en el Municipio lo inaugure el ministro o el consejero autonómico competente. A lo mejor parece algo difícil de conseguir: el nuestro es un pequeño o mediano municipio, los altos cargos están muy atareados. ¿Qué interés puede tener para un ministro desplazarse simplemente para la inauguración de un pequeño centro cultural? Nada es imposible, hay que intentarlo.

Probablemente algún diputado nacional o senador de nuestra provincia pueda echarnos un cable porque lo conoce, está próximo a él por ser del mismo partido, tiene a su vez contactos... Perdemos cualquier tipo de miedo y llamamos directamente al Gabinete del ministro (lo puede hacer el alcalde, el concejal de Deportes o cualquier funcionario). Habitualmente nos atienden muy bien y nos piden que le enviemos un correo electrónico concretando lo que queremos, fechas posibles y más información. Independientemente de que enviemos un correo electrónico es importante enviar una carta oficial. Lo haremos en toda regla (y con registro de salida), más allá de cualquier conversación telefónica o correos electrónicos que podamos cruzar.

Supongamos que el ministro acepta la invitación, nos llaman por teléfono, nos envían un correo electrónico, o a través de carta (que sería lo más correcto); a partir de ese momento comienza una relación entre el Ayuntamiento y el Gabinete del ministro con un cruce de información, deseos, conveniencias, elaboración de programas e itinerarios y todas las circunstancias posibles. El Ayuntamiento propone un programa de la actividad, desde la recogida del aeropuerto, en su caso, hasta la despedida, que incluye horarios, trayectos y duración de los mismos, recibimiento, autoridades presentes, acciones, intervenciones y sus secuencias, pernoctaciones y comidas, en su caso.

El programa es enviado al Gabinete del ministro para su estudio. A partir de aquí el programa, casi seguro, va a sufrir transformaciones: al ministro no le viene bien el día elegido y se cambia; lo mismo con la hora; o quiere tener una reunión en la capital con determinadas autoridades de su partido (fuera de programa); quiere aprovechar para visitar otras instalaciones de deporte, cultura o cualesquiera otras.

Concretadas las circunstancias se reelabora el programa, volvemos a trasladarlo al Gabinete del ministro y con su visto bueno damos por válido el programa definitivo. Los desplazamientos e intendencia en general de las altas autoridades del Estado son competencia del propio Ministerio y del subdelegado del Gobierno, de tal forma que el ministro aparecerá en nuestro ayuntamiento a la hora acordada. No habrá que ir a recibirlo al aeropuerto (salvo que el aeropuerto esté en nuestro Municipio).

Cursaremos las invitaciones convenientes a las autoridades que hayan participado en el proyecto, o las que nuestro alcalde estime (es un acto de carácter especial) así como a los alcaldes vecinos (algo muy común si la obra puede tener un interés comarcal). También deportistas, o personalidades del mundo de la cultura, en su caso, etc. La invitación la realizamos mediante tarjetón o correo electrónico que es lo que se va imponiendo, solicitando la confirmación. Convocamos a los medios de comunicación y contratamos un fotógrafo para dar cuenta del acto y que en el Archivo de nuestro ayuntamiento quede constancia. Como siempre, tendremos mucho cuidado de hacer un itinerario previo, esto es realizar el recorrido, los lugares, los medios técnicos y, en general, la intendencia para tenerlo todo interiorizado (los italianos tienen una palabra especial para esta interiorización o inspección previa, *il sopralluogo*).

La recepción de la autoridad puede realizarse en el ayuntamiento, o ante el edificio que se inaugura. Lo más idóneo es recibir al ministro en el ayuntamiento, y si se trata de un pequeño o mediano municipio y el recorrido no es muy largo, dirigirse hasta el centro que se inaugura andando, saludando a los vecinos, con naturalidad, deteniéndose incluso a saludar a los ancianos de la plaza. En nuestra experiencia, es una de las pocas ocasiones en las que las autoridades y la ciudadanía se visualizan de una manera natural y sincera.

En la puerta del nuevo edificio se encontrarán las autoridades invitadas, en línea, así como el director del centro, si ya se hubiera nombrado. También las autoridades no invitadas que suelen acercarse al acto.

¿Descubrimiento de placa o corte de cinta? De todo hay, pero nunca ambas. Particularmente, preferimos una placa en el exterior o en la entrada del edificio, que descubre el ministro acompañado del alcalde. Luego se trata de visitar las instalaciones y de dirigir unas palabras a los asistentes. Si el edificio dispusiera de una salón de actos (centros culturales) o sala de reuniones amplia, quizás sea el lugar más oportuno para ello. Si no se dispusiera de este tipo de espacios, el propio recibidor o el lugar con mayor amplitud será el lugar en el que el alcalde dirija unas palabras de agradecimiento al ministro por su presencia y se cerrará el acto con la intervención de este. Respecto al corte de cinta (en su caso), los puristas opinan que no se debe cortar una cinta con la bandera española (también le «duele» al símbolo tal corte...). Lo cierto es que, no sólo en España, sino en muchos países es habitual que lleve los colores nacionales o los de la institución organizadora. Si se coloca simplemente una cinta de un determinado color, ojo con el color «determinado» pues casi todos los colores tienen referencias simbólicas, conscientes o inconscientes.

A las empresas, y no sólo las grandes corporaciones, les gusta,igualmente, que sus instalaciones sean inauguradas por autoridades del Estado, las Comunidades Autónomas o los alcaldes (hasta la zapatería de la esquina en los pequeños municipios). No es difícil que una empresa cuente en su inauguración con alguna alta autoridad. Lo vemos en los medios de comunicación. Los mecanismos mediante los cuales la empresa realiza su petición y gestiona el programa del acto son los mismos que vimos.

Como acto privado, queda a voluntad de la empresa elegir a sus invitados y disponer del orden de precedencias y la presidencia de acuerdo con sus criterios y, en cualquier caso, considerando la representación ciudadana que tienen las autoridades públicas, su dignidad y respeto..

La empresa debe invitar al alcalde y a las autoridades provinciales que considere oportunas. El día y a la hora prevista el coche oficial de la autoridad llega hasta el lugar de recepción próximo a la entrada principal de la empresa. El presidente de la compañía, o la máxima autoridad de la misma presente, la recibe acompañado del alcalde de la localidad nada más bajar del coche.

A la puerta de la empresa la autoridad saluda, en línea, a las autoridades invitadas al acto; por ejemplo, el presidente de la Diputación, un senador, un par de parlamentarios autonómicos, subdelegado del Gobierno, delegado del Gobierno autónomo, etc. Dicha línea de saludo debe estar colocada de tal manera que la última autoridad en saludar esté ya casi a la entrada del edificio para evitar doble recorrido.

En el interior de la empresa, su presidente va presentado a la autoridad a su equipo (en línea, de mayor a menor), las jefaturas del organigrama, departamentos u otras unidades específicas. Se descubrirá una placa de recuerdo y, si el espacio lo permite, previamente el presidente de la empresa dirigirá unas palabras de bienvenida la autoridad y le agradecerá su presencia. Esta realizará su intervención y se dirigirá a la placa para descubrirla.

La autoridad firmará después en el Libro de Honor. Esta firma puede realizarse en el despacho del presidente de la compañía, como vimos en el caso de la visita a los Ayuntamientos, o en un espacio acondicionado, siempre sentado.

La visita a las instalaciones se realizará según las posibilidades de circulación en el interior y momentos oportunos, procurando que el recorrido no se invierta nunca y sin molestar la labor productiva. La comitiva circulará siguiendo al anfitrión y a la autoridad, que va recibiendo explicaciones del presidente o del técnico oportuno. Si el tipo de trabajo lo permite, se saluda y se habla con algunos empleados, se muestra el producto tomándolo en las manos (si procede). Y en fin, se produce esa imagen de nuestros políticos con casco y bata de empresa.

Visitas

Probablemente sea uno de los actos más agradables y que más concienzudamente preparamos. En él ofrecemos la mejor imagen del Ayuntamiento, del alcalde y de nuestro buen hacer. Su preparación requiere la puesta en común del programa y las secuencias de cuanto se haya de hacer en nuestro Municipio con la autoridad que nos visita, labor nunca fácil pues muchas veces entran en juego no sólo circunstancias de orden político sino también de oportunidades, tiempos, pertinencia, coyuntura, como acabamos de ver en el apartado anterior. El establecimiento detallado del programa de trabajo, sin ningún tipo de lagunas o indefiniciones, y de las secuencias de cada acto, serán determinantes para el buen desarrollo de la visita. Todas las actividades institucionales de este tipo se planifican en «programas y «secuencias»: el programa prevé todas las circunstancias de la visita, desde la llegada de la autoridad hasta que la despedimos, sus desplazamientos, los diferentes actos, todo con sus correspondientes horarios y duración, itinerarios, puntos de encuentro, los recursos técnicos y las personas responsables; las secuencias se realizan una por cada acto y determinan las autoridades presentes, su precedencia, actuaciones e intervenciones.

Las circunstancias en las que una autoridad visita nuestra institución son variadas y cumplen fines diversos. Puede que la visita sea exclusiva a nuestro municipio o que forme parte de un programa de visitas más amplio a la Provincia o la Comunidad Autónoma. En general, nos referimos a estas visitas para el caso de presidentes del Gobierno, ministros, presidentes de la Comunidad Autónoma, consejeros, directores generales. Son visitas habitualmente nada gratuitas, aunque las hay; corresponden a firmas de convenios, inauguraciones, información o verificación de proyectos, etc., o conjugadas de manera independiente con oportunidades de promoción política de la autoridad o su partido.

En cualquier caso, el programa de una visita a nuestro municipio por una autoridad de la Administración General del Estado o la autonómica contempla en primer lugar la recepción en la puerta del ayuntamiento por parte de nuestro alcalde. En el interior el alcalde presentará a la Corporación municipal, en línea. Lo habitual es que la autoridad pase al despacho del alcalde. Hablarán durante algunos minutos y servirá también por si quiere tomar un café, agua, o pasar al servicio. Firmará en el Libro de Honor. Esta firma suele ser muy deseada por los medios de comunicación, por lo que las cámaras suelen acceder al despacho durante la misma. Mientras la autoridad firma, sentado siempre, nuestro alcalde permanecerá en pie a su izquierda. Concluida la misma, la autoridad suele levantarse y leer ante los medios cuanto ha escrito, concluyendo con un apretón de manos o abrazo a nuestro Alcalde. Es el momento en el que la autoridad puede recibir un recuerdo de su visita: un libro sobre el municipio o un objeto representativo (o una caja de nuestro tradicional producto gastronómico más valorado).

A continuación, alcalde y autoridad pasarán al lugar del acto fundamental (supongamos la firma de un convenio o la presentación de un programa de infraestructuras, o podrían marcharse a inaugurar el edificio del apartado anterior). Nuestro alcalde valorará la cesión de la presidencia a la autoridad (aunque ya se debe haber dilucidado en la programación de la visita). En función del tipo de acto, asistirán técnicos para las explicaciones oportunas, o el secretario de la Corporación si tuviera que dar fe de la firma de documentos. Estos técnicos deberán ocupar un lugar idóneo para el cumplimiento de sus fines (aunque le pese, a veces, a nuestro alcalde) y no menoscabar su presencia en beneficio de la imagen sólo política del acto. O sea, su sitio, pero no escondidos.

Los medios de comunicación asisten al acto colocados en un lugar específico. Habitualmente el acto conlleva las palabras de nuestro alcalde, la firma, las intervenciones técnicas, en su caso, y las palabras finales de la autoridad, el ministro, para cerrar el acto. Si se ha establecido en el programa de la visita, será el momento de las preguntas de la prensa. A veces, antes o después del acto, de manera informal, la autoridad que nos visita y nuestro alcalde atienden a la prensa mediante unas breves declaraciones o «canutazo».

Si nuestro ayuntamiento dispone de alguna sala emblemática o documentos históricos, o cualquier obra de arte de interés, no estará mal mostrársela a la autoridad, quien probablemente, además, saludará o departirá con los funcionarios unos pequeños momentos. Despediremos a la autoridad en la misma forma que la recibimos. Ya no es necesaria que esté la Corporación. Nuestro alcalde será el último en despedirse y permanecerá en la puerta del ayuntamiento hasta que el coche inicie la marcha.

Habrá visto el lector lo fácil que parece tal y como acabamos de describir la visita de una autoridad a nuestro Ayuntamiento. El asunto, probablemente, se habrá complicado desde el principio, desde el momento de establecer el programa de trabajo: en primer lugar dependiendo de si nuestro alcalde y la autoridad que nos visita son del mismo partido político; si dicho acto se realiza en nuestro ayuntamiento o en otro lugar distinto del municipio. Si en la presidencia de la mesa del acto fundamental hay otros concejales, personal asesor o cargos que acompañan al ministro; si hay declaraciones o no hay declaraciones porque a la autoridad no le viene bien en el momento político, o porque le van a sacar asuntos relacionados con la política nacional o autonómica. ¿Quiénes entran al despacho en los minutos previos?; si el concejal delegado al que afecta el convenio que se firma; si aparecen durante la visita otras autoridades, no invitadas pero que se «apuntan», o sea, los responsables periféricos: el delegado de la Comunidad Autónoma, subdelegado del Gobierno, diputados nacionales, senadores, parlamentarios autonómicos, o secretarios generales de los partidos políticos que vienen a «ejercer» y a apuntarse a la foto; si los mismos entran al despacho del alcalde o no; si alguno también se quiere sentar en la mesa del acto principal. Pues bien, manejar toda esa casuística de intenciones, prepotencias, desconocimientos, junto al criterio de nuestro alcalde y la práctica de las mejores formas de proceder, constituye la esencia de nuestro trabajo. La mejor forma de evitar estas incomodidades es que todos sepan cuándo y en qué lugar van a estar presentes, su conveniencia, explicándoselo razonadamente. No dejaremos de reiterarlo: aplicar el R.D. 2099 en un acto es mecánico, pero conjugar las circunstancias del mismo ya es otro asunto.

Tan sólo he conocido un caso en el que una alta autoridad del Estado en un acto de visita oficial a un pequeño municipio, en la recepción corporativa a la puerta del ayuntamiento, me trasladó a través de su Jefe de Gabinete, el ruego de que, con la mayor amabilidad indicara al grupo de «no invitados» (de su propio partido) «alejarse» (todas las comillas son nuestras).

Carta al ministro

Toda comunicación de carácter institucional, no estrictamente administrativa, debe realizarse con especial atención. Sabemos que escribir es difícil, aún más cuando se trata de escritos de este tipo; hay que tener mucho entrenamiento para conseguirlos en su mejor contenido y forma, pero con el ejercicio se va consiguiendo. Hubo un tiempo en el que había manuales de correspondencia en los que se aprendía a escribir cartas según su destinatario. Lo peor es que a la altura de nuestros tiempos en las oposiciones para administrativos y auxiliares administrativos se han ido relajando las cuestiones de redacción. Así nos encontramos habitualmente con documentos de muchas Administraciones Públicas que en su redacción y forma levantarían al mismo Lázaro Carreter de su tumba.

Recepción de una alta autoridad del Estado en un pequeño municipio

Solicitar de una autoridad algo mediante carta no debe hacerse de una manera comprimida (en un solo párrafo), ni tampoco extendida (más de un folio), con exceso de información y detalles que no vienen al caso. Estamos hablando de documentos no administrativos, recordamos. Recomendamos un texto dividido en tres partes, tres párrafos; ni uno más ni uno menos. En el fondo se trata como en las piezas teatrales clásicas: presentación, nudo y desenlace. En nuestro caso sería: antecedentes, motivación y proposición (o conclusión). Este simple esquema puede servir como modelo para diferentes tipos de comunicación institucional. Si nos acostumbramos será de gran ayuda. Aún más, sea el escrito institucional del tipo que sea busquémosle tres partes.

Por ejemplo, el primer párrafo de nuestra carta (los antecedentes) sería indicar al ministro que se acaban de concluir las obras del pabellón equis, refiriendo los planes de los que procede, las aportaciones económicas (Gobierno autónomo, Diputación y Ayuntamiento) de manera escueta y sin tecnicismos ni legislaciones. El segundo (la motivación) expresará la conveniencia y voluntad del Ayuntamiento de que, junto a la Corporación local, las autoridades autonómicas y provinciales, el ministro tuviera a bien desplazarse para inaugurar oficialmente la obra. Y por último (la conclusión), solicitar del ministro su presencia, quedándole muy agradecidos si así fuese..., si su agenda se lo permite..., el día tal , a las... Fecha, despedida y firma.

Evidentemente, al redactar tendremos mucho cuidado, como en cualquier escrito, en atender a la propiedad del lenguaje, evitar redundancias, los tópicos y los lugares comunes. Deben ser escritos concisos, educados, elegantes, «minimalistas» (menos es más), término tan en boga, pero que vendría a ser el clásico de «lo bueno, si breve, dos veces bueno» de Baltasar Gracián («y aún lo malo, si poco, no tan malo»). Cuidado con el saludo inicial y la despedida. No vamos dar aquí ninguna forma determinada; circulan y se reproducen muchas por ahí: desde el frío «Sr. Ministro:» al más cálido «Estimado ministro:», pasando por el «Respetado y querido Ministro». Ocurre lo mismo con las despedidas: desde el «atentamente» a los «cordiales saludos». Sabemos igualmente que si hay una amistad estrecha entre nuestro alcalde y el ministro, aquel puede escribir a mano sobre el texto formal un «Querido amigo», o «querido Juan» y despedirse con «un abrazo».

Las cartas deben ir encabezadas con el nombre completo del ministro precedido de su tratamiento; le seguirá el cargo completo (también en los ministerios cuya denominación sea larga) y la dirección completa.

El lector habrá observado ya que esté librito no cuenta con ningún capítulo dedicado a los tratamientos oficiales, por una razón: el autor lamenta encontrarse totalmente perdido entre legislaciones y recomienda al lector intentar tomar nota de acuerdo con las siguientes normas legales: *Real Decreto Legislativo 781/1986, de 18 de abril, por el que se aprueba el texto refundido de las disposiciones legales vigentes en materia de Régimen Local*, el *Real Decreto 2568/1986, de 28 de noviembre, por el que se aprueba el Reglamento de Organización, Funcionamiento y Régimen Jurídico de las Entidades Locales* y, sobre todo, la *Ley 57/2003, de 16 de diciembre, de medidas para la modernización del gobierno local*, así como la amplísima legislación de las Comunidades Autónomas al respecto.

Normas que en un momento determinado parecía que concluían en un acuerdo general, en parte, con la Orden 516/2005, de 3 de marzo que se aprobaba el *Código de Buen Gobierno* para los miembros del Gobierno, de los altos cargos de la Administración General del Estado y de las entidades del sector público estatal, de derecho público o privado, vinculadas o dependientes de aquella, orden que fue derogada. García-Mercadal dice que «si lo que deseamos es saber cómo dirigirnos protocolariamente a las dignidades civiles y militares, así como a las más encumbradas profesiones oficiales, deberemos escudriñar un sinfín de reglamentos propios de los diferentes cuerpos del Estado, carrera diplomática, órdenes y condecoraciones, estatutos de las Reales Academias y demás disposiciones particulares en el ámbito judicial, universitario, castrense, etc., que en algunos casos pertenecen incluso al siglo XIX. Asunto éste, el de los tratamientos honoríficos o de cortesía, en el que hoy en día no se legisla por pudoroso igualitarismo pero que en la práctica casi todo el mundo exige con indisimulada vehemencia cuando le afecta»[190]. Tan cierto cuanto sufrido en nuestra experiencia.

Hay algunas cuestiones de estilo que debemos recordar: evitar los gerundios «considerando», «siendo», «viendo», «constatando», del rancio lenguaje administrativo; o el manido «con motivo« (con ocasión). Mayúsculas y minúsculas: revisemos con la Gramática Española o en el Diccionario de Dudas de la misma, las mayúsculas y las minúsculas en cuanto a las autoridades e instituciones. No crea el lector que todo está muy claro, lea el periódico, revistas, el BOE y observará grandes diferencias de criterio. A manera de ejemplo: todos sabemos que se escribe el alcalde de Madrid, o el rey Felipe VI, o el presidente del Gobierno, pero dice la Real Academia Española de la Lengua que «es costumbre particular de las leyes, decretos y documentos oficiales escribir con mayúsculas las palabras de este tipo». La Academia de la Lengua no hace leyes de obligado cumplimiento, ya dice ella que su labor es recoger lo que hablamos y escribimos, apercibiéndonos cuando hay posibilidad de «destrozar» la lengua. Lo importante, así también lo dice, es la unidad de estilo: adoptar una decisión y mantenerla siempre en la totalidad del escrito[191].

Invitar

El tiempo de la utilización de los «saluda» para comunicaciones o invitaciones se fue acabando a la vez que su mal uso, fotocopiados, dirigidos genéricamente sin el nombre de la autoridad a quien se enviaba y con maltrechas despedidas intentando sustituir la verborrea de las «consideraciones más distinguidas» con cualquier nuevo texto.

De entre las antiguas formas de invitación (carta, saluda, tarjetón, según la autoridad a la que se dirigía) nos ha quedado la tarjeta rectangular con la que invitamos y cuyo tamaño, tipografía y contenidos varían en función del tipo de acto: serias para los más institucionales, «ilustradas» cuando se trata de actividades de perfil social o cultural y, a veces, hasta con despiadados contenidos publicitarios... El correo electrónico ha venido a sustituirlas y a veces las incluye en formato Jpg. o Pdf. No obstante, para determinados actos de significación, un tarjetón en formato A5 tiene una prestancia indiscutible.

Sin duda nos encontramos en un tránsito en el que las papelerías oficiales desaparecerán frente a las nuevas formas de comunicación. En cualquier caso, el correo electrónico hay que encabezarlo, como las cartas, con el nombre y el cargo de la autoridad y su tratamiento (y la correspondiente despedida al final). Aunque el medio sea distinto, no deben cambiar los contenidos, la sustancia de lo que se comunica. Por ello no se deben olvidar algunos principios. Es una sola la autoridad la que invita, nunca dos, o tres (algo que ocurre con bastante frecuencia en los tarjetones). Por muchas colaboraciones o patrocinios económicos, la autoridad que organiza es la que cursa la invitación. La invitación no es sustituto de programas, anuncios, eslóganes, no aparecen logotipos (salvo el de la institución que invita), no es lugar para «publicidad». En determinadas ocasiones es posible que una autoridad invite en nombre de un superior. En este caso hay que seguir manteniendo la fórmula «y en su nombre». Si vamos a invitar a una actividad que contempla un programa de diferentes actos, adjuntaremos un documento con el programa de actividades con sus horarios y lugares. La confirmación o excusa se realizará contestando al mismo correo electrónico o al teléfono que se nos indique. Fría e impersonal es la última tendencia de confirmar a través de una App. Antiguamente (qué pena que se haya perdido la costumbre), el hecho de no confirmar la asistencia o excusarse debidamente permitía a quien invita no volver a hacerlo.

Hasta aquí la parte técnica. Ahora veamos otro asunto: ¿A quién se invita a un acto? No he leído en ningún manual ni publicación institucional la respuesta a esta pregunta. Parecía que el asunto, por sentido común, se tenía más o menos claro desde siempre, pero últimamente hemos venido observando algún acto cuyo contenido institucional se ha visto deslucido. ¿Se puede invitar a un concejal y no invitar al alcalde?, ¿a un consejero de Gobierno y no al presidente de la Comunidad Autónoma. ¿Se puede decir de estas autoridades invitadas representan a su Gobierno? Más grave aún si de tal invitación no tuviera conocimiento el alcalde o el presidente de la Comunidad Autónoma. Esto sería, es, una peligrosa perversión del principio de representación que ostentan las autoridades.

Una de las más altas atribuciones que tienen los presidentes de Corporaciones o Gobiernos es la de representar a la institución. presidentes de Gobierno, o de las Comunidades Autónomas, alcaldes o presidentes de las Diputaciones la tienen muy bien determinadas por la Ley. El presidente del Gobierno tiene la facultad de ser representado por otra autoridad (y ocupar su lugar).

Y adonde queremos llegar: a los actos de gran significación institucional (habitualmente los de carácter general) deben ser invitadas las altas autoridades del Estado o de la Comunidad Autónoma, la Diputación y los Municipios, aunque luego no asistan, por cualquier razón, y trasladen la representación.

No nos imaginamos a un alcalde ante la celebración del Día del Municipio con el listado de autoridades provincial o autonómico, ya en etiquetas, decidiendo a quién invita o a quién no, a voluntad (Nosotros lo hemos visto). Algo que al parecer alguna autoridad nacional ya se ha atrevido a hacer por razones de conveniencia política o electoral (o por hacer ruido). Y más grave es que los gobiernos y entidades afectadas se dejen manipular o se despisten en este tipo de cuestiones. El menoscabo de las instituciones y sus representantes, y la imagen que se traslada a los ciudadanos en forma de conflicto circense, es el más peligroso de los juegos en una sociedad democrática. No quiero ni imaginar el sufrimiento de un funcionario que tenga que ejecutar tales desvaríos...

Enlace civil

En el mundo romano el matrimonio era un acto privado, un hecho que ningún poder público debía sancionar. No había que presentarse ante un funcionario o sacerdote. No existía contrato matrimonial sino contrato de dote, si la prometida la tenía. Ahora bien, el matrimonio era una institución de hecho que tenía efectos jurídicos: los hijos nacidos de esa unión eran legítimos y sucedían al padre en la propiedad del patrimonio. El padre de familia romano también podía adoptar a hijos que jurídicamente podían integrar la familia. Este era el caso de la adopción de Augusto por Julio César. En el mundo árabe la presencia en la mezquita es testimonial. El matrimonio va precedido de un rígido contrato entre las familias con detalles que nos asombran, entre otros los relativos a la salud de los contrayentes. Cada cultura ha venido organizando este rito simbólico, a la vez económico, con un ceremonial religioso y la firma o el pacto de un conjunto de deberes y derechos de los cónyuges.

En España, como país aconfesional, aparte de las diferentes ceremonias de las confesiones religiosas, los ciudadanos disponemos del derecho a realizar un contrato matrimonial civil ante la autoridad judicial o ante los alcaldes. Si el carácter institucional y emocional del acto no acaba de adquirir en muchos ayuntamientos la dignidad con que se debe celebrar (secretarios y alcaldes o concejales delegados en mangas de camisa, bromas improcedentes, mensajes tópicos), el bochornoso espectáculo de la lista de espera de las parejas ante el juez deja mucho que desear. Más grave (me consta), la costumbre de celebrar la ceremonia un funcionario (los jefes de protocolo) porque los contrayentes ya han firmado anteriormente ante un Concejal, o sin haberlo hecho (en cuyo caso el matrimonio habría sido nulo de pleno derecho).

Sugerimos una secuencia, que ya hemos experimentado en algunas ocasiones, para que el lector pueda analizarla, valorarla y hacer los cambios según las circunstancias de su Ayuntamiento. Y, una vez más, nos va a permitir expresarla como un guión teatral.

Los asistentes se encontrarán en sus asientos antes del inicio de la ceremonia. Los familiares de los contrayentes y los dos testigos mayores de edad en lugares determinados para ellos. Salvo costumbres locales, o exportadas de las películas americanas, el inicio de la ceremonia se realiza con la entrada del novio y la madrina. Acceden por el pasillo hasta sus lugares respectivos. El novio acompaña a la madrina hasta su lugar. Él permanece en pie. Transcurridos unos minutos el alcalde o concejal delegado y el secretario (o funcionario en el que se haya delegado) acceden al salón y ocupan su lugar, alcalde en el centro, secretario a su izquierda. La silla de la derecha del alcalde queda libre para las firmas.

Tema musical elegido por los novios (mejor sin letra y si es en inglés cuidado con lo que dice la letra), aunque es más recomendable establecer un mismo para todas las bodas. Alcalde y secretario se ponen en pie, también los invitados. La novia y padrino acceden al salón hasta ocupar su lugar. El alcalde invita a sentarse a todos, novios e invitados.

ALCALDE: Buenas tardes, bienvenidos al ayuntamiento de ... Celebramos el enlace matrimonial de D. ... y Dña. .... Bienvenidos todos, sus familiares y amigos.. Sr. secretario, proceda a dar lectura al auto judicial que autoriza la celebración de este matrimonio.

SECRETARIO: Con la venia: Por auto de fecha...

ALCALDE: A continuación, y de conformidad con el artículo 58 del vigente Código Civil, aprobado por Real Decreto de 24 de julio de 1989, en la redacción dada por la ley 35/ 1994, de 23 de diciembre, procédase por el Secretario a dar lectura a los artículos 66, 67 y 68 de dicho cuerpo legal.

SECRETARIO: Con la venia. Los preceptos invocados se expresan en los términos que siguen: Artículo 66, el marido y la mujer son iguales en derechos y deberes. Artículo 67, el marido y la mujer deben respetarse y ayudarse mutuamente y actuar en interés de la familia. Artículo 68, los cónyuges están obligados a vivir juntos, guardarse fidelidad y socorrerse mutuamente.

ALCALDE: (Dirigiéndose a los contrayentes) A continuación y conforme al artículo 58 del referido Código Civil, procede que prestéis vuestro mutuo consentimiento para la perfección de matrimonio [En Derecho perfección es el momento en el que, visto todo lo dispuesto se formalizan los derechos y deberes]. Alcalde y secretario se ponen en pie e igualmente los novios.

ALCALDE: (Dirigiéndose al marido) D. ... ¿Consentís en contraer matrimonio con Dña. ... y efectivamente lo contraéis en este acto?

MARIDO: Sí, consiento.

Patio de luces preparado para una boda civil

ALCALDE: (Dirigiéndose a la mujer) Dña. ... ¿Consentís en contraer matrimonio con D. ... y efectivamente lo contraéis en este acto?

ESPOSA: Sí, consiento.

ALCALDE: (Dirigiéndose a los contrayentes) Por el consentimiento que os habéis dado en este acto, libre y voluntariamente, y en virtud de las atribuciones que me confiere el artículo 58 del Código Civil, en la redacción dada por la Ley 35/1994, de 23 de diciembre, os declaro unidos en matrimonio.

ALCALDE: Podéis colocaros el uno al otro vuestras alianzas, o cualquier otro símbolo que exprese vuestra unión matrimonial[192].

ALCALDE: Y, si lo deseáis, podéis besaros.

El alcalde debe dirigir unas palabras a los recién casados. El tono y los contenidos estarán en función de la personalidad del alcalde, el conocimiento que tenga de ellos o de sus familiares, su vida en el pueblo, alguna anécdota. En cualquier caso, a modo de sugerencia, puede referirse a la familia como núcleo esencial de convivencia; o extenderse sobre el compromiso personal que se adquiere con el cónyuge en igualdad de deberes y derechos en tanto que ya se ha indicado como precepto legal, pero asumido desde un punto humanista; invitarles a constituir una familia solidaria con los vecinos y la sociedad en general y educar a los hijos en el respeto, la lealtad, el afecto y la conciencia social para que crezcan como excelentes ciudadanos.

ALCALDE: Se va a proceder a la firma de los ejemplares del acta matrimonial. Ruego a los contrayentes que se acerquen hacia esta presidencia.

(Los cónyuges se levantan. Van hacia la mesa. Firman sentados y vuelven a su sitio)

ALCALDE: Acérquense los dos testigos mayores de edad que figuran en el acta.

Suben los dos testigos. Firman sentados y vuelven a su sitio.

ALCALDE: Mi más entrañable enhorabuena. Gracias por su compañía. La ceremonia ha concluido.

Aplausos. El Alcalde se levanta y se dirige a los novios para saludarlos antes de retirarse.

Evidentemente esta es una secuencia muy institucional, con un tono serio acorde al compromiso jurídico. Naturalmente, en caso de matrimonios del mismo sexo, cambiarán el tratamiento y terminos esposo y esposa con el que el alcalde se dirige a los contrayentes.

Pero, cumplidos los contenidos formales, nada impide, ni ha impedido, que se vengan realizando diferentes modelos que, en general, vienen a ampliar de manera más o menos afortunada la ceremonia: la lectura de un poema por parte de un amigo, todo un reto para una ocasión así, por el contenido, por la oportunidad o por la capacidad del amigo para recitarlo; o la sucesiva participación de amigos y familiares que quieren intervenir, reiterando el afecto hacia los contrayentes, o contando su amistad de siempre y cualquier anécdota. Peligrosa es la costumbre importada de los votos, o la elección de una partitura musical determinada por parte de los contrayentes, a lo que hay que añadir la actuación del amigo o amiga cantante que ese día tiene unos minutos de gloria… En fin, no hay nada escrito, ni legislado, ni que la ley prohíba, pero la línea fina entre lo exquisito y lo hortera se suele romper con mucha facilidad. Es difícil controlar previamente todos estos deseos fervientes de participación y a los novios les suele ser difícil decir «no» a tanta sugerencia. Algún familiar o amigo puede cumplir la espinosa tarea de «censor», con capacidad plenipotenciaria. El autor de estas líneas ha cumplido en alguna ocasión esta ingrata labor.

Placas y redacción

Es difícil que una autoridad renuncie a permanecer en la historia. Hoy como ayer, el descubrimiento de una placa en la que se deje constancia de quien inauguró una infraestructura, quién o quienes la patrocinaron y las administraciones a las que representaban, se ha convertido en todo un problema en las Administraciones Locales. Nadie renuncia a ver su nombre esculpido en mármol o bronce, o impreso en las nuevas tipologías de metacrilato o metales varios. Lo peor es, de nuevo, la guerra de escudos y logotipos que deben aparecer y la redacción del texto. Hubo un tiempo en el que estas cosas eran un asunto serio y al menos las autoridades se lo pensaban, o disponían de técnicos con capacidad para redactar. Recuerdo de niño la placa sobre la única fuente pública de mi pueblo en la que rezaba: «Bendito sea Dios que nos dio este agua y bendito sea el Sr. Gobernador, D.... que supo elevarla hasta nuestros labios». Toda una pirueta entre poesía y burocracia, pero era perfecta.

Sólo la persona que inaugura debe aparecer en la placa, sin retahíla de quienes en aquellos días ocupaban la representación de las instituciones. Tampoco vale el «siendo alcalde..» o «siendo presidente...». La fecha del día de la inauguración, que debe aparecer en la placa, ya data los que estaban «siendo». También hemos conocido alcaldes, muy pocos, que jamás aceptaron que su nombre apareciera en las placas de inauguración.

El asunto se ha convertido en una especie de mal gusto institucional militante. Hemos visto inaugurar un centro cultural dedicado a un gran poeta español de la Generación del 27, sin que apareciera quién lo inauguraba, su viuda, presente en el acto; por el contrario, aparecían los nombres del alcalde, el consejero Cultura y el presidente de la Diputación. Más grave aún, pasados unos años, un alcalde, de signo contrario al que había construido el centro, hizo tabla rasa y cambió el nombre del mismo, desapareciendo la placa.

Menos grave pero de la misma estulticia es pasear por una ciudad y encontrase un pequeño busto de un reconocido poeta local y la pequeña placa con un texto tan escueto como ridículo que nos indica: «Siendo Alcalde *fulanito de tal* se inauguró esta plaza dedicada a... », sin más. Por si no se ha visto lo suficiente, créame amigo lector, que el colmo fue entrar a un edificio de carácter provincial y nada más girar a la derecha encontrar una placa que decía: «La remodelación de esta primera planta [...] siendo presidente...». He visto plazas dedicadas a personalidades muy importantes de nuestra historia reciente (como Adolfo Suárez), de horrorosos diseños y monumentalidad no acorde con el respeto y la dignidad de las figuras a las que honran. La manía programática de muchos alcaldes empeñados en poner su acento en urbanismo es peligrosísima y deberían dejarse asesorar por técnicos en cada materia.

La placa de un edificio municipal que recuerde su inauguración y puesta en funcionamiento debe, a nuestro entender, presentar el escudo municipal (o logotipo, si fuera procedente), el nombre del edificio en sus términos oportunos de identificación y comunicación, la persona que lo inaugura y su cargo público (si lo ostentase) o la profesión si se trata de un particular, concluyendo con la fecha, día, mes y año. No es muy complicado: «Este Pabellón Municipal de Deportes fue inaugurado por el Excmo Sr. D. Fulanito de tal, presidente de la Junta de .....» y debajo la fecha, y punto; o «Este Centro Cultural Miguel Hernández fue inaugurado por el poeta Juan Fernández el día 23 de mayo de 2022» y la fecha. Lo impensable, como el lector habrá visto alguna, vez es: «Este Pabellón Municipal de Deportes Municipal fue inaugurado el 20 de agosto de 2022 por el Excmo. Sr. D. Fulanito de tal, Presidente de la Junta de..., siendo Alcalde de esta localidad el Sr. D Fulanito de cual, y Presidente de la Excma Diputación Provincial el Ilmo. Sr. D. Fulanito de tal y cual». Más grave si se le añade alguna coletilla al estilo de ...«para solaz uso y disfrute de los vecinos del municipio». Estamos convencidos de que en la mayoría de los Ayuntamientos existen personas que, sin ser su competencia, tienen capacidades para redactar este tipo de asuntos o consultar a quienes saben hacerlo. Pero claro, quién le quita ese placer a un concejal o al propio alcalde.

Otro tipo de asunto es cuando la placa corresponde a un acto conmemorativo, a una fecha determinada, un acontecimiento presente o histórico, con un texto amplio, y muchas veces unida a una escultura o monumento. En estos casos, aparte de los secretarios de las Corporaciones (que revisan la redacción de los acuerdo administrativos) debe contarse con especialistas en historia, urbanismo y diseño para que el «objeto», destinado a convertirse en símbolo (monumento) en el urbanismo de la ciudad, conjugue los aspectos formales y emotivos. Con todo hay en nuestras ciudades y municipios excelentes placas conmemorativas, muchas de ellas históricas, de buen gusto, diseño y redacción.

Exposiciones. Libros. Conferencias

Actividades muy propias de Ayuntamientos y Diputaciones, a veces el alcalde quiere estar presente en su inauguración, independientemente de que se encuentre el concejal competente. Hay exposiciones de tipo generalista organizadas por instituciones o colectivos y las personales de artistas o artesanos. Se deberán cursar las invitaciones a las autoridades, instituciones y colectivos sociales que puedan tener interés en los contenidos de la exposición.

La exposiciones se inauguran en pie, con o sin atril (que desaparecerá del espacio inmediatamente acabadas las intervenciones). En pie, en torno al atril, las personas que intervienen. Si ha decidido asistir a la inauguración, el alcalde hará de anfitrión, abriendo y cerrando el acto, agradeciendo la presencia de los asistentes, interviniendo en el momento que se considere oportuno. Lo normal en estos casos es que cierre el artista, el comisario o el responsable de la organización. Los alcaldes no deben de saber de todo y, mucho menos, dar la imagen de expertos en la materia. Deben recibir previamente de los técnicos toda la información para que decidan ellos mismos qué quieren trasladar. Un alcalde, o un presidente de la Diputación no es experto en la materia, pero sí sabe de política cultural y social pues compete a la institución que preside. Evidentemente con la intervención del alcalde ya no hay intervención del concejal de Cultura, una costumbre difícil de erradicar... Recuerdo perfectamente, hace ya años, la inauguración de una espléndida exposición sobre teatro en Palma del Río (Córdoba). El alcalde recibió, saludó y agradeció la asistencia a los invitados. Habló unos momentos sobre la política cultural de su municipio (bastante amplia) y concedió la palabra a los técnicos «quienes realmente nos van a aproximar a cuanto aquí se expone». Tras ellos agradeció a los técnicos su trabajo y les sugirió realizar un pequeño recorrido por la exposición para que fueran explicando los aspectos que consideraran más oportunos. No contaremos ninguna anécdota de las tantas en las que hemos visto a alcaldes, concejales o presidentes de Diputación perdiéndose entre las composiciones, la visualidad y lo bonito del conjunto...

Si fueran exposiciones de interés para colegios o instituciones educativas, en general, se concertarán visitas previas poniendo a disposición del profesorado un teléfono de contacto. Las visitas de grupos siempre serán atendidas por los expertos responsables de la exposición.

El mismo celo debe guardarse en las conferencias, o en las presentaciones de libros. Las conferencias hoy día han dejado de tener clientela, salvo las específicas para jornadas o congresos, o que el conferenciante sea una personalidad muy reconocida. En cambio la producción editorial en los municipios y provincias es cada día mayor. El modelo es el mismo, alcalde o concejal delegado preside el acto, lo abre y lo cierra, intervienen cuando lo consideren más oportuno sin olvidar que la intervención del prologuista (o experto en la materia invitado) precede a la del autor y este debe ser el último en intervenir.

Actos de los colectivos sociales

Las entidades y colectivos sociales en general (económicos, sindicales, culturales, deportivos, solidarios), contemplan entre sus funciones importantes actos de carácter público que responden al cumplimiento de sus fines, tanto de carácter promocional o representativo, otras veces conmemorativos o relacionados con su propia organización: asambleas generales, congresos, visitas, inauguraciones, presentación de programas, ruedas prensa o entregas de premios. La dinámica tanto de los agentes económicos como de los colectivos de participación ciudadana impone cada día más la presencia pública con objetivos de mercadotecnia y comunicación.

La relativa «facilidad» que nos ofrece la legislación para el establecimiento de las precedencias en los actos oficiales se convierte en dificultad cuando se trata de actos organizados por particulares a los que asisten autoridades y representantes de las Administraciones Públicas. Con frecuencia existen quejas por parte tanto de las autoridades como de los particulares por el modo de organizar las presidencias y las precedencias, muchas veces por desconocimiento, otras veces por la utilización de criterios poco justificables o por puros intereses de imagen.

Los actos de las entidades privadas no son oficiales y por tanto no están sujetos a ningún tipo de normativa oficial. Cualquier decisión sobre el acto la decide quien lo organiza, determinando los criterios, programas y secuencias, así como estableciendo la precedencia y presidencia. El acto lo preside quien lo organiza, le guste o no a las autoridades, y decide si quiere ceder la presidencia. Podrá ceder la presidencia, si lo estima y en un solo puesto, al objeto de que el invitado de honor no quede aislado del anfitrión. Está muy feo «sugerir» la cesión de la presidencia. Insistimos en esto porque existe una tendencia general de algunas autoridades, alcaldes, o concejales delegados, a arrogarse un derecho que no tienen, olvidado que los colectivos sociales en general son autónomos y tienen su organigrama de gobierno y sus representantes elegidos democráticamente, de ahí también su valencia. Por otra parte, tampoco el organizador deberá olvidar el carácter representativo que en las sociedades democráticas ostentan las autoridades por elección o representación que asisten a su acto. Como ciudadanos a nadie nos gustaría ver al alcalde del Municipio en un lugar impropio en una asamblea de vecinos.

Por tanto, la persona que los organiza, como anfitrión y responsable del acto, preside los mismos, abre y cierra, y concede las palabras. Si el organizador cede la presidencia a una autoridad o personalidad le transfiere, evidentemente, las funciones de presidir, dirigir, conceder la palabra y cerrar el acto; es decir todas las capacidades y funciones de quien preside. Para ello está la Secuencia que, si está bien realizada, con un vistazo previo será fácil dirigir el mismo.

Para el resto de autoridades, cargos directivos de la empresa, junta directiva de la asociación o entidad, las precedencias más idóneas son las «peinadas», alternando a las autoridades con los cargos de la empresa o colectivo. Producimos una excelente imagen. Además, el peinado, por otra parte, es una forma de aprovechar para la mejor comunicación entre los diferentes grupos de invitados, favoreciendo el diálogo y el mejor conocimiento mutuo.

Es posible, lo hemos trabajado en alguna ocasión, que haya un acto privado en el que aparezcan tres grupos, o cuatro, para «peinar»: Por ejemplo, imaginemos, una cena en la que la Diputación provincial quiere homenajear a un deportista de élite, presidente de su Federación deportiva y reconocido por su labor de promoción del deporte. El acto se realiza en su Municipio y, consecuentemente, está invitado su Ayuntamiento, alcalde y concejales.

Tenemos cuatro listas de invitados: la Corporación Municipal (alcalde, tenientes de alcalde, concejales...), la Diputación Provincial (presidente, vicepresidentes, diputados...), la Federación deportiva (presidente vicepresidentes, secretario, vocales..) y la familia (esposa, hijos, nietos y amigos que el homenajeado ha sugerido invitar).

Al realizar el mesero, en la mesa 1 colocamos al homenajeado, al alcalde, presidente de la Diputación, el de la Federación y sus parejas, en su caso. En la mesa 2 encontraremos a los tenientes de alcalde, vicepresidentes de la Diputación, hijos mayores del homenajeado y sus parejas. En la 3, concejales, diputados provinciales, otros familiares, amigos... Así hasta completar la totalidad de los asistentes.

Cuando los invitados, antes de acceder al local, comprueben su sitio probablemente fruncirán el ceño, a lo mejor con cierta incomodidad, pues pensaban que los del Ayuntamiento estarían todos juntos, igual la familia, lo mismo que la Federación y la Diputación. Los de la familia no conocen prácticamente a nadie, salvo a los números 1 por la prensa. Los del Ayuntamiento probablemente no quieran estar cerca de algún diputado provincial con el que no hay buen *feeling* y viceversa. Tampoco, a lo mejor, a los de la Federación les guste estar cerca de políticos. En fin, es el miedo antropológico ante desconocidos con quien estamos obligados a compartir. El inicio de la cena será de presentaciones nerviosas, actitudes frías, silencios, observaciones sutiles... Pero con la sucesión de los platos (y sobre todo las bebidas), irán surgiendo las conversaciones. Desaparecen los miedos al observar que un concejal o un vicepresidente de la Diputación es una persona «normal», que todo el mundo tiene los mismos problemas: se habla de hijos, de pueblos, de enfermedades, se cuentan anécdotas, y las rigideces se desinflan apareciendo la naturalidad y la confianza. Para cuando comiencen los discursos, la parte relevante del acto, todos los invitados estarán en la mejor disposición. Al final, suele ocurrir, se intercambian los números de teléfono, se besan para despedirse (que a lo mejor no lo habían hecho al principio por respeto) y los políticos lo mismo quedan para alguna reunión pendiente.

Conclusiones: en primer lugar, poco se ha hablado de política en las mesas (había muchos políticos y, probablemente, de signos distintos). Si cada Corporación hubiera estado en mesa única, todo habría sido distinto. Igualmente, la Federación o los familiares han evitado monopolizar sobre sí mismos; por lo tanto se han evitado corrillos y cotilleos. En segundo lugar, nadie habrá podido monopolizar conversaciones pues habría causado el aburrimiento de sus compañeros de mesa. Por otra parte, los no políticos, familiares y Federación, con toda la educación del mundo, habrán evitado hablar de política en general. ¿Cuál era el objetivo institucional del acto?: Homenajear a una persona por su labor al frente de un colectivo social, y punto.

Es difícil establecer un modelo o patrón para los actos que organizan los colectivos sociales o las entidades privadas dada la heterogeneidad de los mismos. En su mayoría responden a: congresos y jornadas, ferias y exposiciones, exhibiciones comerciales, homenajes, actos de carácter cultural, actos sociales como mesas redondas organizadas por colectivos, debates de carácter político, inauguraciones o colocación de la primera piedra de edificios, firma de convenios, visitas, ruedas de prensa, inauguración de monumentos, colocación de placas...

En cualquier caso los colectivos sociales deben observar las siguientes normas de carácter general, válidas en la mayoría de los casos: La invitación se realizará con tiempo suficiente mediante carta, tarjetón o correo electrónico con solicitud de confirmación; los invitados deben ser siempre recibidos, según su rango, por los miembros de la entidad privada. Así, el presidente de una asociación deberá recibir a las autoridades de mayor rango, siempre a la entrada del edificio; ya en el interior, presentará a la Junta de Directiva, (equipo directivo, responsables de departamentos), alineados según la propia jerarquía de la entidad. Deberá disponerse de un pequeño salón para atender a las máximas autoridades antes de comenzar el acto. Una vez que todos los asistentes al acto han ocupado su sitio, se hará entrar a la presidencia en el salón. El descubrimiento de placas o corte de cintas, si procediera, se hace por la máxima autoridad invitada, junto al anfitrión. Cuando los actos lo permitan es muy conveniente visitar las instalaciones, firmar en el Libro de Honor de la empresa y entregar un pequeño recuerdo a los invitados. Las autoridades serán despedidas por las mismas personas que los recibieron a la puerta del edificio.

La presencia de símbolos deberá ser muy cuidada y utilizados con la máxima prudencia. Sólo se deberían utilizar banderas oficiales en caso de asistencia de autoridades, situadas a la derecha de la presidencia, y las de los colectivos, empresas u otras instituciones privadas a la izquierda de la misma.

Si los colectivos sociales realizan reconocimientos públicos a través de premios, no deben olvidar las formalidades que tales concesiones suponen: convocatorias, actas de jurados, informes, acuerdos de la Junta Directiva, etc. Con ello se garantiza que la concesión de un premio ha sido otorgada mediante mecanismos democráticos y no a intereses, conveniencias y arbitrariedades de sus miembros, buscando la notoriedad mediática del colectivo.

Sector público institucional de la Administración General del Estado

A medio camino entre las entidades privadas y la Administración —vamos a decirlo así— se encuentran las que se llamaban Corporaciones sectoriales de derecho público, a las que el Estado les confiere el estatuto de personalidad jurídico pública, que defienden los intereses de sus miembros y a la vez desempeñan funciones de interés general por delegación del Estado (Colegios Profesionales, las Cámaras oficiales de comercio, industria y navegación, Federaciones Deportivas, Comunidades de Regantes, Academias…). Sus miembros tienen intereses comunes en el ejercicio de una actividad y se suele decir que son «asociaciones forzosas de particulares». Las caracteriza su naturaleza de «monopolio», pues sólo existe una, y el Tribunal Constitucional ha señalado su justificación cuando el fin público que persiguen sea relevante y difícil de obtener por otras vías. Aparte de contribuir con el Estado, que se ahorra la creación de otras estructuras o entidades administrativas para esos fines, las corporaciones de derecho se autogestionan. Este carácter privado-público las hace complejas en cuanto a las actividades que organizan o cuando sus representantes asisten a los actos oficiales. Quienes hayan organizado alguna vez un palco deportivo saben de las diferencias que suele haber entre presidente de Federación, alcalde, presidente de club, propietario de la instalación deportiva… Nada como un buen acuerdo previo. La *Ley 40/2015, de 1 de octubre, de Régimen Jurídico del Sector Público* es el marco regulador del funcionamiento de las Administraciones Públicas, el régimen jurídico de la Administración General del Estado y su sector público institucional.

Intervenciones

La preparación de la secuencia de intervención de autoridades o personalidades en un acto habitualmente es objeto de discusión o diferencias entre quienes la elaboran, el alcalde, el Jefe de Gabinete en su caso, los de protocolo, los de comunicación…

30 AÑOS DE DEMOCRACIA MUNICIPAL 1979 - 2009
DIPUTACIÓN DE ALMERÍA

Acto institucional de carácter municipalista

Unos proponen criterios de carácter esencialmente protocolario, otros de oportunidad política, siempre con susceptibilidades cuando no manías.

En primer lugar hay que desmitificar la idea de que «quien habla el último es el más importante» o el de mayor precedencia. Eso es muy cierto cuando se trata de un acto oficial de cierta entidad, con una marcada significación por las autoridades que asisten o intervienen, en el que incluso, a lo mejor, el anfitrión no ostenta la presidencia. Pero la verdad es que sería ilógico firmar un convenio, realizar una rueda de prensa, intervenir en una recepción, sin que nuestro alcalde fuera el primero en intervenir para dar la bienvenida a los asistentes. Cualquier anfitrión saluda y despide a sus invitados. Eso no significa que su intervención concreta en el acto tenga que ser al principio o al final. Lo normal es saludar, dar la bienvenida, las gracias por la asistencia y empezar a conceder la palabra según la secuencia prevista, intervenir con su propio discurso en el momento que se haya establecido y, al final de todas las intervenciones, despedir el acto.

Hay autoridades que confunden el ejercicio de la presidencia con el de presentador porque no tienen muy claro que corresponde a la presidencia dirigir el acto, conceder la palabra, abrirlo y despedirlo. Para eso preside. A lo mejor habría que recordarles aquello de «calle Navarra; hable Burgos», con el que los reyes dirigían el acto de Cortes. Recuerdo aquella vez en la que en un acto al rey Juan Carlos I fue concediendo la palabra a los intervinientes en la mesa, y nada más acabar observó su Secuencia y se había saltado a uno de los intervinientes antes que él. Era Manuel Fraga, y el Rey se dirigió a Fraga pidiéndole disculpas e invitándole a hacerlo en aquel momento. Fraga no consistió de ninguna manera expresando que después del Rey, nadie.

234

En los últimos tiempos se ha puesto de moda la figura de lo que era (y es) el «relator», que no es más que el presentador o conductor. Recordamos a los relatores en los actos militares, sobre todo al aire libre, como una voz en *off* adelantándonos el qué, quién y cómo sucede el acto y autoridad que interviene en cada parte de la Secuencia. Ahora, en actos de menor entidad, se trata de alguien que indica quien interviene. Es una figura muy práctica en aquellas ocasiones en las que se quiere evidenciar una menor institucionalidad, en las que, a veces, las autoridades está sentadas en una primera fila y suben para intervenir, o sentadas en el escenario sin mesa. El presentador invita a intervenir simplemente con frases como «interviene a continuación», «les dirige la palabra...»; pero nunca «tiene la palabra...», pues conceder la palabra es algo propio de la presidencia.

Más allá de lo que acabamos de exponer, las intervenciones son otro caballo de batalla por cuanto al orden de intervención y a los sus contenidos, lo que dice cada uno. Hay veces en las que se suele pactar sobre qué debe comunicar cada autoridad, por respeto a la audiencia, pero no es lo habitual. Cada autoridad debe responder a la entidad que representa y la oportunidad o razón por la que interviene en el acto. Si en el acto intervienen sólo dos personas se produce probablemente un empate de significación. Tendrá más presencia el segundo si se alarga en su intervención o en la amplitud o profundidad de contenidos, siempre que la intervención del primero no haya sido muy exhaustiva. El primero, en cambio, puede «machacar» los contenidos del segundo dejándole sin nada nuevo que decir. Si intervienen tres personas, el de en medio queda con menor significación por cuanto le preceden y le suceden contenidos. Con cuatro o más personas el asunto se complica. En la intervención del tercero es posible que el público ya esté harto. Al cuarto le costará algún esfuerzo aportar algo nuevo, diferente o distinto, su esfuerzo deberá ser mayor para llamar la atención. Hay una excepción: que el cuarto sea una autoridad de mucho prestigio y el público esté esperando con ansiedad su intervención (el segundo o el tercero habrá sido un auténtico peñazo...). La significación del cuarto le viene dada no por el orden de intervención, tampoco por los contenidos, sino por su propia significación personal o institucional. Todos sabemos que a la hora de hacer declaraciones, el mensaje del que habla el último es el que queda en la memoria próxima, si el orador tiene habilidad.

Como los actores, el que está en el escenario sabe cuando tiene al público agarrado, atento, o cuando le está aburriendo. Se viene abajo si ve a alguien salir. Debe tener conciencia de esta situación y «tomar el control» aunque para ello tenga que efectuar serias y no deseadas renuncias: acortar las intervenciones, agilizar o romper el discurso para reclamar la atención o, como en muchas ocasiones, admitir que la actitud mitinesca no es la idónea en cualquier momento.

Mantener la atención es muy difícil en nuestros tiempos por el volumen de información y la sucesión vertiginosa a la que las nuevas tecnologías nos han acostumbrado. Los niños son los mejores críticos en el cine, el teatro o en un cuentacuentos. Si no los atrapas se aburren, se despistan, conversan... A los niños les encantan los anuncios de televisión, por su ritmo, la sucesión de imágenes y contenidos. Debería haber una prueba de fuego obligatoria para muchos políticos consistente en explicar su programa electoral a un grupo de niños fuera de su ámbito académico.

Lugar, espacio y acción

La facilidad y la seguridad con la que nos dirigimos y ocupamos un lugar en una actividad al aire libre no es la misma si el lugar es cerrado, aunque sea el mismo tipo de acto y con el mismo contenido. Esta simple apreciación debe llevarnos a considerar el lugar cerrado y sus circunstancias (arquitectónicas, decorativas, de iluminación, de acceso, etc.) como un lugar especial en el que se va a establecer una «relación» entre dos grupos de personas situados frente a frente. Como en el teatro, hay un grupo activo, que se sitúa en un escenario, tarima, plataforma, y un grupo pasivo numeroso sentado (si fuese en pie cambiaría rotundamente el asunto). Cuando alguien entra en un acto va a ocupar uno de esos dos espacios y a compartirlos. En función del grupo al que corresponda entrará con unas expectativas distintas.

Convendrá conmigo el lector que no se percibe el acto de la misma manera si lo realizamos en un salón de Plenos que en un teatro local con rocallas, o en un frío auditorio, la sala de conferencias de un centro cultural, un salón de hotel o en una carpa. Por otra parte, las personas estamos acostumbras a adoptar diferentes actitudes y emociones al entrar en los lugares públicos en función de las condiciones ambientales. No tenemos la misma actitud cuando hacemos la compra en una gran superficie que en la pequeña tienda de nuestro barrio. Por la tanto un acto institucional puede adquirir diferente significación en función del ambiente visual de la sala, entre otros aspectos.

En principio, en un lugar cerrado, el asistente tiende a ser prudente, cuando no tímido a la hora de adentrarse, mucho más si es de los primeros en llegar. Si es autoridad, y además tiene lugar señalado, sentirá una tensión añadida. Probablemente esperará a que alguien de la organización le pregunte por su nombre o cargo, o lo hará él directamente. Los menos tímidos avanzan con naturalidad hasta encontrar el lugar con su nombre y vuelven a la entrada para charlar con los que llegan.

El propio local —su arquitectura, decoración e iluminación— evoca estados sensoriales a nuestro organismo, como lo hace cuando entramos a una catedral o contemplamos un idílico paisaje. Si las butacas de la sala está fragmentadas por pasillos, grupos de asientos, o dispone de lugares diferentes como palcos o lugares desplazados para ciertas autoridades, nuestra sensación de pertenencia a un determinado «grupo» se hará evidente. Pero mientras los espectadores esperan tranquilamente el inicio del acto, el grupo que va a «actuar» también se encontrará nervioso, quizás con miedo escénico, en una tensión que sólo acabará cuando se inicie el acto y todo funcione como estaba previsto.

Si al iniciar el acto el patio de butacas queda más oscuro que la escena, la visualidad se concentra —ya casi no deja ver la sala— en la escena. La luz es determinante, se suele decir que es un material arquitectónico que construye, oculta, define, resalta, molesta o diluye.

Decía Vilarrubias que los actos deben tener una preparación lenta y ejecución rápida. Efectivamente, el espectador no soporta los silencios o las pausas sin contenidos. El secreto de un acto está en su ritmo: en la sucesión de una acción detrás de otra con el *tempo* idóneo, con el desarrollo de la secuencia a buen ritmo. La circulación de autoridades y empleados en la escena debe estar planificada. Aquellas adquieren toda la significación en sus movimientos y estos deben parecer que no han sido vistos.

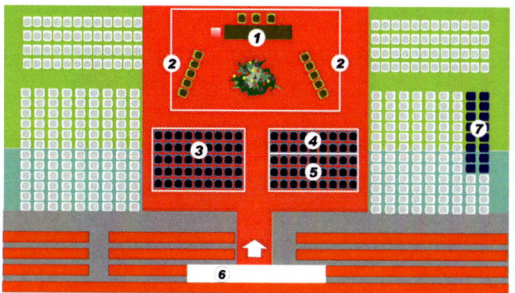

Adecuación de un frontón municipal para un acto institucional de entrega de reconocimiento a una alta autoridad del Estado

PLENO EXTRAORDINARIO DEL AYUNTAMIENTO DE ALHAMA DE ALMERÍA. 1. Presidencia Ayuntamiento de Alhama: Presidente del Congreso de los Diputados , Alcalde y Secretario. 2 Concejales. 3 Primeras autoridades. 4 Corporación Provincial. 5 Alcaldes de la Provincia. 6 Prensa. 7 Banda de Música.

Acto institucional en un pequeños municipio

La escena suele tener mesas, sillas, atriles, pantallas, banderas, pancartas. La organización visual del conjunto de objetos es determinante para la visión. Tenemos una especie de tendencia a percibir mejor las cosas ordenadas visualmente que desorganizadas. La psicología de la percepción ha puesto de manifiesto algunas convenciones que, a partir de nuestros sentidos (fundamentalmente la vista y el oído), el cerebro elabora como necesidad, complacencia o rechazo.

La atención de un espectador en un acto institucional es muy débil, o muy sensible según se mire, puede interrumpirle cualquier sonido ajeno, el fotógrafo en su caza, la azafata más allá de su función, un histérico de la organización, un cambio de iluminación sin venir a cuento. Por otra parte, el ojo tiene tendencia a preferir lo simple a lo complejo. Lo fácil de «leer» a lo complicado. Un conjunto de objetos (volúmenes) mal organizados visualmente nos creará confusión, pues el ser humano busca el equilibrio en todas las fases de su existencia física y mental. La etología ha puesto de manifiesto que «también los chimpancés, los bebés, y los nativos de culturas que viven en la edad de piedra muestran la misma preferencia estética hacia el orden, el equilibrio y la simetría»[193].

Veamos algunas «reglas» de nuestro comportamiento visual: Las masas pesadas, por efecto de la gravedad, el ojo las prefiere a nivel del suelo; por el cielo, las alturas, los objetos livianos encuentran mejor sentido; el ojo humano lee de izquierda a derecha y se identifica con quién actúa en aquella zona; los atriles son mejor percibido por el espectador a la izquierda (derecha en la escena), actitud, al parecer procedente de la lectura de izquierda a derecha de los occidentales; ademas no se sensibiliza con

238

quienes están en la parte derecha[194]. Un área determinada definida visualmente con luz, moqueta, o cualesquiera otros objetos, tiene más pregnancia que el fondo, menos definido; ayudamos al ojo si dentro del cuadro (escenario) situamos un referente central: un centro floral (que no «cante», ni con flores tropicales, un círculo o un «vacío espacial» dejado adrede.

Pantallas y paneles fijos con textos de identidad corporativa, o lemas son «cuadros dentro de un cuadro». Si es una pantalla con videoproyección, en movimiento, es una ventana a cualquier lugar, una llamada al exterior. Por lo tanto nada importante debe ocurrir en la escena mientras la mantenemos en funcionamiento. Si lo que nos ofrece la ventana es complejo, aburrido o largo perderemos la atención. Y viceversa, la ventana debe quedar quieta (con una imagen, un logotipo, un texto o nada...) cuando en la escena hay acción o intervenciones...

Cuando vemos, nuestro ojo no capta como una cámara fotográfica todos los píxeles del campo visual sino que abstrae, identifica inmediatamente algunos rasgos del objeto y les da sentido, contenido. Con tres o cuatro líneas podemos representar la Torre Eiffel. Pintores, diseñadores, caricaturistas trabajan a diario en ello. Por el contrario, si al fondo de la escena hay algo que no es suficiente visible, nos producirá confusión. Por ello, si el escenario es grande habrá que tener cuidado con los objetos extraños que puedan estar en penumbra.

El color, aparte de su capacidad emocional, es también una moda y una convención social. Hay colores para determinadas cosas que en nada tienen que ver con ellas: la Vitamina C la relacionamos con la salud a través del color naranja, pero la

239

vitamina C (ácido ascórbico) no es de color naranja sino incoloro, blanco o tirando a amarillento. Así, los colores y tonalidades que elijamos para nuestras escenografías nos traen a la memoria conceptos o emociones. Sabemos que hay colores que se relacionan con ideologías, con partidos políticos; los hay excitantes o relajantes. El rojo se identifica con la izquierda, el azul con la derecha; pero si es un rojo oscuro apela a la realeza, al poder; el azul relaja, y si es muy oscuro aburre. Las tonalidades fuertes en grandes superficies (panelajes, moquetas, fondos) excitan demasiado. A mayor amplitud de superficies, el tono debe ser menor. Y especial cuidado hay que tener cuando se utilizan colores que son complementarios. La cualidad complementaria de dos colores en principio no es «que se llevan bien». Armonizarán cuando ambos colores se encuentren en masas de diferente tamaño. Una escenografía donde predominen sólo los azules será elegante y relajada, incluso aburrida, pero tomará vida en cuanto se utilicen «elementos» de su complementario: amarillos o anaranjados. Todos los colores y sus tonalidades tienen su complementario. El gris los acepta todos.

La escena debe estar iluminada en su totalidad; no sólo a los actantes. Si hay circulación de personas no debemos percibir que en un determinado trayecto quedan en sombra (la subida de un premiado ante la mesa...). Ensayar los movimientos evitará estos inconvenientes. La actividad institucional no es espectáculo, la iluminación es la misma durante todo el acto. Cuán difícil es convencer a los técnicos de evitar las florituras...

El sonido es responsable del desarrollo del acto en un buen tanto por ciento. A pesar de lo avanzado de las tecnologías, los equipos de sonido y los equipos de medios audiovisuales tienen «duendes» en su interior que actúan cuando menos lo esperamos. El ensayo y la reiteración interiorizarán en los técnicos las órdenes para el *hardware*. Comprobados todos los micros, su volumen y ecualización en un ensayo final, nadie vuelve a moverlos o configurarlos. La voz de cada persona es única, hay familias de voces según volumen, ecualización, ritmo. A ello hay que unir la proximidad con la que los intervinientes se suelen situar respecto al micro. Estos estarán configurados con un espectro amplio para suplir estas deficiencias. Se advertirá a los oradores para que eviten el tic nervioso tan habitual de recolocar los micros antes de intervenir. Si se utilizan micros inalámbricos, de petaca, unos minutos antes los técnicos se los colocarán a todos los intervinientes verificando el canal de cada uno de ellos. Si hay traductores para invitados extranjeros, nunca lo harán en *off*. Existen varias opciones. Puede estar colocado a un lado de la escena con micro de pie para traducir al invitado así como a quien intervenga con alguna pregunta. Si se trata de actos más informales, como ruedas de prensa o mesas redondas en las que intervienen varios extranjeros, pueden ocupar el último lugar en la mesa. Si se trata de una reunión informal puede estar sentado detrás de las autoridades, con poca visibilidad, realizando su función. En las recepciones y saludo estarán entre las autoridades cumpliendo su labor y, si caminan, les seguirán detrás realizando su trabajo con discreción. El traductor entra durante la parte del acto en la que tenga que cumplir su función, cuando esta acaba se retira.

Un director o regidor, guión en mano, dirigirá todas las secuencias del acto, previniendo a todos los técnicos en cada momento, dando pie a las entradas y salidas, controlando la intervención de los oradores y la circulación del personal auxiliar, azafatas, ujieres o presentadores.

Luces, músicas, videos, azafatas, entran «al punto». Los tiempos muertos son insufribles. Si para concluir un acto el presentador dice: «... y para finalizar este acto, escuchamos el himno de España», el sonido debe entrar en los dos segundos siguientes, casi antes de que el público se ponga en pie. Si se trata de una banda de música, el director estará prevenido para hacerlo de igual forma. No vale aquello del presentador diciendo «... y vemos un video sobre las infraestructuras realizadas», y el video entra 30 segundos después porque parece que no arranca, vemos el escritorio del ordenador y la carpeta en la que está ubicado... Los atriles no tendrán demasiada presencia visual, salvo en los actos en los que formen parte de la decoración general; serán cómodos y seguros, para permitir las carpetas u hojas de las intervenciones, con espacio suficiente y estable para el vaso de agua (y el correspondiente objeto o premio recibido mientras se dicen las palabras de agradecimiento).

Los conferenciantes o técnicos que intervengan con soporte audiovisual siempre traerán sus propios ordenadores, para evitar la diferencia de lectores y versiones de los programas; advertirán con tiempo si necesitan servicio de *wifi* y realizarán una prueba horas antes del acto.

Todos los espacios y sus accesos para la circulación de personas deben garantizar la perfecta movilidad y situación de personas discapacitadas, sus acompañantes, en su caso, su perro guía y vehículos de desplazamiento. Nunca accederán al escenario por un lugar distinto al del resto de autoridades. Cada día son más los ciudadanos con discapacidad que ostentan cargos públicos y cuando asisten a ellos les deben ser facilitadas las condiciones para la participación o presidencia de los mismos. Cuando asistan personas sordas se debe contratar el servicio de traducción y colocarlo en el lugar más idóneo para la visualidad de aquellas.

El ritmo se interioriza mediante el ensayo. Si nuestro alcalde es organizador y preside se acercará al lugar del acto cuando todo esté dispuesto, un día antes, y le iremos mostrando la secuencia del día siguiente para que, a su vez, conozca todas las particularidades del mismo. Igualmente le mostraremos el lugar de cada una de las autoridades e invitados.

Todo lo que ocurre, cuándo y cómo debe estar previsto en un programa detallado, guión o escaleta y, particularmente, siempre sobre un *Plano de Situación y circulación de personas* en el que previsualizamos gráficamente el lugar de las autoridades y los empleados (y sus funciones), la circulación que se va a producir durante el acto, la ubicación de objetos, documentos, medalla, trofeos y sus responsables, el lugar de la foto final de grupo. Como el guión, todo el personal de trabajo conoce e interioriza ese plano.

Dirección, liderazgo, jefatura

Dirigir el trabajo del ingente número de personas que a veces participan en la organización de una actividad no es fácil. Contratar una empresa que lo ejecute es lo cómodo, sin duda, pero es sabido que los pequeños y medianos municipios no suelen estar capacitados económicamente y por lo tanto es la suma del propio personal y el presupuesto disponible el que nos puede garantizar la mejor organización. Y una gran dosis de voluntarismo, pues muchas veces no es una actividad habitual para la que el empleado público tenga las mejores competencias.

Por más vueltas que le demos, dirigir o coordinar es mandar, algo nada fácil en una Entidad Local, si no es a base de escritos en muchas ocasiones o de súplicas afectivas. Aún más si nuestra Entidad dispone de una rancia cultura de trabajo en la que se huye de todo lo novedoso. A pesar de lo mucho que se ha dicho y escrito sobre la dirección de personas, quien dirige tiene como función fundamental tomar decisiones. Y quien dirige bien las toma como resultado de un cuidadoso análisis de las previsiones, los hechos, el mejor juicio y la prudencia. Nada nuevo; es la definición clásica del liderazgo.

Se ha dicho reiteradamente que liderazgo es el logro de resultados a través de personas. La empresa privada lo sabe muy bien y se encarga de formar a sus ejecutivos en estos asuntos. En las Administraciones Públicas el asunto se complica. Si eres jefe de Servicio o de Sección, o de Negociado, etc., podrás dar directrices, órdenes, consejos, recomendaciones, pero si no cuentas con el «beneplácito» de los empleados, los asuntos saldrán adelante, sí, pero no con la eficacia y calidad que deben salir. No digo nada nuevo, ni escandaloso, para quien trabaje en una Administración Local. Y como en ellas, a pesar de los planes formativos (que no sirven nada más que para obtener puntos de cara al *cursus honorum*), la dirección de personas o de equipos de trabajo es algo que suele brillar por su ausencia, aunque intentos se hacen. Aún más si, como en el caso de las actividades institucionales, el jefe que organiza tiene, aparte de la dependencia jerárquica sobre los propios de su departamento, la funcional con respecto a ese gran número de personas que se ven implicadas: porteros, conductores, personal de mantenimiento, limpiadoras, etc.

Por lo tanto, para dirigir no hay más remedio que liderar. Las potestades del líder proceden realmente de las personas a su cargo. Puedes ser *superjefe* de *nosequé*, con oposiciones o nombramiento, que si tus empleados «no te eligen» duro lo vas a tener: al jefe lo hacen los empleados. Dicho de otra manera: la capacidad del que dirige, para que sea eficaz, procede de su equipo de personas. Y *quid pro quo*, la consideración que se concede al líder está en relación directa con la cantidad de entrega que el jefe dedica a los demás, pues quien manda conoce las inquietudes y las capacidades de las personas a su cargo. La capacidad para dirigir no es innata; se hace con el tiempo, con el aprendizaje y, fundamentalmente, con la experiencia en la dirección de personas sabiendo que los trabajadores no son todos iguales: hay empleados esforzados a los que no les luce el trabajo y tibios que les brilla cualquier cosa que hagan.

No nos resistimos a recordar las tradicionales tipologías de jefatura o de dirección más consensuadas por los expertos que establecen, en primer lugar un tipo de dirección «desapercibida», una especie de jefe al que percibimos poco porque trabaja tan estupendamente que casi no se le necesita a la cabeza, salvo en asuntos graves. Muchas veces se convierte en un punto de información y control: lo suyo es el *Laissez faire, laissez passer*. Otras veces la dirección es «compartida», entre dos o más, una división de la jefatura, que a veces funciona muy bien en equipos de trabajo muy grandes. Hay un tipo «moderador» que trabaja con las ideas de los demás, es él quien se sienta delante de sus empleados para escuchar y buscar consenso entre todos. Por último, estaría el «autoritario»: toma decisiones y se responsabiliza individualmente de ellas, y ya vendrán las explicaciones después. Es ideal para momentos de crisis. Ahora bien, si su actitud permanente es la de *manu militari* probablemente durará muy poco salvo que la organización le mantenga porque no hay más remedio.

Quizás lo más lógico sería un modelo mixto con lo mejor de cada unos de ellos. Añadiríamos el tipo de liderazgo «pérfido», el que utiliza a los demás para sus propios fines, sobre todo para escalar, medrar, quedar bien ante los superiores atribuyéndose los méritos de todos, no reconoce sus errores y se los atribuye a otros descaradamente y, en fin, puede funcionar... con muchas adulaciones.

Calidad y cultura corporativa

Cuando compramos un producto de primera necesidad tenemos un abanico de marcas y comercios en donde adquirirlo, podemos devolverlo, hacer reclamaciones, pero Ayuntamiento sólo tenemos uno. Satisfacer al cliente y ahorrar en los procesos de producción son objetivos prioritarios de cualquier empresa o negocio. Tradicionalmente, el concepto de calidad ha estado unido esencialmente a la producción industrial, hasta fechas relativamente recientes, a través de los llamados controles de calidad o la sujeción de las empresas por voluntad propia a Normas y Certificaciones independientes. Conscientes del deber público hacia la ciudadanía, la Administración Pública comenzó a realizar esfuerzos para aplicar criterios de calidad a sus procedimientos administrativos y en general a todas sus actuaciones. Proceso lento pues requiere muchos esfuerzos para superar viejas culturas administrativas, resistentes, y la necesidad de aceptar criterios modernizadores para que los «administrados» (horrible expresión), los ciudadanos, se sientan satisfechos en lo que atañe a la gestión de sus derechos y deberes.

En la producción artesanal, cliente y productor mantenían una relación directa en la que la satisfacción del cliente estaba garantizada por la comunicación y la verificación del producto entre uno y otro. La producción industrial en cadena rebajó los costes de producción de manera drástica debido a que todas las piezas o componentes estaban normalizados y el objeto defectuoso se retiraba de la cadena de producción sin que esta se detuviera. Se dice que Henry Ford consiguió reducir el montaje de un chasis del tipo T, de 700 a 93 minutos. Y lo fundamental: al reducirse el coste se reduce el precio y si se reduce el coste hay más margen comercial, menor precio de venta y mayor competitividad. Este era el concepto clásico de «calidad». Pero a lo largo de la segunda mitad del siglo XX se ha hecho necesario ir más allá, conceptuando la calidad en función de la satisfacción del cliente por encima de cualquier otra consideración.

Y el lector se preguntará a qué viene esta disertación. No es desacertado considerar al «administrado» como «cliente» ante cualquier servicio administrativo, sujeto de deberes y derechos que él debe cumplir y la Administración debe gestionar con eficiencia, eficacia y calidad. El cliente, el ciudadano, debe sentirse satisfecho por una razón fundamental: nos obligan las leyes y los procedimientos administrativos. Un ejemplo muy común nos puede ser válido. Si el procedimiento administrativo para cambiar la bañera de la casa de nuestra abuela por un pie de ducha, se trata simplemente de solicitarlo y abonar el canon correspondiente en una entidad bancaria (suponiendo que no haya otro tipo de trabas), ¿por qué hay Ayuntamientos que lo solucionan en el mismo día, otros a los tres y algunos a los quince? No hablemos de los tiempos para abrir un negocio u otros asuntos más complejos...

La pena es que, lamentablemente, en nuestra sociedad se tiende a pensar que lo público es por naturaleza ineficiente. Es muy diferente la percepción que tiene el ciudadano en cuanto a la calidad de los productos que proceden de las empresas privadas a los de la Administración. Mientras que a nadie se le ocurriría echar la culpa a todos los fabricantes de zapatos por una deficiencia en un par, un error en la Administración es extrapolado al conjunto de las Administraciones y sobre todo a los funcionarios.

Los ciudadanos esperan que sus Administraciones les atiendan con criterios de calidad, o satisfacción, en cualquiera de los servicios públicos que están bajo su competencia. Y, como en el caso de Ford, en las Administraciones Públicas, calidad significa también reducción de gastos y sobre todo eficiencia y eficacia en los procesos.

Estas implementaciones, más necesarias cada día, son también una forma de democratización de la actividad de la gestión pública. Con las nuevas tecnologías ya no es sólo la colectividad política la que valora los procesos y resultados sino que hace participar al ciudadano de manera crítica en esos controles de calidad, verificando si se cumplen sus expectativas. ¿Qué ocurriría si al salir de nuestro ayuntamiento tras realizar una gestión nos saltara una llamada de teléfono para que valoráramos de uno a diez el nivel de satisfacción con la misma? El INSS ya lo hace, o al menos a mi ya me lo ha pedido en una ocasión... Ni me lo creía.

Es un proceso nada fácil en el que hay que vencer resistencias de toda índole muchas veces fundamentadas única y exclusivamente en el miedo atávico a romper con lo que se está acostumbrado. Y por otra parte, nos encontramos en un proceso de transición entre la gestión personalizada y la administración electrónica. La primera no acaba de ser realmente eficaz y la segunda se enfrenta a los problemas técnicos de los programas y al mal llamado analfabetismo digital. Si hay voluntad, se puede: Hacienda, nos guste o no, funciona de una manera muy eficaz.

No basta con que las Administraciones funcionen, se trata de que funcionen bien. Un servicio se puede prestar con eficiencia (gestionado de acuerdo con los procedimientos), pero puede que no sea eficaz, porque no satisface las expectativas del administrado. Todos los Registros de las Administraciones Públicas funcionan prácticamente lo mismo, realizan el mismo procedimiento, ¿y por qué salimos de algunos sin entender nada o cabreados mientras que en otros agradecemos la labor del empleado por su eficacia, e incluso amabilidad o simpatía? Por otra parte, los trabajadores públicos utilizamos un lenguaje administrativo en el que los ciudadanos muchas veces se pierden. El trabajador público debe explicar, explicar una y otra vez, «traducir» de la mejor forma para que los ciudadanos puedan comprender, sin confundir ni engañar.

Para que exista una cultura real de servicio y calidad hacia los ciudadanos es necesario adoptar un conjunto de valores y creencias por los responsables de la organización y los empleados, estableciendo un Catálogo de Servicios y los procedimientos necesarios para cumplir con los fines y competencias de nuestra Administración. Los empleados son el mejor capital de la empresa, los funcionarios son el mejor capital de las Administraciones. La voluntad del equipo de gobierno es fundamental, aceptando e impulsando las necesarias ideas innovadoras, considerando a los empleados como un equipo motivado dispuesto a ser realmente servidor de los ciudadanos. Sin este convencimiento el engranaje administrativo siempre se resiente.

Por cuanto al objeto de nuestro trabajo, el de las actividades institucionales, debemos dotarnos de objetivos y criterios en lo que sería nuestra cultura institucional, nuestras formas específicas de trabajo, aún más sabiendo que nuestra labor es un referente especial en el conjunto de la institución. Nuestra imagen se percibe en primer lugar por la manera de dirigirnos a las personas, de dialogar. Y aquí entran en juego las consabidas normas del buen conversador: tratar a las personas por su nombre y apellido; intuir lo que en el fondo quieren decirnos y a lo mejor no saben o no se atreven; no practicar el monólogo insufrible. Comprendamos las razones de quien tenemos enfrente, aunque no sean las nuestras, mostrémosles interés por lo que dicen; no confundamos; no nos quitemos «el muerto» de encima, propongamos soluciones; bajemos el tono emocional si se hubiese producido. «¿Me explico?» en vez de «¿me entiende?»; los tonos de superioridad están de sobra y contribuyen a elevar el tono de las conversaciones...

Si nos hemos equivocado se reconoce y se piden disculpas, y si no se aceptan las disculpas se le ruega se dirija a nuestro superior inmediato y que, por favor, presente una reclamación por escrito pues está en su derecho. Evitar el vocabulario profesional (jerga) que sólo conocemos nosotros; no frivolizar los asuntos ni quitarles importancia, lo mismo la tienen más allá de nuestra óptica; respetar los silencios; no criticar a nadie y no permitir que lo hagan delante de nosotros; con extranjeros no ser chauvinista, hablar bien de sus países. Hablar con nerviosismo es síntoma de inseguridad; mire a los ojos; aclare siempre malentendidos; sepa concluir, sea claro y no engañe, con ello nos tendrán en mayor consideración; no hable mal de nuestros jefes ni de los compañeros de trabajo; y siempre, de partida, nuestra mejor carta de presentación es la sonrisa y el saludo amable.

Existen las imágenes sonoras: la persona de centralita que levanta el teléfono y dice «Ayuntamiento de ...., dígame:» está transmitiendo con sus palabras (tono, vocalización, intensidad, afectividad) la imagen de nuestro Ayuntamiento (sus empleados, su organización, sus responsables políticos). Al teléfono nunca se dice «no». A veces nos pasan llamadas que realmente no son para nosotros; se explica al interlocutor y se pasa la llamada al lugar idóneo, o se le busca el teléfono si es de otra institución u organismo (o una imprenta, por ejemplo...). Los ciudadanos despistados o confundidos por los pasillos son objeto de nuestra especial atención. Se les pregunta amablemente y se les acompaña personalmente hacia donde quieren ir. En definitiva, como decía Wagensberg, es el funcionario quien prestigia la función; y no al revés; y la lealtad del funcionario a su función está por encima de la lealtad del funcionario al funcionario.

Por último, los trabajadores públicos nos debemos a la institución y a quienes la gobiernan. El principio de lealtad preside nuestro trabajo, aunque las decisiones que tomen nuestros alcaldes a veces no nos agraden. Ello significa que debemos informar nuestras actividades y programas con rigor técnico y sinceridad para que ellos puedan adoptar las mejores decisiones. Por eso nos pagan. Y una vez asumidas por el alcalde o el equipo de gobierno las haremos nuestras para su ejecución.

Estas normas son nuestra «cultura corporativa». Deben estar escritas y conocerlas quienes trabajan con nosotros, estén jerárquicamente subordinados o no.

Ejercicio práctico. Objetivos

Todas las actividades cumplen un fin, deben tener un objetivo u objetivos, y finalmente producen una imagen. La imagen se produce siempre, tanto si la cuidas como si no. Si trabajar con la legislación es cómodo, la complejidad cuando esta no nos asiste es un reto para quien disfrute organizando una actividad institucional. En los cursos a los que hemos sido invitados nos gustaba plantear a los alumnos que tenían su primer contacto con la organización de actividades institucionales, dos ejercicios prácticos realizados en grupos. El primer ejercicio era una simple recepción a pie de avión de una alta autoridad del Estado en una provincia, con precedencia de autoridades en línea. Todos los grupos lo realizaban de la misma forma simplemente con la aplicación del R.D. 2099.

En el segundo, en cambio, el asunto se les ponía un poco más difícil: se trataba de organizar la mesa presidencial en una cena en la que el Ayuntamiento entregaba a un anciano, artista local, el Escudo de Oro de la Ciudad por haber donado su legado artístico al Museo municipal, con la presencia de las siguientes autoridades y personalidades: alcalde y concejala de Cultura de la Corporación; el alcalde (también anciano) del Municipio donde reside actualmente el artista, que viene acompañado por su concejal de Servicios Sociales; el jefe de servicio de la Unidad de Cardiología del Hospital General (que el anciano ha querido que esté presente por las atenciones que ha recibido tras una operación); el director de la residencia de Ancianos en donde pasa sus días; la presidenta de la Asociación de Vecinos de su barrio con la que el artista colabora habitualmente impartiendo cursillos de pintura; la hija mayor que lo acompaña habitualmente en sus desplazamientos y, finalmente, un compañero de la misma residencia con el que habitualmente comparte su tiempo de charla. Las circunstancias y las personas son muy reales, se nos han dado casos muy parecidos.

Aquí la solución que proponen los grupos de alumnos es diferente y siempre parece haber tres variables. En primer lugar el equipo de los más rigurosos, sin ningún tipo de concesiones: alcalde, homenajeado, concejala de Cultura del Ayuntamiento, alcalde del Municipio donde reside, presidenta de la Asociación de Vecinos, etc. Todos los grupos son conscientes de que un jefe de servicio de Cardiología es una persona de gran responsabilidad y que la presidenta de la Asociación de Vecinos es un cargo elegido en sufragio. Hay un segundo grupo que, con los mismos criterios hace subir a la hermana que le acompaña para que esté cerca de él y lo pueda atender, antes que cualquier concejal; luego el alcalde del Municipio donde reside, e intenta aproximar al compañero de residencia, sin aventurarse mucho más. Es decir, concesiones sí pero pocas. Y el tercer grupo va mucho más allá: preside el anciano entre los dos alcaldes, continuando con su hermana y el compañero de residencia y luego ya vienen concejales y otros...

Bien mirado, las tres soluciones puede decirse que son apropiadas de alguna manera. Los tres planteamientos tienen objeciones, opiniones en muchos sentidos, sutilezas y valores... que llevan a producir (esto es la sustancia) una imagen muy diferente: la dureza de los rigurosos, la tibieza de los del segundo grupo y la imagen menos oficial y más entrañable de los terceros. Todos son válidos pero los objetivos y la imagen final es distinta. Presentadas a nuestro alcalde las propuestas, a él le tocaría decidir.

Advertencias finales

Amigo lector: si ha llegado usted hasta estas páginas finales y es trabajador de una Administración Pública en estos asuntos, o vocacional al que se los adjudican, un consejo: no se le ocurra poner en práctica nada de lo que aquí pueda haber aprendido al día siguiente de cerrar el libro. No se extrañe, también se lo dirían en un curso de dirección de empresas que pudiera haber realizado para ver cómo saca a flote la suya.

No hay cosa que más moleste en una Administración Local que la propuesta de modernizar las formas de trabajo e introducir nuevas ideas. La resistencia en estos asuntos, como en otros, es más fuerte que la voluntad de apostar por el cambio.

Por tanto, deje pasar el tiempo, busque a su alcalde o concejal delegado y comience a hablarle de la posibilidad de que las cosas se puedan hacer de otra manera, o perfilar mejor las que se hacen. Haga pequeños cambios, nunca radicales. Explique, convenza a los demás con argumentos. No dé una imagen de sobrado. Convenza a su Alcalde de que no es una cabezonería personal suya sino que intenta producir una mejor imagen del Ayuntamiento, de sus responsables políticos y de sus empleados. Deje que sus jefes hagan suyos los cambios que propone. El avance es lento pero impone puntos de no retorno.

NOTAS

1. MARTÍNEZ-CORRECHER Y GIL, Joaquín. *Origen del protocolo oficial en España*. En *Revista Internacional de Protocolo*, nº 1. Oviedo, 1995. Pág. 74.

2. ORDINE, Nuccio. *La utilidad de lo inútil. Manifiesto*. Acantilado, Barcelona, 2014. Pág. 13. Ordine falleció pocos días después de que se le comunicara la concesión del Premio Príncipe de Asturias de Comunicación y Humanidades 2023. En su dictamen, el jurado consideraba que «Ordine establece un diálogo con la sociedad contemporánea para transmitir, en especial a los más jóvenes, que la importancia del saber se encuentra en el proceso mismo del aprendizaje. La utilidad de la educación se ha de entender en términos de pasión por la búsqueda del conocimiento y de lo mejor de cada persona, sin circunscribirse a un interés económico».

En esta misma línea de pensamiento, el ensayista holandés Rob Riemen contempla la formación de nuestros jóvenes entre «la desolación de no saber nada y el fanatismo del saber único» que han convertido a *la estupidez* y *la mentira* en poderosas fuerzas sociales, gracias a su carácter masivo «como una colonia de termitas que, sin que las podamos ver, derriban nuestra democracia liberal a fuerza de roer los pilares que la sostienen». (Rob Riemen, *El arte de ser humanos. Cuatro estudios*. Penguin Random House. Bracelona, 2023 (pág. 79).

3. MARÍN, Karmentxu. *Chimpancé más protocolo, igual a hombre. El País*, 13 de agosto, 2000.

4. ABELLÁN GARCÍA, Joaquín. En el Estudio preliminar de la edición de *Sociología del poder. Los tipos de dominación*, de Max Weber. Alianza, Barcelona, 2020. Joaquín Abellán resume los motivos por los que, según Weber, los hombres pueden atribuir legitimidad a un orden. Estos serían: «en virtud de la tradición, en virtud de una creencia arraigada en el ánimo —una creencia emocional—, en virtud de una creencia en que algo tiene un valor absoluto, o en virtud de que el orden esté establecido legalmente, es decir, por creer en la legalidad de lo establecido» (pág. 21). Y la necesaria relación mando-obediencia —nos sigue explicando Abellán— se sustentaría sobre la idea de que «quien manda puede contar con la obediencia de los otros por existir, por parte de quienes la prestan, un motivo para hacerlo (El motivo para la obediencia es considerar legítimo el poder de quien emite el mandato)» (pág. 13). Esta «legitimación» aparecería, explicada de manera sencilla, por el carácter sagrado de la misma, por su legalidad (el poder procede de un orden jurídico), en razón al uso y la costumbre consagrados por el tiempo y en función del carisma del líder, que está dotado de aptitudes superiores a las de los demás. Todas ellas no son puras y a veces se conjugan aspectos de unas y otras.

El sociólogo prusiano Max Weber (1864 - 1920), frente a las condiciones económicas del determinismo marxista, otorgó una consideración relevante en la historia a las condiciones culturales, particularmente a la religión y la moral (protestante). Fue un demócrata liberal que participó en la redacción de la Constitución de Weimar. Esta pequeña edición de Alianza es muy recomendable para quien quiera acercarse a la obra de Weber y su análisis sobre el origen del poder y las formas de dominación.

5. DOMÍNGUEZ ORTIZ, Antonio. *España. Tres milenios de historia*. Marcial Pons Ediciones de Historia. Madrid, 2001. Pág. 13. El texto reproducido abre está pequeña, pero rotunda, obra del historiador sevillano, a la que nos referiremos más de una vez en este libro. Muy recomendada para quienes quieran disfrutar de una amplia visión general de la historia de España a los ojos de quien fuera quizás el mejor conocedor de nuestro Antiguo Régimen, y escrita como legado, memoria y fundamento para comprender la España actual.

6. HARRIS, Marvin. *Antropología cultural*. Traducción de Vicente Bordoy y Francisco Revuelta. Alianza, Madrid, 2005. Pág. 297.

7. REDMAN, Charles L. *Mesopotamia y las primeras ciudades. 4000 a C. – 539 a C. El camino a la sociedad urbana*. En Cunas de la civilización. Primeras ciudades y culturas de Oriente Medio y Asia. Debate. Barcelona,1993. Pág. 20.

8. ASCALONE, Enrico. *Mesopotamia*. Traducción de Juan Vivanco. Mondadori Electa. Milán, 2005. Pág. 114.

9. ALMOGUERA, Paloma. *La extravagante coronación del poderoso rey de Tailandia. El País*. https://elpais.com/internacional/2019/05/04/actualidad/1556967560_650840.html. (17.07.2022).

10. SANCHO ROCHER, Laura. *El nacimiento de la democracia. El experimento ateniense (508-322 a. C.)*. Ático de los Libros. Barcelona, 2021. Pág. 32. Hemos tomado nota del concepto *stasis* y sus significados de esta excelente obra de Laura Sancho; con-

cepto que, bien mirado, más allá de su circunscripción al ámbito de Grecia, es inevitable que nos pueda recordar muchos conflictos internacionales de la actualidad.

11. HOMERO. *La Odisea*. Traducción de Felipe Ximénez de Sandoval. Edaf. Madrid, 1981. Págs. 60 y 61.

12. ARISTÓTELES. *Política*. Introducción, traducción y notas de Carlos García Gual y Aurelio Pérez Giménez. Alianza. Madrid, 2003. Pág. 76.

13. BEARD, Mary y HENDERSON, John. *El mundo clásico. Una breve introducción*. Traducción de Manuel Cuesta. Alianza. Barcelona, 2016. Pág. 85.

14. *Ibídem*, pág. 84.

15. PLUTARCO. *Vidas paralelas*. Traducción de Emilio Crespo Güemes. Bruguera, Barcelona, 1983. Pág. 373.

16. *Ibídem*, pág. 387.

17. Hemos recurrido a la actualidad del término "cementerio de elefantes", pues no deja de ser una constante histórica que el Senado haya sido una cámara a la que se accedía después de haber ocupado un cargo: el arcontado en Atenas, una magistratura en el caso del Senado romano; y hasta bien entrado el XIX en las primeras democracias liberales, cuando los senadores representan a la sociedad estamental; o con episodios en los que aparecen senadores por designación real, como en la Transición española. En recuerdo del carácter vitalicio que muchas veces se le adjudicó a los senadores, en la actualidad cualquier senador español actual mantiene el tratamiento de Exmo. Sr. para toda la vida, según el artículo 23 del Reglamento del Senado: «Los Senadores tendrán tratamiento de excelencia, que conservarán con carácter vitalicio...».

18. LANE FOX, Rob. *El mundo clásico*. Traducción de Teófilo de Lozoya y Juan Rabasseda-Gascón. Planeta, Barcelona, 2020. Pág. 136.

19. MONTANELLI, Indro. *Historia de los griegos*. Traducción de Domingo Pruna. Plaza & Janés, Barcelona, 1996. Pág. 149.

20. SANCHO ROCHER, op. cit., pág. 162.

21. LANE, FOX, op. cit., pág. 367.

22. STARR, Chester G. *Historia del Mundo Antiguo*. Akal. Madrid, 1974. Pág. 215.
23. LLEDÓ, Emilio. *Fidelidad a Grecia. Lo bello es difícil y otras ideas que nos enseñaron los griegos*. Taurus, Madrid, 2020. Pág. 25.

24. STARR, op. cit., pág. 336.

25. BARCELÓ, Pedro y HERNÁNDEZ, David. *Breve historia política del mundo clásico: La Democracia ateniense y la República romana*. Guillermo Escolar Editor. Madrid, 2020. Pág.149.

26. MARQUÉS, Néstor F. *Un año en la antigua Roma. La vida de los romanos a través del calendario*. Espasa. Barcelona, 2018. Págs. 92. Para los comicios existía una auténtica campaña electoral, con cartelería incluida. Nos recuerda Robin Lane Fox (op. cit. pág. 669) que las elecciones eran muy animadas y los carteles muy efectistas. En Pompeya se han recuperado carteles correspondientes a un aspirante llamado Helvio Sabino: «"¿Estás dormido?", dice uno de los carteles. "Vota por Helvio Sabino para edil"».

27. ROLDÁN HERVÁS, J.M. et alii. *La fundación de Roma y los gobiernos monárquicos*. En Historia de la Humanidad. Vol. 10. Roma primitiva y republicana. Arlanza Ediciones, Madrid, 2000. Pág. 34.

28. *Ibídem*, pág. 66.

29. BEARD, Mary. SPQR. *Una historia de la antigua Roma*. Traducción de Silvia Furió Castellví. Planeta, Barcelona, 2016. Pág. 200. Una obra espléndida de la historiadora británica, Premio Princesa de Asturias de Ciencias Sociales en 2016. El jurado valoró sus logros para integrar el legado del mundo clásico en nuestra experiencia del presente. En sus palabras de agradecimiento dijo algo tan interesante como: «También me gusta pensar que parte de este honor es para aquella antigua raza —a pesar de lo brutales, imperialistas y misóginos que eran, sin duda— cuya literatura todavía nos desafía, cuyas leyes y política informan las nuestras, cuyos hábitos extraños aún nos intrigan y cuyos rastros se encuentran, literalmente, debajo de nuestros pies. Hablo, por supuesto, de los romanos. Y debo añadir que lo he pasado bárbaro buscándolos justo debajo de la superficie de la tierra de Asturias, cuando visité este martes la villa de Veranes».

30. BEARD, Mary. *El triunfo romano. Una historia de Roma a través de la celebración de sus victorias*. Crítica. Barcelona, 2012. Pág. 113 y ss.

31. SUETONIO. *Vida de los doce césares*. Traducción y edición de Alfonso Cuatrecasas. Alianza. Madrid, 2021. Pág. 79.

32. *Ibídem*, pág. 87.

33. Al respecto, no puedo dejar de contar una anécdota. Durante el rodaje de la película *Cleopatra* (Mankiewicz, 1963) en Cinecittà, se produjo un incidente parecido que nos contó José María López Rodero, asistente de dirección de la película y localizador en España de la productora: en la impresionante escena de la entrada de Cleopatra en su visita a Roma, el arco triunfal que los escenógrafos habían construido no dejó pasar el fastuoso trono sobre el que se elevaba Elizabeth Taylor y se tuvo que recortar el ancho del mismo.

34. STARR, op. cit., pág. 665.
Esas normas éticas a las que se refieren Starr y

250

su impacto en aquel mundo politeísta las expresó el director Pier Paolo Pasolini en *El Evangelio según San Mateo*, película de 1968 en la que, con un primer plano secuencia, el actor que interpreta a Jesús recita el texto literal de san Mateo en toda su crudeza, de tal manera que incluso al espectador actual puede impactarle por su carácter revolucionario:

Bienaventurados los pobres de espíritu, porque de ellos es el reino de los cielos. Bienaventurados los mansos y humildes, porque ellos poseerán la tierra. Bienaventurados los que lloran, porque ellos serán consolados. Bienaventurados los que tienen hambre y sed de la justicia, porque ellos serán saciados. Bienaventurados los misericordiosos, porque ellos alcanzarán misericordia. Bienaventurados los que tienen puro su corazón, porque ellos verán a Dios. Bienaventurados los pacíficos, porque ellos serán llamados hijos de Dios. Bienaventurados los que padecen persecución por la justicia, porque de ellos es el reino de los cielos.

Fue considerada por *L'Osservatore Romano* como la mejor película sobre Jesucristo y premiada por la O.C.I.C. (Oficina Católica Internacional de Cine) aunque, al parecer, el premio fue revisado por la reconocida trayectoria comunista del director.

35. WILSON, Peter H. *El Sacro Imperio Romano Germánico. Mil años de historia de Europa*. Traducción de Javier Romero Muñoz. Desperta Ferro, Madrid, 2020. Págs. 19 y 20.

36. STARR, op. cit., pág., 766.

37. WICKHAM, Chris. *Una historia Nueva de la Alta Edad Media. Europa y el mundo mediterráneo, 400-800*. Traducción de Tomás Fernández Aúz y Beatriz Eguibar. Planeta. Barcelona, 2016. Pág. 1173.

38. WILSON, op. cit., pág., 22.

39. PIRENNE, Henri. *Mahoma y Carlomagno*. Traducción de Esther Benítez. Alianza, Madrid 2019. Pág. 42.

40. MUÑOZ MOLINA, Antonio. *Culpable de herejía. El País*, 28 de enero de 2022.

41. PATLAGEAN, Evelyne. *Bizancio siglos X – XI*. En Historia de la vida privada, dirigida por Philippe Ariès y Georges Duby, capítulo V del tomo I: Del Imperio Romano al año mil. Círculo de Lectores. Barcelona, 1993. Pág. 538.

42. MALE, Emîle. *L´art religieux de la fin du Moyen Aye en France*. Armand Collin, 1931. Es difícil encontrar hoy esta obra clásica, y espléndida, del historiador francés, de la que sólo conservo fichas y notas bibliográficas en mis archivos, como las referidas a los personajes de los Misterios. Recuerdo las ilustraciones, muchos grabados en los que incluso los personajes iban acompañados de un nombre que se correspondía con los papeles de los actores en las representaciones.

43. AYALA DE, MARTÍNEZ, Carlos. *Nacimiento del Islam*. En ÁLVAREZ PALENZUELA, Vicente Ángel (Dir.). Historia Universal de la Edad Media. Ariel, Barcelona, 2013. Pág. 145.

44. Entre otras razones por la interferencia de los intereses del colonialismo europeo. Estas tensiones quedan muy bien expresadas en esa gran película que es *Lawrence de Arabia* (David Lean, 1963) basada en *Los siete pilares de la sabiduría* (1926) del militar, arqueólogo y escritor Thomas Edward Lawrence.

45. En BONNASSIE, P, GUICHARD, P. y GERBERT, M. C. *Las Españas medievales*. Traducción de Bernat Hervàs. Crítica, Barcelona, 2008. Pag. 86.

46. *Ibidem*, pág. 86.

47. BARCELÓ, op. cit., pág. 274.

48. WICKHAM, op. cit., pág. 89.

49. JACKSON, Gabriel. *Introducción a la España medieval*. Traducción de Javier Faci Lacasta. Alianza, Madrid, 2019. Pág. 45.

50. BONNASSIE, op. cit., pág. 93 y ss.

51. JACKSON, op. cit., pág. 34.

52. PIRENNE, op. cit., pág. 39.

53. STOLLBERG-RILINGER, Bárbara. *El Sacro Imperio Romano-Germánico*. Traducción de Carlos Fortea. La Esfera de los Libros, Madrid, 2020. Pág. 13.

54. GARCÍA TURZA, Javier. *El Imperio carolingio*. En ÁLVAREZ PALENZUELA, Vicente Ángel (Dir.). Historia Universal de la Edad Media. Op. cit., pág. 279.

55. MARZAL GARCÍA-QUISMONDO, *La reacción de Occidente*. En la misma obra anterior, pág. 316.

56. DHONT, Jan. *La alta Edad Media*. Traducción de Esteban Drake. Siglo XXI de España Editores, Madrid, 1974. Pág. 49.

57. ROUCHE Michel. *La vida privada a la conquista del Estado y de la sociedad*. En Historia de la vida privada. Op, cit., pág. 419.

58. MOSALVO ANTÓN, José María. *La construcción del poder en la Monarquía castellana (siglos IX-XV)*. Marcial Pons, Ediciones de Historia. Madrid, 2019. Págs. 60 y 61.

59. HUIZINGA, Johan. *El otoño de la Edad Media*. Versión española de José Gaos. Alianza. Madrid, 1979.

60. DHONT, op. cit., pág. 108 y ss.

61. HUIZINGA, op. cit., pág. 25.

62. *Ibídem*, pág. 39

63. *Ibídem*, págs. 326 y 327.

64. DUVIGNAUD, Jean. *El actor. Bosquejo de una sociología del comediante*. Versión española de Luis Arana. Taurus. Madrid, 1966.

65. BAJTIN, Mijail. *Cultura popular en la Edad Media y Renacimiento*. Alianza. Madrid, 1990.

66. WILSON, op. cit., pág. 5.

67. STOLLBERG-RILINGER, op. cit., pág. 12.

68. WILSON, op. cit., pág. 402.

69. El benedictino Fray Prudencio de Sandoval fue un historiador de relevancia. Felipe II lo tenía en bastante consideración y le concedió diferentes cargos eclesiásticos como los obispados de Tuy y de Pamplona, entre otros. Nos legó sus investigaciones sobre la vida de Carlos V en su obra *Historia de la vida y hechos del Emperador Carlos V, máximo, fortísimo, Rey Católico de España y de las Indias, Islas y Tierra firme del mar Océano* (primera edición en Valladolid,1604). Amplia, ordenada y minuciosa en detalles, la obra ha sido un texto de referencia para muchos historiadores, aunque siempre se nos recuerda su metodología no demasiado crítica.
Hemos consultado el texto original en la Biblioteca Virtual Miguel de Cervantes: *Historia de la vida y hechos del Emperador Carlos V*, edición y estudio preliminar de Carlos Seco Serrano. https://www.cervantesvirtual.com/obra-visor/historia-de-la-vida-y-hechos-del-emperador-carlos-v--2/html/ (24/05/2022). Libro décimo. Año 1521. I *Coronación del Emperador: primera corona en Aquisgrán a 23 de otubre, día de San Severino. -Manda el Emperador que a 21 de otubre se junten los príncipes del Imperio en Aquisgrán.*
Si el lector desea consultar directamente sobre documentación original, la Biblioteca Digital de Castilla y León dispone de un material de fácil acceso y búsqueda de contenidos. En https://bibliotecadigital.jcyl.es/es/consulta/registro.do?id=4143 (24/05/2022).

70. MOSALVO ANTÓN, op. cit., pág., 147.

71. *Ibídem*, pág. 316.

72. *Ibídem*, págs, 138 - 142.

73. BONNASSIE, op. cit., 277.

74. MOYA MORALES. *Real Chancillería de Granada*. En V.V.A.A. Real Chancillería de Granada. V Centenario, 1505 - 2005. Junta de Andalucía. Consejería de Cultura. Madrid, 2006. Pág. 37.

75. JACKSON, Gabriel, op. cit., pág. 196.

76. ELLIOT, J.H. *La España Imperial 1469 – 1716*. Vicens Vives. Barcelona, 2005 (edición revisada). Pág. 131.

77. NORWICH, John Julius. *Cuatro príncipes. Enrique VIII, Francisco I, Carlos V y la forja de la Europa Moderna*. Traducción de Joan Eloi Roca. Ático de los libros. Barcelona, 2020. Pág. 230.
Hemos tomado las descripción de John Lothrop de esta interesante obra de Nordwich, con traducción, hermosa, de Joan Eloy Roca. Si el lector quisiera consultar directamente el texto de Morley en inglés puede hacerlo en https://www.gutenberg.org/files/4811/4811-h/4811-h.htm#link2H_4_0021 (24/05/20200).

78. PRO, Juan. *La construcción del Estado en España. Una historia del siglo XIX*. Alianza Editorial. Madrid, 2019. Pág. 55.

79. ROUX LE, Nicolás. *Las guerras de religión*. Traducción de Miguel Martín. Rialp. Madrid, 2017. Pág. 12.

80. NORWICH, op. cit., pág.139.

81. DOMÍNGUEZ ORTIZ, op. cit., pág. 132.

82. GONZÁLEZ GARCÍA, José Mª. *Metáforas del poder*. Alianza. Madrid, 1998.

83. LADERO QUESADA, Miguel Angel. *Dotación institucional de Granada entre 1492 y 1526*. En V.V.A.A. Real Chancillería de Granada. V Centenario, 1505 - 2005. Op. cit., pág. 113.

84. ROSENTHAL, Earl E. *La catedral de Granada. Un estudio sobre el Renacimiento Español*. Traducción de Juan Santana Lario. Universidad de Granada. Granada, 2015. Pág. 26.

85. HENARES CUÉLLAR, Ignacio. *La Real Chancillería de Granada: imagen urbana y construcción simbólica*. En V.V.A.A. Real Chancillería de Granada. V Centenario, 1505 - 2005. Op. cit., pag. 279.

86. NORWICH, op. cit., pág. 35.

87.DOMÍNGUEZ ORTIZ, op. cit., pág. 142.

88. *Ibídem*, pág. 108.

89. ELLIOT, op. cit., pág. 269.

90. *Ibídem*, pág., 279.

91. *Ibídem*, pág., 270.
92. CABEZAS, Lino. *El dibujo como invención. Idear, construir, dibujar. En torno al pensamiento gráfico de los tracistas españoles del siglo XVI*. Cátedra. Madrid, 2008. Págs. 33 y ss.

93. DOMÍNGUEZ ORTIZ, op. cit., pág 245.

94. *Ibídem*, pág.162.

95. Aún con los Borbones, con Carlos IV, un proyecto para la realización de un canal entre los ríos Manzanares y Tajo, recibió la sanción de un grupo de teólogos con la consideración de que si Dios hubiera querido que los ríos fueran navegables Él los habría creado ya así. ELLIOT, op. cit., pág. 323.

96. VILLAR, Pierre. *El tiempo del Quijote*. En C.M. Cipolla, J.H. Elliot, P Vilar y otros. La decadencia económica de los imperios. Alianza. Madrid 1977. Pág. 125.

97. DOMÍNGUEZ ORTIZ, op. cit., pág 203.

98. *Ibídem*, pág. 202.

99. MOUSNIER, R. *Crítica y exponentes del Absolutismo*. En Historia del mundo moderno. Vol. IV, La decadencia española y la Guerra de los Treinta Años. Traducción de Víctor Pozanco Villalba. Ramón Sopena. Madrid, 1980, Pag 78.

100. *Ibidem*, pág. 71.

101. BURKE, Peter. *La fabricación de Luis XIV*. Traducción de Manuel Sáenz de Heredia. Nerea S.A. San Sebastián, 1995. Pág. 89.

102. PARRA LA, Emilio. *Fernando VII. Un rey deseado y detestado*. Tusquets. Barcelona, 2018. Pág 121. Es quizás la investigación más reciente y científica sobre el personaje de Fernando VII, en la que su autor ha contrastado bastante documentación inédita.

103. *Ibidem*, pág. 122.

104. *Ibidem*, pág. 136.

105. MAUROIS, André. *Napoleón*. Salvat. Barcelona, 1984. Pág. 135.

106 DOMÍNGUEZ ORTIZ, op. cit., pág., 254.

107. FERNÁNDEZ, Antonio. *Historia Contemporánea*. Vicens Vives. Barcelona, 1976. Pág. 91. Refiere estos datos a los estudios de Fernández Almagro.

108. ARTOLA, Miguel. *La burguesía revolucionaria, (1808-1874)*. Alianza – Alfaguara. Madrid, 1976. Pág. 33.

109. PRO, Juan, op. cit., pág 239.

110. DOMÍNGUEZ ORTIZ, op. cit., pág. 280.

111. PRESTON, Paul. *Un pueblo traicionado. España de 1874 a nuestros días: corrupción, incompetencia política y división social*. Traducción de Jordi Ainaud. Penguin Random House Grupo Editorial. Barcelona, 2019, pág. 39.

112. THOMAS, Hugh. *La Guerra Civil española. Vol I*. Traducción de Neri Daurella. Random House Mondadori. Primera edición actualizada, 2011. Pág. 46.

113. MARTINEZ CUADRADO, Miguel. *La burguesía conservadora (1874 – 1931)*. Alianza. Madrid, 1976. Pág. 20.

114. PRESTON, op. cit., pág. 43.

115. DOMINGUEZ ORTIZ, op. cit., pág. 289.

116. PRESTON, op. cit., pág. 43.

117. *Ibídem*, pág. 44.

118. *Ibídem*, pág. 156.

119. THOMAS, op. cit. pág. 63.

120. *Ibídem*, pág. 81.

121 *Ibídem*, pág. 61.

122. *Ibídem*, pág. 70.

123. FERNÁNDEZ, Antonio, op. cit. pág. 385.

124. PRO, Juan, op. cit. pág. 39.

125. PRESTON, op. cit. pág. 51. Hemos tomado de Preston parte del escrito de Rafael Shaw para concluir este apartado. Preston no indica la obra. Se trata de *Spain for withim*. Hemos encontrado la obra completa en: https://www.gutenberg.org/files/56379/56379-h/56379-h.htm (08/10/2022). No conocemos traducción ni edición en español.

126. *Ibídem*, pág. 198.

127 THOMAS, Hugh, op. cit. pág. 49.

128. BEEVOR, Antony. *La Guerra Civil Española*. Traducción de Gonzalo Pontón Gómez. Crítica S.L. Barcelona, 2005. Pág. 28.

129. En FERNÁNDEZ, Antonio, op. cit. pág. 509.

130. *Ibídem*, pág. 523.

131. BEEVOR, op. cit. pág. 122.

132. PRESTON, op. cit. pág. 324.

133. BEEVOR, op. cit. pág. 135.

134. *Ibídem*, pág. 147.

135. *Ibídem*, pág. 147

136. · *Ibídem*, pág. 151.

137. DOMÍNGUEZ ORTIZ, op. cit. pág. 344.

138. FUENTES ARAGONÉS, Juan Francisco y RUEDA LAFFOND, José Carlos (dirs.) Diccionario de símbolos políticos y sociales del siglo XX español. Alianza. Madrid, 2021. Págs. 167-168.

139. PRESTON, op. cit. pág. 371.

140. *Ibídem*, pág. 372

141. BOX, Zira. *España, año cero. La construcción simbólica del franquismo*. Alianza. Madrid, 2010, pág. 139.

142. FERNÁNDEZ, Antonio, op. cit. pág. 459.

143. *Ibídem*, pág. 462.

144. GUBERN, Román. *Patologías de la imagen*. Anagrama. Barcelona, 2004. Pág. 252.

145. *Ibídem*, pág. 252.

146. Hemos adoptado esta definición del filósofo prusiano Ernst Cassirer, autor de *Filosofía de las formas simbólicas*, en donde pone el acento diferenciador del hombre frente a los animales en su capacidad para crear símbolos. La cita está tomada de la obra de Erwim Panofsky, *La perspectiva como forma simbólica*. Barcelona, 2003. Pág. 20.

147. HARRIS, op. cit., pág. 392.

148. Quien desee adentrarse en estos lenguajes puede consultar la obra de Julián Gállego, *Visión y símbolos en la pintura española del Siglo de Oro*. Aguilar. Madrid, 1972. Un trabajo muy científico que puso en duda el tradicional «realismo» de la pintura española del Siglo de Oro frente a los lenguajes ocultos o simbólicos de sus grandes producciones.

149. RIPA, Cesare. *Iconología*, I y II. Traducción del italiano de Juan Barja y Yago Barja.. Akal. Madrid, 2000.

150. MORENO LUZÓM, Javier y NUÑEZ SEIXAS, Xosé M. *Los colores de la patria. Símbolos nacionales en la España contemporánea*. Tecnos. Madrid, 2017. Pág. 32. Una exhaustiva obra, excelentemente documentada, que revisa la historia de nuestros símbolos.

151. *Ibídem*, pág. 59.

152. CHAVES, Norberto. *La imagen corporativa*. Gustavo Gili. Barcelona, 1990. Pág. 12.

153. *Ibídem*, pág. 14.

154. *EL PAÍS*, 22 de marzo de 2009.

155. UNIÓN EUROPEA. Pag. 115 del *Libro de Estilo Interinstitucional, de la unión Europea*.https://publications.europa.eu/es/publication-detail/-/publication/e774ea2a-ef84-4bf6-be92-c9ebebf91c1b.(09.10.2022)

156. RIVAS, Manuel. *¿Qué se puede envolver en una bandera?. El País*. https://elpais.com/elpais/2018/12/17/eps/1545049784_352735.html (17. 06. 2022

157. Lo cuenta Erwin Panofsky en *El significado en las artes visuales*. Versión castellana de Nicanor Ancochea. (Madrid, Alianza 1979, pag. 17), refiriéndose al libro de E.A.C. Wasianski, *Inmanuel Kant in seinen Letzten Lebensjalnen* (Uber Inmanuel Kant, 1804 vol III).

158. HARRIS. Op. cit., pág. 11.

159. MONTAIGNE, Michel de. *Ensayos*. Biblioteca Virtual Miguel de Cervantes. https://www.cervantesvirtual.com/obra-visor/ensayos-de-montaigne--0/html/fefb17e2-82b1-11df-acc7-002185ce6064_158.html#I_31_ (27/04/2023).

160. *Ibídem*.

161. LÓPEZ-NIETO Y MAYO, Francisco. *Honores y Protocolo*. (Parte General). El Consultor de los Ayuntamientos y de los Juzgados. Madrid, 2000. Pg. 33 y ss.

162. VILARRUBIAS, Felio A. *Tratado de Protocolo del Estado e Internacional*. Ediciones Nobel. Oviedo, 1994. pág. 21.

163. HOMERO. *La Iliada*. Versión literal del griego por Luis Segalá y Estalella. Espasa Calpe. Madrid, 1989. Décimo novena edición. Pag. 13.

164. ORDINE, Nuccio. *Clásicos para la vida*. Traducción de Jordi Bayod. Acantilado. Barcelona, 2017. Págs. 87-88.

165. «La designación de los Senadores por los Parlamentos autonómicos se configura como una elección indirecta o de segundo grado, en el sentido de que no son elegidos por la población pero sí por representantes elegidos por ésta (los miembros de dichos Parlamentos). El único requisito que la Constitución exige es el de asegurar la adecuada representación proporcional, lo que supone reservar a cada Grupo Parlamentario del respectivo Parlamento un número de escaños proporcional a su fuerza numérica. Cada Comunidad Autónoma regula en su Estatuto, Ley autonómica y/o Reglamento de la Cámara el procedimiento de elección. Algunas Comunidades Autónomas exigen o admiten que la elección recaiga en miembros de su Parlamento, con la consecuencia de que el elegido asume un doble mandato. Otras por el contrario excluyen esta exigencia y permiten la designación como Senador de personas que no pertenecen a ese Parlamento. También suele requerirse ser residente en la Comunidad de la que procede la designación». https://www.senado.es/web/conocersenado/temasclave/composicionsenadoelecciones/index.html (28.03.2023).

166. FUENTE LAFUENTE, Carlos. *Protocolo Oficial. Las instituciones españolas del Estado y su ceremonial*. Escuela Internacional de Protocolo. Madrid, 2004. Pág. 84. Un excelente manual en el que uno puede encontrar «todo». Carlos Fuente, en relación a

254

las lagunas del R.D. 2099 echa de menos que no clarifique cuando existe cesión obligada o voluntaria: «En la disposición lineal no hay duda, el puesto siguiente; pero en la alternancia de derecha a izquierda que establece la propia normativa, no señala el puesto que correspondería al anfitrión. Tradicionalmente, se ponía a su izquierda, con el objeto de tener a su derecha a la persona a quien ha cedido el honor de presidir. Sin embargo, muchas autoridades y personalidades no comparten esta teoría tradicional y entienden que se cede únicamente un puesto y no dos, razón por la cual tomarán asiento a la derecha del cedido»

Esta laguna ha dado lugar a toda suerte de interpretaciones ante la duda que algunos expertos se plantean sobre si el lugar inmediato a la misma es la derecha o la izquierda de la presidencia. Vilarrubias hablando del «anfitrión" indica que «Su lugar en la presidencia podrá cederlo una sola vez, pasando a sentarse a la izquierda como testimonio de su cesión, cuando esta fuera voluntaria. Si la cesión es obligada ocupará el lugar inmediato a la derecha» (Vilarrubias, op. cit. pág. 36). Esta cita, tan recordada y reiterada en infinidad de manuales, procede de un capítulo de la obra de Vilarrubias que incluye tres apartados: *El Anfitrión*, *La Presidencia* y *Los Invitados*. El texto del que tratamos lo incluye en el apartado de *El Anfitrión*. Sospechamos que no lo hizo en el de *La Presidencia* por no tenerlo claro o por tenerlo muy claro... En los capítulos de su excelente libro correspondiente al Protocolo Oficial no repara en un asunto tan problemático.

Subyace en estas razonables dudas un problema conceptual, no de interpretación: ¿Estamos ante la ley, la cortesía o el uso? Es mejor pensar que cumpliendo la ley nadie «se ve obligado» a nada; en principio, es la ley la que indica quien preside el acto, no hay cesión, hay cumplimiento de la ley y punto. Al menos en los actos de carácter general, cosa distinta sería en los especiales. Cremos por lo demás que se trata de una decisión o un lenguaje visual poco entendido por los ciudadanos. Tan sólo en los actos especiales puede percibirse, quizás, esta cortesía o atención, preferiblemente con una presidencia impar.

167. El *Real Decreto 684/2010, de 20 de mayo, por el que se aprueba el Reglamento de Honores Militares*, en su artículo 3º, 4, indica que «a las autoridades que presidan actos oficiales en representación de otras de mayor rango, se les rendirán los honores militares debidos a la suya y no los correspondientes a la autoridad a quien representen. Se exceptúa de esta norma a la autoridad que ostente expresamente la representación del Rey o del Presidente del Gobierno. En tales casos, en la disposición que otorgue la representación se determinarán los honores que deban rendirse».

168. LÓPEZ-NIETO Y MAYO. Op. cit., págs. 671 y 672.

169. Cataluña, art. 2. c. *La persona que substitueixi legalment una Autoritat tindrà, respecte a les altres Autoritats o als seus substituts, la mateixa precedència que la reconeguda al titular. En el supòsit que* aquesta substitució fos en virtut d'instruccions particulars de l'Autoritat que delega, la persona delegada o substituent tindrà la precedència immediatament inferior a la que es reconeix al titular a l'article 6è del present Decret. Navarra, artículo 3. 1. «La persona que legalmente sustituya en el cargo a una autoridad tendrá la misma precedencia que corresponda a su titular». Valencia, art. 8. 1. «La autoridad que legalmente sustituya en el cargo a otra autoridad tendrá la misma precedencia que corresponde a la autoridad sustituida». Andalucía. Artículo 2. b. La persona que represente en su cargo a una autoridad superior a la de su propio rango no gozará de la precedencia reconocida a la autoridad que representa y ocupará el lugar que le corresponda por su propio rango, salvo que ostente expresamente la representación del Presidente de la Junta de Andalucía o la del Presidente del Parlamento Andaluz.

Claro, en sus propios actos, siempre que no concurran autoridades y órganos del Estado. Ver Nota 171.

170. La legislación sobre las Fuerzas armadas puede consultarse de manera, muy bien ordenada, en la página web del Ministerio de Defensa.
https://administracion.gob.es/pag_Home/espana-Admon/boletinesYLegislacion/legislacion/RepertoriosMaterias/OrganizacionEstructuraAGE/mdef.html (11.07.2023).

171. Es la sentencia 12/1985 de 30 de enero, frente a conflictos planteados por el Consejo Ejecutivo de la Generalidad de Cataluña y por el Gobierno Vasco, en la que el Tribunal Constitucional consideraba, como ya hemos comentado, entre sus fundamentos jurídicos que «el objeto del conflicto no es determinar si la Generalidad puede fijar la precedencia entre sus órganos y autoridades, sino si puede establecer la precedencia relativa entre estos y los del Estado [...] pues concebido también el Estado en la Constitución como una institución compleja, del que forman parte las Comunidades Autónomas, resulta necesario convenir que la regulación de la precedencia de las autoridades y órganos de distinto orden en los actos oficiales ha de corresponder a los órganos generales o centrales del Estado» y concluía que es de titularidad estatal la competencia controvertida en este conflicto con referencia al Real Decreto num. 2099/1983, de 4 de agosto, que aprobó el Reglamento de Ordenación General de Precedencias en el Estado, bien que con pleno reconocimiento de las competencias de las Comunidades Autónomas para ordenar sus propias autoridades y órganos en actos por ellas organizados y a los que no concurran con las del Estado».

172. Su lectura sagaz nos permite verificar cómo andaba la aparición pública de los dignatarios de la dictadura. Como el actual, dividía los actos en generales, «los que, con motivo de la celebración de festividades, conmemoraciones o acontecimientos nacionales, provinciales o locales, organicen las autoridades competentes», y los especiales, «los que sean organizados por determinadas autoridades al afectar de modo peculiar a sus respectivos servicios o funciones».

Por otra parte (apelando a la costumbre como fuente del Derecho), determinaba la prelación de las autoridades eclesiásticas cuando concurran en los actos oficiales con autoridades civiles: «Cuando con las autoridades civiles o militares concurran a actos oficiales autoridades o representantes de la Iglesia Católica, su prelación se determinará de acuerdo con las costumbres o tradiciones, resolviendo, en caso de duda, la Jefatura de Protocolo del Ministerio de Asuntos Exteriores, oída la secretaría del Episcopado Español». Manifestación un tanto de cara a la galería pues tampoco se concedía tanta prelación a la jerarquía Católica como cabría suponer. Y, una diferencia fundamental: «La persona que legalmente sustituya en su cargo a cualquier autoridad goza de la misma precedencia reconocida al titular», que era una forma de control, de "enviar" a quien quería o "debía"...

Por último, llama la atención toda la materia legislativa que al final deroga el Decreto y que se remonta hasta mediados del XIX. No me extraña haber visto contemplada esta relación en algunos manuales de protocolo como la «historia del protocolo español», aunque, por otra parte, viene a confirmar la insuficiencia de la materia, al menos en el siglo XX antes de la Transición. Es larga pero muy pedagógico leerla.

Se derogaban:

A) Real Decreto de 17 de mayo de 1856 sobre Presidencia de Actos Públicos; Decreto de 31 de marzo de 1943 sobre consideración que corresponde al Presidente de las Cortes Españolas; artículo quinto del Decreto de 21 de diciembre de 1943, sobre precedencias de Delegados de Trabajo; Decreto de 27 de febrero de 1953. sobre honores a Decanos de Colegios de Abogados; Decreto de 14 de noviembre de 1957 sobre consideración a los ex Ministros en recepciones y actos públicos y oficiales; el artículo octavo del Decreto de 10 de octubre de 1958, que regule el Estatuto de Gobernadores civiles, en lo que se oponga a lo establecido en el presente Decreto, y Decreto de 6 de julio de 1961 sobre precedencia de ex Ministros.

B) Real Orden de 27 de julio de 1864, sobre colocación del Comandante de Marina en actos oficiales; Real Orden de 13 de mayo de 1867, relativa a la situación de Intendentes militares en actos militares; Real Orden de 13 de mayo de 1878, por la que se resuelve que los Juzgados de Primera Instancia precedan a los Registradores de la Propiedad, quedando, asimismo, derogado el artículo 537 del Reglamento Hipotecario del 14 de febrero de 1947 en lo que se oponga a lo dispuesto en el presente Decreto; Real Orden de 21 de marzo de 1889, sobre el lugar de los Diputados provinciales en los actos públicos, costeados por los Ayuntamientos; Real Orden de 6 de diciembre de 1892, por la que se resuelve cuestión de etiqueta surgida entre los Gobernadores civil y militar de Oviedo; Real Orden de 27 de noviembre de 1893, por la que se declara a qué autoridad corresponde recibir corte en las provincias; Real Orden de 15 de enero de 1908, sobre recepciones en el Palacio de Oriente; Real Orden de 15 de noviembre de 1916, reiterando el cumplimiento de la

Real Orden de 15 de enero de 1908; Real Orden de 31 de enero de 1923, sobre el lugar que han de ocupar los Delegados regios; Real Orden de 30 de septiembre de 1924, sobre colocación del Delegado de Hacienda en actos públicos; Real Orden de 29 de noviembre de 1925, sobre orden de prelación de las Reales Academias en los actos oficiales; Orden de 17 de diciembre de 1928, por la que se establece que el Gobernador Civil ha de conocer la llegada de autoridades y funcionarios, en lo que se oponga a lo dispuesto en el presente Decreto; Orden de 27 de septiembre de 1929, por la que se aclara la de 20 de mayo de 1927 en caso de ausencia del Gobernador civil; Real Orden de 16 de mayo de 1930, por la que no se consideran actos oficiales las procesiones y solemnidades religiosas; Orden de 10 de abril de 1942, sobre el lugar que han de ocupar los Fiscales de Tasas en actos públicos; Orden de 2 de octubre de 1951, sobre prelación de Ministerios.

C) Real Orden Circular de 12 de agosto de 1880, sobre colocación en actos oficiales de militares Grandes Cruces y Comandantes Generales; Real Orden Circular de 20 de octubre de 1908 sobre el lugar que han de ocupar en los actos oficiales los Jefes de Fomento y los Delegados regios; Real Orden Circular de 19 de enero de 1926, sobre besamanos y recepciones; Real Orden Circular de 20 de mayo de 1927 sobre presidencia en actos oficiales cuando concurran Gobernador civil y Capitán General; Real Orden Circular de 11 de junio de 1927 sobre normas a seguir en los actos a que concurra el Cuerpo Diplomático extranjero.

El lector puede encontrar el texto del Decreto en https://www.iberley.es/legislacion/decreto-1483-1968-27-junio-presidencia-aprueba-reglamento-precedencias-ordenacion-autoridades-corporaciones-1363125 (20.07.2022)

173. GARCIA-MERCADAL Y GARCIA-LOGORRI, Fernando. *Los símbolos políticos, el ceremonial y las distinciones oficiales del Reino de España*. Ediciones Hidalguía - editorial Dykinson. Madrid, 2019. Pgs. 11 y 12.

174. DOMÍNGUEZ ORTIZ. Op. cit., pág. 31.

175. ORDUÑA REBOLLO, Enrique. *Historia del municipalismo español*. Iustel, Madrid, 2005. Págs. 28 y 29.

176. MOSALVO ANTÓN, José María. *La construcción del poder en la Monarquía castellana (siglos IX-XV)*. Marcial Pons, Ediciones de Historia. Madrid, 2019. Pág. 38.

177. DOMÍNGUEZ ORTIZ. Op. cit., pág. 66.

178. ORDUÑA REBOLLO. Op. cit., pág. 38 y ss.

179. *Ibídem*, pág 139.

180. *Ibídem*, pág. 144.

181. PRO, Juan. Op. cit., pág. 621

182. *Ibídem*, pág.625.

183. LÓPEZ-NIETO Y MAYO. Op. cit., pág. 356, Parte General.

184. ARTOLA BLANCO, Miguel. *El fin de la clase ociosa. De Romanones al estraperlo (1900 – 1950)*. Alianza, Madrid, 2015. Pág. 24.

185. Ibídem, pág. 56.

186. STC 27/1982, 24 de Mayo de 1982 . Sentencia de la Sala Segunda del Tribunal Constitucional, ante el recurso de amparo promovido contra las Sentencias de la Sala Primera del Tribunal Supremo y Sala Segunda de lo Civil de la Audiencia Territorial de Sevilla que desestimaron el derecho del recurrente a usar un título nobiliario. Ponente: Don Francisco Tomás y Valiente.

187. GALÁN, Lola. *Ser o no ser noble, he ahí la obsesión. El País.* https://elpais.com/elpais/2012/11/23/gente/1353692623_441411.html (8 de junio, 2022).

188. GARCIA-MERCADAL, op. cit., pág.13.

189. *Real Decreto 707/1979, de 5 de abril, por el que se establece la fórmula de juramento en cargos y funciones públicas.* Artículo primero. En el acto de toma de posesión de cargos o funciones públicas en la Administración, quien haya de dar posesión formulará al designado la siguiente pregunta: «¿Juráis o prometéis por vuestra conciencia y honor cumplir fielmente las obligaciones del cargo .... con lealtad al Rey, y guardar y hacer guardar la Constitución como norma fundamental del Estado?». Esta pregunta será contestada por quien haya de tomar posesión con una simple afirmación.
La fórmula anterior podrá ser sustituida por el juramento o promesa prestado personalmente por quien va a tomar posesión, de cumplir fielmente las obligaciones del cargo con lealtad al Rey y de guardar y hacer guardar la Constitución como norma fundamental del Estado.

190. GARCIA-MERCADAL, op. cit., pág. 12.

191. REAL ACADEMIA ESPAÑOLA DE LA LENGUA. *Libro de estilo de la lengua española según la norma panhispánica.* Planeta, Barcelona, 2018.

192. Evidentemente, las uniones civiles han secularizado los ritos religiosos de los anillos y el intercambio de las arras, las monedas. Una vez más los símbolos cambian de contenido. Si están previstos ambos, el alcalde debe conocerlo previamente para indicárselo a los contrayentes y puede que lo preceda de una frase afectiva. En alguna ocasión, para las alianzas, he propuesto a los alcaldes amigos la frase, creo de Rabindranath Tagore: «envejecerán vuestras manos, pero no vuestros anillos. Así, os invito a colocaros las alianzas». Puede resultar un poco cursi, cierto, pero funciona. Para el caso de las monedas, puede quedar bien: *el rito milenario de entregarse mutuamente monedas es símbolo de prosperidad para la familia que hoy iniciáis. Podéis intercambiar las arras.*

193. GUBERN, op. cit., pág. 26.

194. ARNHEIM, Rudolf. *Arte y percepción visual.* Alianza. Madrid, 1979. Págs. 49 y ss.

ÍNDICE

*Este libro se acabó de componer
el 28 de febrero de 2024,
Día de Andalucía*